Benicke

Von Adorno zu Mao

Jens Benicke

Von Adorno zu Mao

Über die schlechte Aufhebung der antiautoritären Bewegung

ça ira

Gesamtverzeichnis, Leseproben, Texte:
www.isf-freiburg.org

79002 Freiburg
Postfach 273
www.ca-ira.net
info@ca-ira.net

3. unveränderte Auflage 2017

Umschlag: Martin Janz (Freiburg) unter Verwendung einer Idee von Timo Uschakov und Markus Bitterolf. Das Original des chinesischen Plakats aus der „Großen Proletarischen Kulturrevolution" trägt die Unterzeile „Unite and strive for a greater victory!" (www.maopost.com) Im Interesse der historischen Wahrheit wurde diese Zeile dahingehend geändert, „daß das Falsche, einmal bestimmt erkannt und präzisiert, bereits Index des Richtigen, Besseren ist": das (von ihm leicht abgewandelte) Lieblingszitat Theodor W. Adornos aus Baruch des Spinozas „Kurzer Abhandlung von Gott, dem Menschen und seinem Glück" (1658). – Dank an Yibin Liang für die Übertragung ins Chinesische.

Druck: Friedrich Verlagsmedien, Frankfurt

ISBN: 978-3-924627-83-6

Die Deutsche Bibliothek verzeichnet diese Publikation in der Deutschen Nationalbibliographie; detaillierte bibliographische Daten sind im Internet über http://dnb.d-nb.de abrufbar.

Inhalt

Einleitung
9

Studentenbewegung und Kritische Theorie

Die Kritische Theorie
13

Die Entstehung der Studentenbewegung
und der Neuen Linken in der Bundesrepublik
17

Die Rezeption der Kritischen Theorie durch die Studentenbewegung bis 1968

Horkheimers „Autoritärer Staat“ und die Faschismusdiskussionen
im Institut für Sozialforschung
22

Die Bedeutung des Antisemitismus für die Kritische Theorie
24

Marcuse und die Frage nach dem revolutionären Subjekt
29

Habermas' Kritik an der Radikalität der Bewegung
33

Adorno und das Verhältnis von Theorie und Praxis
37

Die Auseinandersetzungen in der Studentenbewegung
über den Nationalsozialismus

Diskussionen innerhalb der Studentenbewegung
über die Theorie des Faschismus
43

Die „Überwindung des Antisemitismus“
48

Die juristische Aufarbeitung der NS-Verbrechen
und die Reaktionen der Studentenbewegung
52

Gibt es eine Kontinuität des Nationalsozialismus in der BRD?
56

Sind die Notstandsgesetze „NS-Gesetze“?
63

Rudi Dutschke und die deutsche Nation
67

Israel und die deutsche Linke bis 1967
70

Die antizionistische Wende der deutschen Linken
nach dem Sechs-Tage-Krieg 1967
73

DIE VERÄNDERUNG DER REZEPTION DER KRITISCHEN THEORIE WÄHREND DES HÖHEPUNKTS UND DES ZERFALLS DER STUDENTENBEWEGUNG

1968 - Auf dem Höhepunkt der Bewegung
79

Faszination Kulturrevolution
81

Die Gründung der ersten Parteien
83

Der Zerfall der Studentenbewegung und das „Gründungsfieber“
85

Die Septemberstreiks 1969
und die „proletarische Wende“ der Protestbewegung
87

Die Rolle der Intelligenz
91

Die Abwendung von der Randgruppentheorie
94

„Die Reste bürgerlicher Ideologie entschieden bekämpfen“
96

Die Spaltung der Heidelberger Linken
und die Abrechnung mit der Studentenbewegung
99

DIE AUSEINANDERSETZUNGEN ÜBER DEN NATIONALSOZIALISMUS IN DER ÜBERGANGSPHASE ZU DEN K-GRUPPEN

Die weiteren Diskussionen über die Theorie des Faschismus
103

Die fortgesetzte Beschäftigung mit den Kontinuitäten des
Nationalsozialismus in der BRD
122

Diskussionen über die drohende Faschisierung der Gesellschaft
109

Der Nahostkonflikt und die deutsche Vergangenheit
112

Die Rezeption der Kritischen Theorie in den K-Gruppen

Die K-Gruppen
119

Die Entwicklung der K-Gruppen
122

War die Rote Armee Fraktion eine bewaffnete K-Gruppe?
127

Zwischen Anarchismus und Werkzeug der Bourgeoisie
135

Die Intellektuellenfeindschaft der K-Gruppen
139

Die Auseinandersetzung des KBW mit der Kritischen Theorie
143

Die Kritische Theorie als bürgerliche Sozialwissenschaft
149

Das Verhältnis der K-Gruppen zum Nationalsozialismus

Die Faschismus-Analyse der K-Gruppen
153

Die Abwehr der deutschen Geschichte und der Nationalismus der K-Gruppen
157

Auseinandersetzungen über die Sozialfaschismusthese
167

Die Bewertung der bundesrepublikanischen Gesellschaft durch die K-Gruppen
172

Der Antizionismus der K-Gruppen
177

Der Niedergang der K-Gruppen
184

„Die schlechte Aufhebung der antiautoritären Bewegung“
186

Abkürzungen
191

Anmerkungen
193

Literatur
232

„Proletarische Revolutionen dagegen […] kritisieren beständig sich selbst, unterbrechen sich fortwährend in ihrem eigenen Lauf, kommen auf das scheinbar Vollbrachte zurück, um es wieder von neuem anzufangen, verhöhnen grausam gründlich die Halbheiten, Schwächen und Erbärmlichkeiten ihrer ersten Versuche, scheinen ihren Gegner nur niederzuwerfen, damit er neue Kräfte aus der Erde sauge und sich riesenhaft ihnen gegenüber wieder aufrichte, schrecken stets von neuem zurück vor der unbestimmten Ungeheuerlichkeit ihrer eigenen Zwecke, bis die Situation geschaffen ist, die jede Umkehr unmöglich macht und die Verhältnisse selbst rufen: Hic Rhodos, his salta! Hier ist die Rose, hier tanze!"

Karl Marx, *Der achtzehnte Brumaire des Louis Bonaparte,* 1852

„Das Ziel seiner Reise, seine Befreiung, hängt davon ab, ob das Proletariat versteht aus den eigenen Irrtümern zu lernen. Selbstkritik, rücksichtslose, grausame, bis auf den Grund der Dinge gehende Selbstkritik ist Lebensluft und Lebenslicht der proletarischen Bewegung."

Rosa Luxemburg, *Die Krise der Sozialdemokratie,* 1916

Einleitung

„Schon der ganze Anfang mit unserer interdisziplinären Ausrichtung und Zusammenarbeit im Rahmen unserer politischen Philosophie, dann in der Emigration der zähe Wille, diese Tradition aufrechtzuerhalten, die einzig fortschrittliche Stimme des deutschen Geistesleben, das ist wohl außerordentlich. Adornos Wort von der ‚Flaschenpost' trifft diesen Sachverhalt ja genau. Wir haben uns dann freilich in den sechziger Jahren sehr gewundert, mit welch einem Knall diese Flasche entkorkt worden ist. Jeder von uns hat verschieden darauf reagiert."

Leo Löwenthal[1]

Die Kritische Theorie Max Horkheimers, Theodor W. Adornos, Herbert Marcuses und der anderen Mitarbeiter des Frankfurter „Instituts für Sozialforschung" (IfS) gilt allgemein als schwer zugänglich, als reine Theorie ohne Praxisbezug. Die kritischen Theoretiker gingen selbst davon aus, daß sie zu ihrer Zeit keine Resonanz finden würden, und sie ersannen deshalb die Metapher der Flaschenpost, von der sie hofften, daß sie irgendwann einmal geborgen, entkorkt und verstanden werden würde. Zu ihrer eigenen Überraschung wird die Kritische Theorie dann in den weltweiten Protestbewegungen der sechziger Jahre ausführlich rezipiert, besonders in deren antiautoritären Flügel in Westdeutschland. Sie wird sogar zur Grundlage des politischen Handelns der antiautoritären Fraktion, kommt damit zum ersten Mal praktisch überhaupt zur Geltung. Die revoltierenden Studierenden greifen in ihrer umfassenden Kritik der gesellschaftlichen Verhältnisse intensiv auf die Überlegungen der Frankfurter Denker zurück. Die Schriften der Kritischen Theoretiker, vor allem die frühen Veröffentlichungen aus der Zeit vor dem amerikanischen Exil, die als Raubdrucke zirkulieren „waren das Medium der Selbstverständigung der studentischen Protestbewegung in der Bundesrepublik."[2] Günter C. Behrmann vertritt sogar die These, die Kritische Theorie sei erst 1968 erfunden worden und stellt damit einen Zusammenhang zwischen der Studentenbewegung und der Wirkungsgeschichte der Kritischen Theorie her.[3] Aber auch die Gegner der Protestbewegung nahmen ihren Einfluß wahr. So verweist etwa der Politikwissenschaftler und langjährige Vorsitzende des „Rings Christlich Demokratischer Studenten" (RCDS), Gerd Langguth, in seinen Veröffentlichungen immer wieder auf ihren Einfluß auf den „antidemokratischen Charakter der 68er Revolte".[4]

Die Kritischen Theoretiker reagieren auf diese Bezugnahme der Protestler auf ihre Ideen im einzelnen sehr verschieden. Die Spanne der Reaktionen reicht von Horkheimers strikter Ablehnung bis zu Marcuses expliziter Unterstützung der Bewegung. Daß es aber überhaupt zu einer Abwehrreaktion seitens der Kritischen Theorie kommt, läßt sich nur aus ihrer Erfahrungen mit dem „Katastrophenzeitalter" des „kurzen 20 Jahrhunderts"[5] erklären. Denn ursprünglich ist die Theorie der Frankfurter Schule geprägt durch die Solidarität mit der Arbeiterklasse, schließlich sollte das 1923 gegründete Frankfurter Institut nach der siegreichen Revolution der Rätegesellschaft übergeben werden. Doch das Ausbleiben der proletarischen Umwälzung und die Machtergreifung der Nationalsozialisten, die Erfahrung des Exils und vor allem die Vernichtung der europäischen Juden hinterlassen deutliche Spuren. Diese Erfahrungen werden prägend für die weitere Entwicklung der Kritischen Theorie sein und bestimmen von nun an das Denken der Frankfurter Wissenschaftler.

Daran knüpfen die antiautoritären Studierenden an. Ihre Aktivitäten während der fünfziger und frühen sechziger Jahre werden in der postnazistischen Gesellschaft der Bundesrepublik von der Auseinandersetzung mit der deutschen Vergangenheit bestimmt. Zentrale Erklärungsmuster dafür liefern die Überlegungen der Kritischen Theorie. Doch dieser dominierende Einfluß, den sie auf die Protagonisten der Protestbewegung ausübt, und auch die intensive Auseinandersetzung mit dem Nationalsozialismus sind nur von kurzer Dauer. Nachdem aus den kleinen studentischen Theoriezirkeln eine aktionistische Massenbewegung geworden ist, bestimmt die Tagespolitik ihre Prioritäten. Schon kurz nach dem Höhepunkt der Bewegung 1967 und 1968 beginnt ein Zerfalls- und teilweise Traditionalisierungsprozeß, aus dem heraus sich autoritäre, marxistisch-leninistische Organisationen, die sog. K-Gruppen konstituieren. Verbunden damit ist die radikale Abwehr der Kritischer Theorie. In der Auseinandersetzung mit dem Nationalsozialismus bedeutet dies die Hinwendung zur orthodox-marxistischen Faschismusanalyse. Die konkrete Beschäftigung mit der deutschen Vergangenheit wird durch eine generalisierte und globalisierte Faschismustheorie abgelöst, die im Faschismus kaum mehr zu erkennen vermag als die terroristische Herrschaft der Monopole. Aus der antiautoritären Kritik der Studentenbewegung sind autoritäre Kaderorganisationen entstanden, die von der Verdrängung der NS-Vergangenheit geprägt sind. Diese Entwicklung soll anhand der Rezeption der Kritischen Theorie seitens der antiautoritären Fraktion der Studentenbewegung zu den K-Gruppen rekonstruiert und analysiert werden.

Dabei geht es weniger um die gesellschaftlichen Veränderungen und Modernisierungen, die die sog. „68er" angestoßen haben, als darum, ihre selbst formulierten Ansprüche und Ziele ernst zu nehmen und zu untersuchen, ob sie in Theorie und Praxis einen Beitrag zur Emanzipation der Menschheit geleistet haben. Denn die Rezeption der Revolte als Modernisierung und Liberalisierung der Gesellschaft wird meist von denjenigen ihrer ehemaligen Aktivisten vertreten, die sich von ihren revolutionären Positionen verabschiedet haben, sich aber trotzdem positiv auf ihr früheres Engagement berufen wollen. So wird dann aus der Jugendbewegung der sechziger Jahre die „zweite Geburt der Demokratie in Deutschland".[6] Demgegenüber gilt es festzuhalten, daß die Träger der Revolte den revolutionären Umsturz der gesellschaftlichen Verhältnisse anstrebten. Der antiautoritäre Flügel der Studentenbewegung, wie auch die K-Gruppen, erhoben den Anspruch, einen grundlegenden sozialen Wandel herbeizuführen und zur Befreiung der Menschheit aus Unterdrückung, Ausbeutung und Entfremdung beizutragen – und das bedeutete selbstverständlich die revolutionäre Überwindung des kapitalistischen Systems und den Aufbau einer sozialistischen Gesellschaft, wenn sich auch die Sozialismuskonzeptionen im einzelnen deutlich unterscheiden.

Denselben Anspruch erhebt auch die Kritische Theorie, so etwa Max Horkheimer im Nachtrag zu seinem programmatischen Aufsatz „Traditionelle und Kritische Theorie" von 1937: „Bei aller Wechselwirkung zwischen der kritischen Theorie und den Fachwissenschaften, an deren Fortschritt sie sich ständig zu orientieren hat und auf die sie seit Jahrzehnten einen befreienden und anspornenden Einfluß ausübt, zielt sie nirgends bloß auf die Vermehrung des Wissens als solchem ab, sondern auf die Emanzipation des Menschen aus versklavenden Verhältnissen."[7] Wenn also im folgenden die Rezeption der Kritischen Theorie durch die Antiautoritären und der K-Gruppen analysiert wird, so wird implizit auch untersucht, ob sie ihren selbst gesetzten Ansprüchen gerecht werden. Es handelt sich folglich um eine immanente Kritik, wie sie Theodor W. Adorno als die einzig fruchtbare bestimmt hat.[8] Diese Arbeit greift so die Intentionen von Karl Marx und Rosa Luxemburg auf und will jene „rücksichtslose, grausame, bis auf den Grund der Dinge gehende Selbstkritik" leisten, von der Luxemburg sagt, sie sei „Lebensluft und Lebenslicht der proletarischen Bewegung"[9], eine Kritik, die so weit gehen muß „bis die Situation geschaffen ist, die jede Umkehr unmöglich macht und die Verhältnisse selbst rufen: Hic Rhodos, hic salta! Hier ist die Rose, hier tanze!"[10]

Um Unklarheiten zu vermeiden, soll noch auf eine Sprachregelung hingewiesen werden: Da es in der Geschichte Deutschlands eine ganze Reihe von Parteien und Organisationen gab und gibt, die den traditionsreichen Namen „Kommunistische Partei Deutschlands“ verwenden, wird damit im weiteren nur die „historische“ KPD bezeichnet, die von 1919 bis 1933 und von 1945 bis 1956 legal, dann bis 1968 illegal bestand. Die aus der Studentenbewegung hervorgehende „KPD/Aufbauorganisation“ (KPD/AO) wird dagegen durchgehend als KPD/AO bezeichnet, auch nachdem sie 1971 den Zusatz „Aufbauorganisation“ ablegte und fortan als KPD agierte. Auch die „KPD/Marxisten-Leninisten“ (KPD/ML), die nach der Auflösung der KPD/AO 1980 den freiwerdenden Namen KPD übernimmt, wird konsequent als KPD/ML benannt.

Die vorliegende Studie basiert auf meiner 2009 bei Frau Prof. Dr. Ingeborg Villinger eingereichten Dissertation „Von Adorno zu Mao. Die Rezeption der Kritischen Theorie und die Auseinandersetzung mit der nationalsozialistischen deutschen Vergangenheit von der antiautoritären Fraktion zu den K-Gruppen“. Die Quellen, auf deren Auswertung sie in großem Maße basiert, stammen in erster Linie aus den Beständen des „Archivs Soziale Bewegungen“ in Freiburg, deren Mitarbeitern ich zu großem Dank verpflichtet bin.

Studentenbewegung und Kritische Theorie

Die Kritische Theorie

Die Kritische Theorie, die in den sechziger Jahren das Etikett „Frankfurter Schule“ angeheftet bekam, verbindet wesentlich drei Denktraditionen in sich: Die Philosophie von Rousseau bis Hegel, die Kritik der politischen Ökonomie von Karl Marx und die Freudsche Psychoanalyse. Auf dieser Grundlage wird versucht, fächerübergreifend eine kritische Theorie der Gesellschaft zu erarbeiten. Von verschiedenen wissenschaftlichen Arbeitsgebieten kommend, synthetisiert die Kritische Theorie Philosophie, Soziologie, Psychologie, Ökonomie, Jurisprudenz, Literaturwissenschaft, Musikwissenschaft, Kulturwissenschaft und Politikwissenschaft. Kritische Theorie versteht sich in der Nachfolge eines kritischen Marxismus, der sich seiner Versäumnisse und seines historischen Scheiterns bewußt ist.[11] Theodor W. Adorno faßt dies im ersten Satz seiner „Negativen Dialektik“ so zusammen: „Philosophie, die einmal überholt schien, erhält sich am Leben, weil der Augenblick ihrer Verwirklichung versäumt ward.“[12]

Paradigmatische Gestalt gewinnt die Kritische Theorie im seit 1930 von Max Horkheimer geleiteten Frankfurter „Institut für Sozialforschung“ und in der „Zeitschrift für Sozialforschung“. Das Institut wurde ursprünglich von Felix Weil gegründet, um es eines Tages dem siegreichen deutschen Rätestaat übergeben zu können. Der Schwerpunkt der Forschung besteht daher zu dieser Zeit in der Aufarbeitung der Geschichte der Arbeiterbewegung und des Sozialismus. Die meisten damaligen Mitarbeiter sind jüdischer Herkunft und stehen der „Kommunistischen Partei Deutschlands“ (KPD) nahe. Erst mit der Übernahme der Leitung durch Max Horkheimer verlagert sich der Forschungsschwerpunkt von der Geschichte der Arbeiterbewegung zur Theorie der Gesellschaft. Von nun will das Frankfurter Institut die Totalität der gesellschaftlichen Verhältnisse erfassen. Dieser Anspruch geht über eine rein ökonomiekritische Analyse hinaus und umfaßt auch den kulturellen und sozialpsychologischen Bereich.

Die erste Generation der Mitarbeiter muß nach dem Machtantritt der Nationalsozialisten Deutschland verlassen und findet sich größtenteils im Exil in den USA wieder. Zu den Mitarbeitern des Instituts gehören, wenn auch die meisten nur zeitweilig, Theodor W. Adorno, Erich Fromm, Herbert Marcuse, Walter Benjamin, Friedrich Pollock, Franz L. Neumann, Leo Löwenthal und einige mehr. Im amerikanischen Exil forschen sie in groß angelegten empirischen Projekten über Autoritarismus und Antisemitismus. Damit knüpfen sie an bereits in Europa begonnene Arbeiten an, die etwa die Anfälligkeit von Arbeitern und Angestellten für autoritäre Krisenlösungsstrategien zum Gegenstand hatten.[13] Die Ergebnisse der Untersuchungen und die Erfahrungen mit dem Nationalsozialismus werden von nun an das Denken der Kritischen Theorie maßgeblich bestimmen. Ende der vierziger, Anfang der fünfziger Jahre kehren Horkheimer und Adorno nach Frankfurt zurück und bauen hier das „Institut für Sozialforschung" wieder auf. Die meisten der ehemaligen Mitarbeiter bleiben jedoch in den USA, sodaß ein neuer Kader herangebildet werden muß, aus dem die zweite Generation der Kritischen Theorie wird.

Dieser kurze Überblick über die Geschichte der Frankfurter Schule zeigt schon, daß es problematisch ist von „der" Kritischen Theorie zu sprechen, da an ihrer Ausarbeitung viele Personen zu unterschiedlichen Zeiten beteiligt sind, die zum Teil auch in ganz verschiedenen wissenschaftlichen Bereichen arbeiten. Auch verändert sich die Programmatik der Kritischen Theorie im Laufe ihrer Existenz. Das ursprüngliche Konzept eines interdisziplinären Materialismus verliert später gegenüber der Zentralität einer negativen Geschichtsphilosophie an Bedeutung.[14]

Als verbindende Elemente der ersten Generation der Kritischen Theorie können gleichwohl zwei Punkte angeführt werden: Erstens der prägende Einfluß, den die Erfahrung des Nationalsozialismus auf das Denken der kritischen Theoretiker ausgeübt hat, und zweitens die Zugehörigkeit zu einer philosophischen Richtung, die man als „Westlichen Marxismus"[15] bestimmen kann. Dieser Begriff ist brauchbar, „um bestimmte Strömungen der marxistischen Philosophie zu bezeichnen, die sich in Westeuropa nach dem Ersten Weltkrieg entwickelt haben und sich von der ‚östlichen' marxistischen Orthodoxie, d.h. der sowjetischen unterscheiden (oder in Opposition zu ihr treten). Die meisten Autoren sehen in Lukács und seinem Werk 'Geschichte und Klassenbewußtsein' (1923) den Ausgangspunkt des westlichen Marxismus, zu dem auch Karl Korsch, Antonio Gramsci, Ernst Bloch, die Frankfurter Schule u.a. gezählt werden."[16] Als Gemeinsamkeiten des westlichen Marxismus können gelten: „Verschiebung des Interesses von Ökonomie und Politik zur Philosophie; Trennung von Theorie und Praxis; pessimistische Geschichtsauffassung; subtile und wegweisende Analysen von Kunst und Kultur. Insgesamt bilde der westliche Marxismus eine intellektuelle Tradition, die sich in einer Periode der Niederlage und infolgedessen getrennt von den Massen und dem politischen Kampf für den Sozialismus entwickelt hat – ungeachtet ihrer radikalen, antikapitalistischen und antireformistischen Orientierung."[17]

Einen Versuch, die Kritische Theorie, bzw. das, was sie leisten soll, zu bestimmen, gibt Horkheimer in seinem 1937 veröffentlichten Aufsatz „Traditionelle und kritische Theorie".[18] Darin stellt Horkheimer diese theoretischen Perspektiven einander gegenüber. Traditionelle Theorie abstrahiert sich demnach aus dem wissenschaftlichen Betrieb und zielt auf ein rein mathematisches Zeichensystem ab. Ihr Vorbild ist die Naturwissenschaft; wie diese operiert sie mit Konditionalsätzen, die auf die gegebene Situation angewandt werden, und sie versucht, objektiv und wertneutral zu sein. Kritische Theorie ist sich dagegen des gesellschaftlichen Orts bewußt, von dem aus sie agiert, und hat außerdem ein bewußtes Interesse: „Die Selbsterkenntnis des Menschen in der Gegenwart ist jedoch nicht die mathematische Naturwissenschaft, die als ewiger Logos erscheint, sondern die vom Interesse an vernünftigen Zuständen durchherrschte kritische Theorie der bestehenden Gesellschaft."[19]

Während die traditionelle Theorie also an der Aufrechterhaltung des Bestehenden mitwirkt, versucht die Kritische Theorie die bestehenden Verhältnisse zu revolutionieren. Dabei wirkt sie parteiisch, ungerecht und hat keine materiellen Leistungen vorzuweisen. Auch läßt sich ihre Richtigkeit erst nach der Aufhebung des gesellschaftlichen Unrechts erweisen. Sie ist daher, so schreibt Horkheimer, „[...] ein einziges entfaltetes Existenzialurteil."[20] Die Kritische Theorie hat sich mit dieser Konzeption zwar von der traditionellen marxistischen Theorie, wie sie von der sozialdemokratischen und leninistischen Rezeption vertreten wird, deutlich entfernt, sie hält aber trotzdem und gerade deshalb am Prinzipiellen der Marxschen Überlegungen fest. Dies Prinzipielle besteht in der konkreten Kritik der entfremdeten und entfremdenden gesellschaftlichen Verhältnisse, wie sie Marx als kategorischen Imperativ definiert, „alle Verhältnisse umzuwerfen, in denen der Mensch ein erniedrigtes, ein geknechtetes, ein verlassenes, ein verächtliches Wesen ist."[21]

Während der Horkheimer-Kreis in der Weimarer Republik und im amerikanischen Exil weitgehend isoliert bleibt, gelingt ihm in den folgenden Jahrzehnten eine beachtliche Verbreitung seiner Gedanken. Sowohl die nach Deutschland zurückkehrenden Mitarbeiter des Instituts als auch die in den USA verbleibenden prägen die wissenschaftlichen, politischen und kulturellen Debatten der fünfziger bis siebziger Jahre maßgeblich.[22] Vor allem der in Kalifornien lehrende Marcuse wird zeitweilig zu einer Persönlichkeit von öffentlichem Interesse.

Ende 1949, Anfang 1950 kommen Horkheimer und Adorno aus dem US-amerikanischen Exil in die Bundesrepublik Deutschland zurück. Sie bauen in Frankfurt das „Institut für Sozialforschung" wieder auf und übernehmen verschiedene Lehrtätigkeiten an der Frankfurter Johann Wolfgang Goethe-Universität. Horkheimer ist von 1951 bis 1953 sogar Rektor der Universität. Da die meisten Mitarbeiter der Vorkriegs- und Exilzeit in den USA bleiben, muß in Deutschland ein Arbeitszusammenhang geschaffen werden, dem u.a. Ludwig von Friedeburg, Oskar Negt, Heinz Maus und Jürgen Habermas angehören.

Zu den Zielen ihrer Lehrtätigkeit sagt Horkheimer: „Aber ich bin überzeugt, daß man mithelfen kann, eine Studentengeneration heranzubilden, die so fühlt, wie wir es gewohnt sind."[23] Diese Hoffnung scheint sich für Horkheimer auch zu erfüllen, denn er reagiert ausgesprochen erfreut auf die Studentenbewegung der fünfziger Jahre, die sich vor allem gegen die Tätigkeit des ehemaligen NS-Propagandafilmers Veit Harlan und für die Verständigung mit Israel und den Juden engagiert. Auch Adorno ist positiv überrascht über die Fähigkeit und die Bereitschaft der deutschen Studierenden, sich auf die Reflexion philosophischer Grundlagentexte einzulassen.

In dieser Situation gelingt es den Remigranten sehr schnell, sich in der Bundesrepublik zu etablieren. Dies hat allerdings auch zur Folge, daß vor allem Horkheimer als Institutsleiter bemüht ist, nicht durch allzu zu radikales Auftreten negative Reaktionen hervorzurufen. Er befürchtet, daß die gerade erst etablierte, von den Alliierten garantierte demokratische Ordnung auf eine zu offensichtliche Kritik mit dem Rückfall in antidemokratische Verhaltensweisen reagieren würde. Diese Institutspolitik führt zu internen Auseinandersetzungen mit den jüngeren Mitarbeitern. So beschäftigt sich Adornos Assistent Jürgen Habermas schon seit Ende der fünfziger Jahre mit Hochschulpolitik, ist Mitglied der „Sozialistischen Förder-Gesellschaft der Freunde, Förderer und ehemaligen Mitglieder des SDS" und beteiligt sich aktiv an der Bewegung „Kampf dem Atomtod" gegen die drohende atomare Bewaffnung der Bundeswehr. Dies und seine theoretischen Arbeiten stoßen bei Horkheimer auf Kritik und führen zur zeitweilgen Trennung Habermas' vom Institut. In einem Brief an Adorno begründet Horkheimer seine Bedenken.[24] Er wirft Habermas vor, sich mit reiner Philosophie in einen Gegensatz zur Kritischen Theorie zu begeben. Außerdem verwirft er dessen Anspruch einer „auf empirische Sicherung bedachten revolutionären Geschichtsphilosophie"[25]. Für Horkheimer dagegen kann Revolution nach der Erfahrung von Nationalsozialismus und Stalinismus unter den gegenwärtigen gesellschaftlichen Bedingungen nur den Übergang zum Terror bedeuteten. Diese Trennung ist aber nicht von langer Dauer. Schon 1964 kehrt Habermas, von Adorno unterstützt, nach Frankfurt zurück und übernimmt Horkheimers Lehrstuhl für Philosophie und Soziologie. Horkheimer, inzwischen emeritiert, hat sich auf seinen Ruhesitz in die Schweiz zurückgezogen und wird deshalb weniger stark in die Auseinandersetzungen mit der Studentenbewegung hineingezogen als die anderen Vertreter der Kritischen Theorie.

Allerdings lassen sich die Veränderungen der Positionen der Kritischen Theorie nicht nur mit dem Anpassungsdruck auf die inzwischen erfolgreichen Wissenschaftler erklären. Von der frühen Kritischen Theorie der Weimarer Republik zu den späten Schriften lassen sich deutliche Brüche feststellen. So verschiebt sich in Horkheimers und Adornos Publikationen die Perspektive vom ökonomisch dominierten Klassenkampf hin zum Kampf zwischen Mensch und Natur. Folglich schwindet für sie auch die Möglichkeit eines historischen Subjekts, das in der Lage wäre, vernünftige gesellschaftliche Verhältnisse zu errichten.[26] Die Erfahrung des Nationalsozialismus, aber auch die Pervertierung des Marxismus durch den Stalinismus und der totalisierende Zugriff der Kulturindustrie auf die Individuen im Spätkapitalismus lassen in den Augen Adornos und Horkheimers keinen Raum mehr für gesellschaftsverändernde Praxis. Dieser Absage an die praktische Betätigung stellen sie das kritische Denken entgegen, die einzige Möglichkeit, in der die Idee der Befreiung noch aufgehoben ist: „Demgegenüber ist der kompromißlos kritisch Denkende, der weder sein Bewußtsein überschreibt noch zum Handeln sich terrorisieren läßt, in Wahrheit der, welcher nicht abläßt.“[27] Diese pessimistische Implikation ihres Denkens wird in der Folgezeit zu einem der Hauptkritikpunkte der protestierenden Studierenden werden und Ausgangspunkt vieler Konflikte.

Die Entstehung der Studentenbewegung und der Neuen Linken in der Bundesrepublik

Die Studentenbewegung der 1960er Jahre entsteht, wie andere soziale Bewegungen auch, nicht spontan aus dem Nichts. Die ökonomisch-gesellschaftlichen Voraussetzungen, die kontinuierliche Arbeit kleiner Gruppen und anderer sozialer Akteure bereiten die sozialen Bewegungen vor. Im folgenden soll der sich selbst als antiautoritär verstehende Flügel der Bewegung im Vordergrund stehen, der für die Rezeption der Kritischen Theorie von besonderer Bedeutung ist und außerdem das Bild der Studentenrevolte maßgeblich prägt. Die Darstellung wird sich auf den SDS konzentrieren, auch wenn dieser nicht mit der Studentenbewegung identisch ist. Denn der SDS avancierte zum organisatorischen Repräsentanten und Kristallisationspunkt der studentischen Protestbewegung.

Der SDS wird im September 1946 als ein der SPD nahe stehender Studentenverband gegründet.[28] Bis zum Ende der fünfziger Jahre ist er eine weitgehend parteitreue Studentenorganisation, die gute Aufstiegschancen in der Politik bietet. Erst Ende der fünfziger Jahre setzt sich innerhalb des SDS die Linke durch. Eine stärker allgemeinpolitische Orientierung, die über die Belange der Hochschulpolitik hinausgeht, wird nun prägend. Wichtige Themen des SDS sind, neben den Aktivitäten an den Hochschulen, antifaschistische Proteste, Bemühungen um eine „Wiedergutmachung" an Israel und die Teilnahme an den Protesten gegen die drohende Atombewaffnung der Bundeswehr. Diese Orientierung und der nun deutlich linkere Kurs führen zu verstärkten Spannungen mit der SPD. Als sich dann auf zwei Kongressen gegen Atomrüstung, Restauration und Militarismus die sog. „konkret"-Fraktion des SDS durch geschicktes Taktieren durchsetzt und Resolutionen verabschiedet werden, die unter anderem Verhandlungen mit der DDR verlangen, beschließt die SPD 1961 die Unvereinbarkeit der Partei, dem SDS und der „Sozialistischen Fördergesellschaft der Freunde, Förderer und ehemaligen Mitglieder des Sozialistischen Deutschen Studentenbundes e. V.". Dem SDS nützt es nun auch nichts mehr, daß er seinerseits die Mitarbeit an der Zeitschrift „konkret" mit dem SDS für unvereinbar erklärt. Die Brücken zwischen SPD und SDS sind abgebrochen.

Dies führt zu einer weiteren Radikalisierung des SDS und zu einer Annäherung an die internationale Bewegung der „Neuen Linken", die zu Beginn der sechziger Jahre zuerst in Großbritannien und Frankreich entsteht. Dort gründen sich kleine intellektuelle Zirkel um Zeitschriften wie „New Left Review", „Socialisme ou Barbarie" und „Arguments". Diese Strömung orientiert sich an den dissidenten Theoretikern der historischen Arbeiterbewegung wie etwa dem Westlichen Marxismus, dem auch die Kritische Theorie zuzurechnen ist. Die Herausbildung dieses neuen linken Denkens ist weltweit konstitutiv für die 68er-Bewegungen.[29] Gemeinsam ist diesen Gruppierungen die Abgrenzung von den traditionellen Organisationen der Arbeiterbewegung, egal, ob sozialdemokratischer, sozialistischer oder stalinistischer Prägung. Es gibt zwar keinen inhaltlich verbindlichen Konsens der Neuen Linken, aber es lassen sich doch einige theoretische Gemeinsamkeiten und Abgrenzungspunkte zur alten Linken festhalten:[30]

Erstens eine Neuinterpretation der Marxschen Theorie. Unter Rückgriff auf die Marxschen Frühschriften betont die Neue Linke in erster Linie den Begriff der Entfremdung, nicht den der Ausbeutung. Durch die Verbindung mit dem Existenzialismus und der Psychoanalyse soll die traditionalistische Marx-Interpretation aufgebrochen werden. *Zweitens* wird diese Analyse über die Produktionssphäre hinaus auf die gesamte Gesellschaft angewandt, d.h. auch Freizeit und Familie, die sozialen und sexuellen Beziehungen des Einzelnen sollen revolutioniert werden. *Drittens* wird das Individuum stärker betont. Es soll durch die Erprobung neuer Kommunikations- und Lebensformen schon in den bestehenden Verhältnissen zukünftige vorwegnehmen. *Viertens* versteht sich die Neue Linke als Bewegung und nicht als Partei. Ihre Strategie ist die der direkten Aktion. *Fünftens* erkennt die Neue Linke einen neuen Träger des sozialen Handelns. Nicht mehr das Industrieproletariat wird als revolutionäres Subjekt angesehen, sondern der Anstoß zur Transformation soll von der jungen Intelligenz, den gesellschaftlichen Randgruppen und der sog. „Neuen Arbeiterklasse“ kommen.

Alle diese Punkte werden seit 1960 im SDS intensiv diskutiert. Man kann deshalb von der Phase des „Seminarmarxismus“[31] sprechen, in der vor allem interne Schulung betrieben wird. Dabei findet die Wieder- und Neuaneignung der im Nationalsozialismus zerstörten Denktraditionen und Denkbewegungen statt, des Marxismus, der Kritischen Theorie und der Psychoanalyse.[32] Die antiautoritäre Fraktion der Studentenbewegung entwickelt sich dadurch zur Neuen Linken in Deutschland. Eine bedeutende Rolle bei der Herausbildung des antiautoritären Flügels des SDS in Berlin spielt dabei der schon seit der Weimarer Republik aktive Rätekommunist Willy Huhn,[33] der gemeinsam mit dem marxistischen Vordenker des frühen SDS, Michael Mauke,[34] den jungen Leuten die marxsche Kritik der politischen Ökonomie näher bringt.

Neben dem SDS richtet auch der „Argument-Club“ Arbeitskreise zur Diskussion dieser dissidenten marxistischen Theorien ein. Der „Argument-Club“ entsteht aus der gleichnamigen Zeitschrift, die 1959 nach Kontakten mit der französischen Nouvelle Gauche gegründet wird, und beide gewinnen eine wichtige Funktion für die theoretische Orientierung der Studentenbewegung in Berlin. Darüberhinaus erscheinen Artikel und Aufsätze, die sich mit der Kritischen Theorie auseinandersetzen, in allen wichtigen Zeitschriften der studentischen Linken, in der „Neuen Kritik“, dem Organ des SDS, der Frankfurter Studentenzeitschrift „Diskus“ und eben im „Argument“. Welchen Einfluß sie auf den antiautoritären Flügel der Studentenbewegung ausübt, zeigt sich schon an ihrer Selbstbezeichnung als „antiautoritär“, einer unmittelbaren Konsequenz aus der Zentralität des Autoritätsbegriffs für die Gesellschaftsanalyse der Kritischen Theorie.[35] Durch die Rezeption der Kritischen Theorie wird den Studenten auch möglich, Ansätze der intellektuellen Linksopposition im Marxismus, wie sie von Georg Lukács und Karl Korsch formuliert wurden, aufzunehmen und an die Tradition des in Vergessenheit geratenen Rätekommunismus anzuknüpfen.

Ein weiterer Impuls zur Radikalisierung und Stärkung des antiautoritären Flügels des SDS kommt von außen: Im November 1958 gründet sich in München die Gruppe SPUR als deutsche Sektion der „Situationistischen Internationale“[36], einer in der Tradition des Dadaismus, Surrealismus und Lettrismus stehenden Gruppierung der französischen Neuen Linken, die sich über ganz Europa ausbreitet. Aus der stark von der Kritischen Theorie beeinflußten deutschen Sektion[37] geht dann im November 1963 die „Subversive Aktion“ hervor, die sich überwiegend aus dem studentischen Umfeld rekrutiert und mittels provokanter Aktionsformen öffentliche Aufmerksamkeit erregt. Im Mai 1964 führt die „Subversive Aktion“ zwecks Mitgliederwerbung eine Plakataktion mit unautorisierten Adorno-Zitaten durch.[38] Den Zitaten, die die Totalität der verwalteten Welt diagnostizieren, wird entgegengehalten: „Wir glauben, daß Wissen nicht Bewältigung ist. Wenn auch Ihnen das Mißverhältnis von Analyse und Aktion unerträglich ist, schreiben Sie.“[39] Es melden sich zwei Studenten, die später eine bedeutende Rolle in der Studentenbewegung spielen werden: Rudi Dutschke und Bernd Rabehl. Sie werden Mitglied der Berliner Mikrozelle der „Subversiven Aktion“, die Ende 1964, Anfang 1965 dem SDS beitritt, um ihn zu unterwandern.

Die Schulungen und der Bezug auf die Neue Linke stärken den antiautoritären Flügel des SDS. Ihm stehen die sog. „Traditionalisten“ gegenüber, bzw. die nach ihrem Selbstverständnis an Marx und Lenin orientierten Gruppierungen. Spätestens seit 1966 gelingt es jedoch den Antiautoritären, die Oberhand in dem immer noch sehr heterogenen Studentenbund zu gewinnen und die mit der illegalen KPD sympathisierende traditionalistische Strömung zurückzudrängen, eine Entwicklung, die sich exemplarisch an der Auseinandersetzung um ein verbindliches Schulungsprogramm des SDS ablesen läßt. Auf der XXI. Ordentlichen Delegiertenkonferenz im September 1966 in Frankfurt am Main stellen Kurt Steinhaus und Frank Deppe aus Marburg, die der traditionalistischen Fraktion angehören, ihr Konzept vor, das sie im Auftrag des Bundesvorstands entworfen hatten. Dagegen legt Rudi Dutschke ein Programm vor, das als „Ausgewählte und kommentierte Bibliographie des revolutionären Sozialismus von Karl Marx bis in die Gegenwart" als Sondernummer der internen „SDS-Korrespondenz" erscheint.[40] Der Vorschlag der Marburger wird daraufhin von der Mehrheit der Delegierten abgelehnt. In Dutschkes Bibliographie sind die Grundlagen der antiautoritären Theorie systematisch zusammengetragen, von den seit wenigen Jahren vorliegenden Marxschen Frühschriften bis zu den Texten des Westlichen Marxismus, darunter auch die Schriften der Kritischen Theorie. Zu den ideologiekritischen Schriften Horkheimers und Adornos, die nach dem 2. Weltkrieg erschienen sind, bemerkt Dutschke, diese seien so bekannt, „daß sich eine bibliographische Aufzählung und Kommentierung erübrige."[41] Allerdings finden sich mit Mao Tse-tung und Che Guevara auch zwei Revolutionäre, die schon auf die spätere Entwicklung der Studentenbewegung verweisen.

Neben den Schulungen sind es vor allem die spektakulären, von der US-amerikanischen Bürgerrechtsbewegung übernommenen Aktionsformen, die den Antiautoritären Zulauf verschaffen. Aber auch der Anspruch, daß die Revolutionierung der Gesellschaft die Revolutionierung der eigenen Persönlichkeit einschließt, der sich etwa in den Kommuneprojekten ausdrückt, erhöht ihre Attraktion. Dabei ziehen sie nicht nur Konsequenzen aus den Forschungen des IfS zur Entstehung des autoritären Charakters, sondern sie nehmen überdies Rekurs auf Marx' und Engels' Diktum: „In der revolutionären Tätigkeit fällt das Sich-Verändern mit dem Verändern der Umstände zusammen."[42] Deutlich wird die Dominanz der Antiautoritären mit der 22. Delegiertenkonferenz des SDS im September 1967, auf der mit den Gebrüdern Wolff zwei ihrer Vertreter zum ersten Bundesvorsitzenden und seinem Stellvertreters gewählt werden. Auch im politischen Beirat dominieren sie jetzt.

Die unterschiedlichen Strömungen des SDS machen sich meist an bestimmten Ortsgruppen fest; so ist z.B. Marburg das Zentrum der Traditionalisten, die sich an dem an der Philipps-Universität lehrenden marxistischen Politikwissenschaftler Wolfgang Abendroth orientieren.[43] In Berlin dagegen dominieren die Antiautoritären um Rudi Dutschke, Bernd Rabehl, Christian Semmler und einigen andere. Die Frankfurter Ortsgruppe ist, nicht zuletzt aufgrund der Präsenz von Horkheimer und Adorno, die am stärksten von der Kritischen Theorie beeinflußte. Paradigmatisch dafür steht der Umstand, daß der theoretische Kopf des antiautoritären Flügels, Hans-Jürgen Krahl, bei Adorno Philosophie studiert. Detlev Claussen sieht in ihm sogar die dritte Generation Kritischer Theorie.[44]

Die Rezeption der Kritischen Theorie durch die Studentenbewegung bis 1968

Horkheimers „Autoritärer Staat" und die Faschismusdiskussionen im Institut für Sozialforschung

Für die Theoriebildung der antiautoritären Studenten sind vor allem die Frühschriften Max Horkheimers von Bedeutung. Nach Einschätzung Wolfgang Kraushaars fungiert dessen 1934 unter dem Pseudonym Heinrich Regius veröffentlichtes Buch „Dämmerung", im SDS „wie eine Art linker Katechismus."[45] Die deutlichsten Spuren im Denken der studentischen Bewegung hinterläßt jedoch sein 1940 verfaßter Aufsatz „Autoritärer Staat"[46], eine Analyse des Staatskapitalismus, die nicht zuletzt wegen der Diskussion über die Notstandsgesetze zentral wird. Ohne diesen Aufsatz ist auch ein anderer „Bestseller" der Studentenbewegung undenkbar, die 1967 veröffentlichte „Transformation der Demokratie"[47] des Berliner Politikwissenschaftlers Johannes Agnoli.

Nach Horkheimer stellt die Phase des Staatskapitalismus die Form kapitalistischer Vergesellschaftung dar, die historisch auf den Monopolkapitalismus folgt, der seinerseits die freie Marktwirtschaft abgelöst hat. Eine wichtige Rolle bei der Durchsetzung des autoritären Staates spielt die Bürokratie: „Die Bürokratie bekommt den ökonomischen Mechanismus wieder in die Hand, der unter der Herrschaft des reinen Profitprinzips der Bourgeoisie entglitt."[48] Nach Horkheimer ist „die konsequenteste Art des autoritären Staats, die aus jeder Abhängigkeit vom privaten Kapital sich befreit hat, [...] der integrale Etatismus oder Staatssozialismus."[49] Diese Umschreibung benutzt Horkheimer für die Sowjetunion. Er sieht in der UdSSR die konsequenteste Realisierung einer Tendenz, die sowohl in den faschistischen, als auch in den nicht-faschistischen Staaten des Westens ausgeprägt ist, daß nämlich die außerökonomische Zwangsgewalt zur ökonomischen Potenz wird und der intervenierende, dirigistische Staat damit zum ideellen Gesamtkapitalisten, so wie es Friedrich Engels bereits im 19. Jahrhundert beschrieben hat.[50] Die Bevölkerung wird dabei in erster Linie mittels Manipulation in den autoritären Staat integriert, nicht mehr, wie in früheren Epochen, durch Anwendung unmittelbarer Gewalt. In Bolschewismus, Faschismus und Reformismus erblickt Horkheimer verschiedene Ausprägungen des autoritären Staates, die er jedoch keinesfalls gleichsetzt. Auch die Arbeiterbewegung, die im Liberalismus dem kapitalistischen System noch antagonistisch gegenüberstand, hat sich inzwischen eingegliedert. Dies ist nicht nur der Gewalt der gesellschaftlichen Verhältnisse geschuldet, sondern gewissen Tendenzen der Arbeiterbewegung selber, die zum autoritären Staat hinstrebten: „Die dunkle Beziehung von Lassalle, dem Begründer der deutschen sozialistischen Massenpartei, und Bismarck, dem Vater des deutschen Staatskapitalismus war symbolisch. Beide steuerten zur staatlichen Kontrolle hin."[51]

Diese staatliche Kontrolle führt zum Primat der Politik über die Ökonomie, sodaß Horkheimer im autoritären Staat eine neue Form kapitalistischer Vergesellschaftung sieht. Diese in der Faschismusdiskussion des Instituts zuerst von Friedrich Pollock in seinen Aufsätzen „Staatskapitalismus" und „Ist der Nationalsozialismus eine neue Ordnung?"[52] formulierte Position bleibt jedoch nicht ohne Widerspruch. Vor allem Franz Neumann, Otto Kirchheimer und A. R. L. Gurlach behaupten gegen Pollock, Horkheimer und auch Adorno die These, daß das faschistische System die dem hochmonopolistischen Kapitalismus adäquate Organisationsform sei. Diese Kontinuität vom liberalen Konkurrenzkapitalismus zum faschistischen System untermauert vor allem Neumann mit detaillierten Analysen.[53] Mit dieser Kontroverse gibt das Institut für Sozialforschung die Richtschnur vieler folgender Diskussionen der undogmatischen Linken vor. Auch die Studentenbewegung wird sich daran abarbeiten.[54] Neben dieser staats- und ökonomiekritischen Analyse des Nationalsozialismus erarbeitet das Institut auch umfangreiche psychoanalytische Studien über die Charakterstruktur der faschismusanfälligen Persönlichkeit.[55] Auch diesen Ansatz wird die Studentenbewegung aufgreifen.

Wie nachhaltig die Kritische Theorie das Denken der antiautoritären Bewegung prägt, zeigt sich im sogenannten Organisationsreferat, das Rudi Dutschke und Hans-Jürgen Krahl auf der 22. Delegiertenkonferenz des SDS in Frankfurt vom 4.-8. September 1967 halten. Darin knüpfen sie an Horkheimers Thesen an und beziehen sie auf die aktuelle wirtschaftliche Situation der Bundesrepublik. 1967 befindet sich die bundesdeutsche Wirtschaft zum ersten Mal in einer Rezession, und die Regierung versucht, sie mit Hilfe korporatistischer Instrumentarien wie der sog. „Konzertierten Aktion" zu überwinden. Diese zunehmende staatliche Intervention in den Produktionsprozeß analysieren Dutschke und Krahl als Vereinheitlichung von Produktion und Zirkulation, d.h. als System des integralen Etatismus, der die Vollendung des Monopolkapitalismus darstellt. Der integrale Etatismus ist allerdings noch nicht Staatskapitalismus, da die private Verfügungsgewalt über die Produktionsmittel beibehalten wird. Doch wie Horkheimer diagnostizieren sie die Ausschaltung der kapitalistischen Konkurrenz mittels der Symbiose von staatlicher und industrieller Bürokratie. Der Staat wird zum gesellschaftlichen Gesamtkapitalisten, die Gesellschaft zur staatlichen Gesamtkaserne[56], und die Tendenz zu antidemokratischen Entwicklungen wird offensichtlich. Die Protestbewegung wird dieser Analyse im Widerstand gegen die Notstandsgesetzgebung folgen, und im Mai 1968 organisiert der SDS im Anschluß an den Bonner Sternmarsch gegen die Notstandsgesetze einen Kongreß unter dem Motto: „Autoritärer Staat und Widerstand". Doch der Versuch scheitert, die Proteste und vor allem die Bündnispartner, die Gewerkschaften und Atomwaffengegner, zu radikalisieren.[57]

Um die Niederlage abzuwenden, hatte das Organisationsreferat vorgeschlagen, die direkten, bewußtseinskonstituierenden Aktionen zu verstärken, um die Manipulation der Bevölkerung und die Integration der Arbeiterbewegung zu durchbrechen. Damit stoßen sie allerdings auf Horkheimer Widerspruch, der in diesen Aktionen keinen emanzipatorischen Gehalt entdecken kann. Vielmehr fürchtet er antiamerikanische Tendenzen. Darum wird auch er zum Ziel studentischer Proteste, und der Frankfurter SDS wirft ihm sogar vor, seine Rechtfertigung des Vietnam-Kriegs sei in die „in die Apologie des Faschismus und Imperialismus umgeschlagenen Resignation"[58] vor. Dieser unreflektierte Gebrauch des Faschismusvorwurfs scheint Horkheimers Befürchtungen zu bestätigen, und desillusioniert notiert er: „Es ist nicht schwer vorauszusagen, daß die heutigen Rebellen, oder mindestens viele von ihnen, sich in eine neue totalitäre Ordnung begeistert einfügen würden."[59] Er begründet seine negative Einschätzung der emanzipatorischen Potentiale der Protestbewegung mit einer grundsätzlichen Überlegung: „Mein Pessimismus läßt sich besser verstehen, wenn man den Gedanken, den ich immer wieder ausgesprochen habe, den banalen Gedanken mit hineinnimmt, nämlich das Motto: Theoretisch Pessimist und politisch Optimist sein, das Schlimme erwarten und doch das Gute versuchen. Das bezieht sich in gewisser Weise auch auf die Kritische Theorie, nämlich: Das Schlimme aussprechen und versuchen, es in der Praxis zu verändern."[60]

Die Bedeutung des Antisemitismus für die Kritische Theorie

Während der dreißiger und frühen vierziger Jahre hat der Antisemitismus in der Faschismusdiskussion des Instituts noch keinen besonderen Stellenwert. Die Entstehung des Faschismus wird wesentlich aus den der spätbürgerlichen Gesellschaft inhärenten ökonomischen Entwicklungstendenzen abgeleitet. In der Sommerausgabe 1934 der „Zeitschrift für Sozialforschung" (ZfS), die die „erste interdisziplinäre Reaktion des Horkheimer-Kreises auf den Sieg des Nationalsozialismus"[61] darstellt, expliziert Herbert Marcuse eine Ideologiekritik der nationalsozialistischen Weltanschauung,[62] doch auch hier wird der Antisemitismus nicht besonders thematisiert. Sogar in der ersten Schrift des Instituts, die sich ausdrücklich auf die Lage der Juden bezieht, in Horkheimers Aufsatz „Die Juden und Europa",[63] wird er eklatant unterschätzt. Horkheimer beschreibt den Antisemitismus lediglich als Phänomen der Aufstiegsphase der faschistischen Bewegung, Das Regime benutze den Judenhaß zur Einschüchterung der Bevölkerung; die Arbeiterklasse dagegen spricht er frei: „Die Arbeiter in Deutschland, die durch die Schule einer revolutionären Denkart gegangen sind, haben den Pogromen mit Ekel zugesehen:"[64]

Diese Einstellung ändert sich in den folgenden Monaten rapide, zum einen durch die Nachrichten aus Europa, zum anderen durch die Zusammenarbeit des Instituts mit dem „American Jewish Commitee" (AJC). Diese Kooperation wird notwendig aufgrund der finanziellen Zwangslage, in der sich das Institut im amerikanischen Exil befindet, und aus dieser Zusammenarbeit gehen die fünf Bände der „Studies in Prejudice"[65] hervor. Wie sehr sich die Einschätzung des Antisemitismus geändert hat, zeigt ein Brief, den Adorno 1940 an Horkheimer richtet: „Mir geht es allmählich so, auch unter dem Eindruck der letzten Nachrichten aus Deutschland, daß ich mich von dem Gedanken an das Schicksal der Juden überhaupt nicht mehr losmachen kann. Oftmals kommt es mir so vor, als wäre all das, was wir unterm Aspekt des Proletariats zu sehen gewohnt waren, heute in furchtbarer Konzentration auf die Juden übergegangen."[66]

Ergebnis dieser veränderten Sichtweise sind die Studien des Instituts, die an die bereits in Europa geleistete Untersuchung des Autoritarismus anknüpfen[67], und jetzt rückt die Untersuchung des Antisemitismus in den Mittelpunkt des Interesses. In dem von Adorno und anderen veröffentlichten Buch „The Authoritarian Personality"[68] finden sich die Ergebnisse der in den USA durchgeführten quantitativen Sozialforschung des Instituts. Zur Auswertung wird die sog. F-(Faschismus) Skala, entwikkelt, mit deren Hilfe die antidemokratischen Züge der Charakterstruktur gemessen werden: „Moderner Antisemitismus ist demzufolge vor allem in modernem Autoritarismus und Grundprinzipien moderner Vergesellschaftung begründet; antisemitische Ideologie wird begriffen als eine moderne, sinnstiftende Bewußtseinsform, die in funktionaler Wechselbeziehung zu den psychosozialen Bedürfnissen und Ängsten (durch gesellschaftliche bzw. sozialisatorische Prozesse) autoritär entstellter Charaktere steht."[69] Die Kritische Theorie begreift so den Antisemitismus als das Produkt der Wechselwirkung gesellschaftlicher und psychologischer Ursachen. Während in den empirischen Studien in erster Linie seinen psychologischen Ursachen auf den Grund gegangen wird, legen Horkheimer und Adorno mit dem Kapitel „Elemente des Antisemitismus. Grenzen der Aufklärung" der „Dialektik der Aufklärung"[70] die erste theoretisch-philosophische Analyse des Antisemitismus vor. Dabei bestimmt sich die Kritik des Antisemitismus als Kritik der Gesellschaft, die ihn hervorbringt.[71] Denn der Antisemitismus sagt nichts über die wirklichen Juden aus, dafür umso mehr über die Antisemiten. Diese exekutieren an der verfolgten Minderheit eine fetischisierte Kritik der objektiv überflüssig gewordenen Herrschaft. Die Juden symbolisieren für sie all' das, was sie uneingestanden sich selbst ersehnen und sich verbieten, was aber die herrschende Ordnung zum Einsturz bringen würde. Der Antisemitismus ist für die Kritische Theorie also eine begriffslose Rebellion gegen die gesellschaftlichen Zustände, die von ihnen selbst hervorgebracht wird: „Der bürgerliche Antisemitismus hat einen spezifischen ökonomischen Grund: die Verkleidung der Herrschaft in Produktion."[72] Das Versprechung vom Glück ohne Macht, das die Aufklärung den Individuen gab, kann sie nicht einlösen, und deshalb erzeugt sie den Umschlag in die Barbarei. Antisemitismus ist deshalb kein Vorurteil, das mit besseren Argumenten allein überwunden werden könnte, sondern in der kapitalistischen Gesellschaftsordnung selbst begründet und in den Individuen verankert. Die Vernichtung der europäischen Juden durch die Deutschen wird daher für das Denken der Frankfurter Sozialforscher und Philosophen zum Zentrum ihrer Theorie. Adorno sagt es in der „Negativen Dialektik" so: „Hitler hat den Menschen im Stande ihrer Unfreiheit einen neuen kategorischen Imperativ aufgezwungen: ihr Denken und Handeln so einzurichten, daß Auschwitz nicht sich wiederhole, nichts Ähnliches geschehe."[73]

Auch die Genossen Adornos betonen stets die Zentralität, die die Vernichtung der europäischen Juden für die Kritische Theorie einnimmt. In einem seiner letzten Interviews vor seinem Tod 1979 sagt etwa Marcuse: „Es gibt ein Kriterium, an dem sich zeigt, wie sich heute authentische von nicht-authentischer Innerlichkeit unterscheidet; jede Verinnerlichung, jede veröffentlichte Erinnerung, die nicht die Erinnerung von Auschwitz festhält, die nicht von Auschwitz als belanglos desavouiert wird, ist Flucht, Ausflucht, und ein Begriff des Fortschritts, der nicht eine Welt begreift, in der Auschwitz immer noch möglich ist, ist (in schlechtem Sinne) abstrakt."[74]

Auch Hans-Jürgen Krahl erweist sich in dieser Hinsicht als konsequenter Schüler Adornos und als Fortsetzer der Kritischen Theorie, wenn er auf einem Teach-in erklärt: „Es gehört wahrscheinlich zu den zentralen Erfahrungsgehalten der Kritischen Theorie, zumal der Adornos, daß sie festgestellt hat, daß Auschwitz kontingent ist auch gegenüber den Kategorien der Kritik der politischen Ökonomie. Adorno hat Auschwitz zum Kontingenz-Begriff, zum Irrationalitätsbegriff von Geschichte gemacht; Auschwitz hat eine neue Situation in der Geschichte geschaffen; Auschwitz beugt sich auch nicht mehr unmittelbar den Kategorien der Warenakkumulation; Auschwitz hat Adorno zufolge das Schreckbild einer Menschheit ohne Erinnerung uns nahe gebracht. Ich glaube, daß das nicht nur feuilletonistische Erwägungen sind und anders gesagt, daß der scheinbare Feuilletonismus solcher Erwägungen sich daraus herleitet, daß er nicht mehr sich klassischen Kriterien rationaler Wissenschaftsüberlieferungen beugte, nicht einmal den Marxschen. Daß die Kommunisten in den Lagern von Auschwitz nichts gelernt haben, sondern gleichsam Arbeitsfrontkategorien und formaldemokratische Kategorien noch übernommen haben und von der Anschauung ihrer Henker affiziert worden sind, mag dafür ein Indiz sein. Auschwitz stellt uns auch in unserer Strategiediskussion vor eine neue Situation, weil es eine neue Qualität von Bewußtlosigkeit und Geschichtslosigkeit im Bewußtsein der Massen andeutet."[75]

Krahl betont in seinen Überlegungen den Stellenwert, den die Erfahrung der Massenvernichtung für die studentische Protestbewegung haben sollte. Der Holocaust sei mit den Kategorien der marxschen Kritik der politischen Ökonomie nicht mehr zu fassen und stelle so die Bewegung vor eine gänzlich neue Situation. Scharf kritisiert er die traditionalistische Linke , die aus dem Nationalsozialismus keine adäquaten Schlüsse gezogen habe, und er verwirft jede Strategie, die auf die Möglichkeit einer unvermittelten Aufklärung der Massen setzt. Denn das Bewußtsein der Massen nach Auschwitz ist geprägt von Geschichts- und Bewußtlosigkeit, ein Befund, der die Gefahr erneuter Barbarei bedeutet. Die Ergebnisse der ersten großen empirischen Studie des IfS nach seiner Rückkehr nach Deutschland bestätigen diese Befürchtung. In einer umfassenden Untersuchung, dem sog. „Gruppenexperiment", wird das politische Bewußtsein der Nachkriegsdeutschen erforscht. Die Auswertung zeigt, daß die Haltung eines großen Teils der Bevölkerung den von Deutschland begangenen Verbrechen durch Abwehrreaktionen gekennzeichnet bleiben.[76]

Für die Kritischen Theoretiker ist der Antisemitismus trotz seiner weitgehenden Ächtung nicht verschwunden, sondern hat sich lediglich in eine private Meinung gewandelt, die nur unter besonderen Umständen zum Vorschein kommt. Im „Gruppenexperiment“ ist es den Forschern zum Teil gelungen, diese untergründige Tendenz ans Licht zu bringen. Außerdem registriert die Kritische Theorie, daß sich im Nachkriegsdeutschland eine neue Form des Antisemitismus gebildet hat: der sekundäre Antisemitismus. „Der Begriff des ‚sekundären Antisemitismus’ steht bei der Kritischen Theorie für einen Antisemitismus nach und wegen Auschwitz, der sich aus Schuldabwehr und Erinnerungsverweigerung speist.“[77] Dagegen interveniert vor allem Adorno in zahlreichen Vorträgen, Radiobeiträgen und Aufsätzen, und zu Beginn der Studentenbewegung spielt diese Kritik eine große Rolle für die Aktivitäten des SDS.[78]

Für die theoretische Auseinandersetzung mit dem Antisemitismus und der nationalsozialistischen deutschen Vergangenheit sind die Forschungen des IfS zum Autoritarismus, besonders zur autoritären Charakterstruktur, von herausragender Bedeutung und im SDS schon seit Anfang der sechziger Jahre bekannt. Doch ihre Rezeption bedeutet nicht deren unkritische Übernahme. In einer Diskussion mit Adorno im Hessischen Rundfunk kritisiert Hans-Jürgen Krahl das Fehlen einer klassentheoretischen Bestimmung und führt zum Beleg die Forschungen zum Autoritarismus an. Krahl bemängelt, daß die Untersuchungen von der bürgerlichen Familie und einem bürgerlichen Begriff von Individualität ausgehen und damit die Wirklichkeit proletarischer Lebensverhältnisse verfehlen.[79] Auch für Rudi Dutschke besteht auch nach der Niederlage des Nationalsozialismus kein Grund, an der Wirkmächtigkeit der autoritären Persönlichkeitsstrukturen zu zweifeln. „Diese Persönlichkeitsgrundlage des Faschismus wurde auch durch die äußerliche Niederlage des Faschismus in Deutschland nicht überwunden, konnte vielmehr im wesentlichen ungebrochen in Antikommunismus transformiert werden.“[80] Er erhofft sich, daß es durch Selbsterziehung und Selbstaufklärung in den antiautoritären Aktionen zur Zerstörung der autoritären Charakterstrukturen der daran Beteiligten kommen werde. Auffällig ist, daß Dutschke dem Antisemitismus keinerlei Bedeutung mehr beimißt, sondern konstatiert, er habe sich in Antikommunismus transformiert. Der von der Kritischen Theorie entwickelten Konzeption des autoritären Charakters geht damit ein wesentliches Moment verloren. Das Spezifische des Nationalsozialismus, der eliminatorische Antisemitismus, wird vielmehr im Universalbegriff des Faschismus negiert.

Die Protestbewegung zieht aus den Analysen zum autoritären Charakter auch den Schluß, es bedürfe einer antiautoritären Erziehung und neuer Formen des Zusammenlebens. Wie unmittelbar wirksam die Theorien der Frankfurter Schule für diesen Versuch sind, verdeutlicht sich an der Person Monika Seiferts, die als Mitarbeiterin am IfS und Mitorganisatorin seines Arbeitskreises „Autorität und Familie" 1967 den ersten Kinderladen mitbegründet, der die antiautoritäre Erziehung praktiziert. Im folgenden werden unzählige weitere Kinderläden eröffnet, die dafür sorgen sollen, daß die nachwachsende Generation nicht erneut autoritär wird.[81] Auch die an der Protestbewegung beteiligten Jugendlichen und Erwachsenen versuchen, wie von Dutschke vorgeschlagen, durch Selbstaufklärung vermittels Aktion einerseits, andererseits durch neue Lebensformen wie Kommunen und politische Wohngemeinschaften ihre autoritären Persönlichkeitsstrukturen aufzubrechen. Für die SDS'lerin Heide Berndt stellen diese Versuche eine „praktische Umsetzung der Einsichten kritischer Gesellschaftstheorie, wie sie vom Institut für Sozialforschung [...] formuliert worden waren",[82] dar, wobei die Aufarbeitung der deutschen Vergangenheit stets das zentrale Motiv sei.

Marcuse und die Frage nach dem revolutionären Subjekt

Anders als Max Horkheimer solidarisiert sich Herbert Marcuse von Anfang an mit den studentischen Protestbewegungen und begreift sich, sowohl in den USA,[83] wo er lebt und lehrt, als auch in Westeuropa, wohin er häufig reist, als Teil der Bewegungen. Über das Verhältnis seiner Gesellschaftsanalyse zu den Aktivitäten der internationalen Neuen Linken schreibt er im Vorwort von „Versuch über die Befreiung": „Die Koinzidenz einiger in meinem Essay vorgeschlagenen Gedanken mit den von den jungen Rebellen formulierten war für mich sehr eindrucksvoll."[84] Während der antiautoritären Revolte wird Marcuse von den Medien als das „Idol der Studenten"[85] beschrieben, was seine herausragende Bedeutung unterstreicht. Seine Studie „Der eindimensionale Mensch"[86] wird zu einem Bestseller, und als er 1967 an der Freien Universität in Berlin vier Abende in Folge über „Das Ende der Utopie" spricht, hören immer an die 2.500 Studenten zu. Marcuse spricht häufig auf Kongressen der Außerparlamentarischen Opposition, wie z.B. schon 1966, als er auf dem SDS-Kongreß „Vietnam – Analyse eines Exempels" in Frankfurt das Hauptreferat hält. Diese Auftritte prägen die Theoriebildung der Studentenbewegung, etwa hinsichtlich der Frage nach dem revolutionären Subjekt.

Ist im SDS bereits seit der ersten Hälfte der sechziger Jahre unter Berufung auf die amerikanische New Left, vor allem auf Charles Wright

Mills,[87] eine Diskussion darüber entbrannt, ob die nicht die radikalen Intellektuellen gegenwärtig die einzige „historische Agentur der Veränderung" seien, so bildet sich jetzt im antiautoritären Lager in Anlehnung an die Gesellschaftstheorie Herbert Marcuses das Bewußtsein heraus, darüber, zumindest potentiell der Träger einer historisch neuartigen sozialrevolutionären Politik zu sein.[88] Dieses Bewußtsein kann sich aber nur dann entwickeln, wenn sich die Rolle der Industriearbeiterklasse verändert hat. 1966, auf dem SDS-Kongreß, erklärt Marcuse seine Einschätzung der US-amerikanischen Arbeiterklasse: „Die Arbeiterklasse in den Vereinigten Staaten gehört nicht zur Opposition, sie ist integriert in das System. Integriert nicht nur ideologisch, sondern integriert auf der materiellen Basis steigender Produktivität und eines steigenden Lebensniveaus. Selbstverständlich ist Amerika eine Klassengesellschaft. [...] Aber diese Klassengesellschaft ist nicht mehr eine des Klassenkampfes im traditionellen Sinne [...]."[89]

Diese Einschätzung der amerikanischen Arbeiterklasse, die in ihrer Mehrheit kein vitales Interesse an gesellschaftlicher Umwälzung mehr habe, lasse sich, so Marcuse, auch auf andere kapitalistische Staaten der Metropolen übertragen.[90] Doch trotz dieses negativen Befundes sei die Revolution ohne die industrielle Arbeiterklasse nicht vorstellbar. Da diese aber materiell und psychologisch in die „eindimensionale Gesellschaft" integriert sei, sind Katalysatoren nötig, um das Klassenbewußtsein des Proletariats zu wecken. Marcuse greift in diesem Zusammenhang auf Marx' Unterscheidung der Klasse „an sich" und der Klasse „für sich" zurück.[91] Für ihn bleibt die Arbeiterklasse „an sich", also aufgrund ihrer Stellung im Produktionsprozeß, das revolutionäre Subjekt, aber „für sich", d.h. auf der Ebene des Bewußtseins, ist sie in das System integriert und benötigt zur ihrer eigenen Revolutionierung eines Katalysators. „Unter diesen Umständen fällt die Aufgabe, radikales politisches Bewußtsein und eine ebensolche Praxis zu entwickeln, nichtintegrierten Gruppen zu; Gruppen, deren Bewußtsein und deren Bedürfnisse noch nicht in ein System von Herrschaft integriert sind und die Kraft dieses Faktums in der Lage und willens sind, radikales Bewußtsein zu schaffen."[92]

Marcuse hat bei der Formulierung dieser Randgruppentheorie in erster Linie die Kämpfe der Schwarzen in den USA um gleiche Bürgerrechte im Blick. In seinem Buch „Der eindimensionale Mensch" führt er seine Perspektive weiter aus: „Unter der konservativen Volksbasis befindet sich jedoch das Substrat der Geächteten und Außenseiter: die Ausgebeuteten und Verfolgten anderer Rassen und anderer Farben, die Arbeitslosen und die Arbeitsunfähigen. Sie existieren außerhalb des demokratischen Prozesses; ihr Leben bedarf am unmittelbarsten und realsten der Abschaffung unerträglicher Verhältnisse und Institutionen. Damit ist ihre Opposition revolutionär, wenn auch nicht ihr Bewußtsein. Ihre Opposition trifft das System von außen und wird deshalb nicht durch das System abgelenkt; sie ist eine elementare Kraft, die die Regeln des Systems verletzt und es damit als ein aufgetakeltes Spiel enthüllt. [...] Die Tatsache, daß sie anfangen, sich zu weigern, das Spiel mitzuspielen, kann die Tatsache sein, die den Beginn des Endes einer Periode markiert."[93]

Die Protestbewegung greift die Randgruppentheorie auf und versucht, sie in die Praxis umzusetzen. Vor allem die „Heimkampagne", bei der sog. „Fürsorgezöglinge" in den Heimen organisiert werden sollen, ist Ausdruck dieser Bemühungen. Im Juni 1969 fahren Studierende in das besonders berüchtigte Fürsorgeheim Staffelberg bei Frankfurt, stellen die Verantwortlichen zur Rede und organisieren mit den Heimbewohnern eine Vollversammlung, auf der verschiedene Forderungen erhoben werden. In der Folge gründet sich im Heim eine Basisgruppe. Doch anders als von den studentischen Aktivisten geplant, organisieren sich die Jugendlichen nicht langfristig im Heim, sondern eine große Zahl flieht aus der Einrichtung und wird von den Studierenden in Frankfurt untergebracht, wo die Aktivisten meist erfolglos versuchen, sie in die politische Arbeit einzubinden.[94] Dieses Vorgehen wiederholt sich in einer Reihe weiterer Heimen in Frankfurt und Umgebung.

Doch nicht nur Marcuses Randgruppentheorie wird von der Protestbewegung in die Praxis überführt, auch seine Überlegungen zur katalysatorischen Funktion, die die Intellektuellen bei der Rückgewinnung des Klassenbewußtseins erfüllen sollen, scheinen sich zu bestätigen. Denn auf ihrem Höhepunkt wird aus der Studentenrevolte auch eine Revolte der Jungarbeiter und Lehrlinge, und in der Folge kommt es auch in der Bundesrepublik zu Streiks in der Industrie. Diese Ereignisse bestätigen im Nachhinein Marcuses Auffassung von der Rolle der Intelligenz. Denn die Integration der Arbeiterklasse und die Rebellion der Randgruppen bewirken eine gesellschaftliche Situation, die einen Katalysator erfordert. Diese Perspektive belegt Marcuse überdies mit Veränderungen im Produktionsprozeß, die dazu führen, daß der Einfluß der industriellen Arbeiterklasse schwindet, die Rolle der hochqualifizierten Angestellten, Techniker, Wissenschaftler etc. dagegen zunimmt. Auf der Sommeruniversität im jugoslawischen Korèula meint er dazu: „Ich führte diesen Zeitfaktor ein im Hinblick auf die entscheidenden Transformationen des Kapitalismus im derzeitigen Stand der Entwicklung: der Rückgang der blue collar workers

(Handarbeiter) im Verhältnis zu den white collar workers (technische Intelligenz). Je geringer die Bedeutung unqualifizierter oder wenig qualifizierter Arbeiter für den Produktionsprozeß ist, um so stärker wird der Produktionsprozeß automatisiert, und um so schwächer die Rolle, die die alte industrielle Arbeiterklasse in diesem Prozeß spielt. [...] Diese studentische Intelligenz ist potentiell eine revolutionäre Gruppe, weil aus den Reihen dieser Gruppe der Kapitalismus seine zukünftigen Kader für den Produktionsbereich rekrutiert, seine Techniker, Wissenschaftler, Ingenieure, Mathematiker, sogar Soziologen und Psychologen und vielleicht sogar auch Philosophen! Diese Gruppe wird folglich immer stärker eine Hauptfunktion im Produktionsprozeß übernehmen."[95]

Diese Gedanken Marcuses über den Schwund der industriellen Arbeiterklasse und, in der Konsequenz, die Abkehr vom leninistischen Ansatz der alleinigen revolutionären Rolle des Industrieproletariats beeinflussen den antiautoritären Flügel der Studentenbewegung anfangs nachhaltig, meist im Zusammenhang mit den Erwägungen Serge Mallets, die in die gleiche Richtung zielen und in den Technikern, Forschern und Facharbeitern der automatisierten Betriebe eine neue Arbeiterklasse erkennen.[96] Auch auf Friedrich Pollock greift die Protestbewegung in diesem Zusammenhang zurück und rezipiert seine Theorien über die Automation der Produktion und die Schlüsselrolle, die die technische Intelligenz darin spielt.[97] Hans-Jürgen Krahl faßt die Ergebnisse so zusammen: „Wenn es stimmt, daß immer mehr geistige Arbeit, selbst die Verfertigung methodologischer Regeln etwa in der Mathematik, unter das Kapital, unter den Verwertungsprozeß subsumiert ist, dann verändert sich der Proletariatsbegriff; anders gesagt, wenn geistige Arbeit immer mehr in produktive Arbeit integriert wird, dann kann das Industrieproletariat, das Heer der körperlich arbeitenden Maschinenarbeiter, nicht mehr die Totalität des proletarischen Klassenbewußtseins aus sich selbst heraus entwickeln. [...] Noch so viele spontane Streiks in der BRD, in den Turiner FIAT-Werken und so weiter werden nichts daran ändern, daß das Industrieproletariat als Industrieproletariat ein Moment in der gesamten Klasse ist, aber nicht diese Klasse in ihrer Totalität repräsentiert."[98]

Krahl greift hier auf Überlegungen zurück, die Marx im ersten Band des „Kapital" ausführt. Dort spricht er davon, daß es nicht mehr notwendig ist, selbst Hand anzulegen, um produktiv zu arbeiten; es genügt vielmehr, Teil des gesellschaftlichen Gesamtarbeiters zu sein. Durch diese Entwicklung würden sich der Begriff der produktiven Arbeit und des produktiven Arbeiters selbst verändern.[99] Die gründlichere Rezeption der

Überlegungen von Pollock, Marcuse und Mallet führt mit der Zeit unter den avanciertesten Teilen der Protestbewegung zu einem differenzierteren Verständnis der Rolle der Arbeiterklasse, der Intellektuellen und der Randgruppen. So beschreibt z.B. Krahl die Veränderungen und Lernprozesse, die die Studentenbewegung auf ihrer Suche nach dem revolutionären Subjekt durchmacht, so: „[...] wir meinten sogar, daß allein Randgruppen in Stellvertretung für die Arbeiterklasse handeln und gewissermaßen eine Art Menschheitsrevolution, ohne Unterschied der Klassen, initiieren könnten. Das alles hat sich sicherlich als Ideologie herausgestellt."[100]

Krahls Aufsatz „Thesen zum allgemeinen Verhältnis von wissenschaftlicher Intelligenz und proletarischen Klassenbewußtsein" argumentiert denn auch schon differenzierter, „daß ohne die organisierte produktive wissenschaftliche Intelligenz die Bildung eines auf die bürgerliche Gesellschaft insgesamt bezogenen Klassenbewußtseins auch im Industrieproletariat unmöglich ist."[101] Daraus zieht er die Konsequenz: „Die Bewegung wissenschaftlicher Intelligenz muß zum kollektiven Theoretiker des Proletariats werden – das ist der Sinn ihrer Praxis."[102] Krahl entwickelt daraus eine Handlungsanleitung für den SDS: „Das bedeutet – und das ist auch die Rolle, die wir im SDS als Intellektuelle in der Aktualisierung des Klassenkampfes zu übernehmen haben –, daß wir im praktischen Kampf die Theorie entfalten müssen, die für das Proletariat, seine Sprach- und Bewußtseinswelt die Herrschaft hier im Spätkapitalismus verständlich macht, die so unendlich manipulativ und integrativ überdeckt ist, sie entschleiert und aufdeckt; daß es unsere Funktion ist, als politische Intellektuelle unser Wissen in den Dienst des Klassenkampfes zu stellen."[103]

Habermas' Kritik an der Radikalität der Bewegung

Jürgen Habermas untersucht schon in den fünfziger Jahren das gesellschaftliche Engagement und die politische Einstellung Frankfurter Studenten.[104] Diese Studie, die sich an den empirischen Arbeiten des IfS über das demokratische Potential der deutschen Bevölkerung orientiert, kommt zu dem ernüchternden Ergebnis, daß die studentische Nachkriegsgeneration politisch weitgehend desinteressiert ist und kaum bereit, sich für das demokratische Gemeinwesen zu engagieren. Folglich wird Habermas von der entstehenden Studentenbewegung überrascht. Als Mitglied der „Sozialistischen Förderer-Gesellschaft der Freunde, Förderer und ehemaligen Mitglieder des SDS" begleitet er die Studentenbewegung meist wohlwollend. Besonders engagiert sich der an der Frankfurter Universität als Soziologie- und Philosophieprofessor lehrende Habermas für die Hochschulreform. Entsprechende Vorschläge, die der „Verband Deutscher Studentenschaften“ (VDS) und der SDS Anfang der sechziger Jahre formulieren, stoßen auf Habermas' uneingeschränkte Zustimmung. Darüber hinaus erarbeitet er selber detaillierte Reformvorschläge.

Aber auch mit den über die Universitäten hinausreichenden Aktivitäten der frühen Studentenbewegung kann sich Habermas identifizieren, sind doch in seinen Augen die Studenten dazu prädestiniert, die Gesellschaft zu demokratisieren und zu reformieren: „Die Aufgabe der studentischen Opposition in der Bundesrepublik war es und ist es, den Mangel an theoretischer Perspektive, den Mangel an Sensibilität gegenüber Verschleierungen und Verketzerungen, den Mangel an Radikalität bei der Auslegung und Praktizierung unserer sozialrechtsstaatlichen und demokratischen Verfassung, den Mangel an Antizipationsfähigkeit und wachsamere Phantasie, also Unterlassungen zu kompensieren.“[105]

Besonderes Augenmerk legt Habermas auf die Veränderung der bürgerlichen Öffentlichkeit und der gesellschaftlichen Kommunikation. Seine 1962 erschienene Habilitationsschrift „Strukturwandel der Öffentlichkeit“[106] beeinflußt die Studentenbewegung in ihrem Bemühen, die Bevölkerung politisch zu sensibilisieren. Oskar Negt schreibt über den Einfluß, den Habermas' Buch auf die revoltierenden Studierenden hat, daß „es theoretisch wie praktisch einen Wendepunkt der Linken in der Auseinandersetzung mit den Massenmedien (markiert): indem es die mit Kulturkritik aufs engste verflochtenen medientheoretischen Ansätze der Frankfurter Schule in den kategorialen Zusammenhang einer empirischen Gesellschaftsanalyse einbezog, wurde es zum praktisch politischen Impuls für die später von den Protestbewegungen formulierte Strategie der Herstellung von Gegenöffentlichkeit.“[107] Diese studentische Öffentlichkeit stellt sich mittels selbst produzierter Flugblätter, Broschüren, Zeitschriften, Büchern, eigenen Verlagen und Vertriebswegen her. Eine explizit auf Gegenöffentlichkeit zielende Kampagne, die sich v.a. gegen die Macht des Springerkonzerns richtet und die viele Vorschläge Habermas' aufnimmt, wird dagegen nur im Ansatz verwirklicht, denn die Fraktionierung der Bewegung und ihr Übergang in die aktionsorientierte Phase hat schon begonnen. Und das Bündnis mit den Gewerkschaften und der liberalen Presse wird von vielen Aktivisten nun als reformistisch abgelehnt.

Dies bestätigt Habermas' Vorbehalte gegen jene Tendenzen der Bewegung, die über die bloße Demokratisierung der Gesellschaft hinausgehen wollen. Vor allem warnt er vor provokatorischen Aktionen isolierter Minderheiten. Als Rudi Dutschke auf dem SDS-Kongreß „Hochschule und Demokratie“ am 9. Juni 1967 in Hannover Habermas' Warnungen vor der Radikalisierung der Studentenbewegung hin zu militanten Aktionen abwehrt und stattdessen für den Aufbau von Aktionszentren und für die Ausweitung direkter Aktionen plädiert, antwortet ihm Habermas: „Ich bin der Meinung, er hat eine voluntaristische Ideologie hier entwickelt, die man im Jahre 1848 utopischen Sozialismus genannt hat, und die er unter heutigen Umständen, jedenfalls ich glaube, Gründe zu haben, die Terminologie vorzuschlagen, linken Faschismus nennen muß.“[108] Diese Kritik führt Habermas auf dem Schüler- und Studentenkongreß des VDS am 1. und 2. Juni 1968 in Frankfurt weiter aus, indem er unter dem Titel „Die Scheinrevolution und ihre Kinder“ sechs Thesen formuliert. Er wirft der Protestbewegung vor, daß sie Theorien folge, die oft entweder ungewiß oder nachweislich falsch, in jedem Fall aber unbrauchbar seien, um daraus Handlungsmaximen abzuleiten. Aus der falschen Einschätzung der Situation folge sodann eine verhängnisvolle Strategie, die sie nicht nur sie auf Dauer isolieren, sondern alle auf Demokratisierung drängenden gesellschaftlichen und politischen Kräfte schwächen müsse. Deshalb fordert er, daß die „Taktik der Scheinrevolution“ einer langfristigen Strategie der massenhaften Aufklärung weichen müsse.[109] Er schlägt daher ein Bündnis der Studierenden mit der liberalen Presse und den Gewerkschaften vor. Die Antiautoritären reagieren darauf abweisend.

Auf einem Teach-in leitet Hans-Jürgen Krahl seinen Einspruch gegen Habermas mit einem Zitat aus Horkheimers „Dämmerung“ ein und wendet damit die erste Generation der Kritischen Theorie gegen zweite, die Habermas repräsentiert. Er attestiert Habermas die „Chronik eines Denkverfalls“.[110] In den fünfziger Jahren, als es galt, restaurative Tendenzen abzuwehren, seien seine theoretischen Aussagen fundiert gewesen, doch als die studentischen Aktivisten dazu übergingen, aus der Kritischen Theorie eine politisch-praktische Bewegung zu entwickeln, sei er in eine affektive Abwehrargumentation verfallen, die Aktion und Reflexion schematisch voneinander trennt. Krahl wirft Habermas vor, „der wirklichen Widerstandsbewegung als flügellahme Eule“[111] hinterherzuhinken, da er immer dann die Positionen der Studentenbewegung übernehme, wenn diese sich bereits weiterentwickelt hätten. Die Phase der provokatorisch-aufklärerischen Aktionen sei vorbei, der aktive Widerstand habe begonnen. Nicht die Studentenbewegung bilde sich ein, einen Kampf um die Macht zu führen, sondern der Staat reagiere auf den symbolischen Protest einer relativ kleinen und unbewaffneten Gruppe mit derart massiver

Gewalt, als ginge es um die Macht. Nicht die Protestbewegung provoziere mit ihren Aktionen den Faschismus, wie Habermas suggeriert, sondern der Staat reagiere pathologisch. Auch widerspricht das von Habermas vorgeschlagene Bündnis mit den Gewerkschaften der Kritik des antiautoritären Flügels der Studentenbewegung an den autoritären Strukturen von Massenorganisationen im Spätkapitalismus. Dabei beziehen sich die Antiautoritären wiederum auf Horkheimers Analyse des „autoritären Staates" und zeigen so, wie weit sich Habermas inzwischen von den Positionen der frühen Kritischen Theorie entfernt hat.

Als Reaktion auf Habermas' Kritik veröffentlicht Oskar Negt das Buch „Die Linke antwortet Jürgen Habermas",[112] in dem prominente Linke von Wolfgang Abendroth bis zum 2. Bundesvorsitzenden des SDS, Frank Wolff, dessen Thesen zurückweisen und erklären, an einer revolutionären Theorie und Praxis festhalten zu wollen. Obwohl Habermas diesen Konsequenzen nicht folgen kann und auf seinen reformerischen Positionen beharrt, relativiert er seinen Vorwurf des „linken Faschismus", der inzwischen von den Gegnern der Studentenbewegung dankbar aufgenommen worden ist: „[...] erst recht würde ich das Etikett des linken Faschismus vermeiden, und zwar nicht nur, weil dieses Etikett das grobe Mißverständnis einer Identifizierung des SDS mit den rechten Studenten Anfang der dreißiger Jahre hervorgerufen hat, sondern weil ich inzwischen überhaupt unsicher geworden bin, ob das eigentlich Neue an den gegenwärtigen Revolten durch geistesgeschichtliche Parallelen getroffen werden kann."[113]

Obwohl sich Habermas' Kritik an den irrationalen Elementen der Studentenbewegung in vielen Punkten mit der Horkheimers und Adornos deckt, entfernt er sich in der Folgezeit immer weiter von den gesellschaftstransformierenden Implikationen der Kritischen Theorie. Paradigmatisch für seine zunehmende Entfremdung von den Intentionen der Kritischen Theorie steht seine „kommunikationstheoretische Wende", der mit Habermas' wichtigstem Werk, der „Theorie des kommunikativen Handelns"[114], vollzogen wird. Spätestens seit diesem Zeitpunkt ist die weitere Subsumierbarkeit der Habermaschen Theorie unter die Kritische Theorie umstritten.[115] Aber auch schon zuvor sind die Differenzen zwischen den Positionen der ersten Generation der Kritischen Theorie und Habermas sichtbar geworden. Hans-Ulrich Wehler betont etwa, daß Habermas politisch „für einen linkssozialdemokratischen Reformpragmatismus eintrat",[116] während für die erste Generation um Adorno und Horkheimer die geistige Herkunft von der Marxschen Kritik der politischen Ökonomie stets prägend blieb –

und dies erklärt die scharfen Auseinandersetzungen zwischen der antiautoritären Fraktion der Studentenbewegung und Habermas.

Adorno und das Verhältnis von Theorie und Praxis

Theodor W. Adornos Einfluß auf die Studentenbewegung ist enorm; mit seinen Veröffentlichungen, öffentlichen Auftritten und vor allem durch seine Lehrveranstaltungen beeinflußt er die Protagonisten der Proteste nachhaltig. Schon 1958 wirft Leo Kofler der Frankfurter Ortsgruppe des SDS vor, daß „der Geist Adornos“[117] in sie gefahren sei. Am sichtbarsten ist dieser Einfluß auf Hans-Jürgen Krahl, der nach Adorno zu seinen begabtesten Schülern gehört. Allerdings entwickeln sich zwischen Krahl und Adorno Auseinandersetzungen, die für das Verhältnis der antiautoritären Studenten zur Frankfurter Schule paradigmatisch sind. Breiten Raum nimmt dabei die Frage nach dem Verhältnis von Theorie und Praxis ein. Die Studentenbewegung will und kann sich mit der Position der kritischen Theorie nicht begnügen, die Alex Demiroviæso zusammenfaßt: „Ziel der Kritischen Theorie war es, durch Theorie als Praxis die scheinbar unaufhaltsame Entwicklung zur totalen, zwangsintegrierten Gesellschaft aufzuhalten. Praxis stigmatisierte sie grundsätzlich als ein instrumentalistisches Verhalten, das den Gang der Entwicklung bestätigte und beschleunigte. Dies galt gleichermaßen und ausnahmslos auch für oppositionelle Praxis als Praxis.“[118]

Dagegen vertritt insbesondere der antiautoritäre Flügel der Studentenbewegung das Konzept der Aufklärung durch Aktion, d.h. eine explizit praxisorientierte Strategie, die aus der Theorie des autoritären Staats entwickelt wird. Es wird davon ausgegangen, daß durch die Interventionen des Staates in die inzwischen monopolistisch zentralisierte Ökonomie die bürgerliche Öffentlichkeit aus der Zeit des Konkurrenzkapitalismus liquidiert und die Arbeiterbewegung mittels autoritärer Massenorganisationen und spektakulärer Kulturindustrie in den Spätkapitalismus integriert worden ist. Das hat Auswirkungen auf die Charakterstrukturen der Individuen, und so haben die historischen antagonistischen Strategien wie die Aufklärung der Massen oder die Organisation in Parteien und Gewerkschaften die Verhältnisse nicht nur nicht überwinden können, sondern sind im Gegenteil zu einem Element der Stabilisierung verkommen.

Dagegen setzen die studentischen Aktivisten auf die autoritätsabbauende Wirkung provokativer Aktionen. Diese Aktionen richten sich also nicht an eine aufgeklärte, bürgerliche Öffentlichkeit, die es im Spätkapitalismus so auch gar nicht mehr geben kann, sondern die an der Aktion direkt Beteiligten selbst sind die Zielgruppe. Folgerichtig kritisiert die Bewegung in Sachen Theorie und Praxis ihre theoretischen Vorbilder, so etwa Hans-Jürgen Krahl: „Als wir vor einem halben Jahr das Konzil der Frankfurter Universität belagerten kam als einziger Professor Herr Adorno zu den Studenten, zum sit-in. Er wurde mit Ovationen überschüttet, lief schnurstracks auf das Mikrophon zu und bog kurz vor dem Mikrophon ins Philosophische Seminar ab; also kurz vor der Praxis wiederum in die Theorie. Das ist im Grunde genommen die Situation, in der die Kritische Theorie heute steht. Sie rationalisiert ihre resignative und individualistisch-subtile Angst vor der Praxis dahin, Praxis sei gewissermaßen unmöglich, man müsse sich ins Gehäuse der Philosophie zurückziehen."[119]

Diese Kritik kennzeichnet das Verhältnis der studentischen Aktivisten zu Adorno seit dem Beginn der Revolte. Seine Analysen werden zwar unermüdlich rezipiert, man verweigert sich aber den für Adorno sich ergebenden Konsequenzen. Bereits im Dezember 1963 kommentiert die „Subversive Aktion" in der zweiten Ausgabe ihrer Zeitschrift „Unverbindliche Richtlinien": „Die Frage erhebt sich, ob die Frankfurter Schule durch die beständige Proklamierung der Ausweglosigkeit der bestehenden Situation die Dialektik dieser Einsicht durchschaut hat und ob sie sich nicht durch die Manie der perfekten Analyse, durch die selbst die bedeutendsten Leute von der Gesellschaft auf Eis gelegt werden, von der Importanz einer Aktion freispricht."[120]

Adornos Weigerung leitet sich in erster Linie aus der Erfahrung des Nationalsozialismus ab. Die nur von schwachem Widerstand begleitete Integration der deutschen Arbeiterklasse in die Volksgemeinschaft und das Grauen der Vernichtung lassen keinen Raum mehr für revolutionären Optimismus. In den „Marginalien zu Theorie und Praxis" heißt es 1969: „Marx hat in dem berühmten Brief an Kugelmann vor dem drohenden Rückfall in die Barbarei gewarnt [...] Der Rückfall hat stattgefunden. Nach Auschwitz und Hiroshima ihn für die Zukunft zu erwarten, hört auf den armseligen Trost, es könne immer noch schlimmer werden. Die Menschheit, die das Schlimme ausübt und über sich ergehen läßt, ratifiziert dadurch das Schlimmste: [...] Was vor fünfzig Jahren der allzu abstrakten und illusionären Hoffnung auf totale Veränderung für eine kurze Phase noch gerecht erscheinen mochte, Gewalt, ist nach der Erfahrung des nationalsozialistischen und stalinistischen Grauens und angesichts der Langlebigkeit totalitärer Repression unentwirrbar verstrickt in das, was verändert werden müsste."[121] Sein Schüler Krahl kennt diesen Grund der Skepsis Adornos genau. Doch zieht er aus der historischen Erfahrung den gegenteiligen Schluß. Nur Aufklärung durch Aktion könne die Integration rückgängig machen und den neuerlichen Übergang zum Faschismus verhindern: „Adornos gesellschaftstheoretische Einsicht, derzufolge das Nachleben des Nationalsozialismus in der Demokratie als potentiell bedrohlicher denn 'das Nachleben faschistischer Tendenzen gegen die Demokratie' anzusehen sei, ließ seine progressive Furcht vor einer faschistischen Stabilisierung des restaurierten Monopolkapitals in regressive Angst vor den Formen praktischen Widerstands gegen diese Tendenz des Systems umschlagen."[122]

Aber anders als in Teilen der Studentenbewegung geht die Kritik Krahls nie so weit, daß sie die Praxis fetischisiert und die Theorie verwirft. Er erklärt sogar ausdrücklich, daß der SDS, ganz in der Tradition der Kritischen Theorie, die unmittelbare Einheit von Theorie und Praxis ablehnt.[123] Seiner Meinung nach „vermittelt die Organisation Theorie und Praxis. Durch sie wird Theorie zur materiellen Gewalt, und in ihr entwikkeln sich keimhaft emanzipatorische Praktiken."[124] Deshalb erblickt Krahl das Hauptdefizit der Kritischen Theorie im Fehlen der Organisationsfrage. „Die Erfahrung des Faschismus scheint der Kritischen Theorie und Adorno suggeriert zu haben, daß kollektive Praxis geradezu die Klasse zur Masse zersetzt, in diesem naturzuständlichen Sinne, den der Begriff auch hat. [...] Im Grunde genommen ist die resignative Position bis hin zur Aussage von der fixierten Integration der Arbeiterklasse ins kapitalistische System orientiert an einem traditionellen Begriff des unmittelbaren Industrieproletariats, der eventuell die Formen der Veränderung des Gesamtarbeiters nicht mehr trifft."[125] Eben diesem Befund stellt Krahl die von Marcuse und Mallet inspirierte gemeinsame Organisierung der wissenschaftlichen Intelligenz, der produktiven Angestellten und der Industriearbeiter entgegen.

Allerdings verlieren diese Positionen nach den Ereignissen des Pariser Mai 1968, als die Arbeiter mit den Studierenden auf die Barrikaden gehen, und nach dem Scheitern der Kampagne gegen die Notstandsgesetze an Einfluß. Jetzt beginnt auch in Teilen des antiautoritären Flügels der Protestbewegung die „Wiederentdeckung" des Industrieproletariats als vermeintlich einzigem revolutionäres Subjekt. Folgerichtig bilden sich nun auch die ersten Initiativgruppen, die den Kontakt zu den Arbeitern suchen. Und auch die Kritik an der Frankfurter Schule wird lauter.

In dieser Situation organisieren die Antiautoritären im SDS im Wintersemester 1968/69 an vielen Universitäten der Bundesrepublik aktive

Streiks, und auch in Frankfurt kommt es dazu. Adorno, Habermas und von Friedeburg erklären sich solidarisch mit denjenigen Studierenden, die vor den Gefahren einer technokratischen Studienreform warnen und ein Interesse an einer wirklichen Studienreform artikulieren. Allerdings warnen sie auch vor einer Strategie, die auf Konfrontation um jeden Preis setzt. Nachdem das besetzte und in „Spartakus-Seminar" umbenannte Soziologische Institut nach zehn Tagen von der Polizei geräumt wird, wollen die Studenten unter der Führung Krahls die Solidarisierung der kritischen Theoretiker erzwingen, indem sie versuchen, das „Institut für Sozialforschung" zu besetzen. Krahl geht davon aus, daß die Bewegung in gewissem Maße auf kritische Autoritäten angewiesen ist, und diese sollen seiner Vorstellung nach „gewissermaßen mit der Waffe der Autorität selber das Autoritätsprinzip in der Gesellschaft mit abbauen helfen."[126] Doch die Hoffnung erweist sich als trügerisch; Adorno und von Friedeburg rufen die Polizei und lassen das Gebäude räumen. Detlev Claussen schreibt rückblickend: „In der Besetzung des Instituts äußert sich der Wunsch nach Hilfe von den Vätern, die einen so schwach in der Welt dastehen ließen – mit all dem theoretischen Rüstzeug, das sie einem gegeben hatten. Aber es waren keine realen, sondern intellektuelle Väter, die dort attackiert wurden – und damit wurden die gesellschaftlichen Verhältnisse repersonalisiert auf die, deren Arbeit zur Kritik derselben am meisten beigetragen hatten." [127]

Die Verweigerung der Solidarität führt zu wütenden Reaktionen. Schon vorher spürbare Tendenzen wie die Hinwendung zur Industriearbeiterschaft und eine umsichgreifende Theorie- und Kritikablehnung entladen sich nun an den Vertretern der Frankfurter Schule. So schreibt z.B. die Basisgruppe Germanistik: „Die Habermas und Friedeburg und Adorno, von denen wir einmal Seminarmarxismus gelernt haben, haben uns jetzt die wichtigste Lehre erteilt: daß sie letztlich nur die kleinen Polizeispitzel sind, die mit Littmann und Brundert, Benda und Kiesinger dafür sorgen, daß die Studentenbewegung vorbeugend zerschlagen wird. Das Erschrecken darüber, daß der Altnazi Kiesinger und der Antifaschist Habermas so gut miteinander kooperieren, zeigt nur, daß wir zuviel in Seminaren und zuwenig auf der Straße gelernt haben."[128] In einem anderen Statement werden Adorno, von Friedeburg und Habermas gar als „Büttel des autoritären Staates"[129] bezeichnet.

Die Räumung des Instituts für Sozialforschung führt auch zu einer Auseinandersetzung zwischen Adorno und Marcuse, der sich auf die Seite der Studierenden stellt. Marcuse erkennt natürlich ebenfalls die

Schwächen der Bewegung, doch gesteht er ihr angesichts der gesellschaftlichen Verhältnisse die Berechtigung zur Rebellion zu. An Adorno schreibt er: „[...] wenn die Alternative ist: Polizei oder die Studenten der Linken, bin ich mit den Studenten."[130] Adorno dagegen nähert sich nun der Position Horkheimers an und warnt vor zunehmender Intellektuellenfeindlichkeit und autoritären Tendenzen in der Protestbewegung. Als erschreckendes Beispiel führt er die Sprengung einer Veranstaltung mit dem israelischen Botschafter in Frankfurt an. Auch der Überfall auf einen als Theoretiker bekannten Studenten durch die aktionistische sog. „Lederjackenfraktion" des SDS, bei dem dessen Zimmer demoliert und die Parole „Ins KZ mit dem Pack der Intellektuellen"[131] an die Wand gesprüht wird, schockiert Adorno.

Dieses Ereignis verarbeitet er auch in seinem Aufsatz „Marginalien zu Theorie und Praxis", einer Auseinandersetzung mit der Studentenbewegung. Darin geht Adorno auf die Ursprünge der Trennung von Theorie und Praxis ein, zeigt deren Verwobenheit mit der Totalität der Verhältnisse. „Wer nicht das Mittelalter romantisieren will, muß die Divergenz von Theorie und Praxis bis auf die älteste Trennung körperlicher und geistiger Arbeit zurückverfolgen, wahrscheinlich bis in die finstere Vorgeschichte. Praxis ist entstanden aus der Arbeit. [...] Ihre Abkunft von Arbeit lastet schwer auf aller Praxis. Bis heute begleitet sie das Moment von Unfreiheit, das sie mitschleppt: daß man einst wider das Lustprinzip agieren mußte um der Selbsterhaltung willen; obwohl doch die auf ein Minimum reduzierte Arbeit nicht länger mit Verzicht gekoppelt zu sein brauchte."[132]

Dieser Kritik der Praxis stellt er die Theorie gegenüber: „Trotz all ihrer Unfreiheit ist sie im Unfreien Statthalter der Freiheit."[133] Aufgrund dieser Bestimmung kritisiert Adorno an der Studentenbewegung deren begriffslosen Aktionismus, der selber Produkt der gesellschaftlichen Verhältnisse ist. „Mit all dem fügt der Aktionismus in den Trend sich ein, dem sich entgegenzustemmen er meint oder vorgibt: dem bürgerlichen Instrumentalismus, welcher die Mittel fetischisiert, weil seiner Art Praxis die Reflexion auf die Zwecke unerträglich ist. [...] Pseudo-Aktivismus, Praxis, die sich um so wichtiger nimmt und um so emsiger gegen Theorie und Erkenntnis abdichtet, je mehr sie den Kontakt mit dem Objekt und den Sinn für Proportionen verliert, ist Produkt der objektiven gesellschaftlichen Bedingungen."[134]

Doch trotz seiner schonungslosen Kritik an einzelnen Tendenzen distanziert sich Adorno nicht von der Protestbewegung als ganzer. Und so schreibt er in einem Brief an Marcuse: „Die Meriten der Studentenbewegung bin ich der letzte zu unterschätzen: sie hat den glatten Übergang zur total verwalteten Welt unterbrochen. Aber es ist ihr ein Quentchen Wahn beigemischt, dem das Totalitäre teleologisch innewohnt [...].“[135] Und auch die Praxis will Adorno nicht absolut verwerfen, wie er mit dem „Spiegel“ in einem Interview sagt: „Ich möchte damit sagen, daß ich mich keineswegs praktischer Konsequenzen verschließe, wenn sie mir selber durchsichtig sind. [...] Ich habe an Kundgebungen gegen die Notstandsgesetze teilgenommen, und ich habe im Bereich der Strafrechtsreform getan, was ich konnte. Aber es ist doch ein Unterschied ums Ganze, ob ich so etwas tue oder mich an einer wirklich schon halb wahnhaften Praxis beteilige und Steine gegen Universitätsinstitute werfe.“[136]

Doch große Teile der Protestbewegung sind nun nicht mehr bereit, Adornos Differenzierungen zu folgen. Für sie ist der einstige Vordenker zum Gegner geworden. Und so sprengen Mitglieder der „Basisgruppe Soziologie“ seine Auftaktvorlesung zur „Einführung in dialektisches Denken“ und fordern ihn zur öffentlichen Selbstkritik auf. Nachdem Adorno dies als „puren Stalinismus“ empört zurückweist, stürmen drei Studentinnen mit entblößtem Oberkörper das Podium und bedrängen ihn. Daraufhin bricht er die Vorlesung bis auf weiteres ab. Der endgültige Bruch, der durch die Mitglieder der Basisgruppe mit der Kritischen Theorie vollzogen wird, zeigt sich anschaulich an der Parole „Adorno als Institution ist tot!“.[137]

Adorno stirbt am 6. August 1969. Die Entfremdung und der Bruch, die sich zwischen ihm und der Studentenbewegung aufgetan haben, wird unüberbietbar durch das Vorhaben der Lederjackenfraktion illustriert, die Beerdigung zu stören. Hans-Jürgen Krahl kann diesen Plan zwar verhindern, aber diese Episode zeigt, wie weit sich Teile der Protestbewegung von ihren Vorbildern entfernt haben. Gleichwohl sagt Adorno: „So genau ich weiß, daß die Studenten eine Scheinrevolte betreiben und das eigene Bewußtsein der Unwirklichkeit ihres Treibens durch ihre Aktionen übertäuben, so genau weiß ich auch, daß sie, und die Intellektuellen überhaupt, auf der Plattform der deutschen Reaktion die Rolle der Juden übernommen haben.“[138] Und Wolfgang Kraushaar kommentiert: „Es gibt wohl kein anderes Zeugnis Adornos, in dem er seine Position im Trubel der 67er/68er-Auseinandersetzung treffsicherer formuliert als in diesem Brief; eine Position, die sich in ihrer letzten Dimension und ihrem entscheidenden Bezug von der gesellschaftlichen Rolle eines Juden her bestimmt.“[139]

Die Auseinandersetzungen über den Nationalsozialismus

Diskussionen innerhalb der Studentenbewegung über die Theorie des Faschismus

In der für die Theoriebildung der Neuen Linken wichtigen Zeitschrift „Das Argument" erscheinen zwischen 1964 und 1969 fünf Schwerpunktausgaben zum Thema Faschismustheorie; auch in thematisch anderen Heften wird es immer wieder aufgegriffen. Außerdem finden parallel zu den Schwerpunktheften offene Arbeitskreise an der FU Berlin statt. Damit beeinflußt „Das Argument" die Diskussionen der Studentenbewegung über den Nationalsozialismus maßgeblich, denn nirgendwo sonst gibt es eine so tiefgehende, gründliche und kontinuierliche Auseinandersetzung. Allerdings muß bemerkt werden, daß die Begriffe Faschismus und Nationalsozialismus selbst hier meist synonym benutzt werden, daß heißt im Nationalsozialismus wird meist nur die deutsche Erscheinungsform eines allgemeinen Phänomens gesehen. Dies geschieht selbst in Aufsätzen, die sich explizit mit den Besonderheiten des Nationalsozialismus beschäftigen. Eine Auseinandersetzung über diese Begrifflichkeit findet im „Argument" nicht statt. Trotz dieses Versäumnisses wird die Kritische Theorie, die sich dieses Problems bewußt ist, zur Erklärung des Nationalsozialismus bzw. des Faschismus häufig rezipiert. So wird die Reihe der Schwerpunkthefte mit einem Aufsatz von Walter Benjamin[140] eröffnet, und in fast allen Aufsätzen wird auf die Kritische Theorie eingegangen.

Eine wichtige Rolle spielen dabei psychologische Theorien über den Faschismus, bei denen die Autoren auf die Forschungen des „Instituts für Sozialforschung" in den USA, auf die Arbeiten von Erich Fromm und Wilhelm Reich zurückgreifen.[141] Bestätigt wird dies auch durch die bedeutende Rolle, die Fragen der Erziehung, Schule und Massenmedien in den Diskussionen der „Argument"-Redaktion spielen. Auch dazu erscheint eine Reihe von Schwerpunktheften, in denen unter anderem untersucht wird, was Erziehung dazu beitragen kann, um die Herausbildung von autoritären Persönlichkeiten, die als Träger der faschistischen Ideologie erkannt wurden, zu verhindern. In diesem Zusammenhang wird denn auch Adornos Aufsatz „Zur Bekämpfung des Antisemitismus heute", abgedruckt.[142] Diese herausragende Rolle, die die Analysen der Kritischen

Theorie in den Diskussionen der Studentenbewegung spielen, findet sich auch in der zweiten Keimzelle der Neuen Linken, dem SDS, bestätigt: „Die in ihre Heimatstadt zurückgekehrte ‚Frankfurter Schule' hatte auf die sozialistischen Studenten eine nicht zu unterschätzende Wirkung. So gehörten z.B. die NS-Analysen des ‚Instituts für Sozialforschung' aus den vierziger Jahren schon bald zum theoretischen Fundus vieler SDS-Hochschulgruppen. Genannt sei hier beispielhaft die klassenanalytische Elitenstudie ‚Behemoth' von Franz Neumann."[143]

Das einigende Moment der von den meisten „Argument"-Autoren entwickelten Ansätze zur Analyse des Faschismus ist die Ablehnung der herrschenden Auffassungen, seien sie nun westlicher oder östlicher Herkunft. Gegen die im Westen dominierende Totalitarismustheorie bestehen sie auf dem qualitativen Unterschied zwischen dem Faschismus, speziell dem Nationalsozialismus, und dem Stalinismus und betonen dagegen immer wieder den Zusammenhang zwischen kapitalistischer Vergesellschaftung und Faschismus. So führt etwa Bernhard Blanke aus: „Sozioökonomisch war der Faschismus das ‚legitime Kind des Liberalismus' (Horkheimer)"[144], und Wolfgang Fritz Haug kritisiert die in der westlichen Geschichtswissenschaft vorherrschende Tendenz zur Fokussierung auf den Führer und damit die Personalisierung und Dämonisierung des Faschismus, die die gesellschaftlichen Grundlagen und die Unterstützung des Nationalsozialismus durch die deutsche Bevölkerung verkennt. Dies sei aber notwendig, um eine adäquate Analyse entwickeln zu können. „Wer aber vom 'Hitlerismus' redet, hat den Liberalismus als gesellschaftliches System außer Frage gestellt. Die bürgerlichen Theorien danken überall dort ab, wo ihre Kritik des Faschismus in die Kritik seiner bürgerlichen Herkunft übergehen müßte."[145]

Gegen bürgerliche Deutungen hält „Das Argument" an der marxistischen Theorie als dem Instrument zum Begreifen des Faschismus fest. In dieser Perspektive werden etwa die Zusammenarbeit der deutschen Industrie mit den Nationalsozialisten untersucht[146] oder die marxschen Begriffe von Herrschaft und Entfremdung auf ihre Brauchbarkeit für die Analyse geprüft.[147] Allerdings wendet man sich auch explizit gegen die marxistisch-leninistische Auslegung der Faschismus-Theorie. Ein Artikel im dritten Heft der „Faschismus-Theorien" behandelt und kritisiert die Faschismusanalyse der DDR. Er beginnt mit der Feststellung: „Die marxistische Theorie ist beim Begreifen des Faschismus allen anderen voraus [...] Dieser Vorteil der marxistischen ist aber bisher auch der Nachteil aller Faschismus-Theorien gewesen, die den ‚Grundlagen des Marxismus-Leninismus' verpflichtet sind; sie beschränken sich auf ein formales Modell der kapitalistischen Gesellschaft und ihrer Klassenverhältnisse."[148]

Die Faschismus-Theorie der DDR geht in der Tradition Lenins und Georgi Dimitroffs davon aus, der Faschismus sei die letzte Rettung des Kapitalismus vor der proletarischen Revolution. Diese folge mit Notwendigkeit aus der allgemeinen Krise des Imperialismus, dem höchstem und letztem Stadium des Kapitalismus.[149] Die Faschismusforscher der DDR bemühen sich deshalb, die dominierende Rolle der Industrie während der nationalsozialistischen Herrschaft nachzuweisen. Die „Argument"-Autoren widersprechen dieser Vorstellung mit der Begründung, daß die Arbeiterbewegung in der Endphase der Weimarer Republik gar nicht stark genug war, den Kapitalismus zu stürzen, der Faschismus als letzte Rettung des Kapitalismus somit nicht wirklich notwendig war. Außerdem verweisen sie darauf, daß der Faschismus bereits eine Massenbewegung war, bevor überhaupt Teile der Industrie die NSDAP unterstützten. „Der Faschismus war weder die einfache Anpassung des politischen Systems an das System ökonomischer Herrschaft, noch erfolgte bei seinem Machtantritt eine einfache ‚Ideologieanpassung'".[150]

Die Insistenz auf die Massenunterstützung, die der Nationalsozialismus durch die deutsche Bevölkerung erfuhr, wendet sich sowohl gegen die in der BRD als auch gegen die in der DDR vorherrschenden Faschismus-Theorien. Während im Westen die Verantwortung für den Nationalsozialismus auf Hitler und die unmittelbare Führungsschicht des Systems beschränkt wird, macht die DDR-Forschung ebenso ausschließlich die Wirtschaft als treibende und verantwortliche Kraft der Verbrechen haftbar. Auch in der Studentenbewegung selbst werden Positionen vertreten, die die Beteiligung der deutschen Bevölkerung am nationalsozialistischen Herrschaftssystem reduzieren oder gar negieren. Beispielhaft dafür steht eine Ausgabe der „neuen kritik", in der eine Rede Wolfgang Abendroths, des Vordenkers des traditionalistischen Flügels des SDS, gedruckt wird, die er zum 20. Jahrestag der Befreiung vom Nationalsozialismus am 8. Mai 1965 gehalten hatte, und darin heißt es: „Dieser Tag gab dem deutschen Volk einen Teil seiner Freiheit zurück, die es an eine Mörderclique verloren hatte und die es allein nicht zurückgewinnen konnte. So war die Niederlage der Armeen des Dritten Reiches trotz aller Folgen, trotz allem, was nachher geschah, doch auch ein Sieg des deutschen Volkes über seine Unterdrücker."[151] – Abendroth setzt die Nationalsozialisten in einen Gegensatz zur deutschen Bevölkerung, so, als ob sie nichts miteinander zu schaffen hätten.[152] Er entschuldigt sogar den kaum vorhandenen

Widerstand der Deutschen gegen den Nationalsozialismus, seien sie doch, allein auf sich gestellt, gar nicht in der Lage gewesen, ihre Freiheit zu erkämpfen. Ähnlich argumentiert Ulrike Meinhof in der „konkret", einer Studentenzeitschrift, die ebenfalls eher dem traditionalistischen Flügel zugehört, auch wenn sie ihre Seiten den Antiautoritären öffnet. Meinhof schreibt aus Anlaß des Jahrestages des Attentats auf Hitler am 20. Juli: „Diese stockkonservativen Politiker, Adligen und Offizieren versuchten zu vollziehen, was das unerreichte Ziel der Linken war: Die Beseitigung des Nationalsozialismus, die Beendigung des Krieges, die Wiederherstellung des Rechtsstaates. Diese Interessengleichheit zwischen einer kleiner Schicht mächtiger Männer und allen Schichten des deutschen Volkes, das ist es, was der Osten in der Einschätzung des 20. Juli 1944 meist nicht wahrhaben will, was im Westen all diejenigen eint, die diesen Tag feierlich begehen."[153] Auch hier wird die angebliche Gegnerschaft der deutschen Bevölkerung zur nationalsozialistischen Regierung suggeriert und eine objektive Gleichheit der Interessen unterstellt.

Gegen solche Entlastungsstrategien wird in den „Argument"-Heften immer wieder opponiert, so etwa Wolfgang Fritz Haug: „Hitler konnte bis zum Schluß der Zustimmung der Majorität des deutschen Volkes gewiß sein, weil er niemals gegen deren ‚heiligste Gefühle' und Vorurteile verstieß, sondern sie vergrößert repräsentierte und als Zwangssystem in Wirklichkeit umsetzte."[154] Diese Zustimmung der deutschen Bevölkerung zum Nationalsozialismus führt in den deutschen Nachkriegsgesellschaften zu einer Abwehrreaktion. Während im Westen die Verantwortung personalisiert und dämonisiert wird, wird sie im Osten auf die terroristische Herrschaft des Finanzkapitals reduziert. Diese traditionsmarxistische Sichtweise wird im „Argument" einer radikalen Kritik unterzogen.

Folgerichtig führt die Frage nach dem Verhältnis von Industrie und Politik im Nationalsozialismus in den nächsten Jahren zu einer Kontroverse mit den orthodoxen marxistischen Positionen. So stellt Tim Mason in der vierten Folge der „Faschismus-Theorien" den Primat der Politik fest, denn „es ist offensichtlich so gewesen, daß die Innen- und Außenpolitik der nationalsozialistischen Staatsführung ab 1936 im zunehmenden Maße von der Bestimmung durch die ökonomisch herrschenden Klassen unabhängig wurde, ihren Interessen sogar in wesentlichen Punkten zuwiderlief. Dieser Tatbestand ist aber einmalig in der ganzen Geschichte der bürgerlichen Gesellschaft seit der industriellen Revolution; gerade diesen Tatbestand gilt es zu erklären."[155] Damit knüpft Mason indirekt an Diskussionen an, die auch im „Institut für Sozialforschung" geführt wurden, als Friedrich Pollock 1941 den Nationalsozialismus als eine „neue Ordnung“ definierte, der eine völlig neue Gesellschaftsformation hervorgebracht habe, die sich nicht mehr mit den Kategorien der bürgerlichen Gesellschaft erfassen läßt.[156] Mason zeigt diese Einmaligkeit des nationalsozialistischen Systems, das, obwohl es weiterhin kapitalistisch verfaßt ist, trotzdem in zentralen Bereichen den ökonomischen Interessen der Wirtschaft zuwiderläuft, anhand des absulten Vorrangs der Judenvernichtung. So stellt er dar, daß sich unter den ersten polnischen Juden, die in den Vernichtungslagern ermordet wurden, tausende Metallarbeiter der polnischen Rüstungsindustrie befanden, die die nationalsozialistische Wirtschaft für die weitere Aufrüstung dringend benötigt hätte. Außerdem zeigt er, wie gegen Kriegsende die knappen Eisenbahnkapazitäten für den Abtransport der Juden benutzt wurden statt für die dringend nötige Versorgung der Streitkräfte.[157]

Auf Masons Artikel antworten mehrere DDR-Autoren. Eberhard Czichon versucht gegen Mason nachzuweisen, daß es im Nationalsozialismus einen Primat der Industrie gab, daß sie es war, die die Leitlinien der Politik bestimmte. Die führenden Fraktionen der Industrie hätten Hitler die Macht übertragen, hätten den Beginn und den Verlauf des deutschen Vernichtungskrieges bestimmt: „Es war mithin nicht ‚Hitlers Weg‘, der zur Kriegsauslösung von 1939 führte, sondern es blieb der Weg der deutschen Großindustrie.“[158] Die Irrationalität der Judenvernichtung bedeutet für Czichon dagegen nur eine Zuspitzung der normalen Irrationalität einer kapitalistisch verfaßten Gesellschaft. Er hält dagegen weiterhin an der Faschismus-Definition der Kommunistischen Internationale von 1935 fest, die der Vorsitzende Georgi Dimitroff formulierte. Ihm zufolge ist der Faschismus an der Macht „die offene, terroristische Diktatur der reaktionärsten, am meisten chauvinistischsten, am meisten imperialistischen Elemente des Finanzkapitals.“[159] Mason hatte dagegen schon in seinem ersten Aufsatz geschrieben: „Diese Definition hatte wohl 1935 ihre Funktion und Plausibilität, kann aber heute, angesichts der späteren Entwicklung des nationalsozialistischen Deutschlands, nur begrenzt als Ausgangspunkt einer Untersuchung und schon gar nicht als Antwort auf die Frage nach dem Verhältnis von Wirtschaft und Politik im Nationalsozialismus dienen.“[160]

Auch der zweite Diskussionsbeitrag aus der DDR, der wiederum eine Erwiderung auf den Aufsatz Masons darstellt, beruft sich auf die Dimitroff-Definition. Er verteidigt und unterstützt den Artikel von Eberhard Czichon und betont vor allem die Rolle, die die Theorie des staatmonopolistischen Kapitalismus für die Erklärung des Faschismus spielen könne. Mason erwidert: „Auch können die Schriften von Marx und Lenin wenig zur Lösung dieser Probleme beitragen, schon gar nicht, wenn man sie nur wiederholt; der Nationalsozialismus war zu sehr ein grundsätzlich neues Phänomen, als daß diese darüber Verbindliches im voraus hätten sagen können. Jedoch bleibt der Marxsche Ansatz unabdingbar: Die Analyse nationalsozialistischer Herrschaft muß bei der Gesellschaftsstruktur anfangen und das Verhältnis zur kapitalistischen Wirtschaftsordnung als Kernproblem nehmen."[161]

Allerdings gehen nicht alle „Argument"-Autoren so weit wie Tim Mason und sehen im Nationalsozialismus eine völlig neue Gesellschaftsformation, die zwar der kapitalistischen Gesellschaft entstammt, aber über sie doch hinausweist. Wolfgang Fritz Haug, der Herausgeber, veröffentlicht 1967 seine Schrift „Der hilflose Antifaschismus. Zur Kritik der Vorlesungsreihen über Wissenschaft und NS an deutschen Universitäten".[162] Der Text kritisiert, wie sich – auf Druck der Studentenschaft – die Universität seit Mitte der sechziger Jahre mit ihrem Verhalten im Nationalsozialismus auseinandersetzt. Haug analysiert die Vorträge als „hilflosen Antifaschismus", weil Antikommunismus und der Rückzug in eine reine, unpolitische Wissenschaft dominieren. Er kritisiert weiterhin, daß die vortragenden Professoren nicht auf den Zusammenhang von kapitalistischer Vergesellschaftung und Faschismus eingehen, und er setzt eine eigene Definition des Faschismus dagegen: „Worin besteht die faschistische Gefahr? Wenn die kapitalistischen Besitz- und Verfügungsverhältnisse formaldemokratisch nicht mehr zu sichern sind oder wenn es dem formaldemokratischen System nicht mehr möglich ist, die sozialen und politischen Bedingungen den Erfordernissen des kapitalistischen Verwertungsprozesses anzupassen, dann besteht ein systemimmanenter Faschismusbedarf."[163] Haug argumentiert hier traditionsmarxistisch; die Besonderheiten des Nationalsozialismus, den eliminatorischen Antisemitismus besonders, die diese Funktion überschreiten und die im „Argument" auch schon herausgearbeitet wurden, übergeht er. Diese traditionelle Sichtweise gibt sodann Gelegenheit, den Faschismus überall zu entdecken.

Die „Überwindung des Antisemitismus"

Der Kampf gegen den Antisemitismus gehört in den fünfziger und Anfang der sechziger Jahre zu den Schwerpunkten des SDS. So ist er führend an den Protesten gegen den Filmemacher Veit Harlan beteiligt, der vor allem durch seinen antisemitischen Propagandafilm „Jud Süß" bekannt geworden ist. Harlan wird 1949 wegen Verdacht auf Mitwirkung an den NS-Gewaltverbrechen angeklagt. Dieser Prozeß ist ein Präzedenzfall, da zum ersten Mal ein Filmkünstler vor Gericht gestellt wird. Obwohl die Richter feststellen, daß „Jud Süß" „ein nicht unwesentliches Werkzeug"[164] der Verfolgung und Vernichtung der europäischen Juden war, wird der Regisseur freigesprochen. Sofort beginnt Harlan, weitere Filme zu drehen. Dies löst eine breite gesellschaftliche Debatte aus, die durch den Boykottaufruf des Leiters der Pressestelle des Hamburger Rathauses, Erich Lüth, ausgelöst wird. Lüth wird daraufhin in mehreren Gerichtsverfahren untersagt, zum Boykott Harlans aufzurufen. Während er in anonymen Zuschriften und seitens der Boulevardpresse heftig attackiert wird, stellen sich Teile der SPD, der Gewerkschaften und der Studentenverbände, allen voran der SDS, auf seine Seite. In vielen Städten der BRD kommt es daraufhin zu studentischen Protesten, die zum Teil von massiven Ausschreitungen begleitet werden. Wobei diese Ausschreitungen nicht von den Protestlern, sondern von der Polizei und empörten Passanten ausgelöst werden, die ihrem Antisemitismus freien Lauf lassen.[165] Diese Reaktion bestärkt den SDS darin, in seinen Aktivitäten gegen den Antisemitismus nicht nachzulassen.

So organisieren 1960 bis 1962 vier Redaktionsmitglieder des SDS-Organs „Standpunkte" eine Wanderausstellung mit dem Titel „Die Vergangenheit mahnt", die die Geschichte des Judentums vom Auszug aus Ägypten bis zur Neuzeit präsentiert[166], der Schwerpunkt liegt auf der Vernichtungspolitik des Nationalsozialismus. Die Idee dafür kommt Gerhard Schoenberner, Erik Nohara, Hanno Kremer und Ludwig Türmer während ihres Besuchs des ehemaligen Konzentrationslagers Auschwitz-Birkenau, der durch die polnische Studentenzeitung „Pro Prostu" vermittelt wird. Die Ausstellung ist eine der ersten, die die Vernichtungspolitik thematisieren und damit die vorherrschende Sicht auf NS-Diktatur und Weltkrieg durchbrechen, die auf die deutschen Opfer fokussiert ist. Auch die Forderung nach Entschädigung bzw. sog. „Wiedergutmachung" an den Überlebenden und ihrem Staat ist nur das Anliegen kleiner Minderheiten.

Das Engagement dafür gehört in den fünfziger Jahren zu den wichtigsten Aktivitäten des SDS, beispielhaft hierfür steht die Resolution des Studentenparlaments der Universität Frankfurt vom Januar 1951. Max Horkheimer, ihr Rektor, ist denn auch sehr erfreut: „Als gestern Abend die Resolutionen eingebracht und ohne Stimmenthaltung angenommen wurden, die sich auf das im Dritten Reich geschehene Unrecht beziehen und den Willen der Studenten unserer Universität bekunden, durch die Tat etwas zur Versöhnung beizutragen, war ich, wie Sie verstehen werden, viel zu bewegt, als daß ich selbst noch mal hätte sprechen können. Aber es ist mir ein tiefes Bedürfnis, Ihnen noch ganz persönlich für die Erfahrung dieses Abends zu danken."[167]

Daß der Antisemitismus fortlebt und virulent ist, zeigt sich immer wieder. So wird am 24. Dezember 1959 die Kölner Synagoge mit Hakenkreuzen beschmiert, eine Tat, die eine Welle antisemitischer Straftaten auslöst. Politik und Presse distanzieren sich von diesen Vorfällen, verharmlosen sie allerdings als jugendlichen Vandalismus. Dies mag der SDS nicht hinnehmen und demonstriert mit befreundeten Organisationen wie dem „Liberalen Studentenbund Deutschlands" (LSD) und der „Deutsch-Israelischen Studiengemeinschaft" gegen die antisemitische Agitation. Auch bei diesen Protesten kommt es wieder zu Auseinandersetzungen mit der Polizei.[168] Die auch im Ausland aufmerksam registrierten antisemitischen Übergriffe führen in der Bundesrepublik zu einer intensiveren Beschäftigung mit der nationalsozialistischen Vergangenheit. So erscheint nun eine ganze Reihe von Büchern zum Thema und auch das Fernsehen zeigt entsprechende Dokumentationen und Filme.[169]

Aber die Demonstranten belassen es nicht bei spontanen Protesten, sondern sie wollen theoretisch fundiert über die gesellschaftlichen Ursachen des Antisemitismus aufklären. Daher veranstaltet der SDS mit der „Deutsch-Israelischen Studiengemeinschaft" und dem „Argument" ein weithin beachtetes Seminar mit dem Titel „Die Überwindung des Antisemitismus", an dem etwa 160 Studenten teilnehmen. Es werden verschiedene Aspekte des Antisemitismus behandelt, und es ist bemerkenswert, daß fast alle Beiträge auf die einschlägigen Thesen der Kritischen Theorie zurückgreifen und daß der Antisemitismus in Westdeutschland mit der fehlenden Aufarbeitung der Geschichte erklärt wird. Folgerichtig werden in den Beschlüssen des Seminars dann zwei Ursachen des Antisemitismus benannt: Erstens: es habe in der Bundesrepublik keine schonungslose Aufarbeitung der NS-Vergangenheit gegeben; und zweitens: es herrsche derzeit ein totalitärer Antikommunismus, dessen Denkstrukturen Parallelen zum Antisemitismus aufweisen.[170] Unter anderem wird die Untersuchung der personellen Kontinuitäten zwischen Nationalsozialismus und Bundesrepublik angemahnt; eine Arbeitsgruppe, die aus dem Seminar hervorgeht, soll diesen Beschluß umsetzen und Material sammeln.

Im Wintersemester 1960/1961 hält Margherita von Brentano, die auch am Seminar „Überwindung des Antisemitismus" beteiligt war, an der Philosophischen Fakultät der FU Berlin ein Seminar zu Antisemitismus und

Gesellschaft, in dem ausführlich das Kapitel „Elemente des Antisemitismus“ der „Dialektik der Aufklärung“ diskutiert wird, und im Sommersemester 1962 schließlich spricht Adorno auf Einladung der Berliner Ortsgruppe des SDS über die „Aufarbeitung der Vergangenheit“.[171]

Diese Referenz auf die Kritische Theorie zeigt, daß der Antisemitismus in der entstehenden Neuen Linken nicht einfach als eine speziell gegen Juden gerichtete Unterform des Rassismus gesehen wird, sondern sie bereits über eine differenzierte Analyse verfügt. Ronald Wiegand etwa spricht sich in seinem „Argument“-Aufsatz „‚Herrschaft‘ und ‚Entfremdung‘. Zwei Begriffe für eine Theorie über den Faschismus“ gegen die traditionsmarxistische Analyse des Antisemitismus aus, die ihn nur als Spaltungsinstrument der Herrschenden wahrnimmt.[172] Er argumentiert stattdessen, daß das bürgerliche Bewußtsein auf die Krise des Kapitalverhältnisses nur irrational, also antisemitisch, reagieren kann, weil die Herrschaftsverhältnisse in einer ausdifferenzierten kapitalistischen Gesellschaft derart abstrakt geworden sind, daß das bürgerliche Bewußtsein den gesellschaftlichen Zusammenhang nicht mehr durchschauen kann. „Antisemitismus läßt sich nicht als ein billiger Trick der Nazis abtun, mit dem sie die Massen hinters Licht geführt hätten, um selbst an die Macht zu kommen. In ihm reagiert vielmehr das unterdrückte Subjekt auf das Fortdauern einer Herrschaftsordnung, die ihre Legitimation längst in den Wirtschaftskrisen verloren hat, in der aber Herrschaft so abstrakt geworden, so sehr im System selbst aufgehoben ist, daß sie vom durchschnittlichen Bewußtsein kaum mehr dingfest zu machen ist und mit der Aggression gegen ein fiktives ‚Draußen‘ beantwortet wird.“[173] Wiegand stellt allerdings klar, daß auch diese Deutung des Antisemitismus nicht seine monströsen Konsequenzen, die Gaskammern von Auschwitz, aufzuklären vermag. „Stellt der zur Weltanschauung gewordenen Antisemitismus somit den irrationalen Versuch dar, den fremd und bedrohlich gewordenen – eben entfremdeten – Zusammenhang des gesellschaftlichen Ganzen mit Gewalt wieder durchschaubar zu machen, so erklärt das freilich noch nicht das Ausmaß und die Mächtigkeit, die er im Nationalsozialismus angenommen hat.“[174]

All dies demonstriert, daß die Bekämpfung des Antisemitismus der Studentenbewegung der fünfziger und frühen sechziger Jahre ein wesentliches Interesse war, daß sich ihr antiautoritärer Flügel eine differenzierte, an der Frankfurter Schule orientierte Theorie des Antisemitismus erarbeitet hatte. Allerdings verliert der Kampf gegen den Antisemitismus Mitte der sechziger Jahre an Bedeutung. Nach und nach bestimmen andere

Themen die Agenda. Nur wenige beharren weiterhin darauf, daß die Erfahrung des „Zivilisationsbruchs“[175] von Auschwitz konstitutiv für die Theorie und Praxis der radikalen Linken in Deutschland sein muß. Als einer dieser Wenigen stellt der Adorno-Schüler Hans-Jürgen Krahl fest, daß sich die Shoah auch mit marxistischen Kategorien nicht erklären läßt. Er knüpft damit an den Aufsatz von Ronald Wiegand an, wenn er schreibt: „In der Theoriebildung der Neuen Linken muß die Erfahrung des Faschismus als eines organisierten Naturzustandes eingehen, der zwar insgesamt mit den Kategorien der Kritik der politischen Ökonomie, dem Akkumulationsprozeß und Krisenzusammenhang des Kapitals erklärbar ist, dessen Terror im einzelnen aber sich solcher begrifflichen Subsumtion sträubt. Auschwitz ist kontingent auch noch der überlieferten Kategorien einer Kritik der politischen Ökonomie gegenüber.“[176] Diese Analyse findet allerdings in der immer aktionistischeren Studentenbewegung kaum noch Resonanz.

Die juristische Aufarbeitung der NS-Verbrechen und die Reaktionen der Studentenbewegung

Nach der militärischen Niederschlagung des Nationalsozialismus 1945 übernehmen zuerst die Alliierten die juristische Aufarbeitung der deutschen Verbrechen, insbesondere mit den Nürnberger „Kriegverbrecher-Prozessen“ gegen die Elite des NS-Staates. Mit Beginn des Kalten Krieges und der Eingliederung der Bundesrepublik in das westliche Bündnissystem findet diese juristische Ahndung ihr vorläufiges Ende, denn die postnazistische Gesellschaft hat kein gesteigertes Interesse daran. Ganz im Gegenteil werden sogar zahlreiche Urteile der alliierten Militärgerichte aufgehoben und unzählige Massenmörder begnadigt. Der Kriminologe Gerhard Wehrle spricht von einem alles beherrschenden „Gnadenfieber“.[177]

Der erste bedeutende Prozeß gegen NS-Verbrecher ist dann der 1958 beginnende sog. „Ulmer Einsatzgruppen-Prozeß“. Dieses Verfahren führt in der Folge zur Einrichtung der „Zentralen Stelle der Landesjustizverwaltungen zur Aufklärung nationalsozialistischer Verbrechen“ in Ludwigsburg, die die Verfolgung der NS-Verbrechen zentralisiert. Und „dieses Doppelereignis des Jahres 1958“, so betont Peter Reichel, „ kann man als den Beginn der innengeleiteten Vergangenheitsbewältigung ansehen.“[178] Denn erst jetzt ist die Bundesrepublik gezwungen, selbst gegen die NS-Verbrecher vorzugehen, eine Last, die ihr bisher die Alliierten abgenommen hatte. Fünf Jahre später folgt der Frankfurter Auschwitz-Prozeß.

Währenddessen gibt es eine Kontroverse über die 1965 ablaufende Verjährungsfrist für Mord, damit auch für die NS-Verbrechen. Nach mehrfachen Verlängerungen hebt der Deutsche Bundestag erst 1979 die Verjährungsfrist auf und ermöglicht so zumindest formal die weitere Verfolgung von NS-Verbrechen. Die Öffentlichkeit zeigt bis zum Frankfurter Auschwitz-Prozeß kaum Interesse an juristischer Aufarbeitung.[179] Die Mehrheit der Deutschen befürwortet den endgültigen Schlußstrich unter die NS-Vergangenheit und die allgemeine Amnestie für NS-Täter.[180]

Der SDS dagegen engagiert sich für die Bestrafung der NS-Verbrechen. Gegen die drohende Verjährung von Verbrechen, die von Richtern und Staatsanwälten in „Sonder- und Volksgerichtshöfen" verübt wurden, protestiert er 1959 mit einer Ausstellung unter dem Titel „Ungesühnte Nazijustiz". Außerdem stellt der Organisator der Ausstellung, das Westberliner SDS-Mitglied Reinhard Strecker, im Namen des Bundesvorstandes Strafanzeige gegen zwanzig immer noch aktive Juristen. Diese Aktion löst in der Öffentlichkeit erregte Diskussionen aus. Da die meisten Dokumente der Ausstellung aus der DDR, Polen und der Tschechoslowakei stammen und der SDS außerdem zur gleichen Zeit scharfe Auseinandersetzungen mit der SPD über den Einfluß der SED orientierten „konkret-Fraktion" führt, lehnen weite Teile der Öffentlichkeit die Ausstellung als angeblich SED-gelenkt ab. Die Ausstellungsmacher werden aus der SPD ausgeschlossen, und die Ausstellung ist auch ein Grund des Unvereinbarkeitsbeschlusses der SPD gegenüber dem SDS. „Auch wenn man berücksichtigt, daß die Aufarbeitung der Faschismus-Erfahrungen in der deutschen Nachkriegsgesellschaft ein langwieriger und äußerst widersprüchlicher Prozeß war, so bleibt doch festzuhalten, daß der indirekte Aufruf des SPD-Parteivorstandes zur Spaltung des SDS – angesichts der gerade anlaufenden Aufklärungsaktion ‚Ungesühnte Nazijustiz' – auch eine vorbeugende Maßnahme gegen den moralischen Rigorismus der SDSler gewesen ist. Im ‚Vorhof der Macht' wollte die SPD-Parteiführung nicht ständig an die jüngste deutsche Geschichte erinnert werden."[181] Trotzdem zeigt der SDS die Ausstellung an vielen Orten des In- und Auslandes. Auch wegen der örtlichen Beteiligung von Organisationen wie den Jüdischen Gemeinden, der Deutsch-Israelischen Studentengruppe und des LSD wird der Boykott der SPD teilweise durchbrochen und die Ausstellung erreicht ein großes Publikum.

In der breiten Öffentlichkeit wird über die juristische Aufarbeitung der NS-Verbrechen erst seit dem Beginn des Frankfurter „Auschwitz-Prozeß" 1963 diskutiert. Medienvertreter aus der ganzen Welt beobachten aufmerksam, wie die Bundesrepublik dies wichtigste Gerichtsverfahren ihrer Geschichte bewältigt. In den studentischen Publikationen spielt der Prozeß dagegen keine große Rolle. Nur wenige Artikeln, etwa der Frankfurter Studentenzeitung „Diskus“[182], thematisieren ihn. Eine Ausnahme bildet das von Hans Magnus Enzensberger herausgegebene „Kursbuch“, in dessen erster Ausgabe vom Juni 1965 ein Dossier zum Auschwitz-Prozeß mit Texten von Martin Walser und Peter Weiß veröffentlicht wird. Der dort gedruckte Text von Peter Weiß stellt eine Vorarbeit für sein Drama „Die Ermittlung“ dar, das zu einigen Kontroversen und zu Anfeindungen gegen den Autor führt. Weiß' Stück ist ein Angriff auf die Berichterstattung vor allem der Boulevardpresse, die die Ereignisse personalisiert und dämonisiert. Der Autor will dagegen auch den Zusammenhang zwischen Nationalsozialismus und Kapitalismus herausstellen. In einem Artikel in der „neuen kritik“ verteidigt Heinz Brüggemann Peter Weiss und stellt fest, daß Thesen, die „einen direkten Zusammenhang zwischen der kapitalistischen Gesellschaftsordnung und dem Faschismus sowie dessen Fortwirkung konstatieren, in der bundesrepublikanischen Diskussion weitgehend tabuisiert waren und sind.“[183] Brüggemann betont also die Kontinuitäten zwischen dem Nationalsozialismus und der kapitalistischen Gesellschaftsordnung der Bundesrepublik, geht aber auf den Frankfurter Prozeß und das, was dort verhandelt wird, nämlich die organisierte Judenvernichtung, kaum ein. Anders als Gerhard Schoenberner, der in einem Aufsatz über den Eichmann-Prozeß in Jerusalem schreibt: „Tatsächlich ist noch nie in der Menschheitsgeschichte vor einem Gericht eine so furchtbare Anklage erhoben worden, wie 1961 in Jerusalem. [...] Israels Versuch, den Massenmord an den Juden Europas vor aller Welt gerichtsnotorisch zu machen, kann einen Sinn nur erhalten, wenn man den Prozeß als historische Lektion versteht.“[184]

Davon ausgehend, zieht auch Schoenberner Kontinuitätslinien zur Bundesrepublik, die er vor allem in der nicht bewältigten Vergangenheit erkennt. In der öffentlichen Debatte über den Nationalsozialismus, etwa im Rahmen des Eichmann-Prozesses, werden einige wenige Repräsentanten des Regimes dämonisiert, um die große Masse der Bevölkerung zu exkulpieren. Außerdem werden weitere Untersuchungen mit der Begründung verhindert, es gelte das deutsche Ansehen im Ausland zu schützen. „Konkret gesagt: wenn etwas ‚dem deutschen Ansehen im Ausland schadet', so ist es die Tatsache, daß heute noch oder schon wieder allzu viele Diener des braunen Mordregimes in Amt und Würden sitzen, während jene, die dagegen gekämpft haben oder fliehen mußten, ungestraft öffentlich verleumdet werden dürfen. Das charakterisiert nicht nur, wie weit die ‚unbewältigte Vergangenheit' selbst in den Reihen demokratischer Parteien, in Regierung und Parlament hineinreicht. Es legt dem Ausland auch Rückschlüsse auf die Mentalität einer Bevölkerung nahe, auf deren Zustimmung solche Politik und solche Wahlkampftaktik offensichtlich mit Erfolg spekulieren kann."[185] Folgerichtig fordert Schoenberner zumindest die Entlassung aller nationalsozialistisch belasteten Juristen, Ärzte und anderer, die juristisch nicht belangt werden können.

Anders als bei den spektakulären Gerichtsverfahren wie in Frankfurt oder dem Eichmann-Prozeß in Jerusalem ist das öffentliche Interesse bei den meisten NS-Verfahren eher gering. Auch die linken Zeitschriften machen hier keine Ausnahme, wie Ulrike Meinhof in einem Artikel über den Prozeß gegen den persönlichen Adjutanten des Reichsführers SS Heinrich Himmler und General der Waffen SS, Karl Wolff, in der „konkret" feststellt. Sie kritisiert den Ablauf des Prozesses scharf : „Der Prozeßverlauf wird vom Angeklagten bestimmt, nicht vom Gericht; die Aufklärung über den Nationalsozialismus findet durch seine Anhänger statt, nicht durch seine Gegner. Die jungen Leute auf der Zuschauertribüne hörte ich sich fragen, ob nicht doch am Nationalsozialismus etwas dran war."[186]

Aufs Ganze gesehen läßt sich sagen, daß bis auf die vom SDS organisierte Kampagne zur „Ungesühnten Nazijustiz" Ende der fünfziger Jahre die Beschäftigung mit der juristischen Aufarbeitung der NS-Verbrechen in den linken und studentenbewegten Publikationen ein Randthema bleibt. Inwieweit die persönliche Auseinandersetzung mit der nationalsozialistischen Vergangenheit, etwa in der eigenen Familie, eine Rolle für die Studentenbewegung spielt, läßt sich anhand der studentischen Publikationen nicht darlegen, da sie das Thema nicht aufgreifen.

In seiner Studie zur „Soziologie radikaler Studentenbewegungen" kommt Klaus R. Allerbeck zu dem Ergebnis, daß der Nationalsozialismus in der Familie kaum zum Gegenstand politischer Auseinandersetzungen wird.[187] Nur zehn Prozent der Befragten erwähnen, daß es darüber im Elternhaus zu Konflikten kommt. In zahlreichen (auto-)biographischen Veröffentlichungen ehemals in der Studentenbewegung Aktiver ist das Thema Vergangenheitsbewältigung dagegen sehr präsent, allerdings betonen hier die meisten, daß sich ihre Empörung nicht gegen die eigene Familie richtete, da diese sich während des Nationalsozialismus nicht exponiert habe, sondern eher im allgemeinen gegen die mangelhafte gesellschaftliche Aufarbeitung der Vergangenheit.[188] Axel Schildt kommt deshalb zu dem Ergebnis, daß trotz aller Bedeutung, die die Beschäftigung mit der NS-Zeit für die Protestbewegung hat, die konkrete Auseinandersetzung mit dem Verhalten der Eltern nicht das ausschlaggebende Motiv der Revolte ist: „Relativ eindeutig ist jedenfalls, daß die konkrete Rekonstruktion der NS-Vergangenheit in der Studenten- und Jugendbewegung kein zentrales Thema darstellte."[189]

Gibt es eine Kontinuität des Nationalsozialismus in die BRD?

Wie schon in den theoretischen Diskussionen über Nationalsozialismus und Faschismus deutlich wird, führt die Studentenbewegung eine intensive Debatte über die Kontinuität der Bundesrepublik mit dem Nationalsozialismus. Daß es diesen Zusammenhang zwischen dem NS-System und der BRD gibt, darüber herrscht Einigkeit, allerdings gibt es Differenzen über deren Qualität und Einschätzung. Eine wichtige Rolle spielt dabei der Begriff der „formierten Gesellschaft", wie ihn Bundeskanzler Ludwig Erhard 1965 als Leitbegriff seiner Gesellschaftspolitik vorgestellt hat. Erhard geht dabei von einem Gesellschaftssystem aus, in dem nicht mehr einzelne Klassen oder Gruppen einander ausschließende Ziele durchsetzen wollen, sondern das von einem kooperativen Zusammenwirken aller Gruppen und Interessengeprägt ist.[190]

„Das Argument" widmet der „formierten Gesellschaft" zwei Schwerpunkthefte. Manfred Hahn analysiert die bisher erschienene Literatur. Über die scheinbar ideologiefreie Begrifflichkeit dieser Gesellschaftskonzeption schreibt er: „Dieses Vokabular ist nicht so unschuldig, wie es sich gibt, sondern mit Ideologie reich befrachtet. Man wird peinlich erinnert an nationalsozialistische Leitbilder, an Volksgemeinschaft und Arbeitsfront."[191] Ebenso wie der Nationalsozialismus leugne die „formierte Gesellschaft" die Realität der kapitalistischen Klassengesellschaft und versuche, diese korporatistisch zu verschleiern. Aber Hahn hält fest, daß dies nicht einfach ein „Faschismus in verändertem Aufzug" ist, wie der Titel seines Aufsatzes lautet, sondern auch auf andere Ursprünge zurückgeht: „Das Formierungsvokabular ist fraglos nazistisch gefärbt, aber nicht nazistischen Ursprungs. Letztlich stammt es aus den Rüstkammern des bürgerlichen Konservatismus deutscher Prägung, der zwischen 1830 und 1840 sich herauszubilden beginnt."[192]

Damit argumentiert Hahn unter anderem gegen die Analyse des orthodoxen Marxisten Reinhard Opitz, den er mit den Worten zitiert: „Der Weg in die Formierte Gesellschaft ist ein Schleichweg zu einem modernen, den Bedingungen der heutigen Zeit angepaßten Faschismus."[193] Dieser schlichten Übertragung des traditionellen marxistischen Faschismusbegriffes auf die bundesrepublikanische Gesellschaft setzt der „Argument"-Autor eine differenziertere Analyse entgegen: „Es soll hier nicht suggeriert werden, die Formierungskonzeption sei schlicht eine Neuauflage bürgerlich-konservativer Theorien des 19. Jahrhunderts. Es war vielmehr anzudeuten, in welcher Tradition diese Konzeption steht: in einer Tradition nämlich, die rundweg faschistisch zu nennen falsch ist. Formierungskonzeption und faschistische Ideologie reagieren auf den gleichen Gegner, zwar nicht vollends gleich, aber in vielem ähnlich."[194] Hahns Aufsatz steht somit in einer Reihe von Analysen, die gegen die traditionelle marxistische Faschismustheorie argumentieren, aber trotzdem auf die Marxschen Kategorien der Gesellschaftskritik zurückgreifen. Diese antiautoritäre Analyse sieht zwar Kontinuitäten zwischen der nationalsozialistischen Ideologie und der Konzeption der „Formierten Gesellschaft", blendet aber die Unterschiede nicht aus. Gemeinsamkeiten werden eher in ihren gesellschaftlichen Grundlagen und in der Tatsache gesehen, daß die Bundesrepublik aus dem Nationalsozialismus hervorgeht. Auf diesen Zusammenhang weist auch der Herausgeber des „Arguments", Wolfgang Fritz Haug, hin, wenn er der bürgerlichen Geschichtsschreibung vorwirft: „Verdrängen müssen sie vor allem die Einsicht in die gesellschaftliche Kontinuität zwischen Faschismus und der ‚formierten Gesellschaft' (Erhard) der Gegenwart."[195]

Auch im SDS wird dieser Zusammenhang diskutiert. 1966 leiten Rudi Dutschke und Hans Joachim Hameister einen gut besuchten Arbeitskreis zur „formierten Gesellschaft", der zu dem Schluß kommt, daß ein neuer Faschismus nicht unmittelbar vor der Tür steht.[196] Vielmehr entwickle sich ein autoritärer Staat, der durch politische Interventionen Wirtschaftskrisen zu verhindern trachtet und die Integration der Bevölkerung mittels Manipulation vor allem durch die Massenmedien zu erreichen versucht. Diese Integration der Massen könne aber durch das bewußte Handeln einer kleinen Minderheit durchbrochen werden – es komme nun auf den subjektiven Faktor an. Damit entfernt sich Dutschke zum Teil von den früheren Diskussionen des SDS, die eher auf demokratische Aufklärung setzten. Denn bisher bestimmte der SDS seine Politik auf der Grundlage einer Gesellschaftsanalyse, die vom Zusammenhang zwischen Faschismus und Kapitalismus ausging und vor allem in Deutschland die Kontinuität des Nationalsozialismus erkannte. Die Gefahr einer erneuten Faschisierung besteht also fort, und der SDS hat ihr entgegenzutreten. In einem programmatischen Aufsatz über „Soziale Demokratie oder neuer Faschismus? Zur innenpolitischen Entwicklung der Bundesrepublik“ schreibt der SDS-Vorsitzende Helmut Schauer schon 1964 in der „neuen kritik“: „Die Verflechtung von Staat und Gesellschaft in der spätkapitalistischen Gesellschaft führt daher zu einer autokratisch neufeudalen Aushöhlung der politischen Demokratie. Demokratie ist daher heute nur zu bewahren und wiederherzustellen, wenn die Gesellschaft selbst demokratisiert würde. Es gibt allein noch die Alternative zwischen einem autoritären, letztendlich neufaschistischen System und der zur sozialen weiterentwickelten Demokratie.“[197]

Im Rahmen seines demokratischen Kampfes weist der SDS immer wieder auf die personelle Kontinuität der juristischen und politischen Eliten des Nationalsozialismus und der Bundesrepublik hin, so mit der Ausstellung „Ungesühnte Nazijustiz“. So kommt es bereits 1955 zu einem Vorlesungsstreik an der Georg-August-Universität Göttingen gegen die Ernennung des rechtsextremistischen Verlegers Leonhard Schlüter zum Kultusminister von Niedersachsen. Rektor und Senat der Universität unterstützen den Protest, indem sie ihre Ämter niederlegen. Schlüter tritt daraufhin von seinem Amt zurück.[198] Zu weiteren Protesten kommt es am 18. Januar 1960 in Berlin, als Mitglieder des SDS, des LSD und der Deutsch-Israelischen Studiengemeinschaft gegen die Welle antisemitischer Schmierereien seit Dezember 1959 protestieren. Auf ihrem Transparent steht zu lesen: „Oberländer, Globke, Schröder“.[199] Die antisemitischen Übergriffe werden mit der nationalsozialistischen Biographie bundesdeutscher Spitzenpolitiker in Zusammenhang gebracht. So war der damalige „Minister für Vertriebene, Flüchtlinge und Kriegsgeschädigte“, Theodor Oberländer (CDU), als SA-Hauptsturmführer an einem Massaker im ukrainischen Lwow beteiligt. Der Staatssekretär im Bundeskanzleramt und rechte Hand von Bundeskanzler Adenauer, Hans Globke, war bis 1945 Herausgeber der Kommentare zu den Nürnberger Rassegesetzen, und Innenminister Gerhard Schröder war Mitglied der NSDAP und der SA; allerdings war er, nachdem er in Kontakt mit der Bekennenden Kirche kam, ausgetreten. Mit dieser Benennung einstiger NS-Aktivisten wird einerseits die mangelnde Entnazifizierung der Bundesrepublik angeklagt, aber auch indirekt auf Kontinuitäten der deutschen Politik verwiesen. So ist etwa Bundesinnenminister Gerhard Schröder als „Law and Order-Mann“ bekannt, der sich durch das Verbot der KPD und den Verbotsversuch gegen die „Vereinigung der Verfolgten des Naziregime“ (VVN) einen Namen gemacht hat; als Innenminister ist er nun für die Notstandsgesetzgebung zuständig.

Auch an den Universitäten beginnen die Studenten, die Rolle ihrer Professoren zu hinterfragen. Verschiedenen Publikationen bringen Artikel, die die Aktivitäten und Schriften noch bzw. wieder aktiver Lehrkräfte behandeln. Von besonderer Bedeutung sind in diesem Zusammenhang die Ereignisse in Tübingen, wo bereits 1964 ein Artikel der Studentenzeitung „notizen“ mit dem Titel „Die braune Universität. Tübingens unbewältigte Vergangenheit“ für Aufsehen sorgt.[200] Nach anfänglicher Abwehr akzeptiert die Hochschule die Kritik und organisiert im Wintersemester 1964/65 die Ringvorlesung „Deutsches Geistesleben und Nationalsozialismus“. Ihrem Beispiel folgen in den kommenden Jahren zahlreiche weitere Universitäten und beginnen mit der Aufarbeitung ihrer Geschichte. Doch nicht an allen Hochschulen ist den studentischen Protesten so viel Erfolg beschieden. Es ist allerdings fraglich, ob diese internen Untersuchungen wirklich bereit waren, die dunkle Historie der Universitäten schonungslos aufzudecken. Auf die Kritik Wolfgang Fritz Haugs wurde bereits verwiesen[201], und auch Adorno hatte bereits 1959 auf die bedenklichen Implikationen der bundesdeutschen Aufarbeitung der Vergangenheit aufmerksam gemacht, die oftmals keine ernsthafte Auseinandersetzung bezweckt, sondern stattdessen den Schlußstrich ziehen will.[202]

Die Neue Linke empfindet es als Skandal, daß weite Kreise des nationalsozialistischen Personals völlig ungestört leben und arbeiten können, ohne zur Rechenschaft gezogen zu werden. Und so erscheinen in den studentischen Publikationen dann Artikel wie der des Organisators der SDS-Ausstellung „Ungesühnte Nazijustiz“, Reinhard Strecker, der unzählige NS-Aktivisten auflistet, die bedeutende Posten innehaben.[203] Und Gerhard Schönberner führt aus: „Die große Industrie, die Hitler an die Macht half und an seinem Raubkrieg verdiente, ist zum dritten Mal ins große Rüstungsgeschäft eingestiegen. Prominente Diener des Hitlerreiches empfangen vom demokratischen Staat für ihre Verdienste hohe Pensionen; viele nehmen heute wieder führende Stellungen in Politik, Wirtschaft und Armee ein. Die NS-Richter sprechen wieder Recht, die SS-Ärzte haben ihre Praxis wiedereröffnet und die Lehrer unterrichten eine neue Generation. Die Wiedereinstellung der faschistischen Beamtenschaft ist zum Gesetz erhoben, die alten Orden dürfen wieder getragen werden [...] Der mächtigste Beamte in diesem Staate ist der Kommentator der ‚Nürnberger Gesetze‘.“[204]

Diese Debatte über die Kontinuität zwischen Nationalsozialismus und Bundesrepublik wird für die weitere Entwicklung der Studentenbewegung ausschlaggebend, gerade in Berlin. Denn der Rektor der „Freien

Universität", Prof. Dr. Herbert Lüers, zieht 1965 seine Genehmigung für eine Podiumsdiskussion des AStA zurück, als er erfährt, daß auch der Schriftsteller Erich Kuby sprechen soll. Lüers begründet dies damit, daß Kuby die FU verächtlicherweise mit der Humboldt-Universität in Verbindung gebracht habe, indem er erklärte, der Name „Freie Universität" bringe ein äußerstes Maß an Unfreiheit zum Ausdruck.[205] Kuby, der am Jahrestag der Befreiung vom Nationalsozialismus zum Thema „Restauration oder Neubeginn – Die Bundesrepublik 20 Jahre danach" sprechen sollte, ist auch als scharfer Kritiker der deutschen Vergangenheitsbewältigung bekannt; so schreibt er etwa über das Verhältnis der Deutschen zur Sowjetunion und zur Roten Armee: „Auch wenn sie sich wie die himmlischen Heerscharen benommen hätten, wäre das Ergebnis vermutlich nicht anders gewesen. Sie hatten verspielt, noch ehe sie einen Fuß auf deutsches Gebiet setzten – nicht wegen der Verbrechen, die sie begangen haben, sondern wegen der von Deutschen in der Sowjetunion begangenen Verbrechen. [...] Nein, die Sowjets haben durch ihre Übergriffe im Frühjahr 1945 Deutschland nichts verspielt; sie haben dadurch nur den Deutschen die Möglichkeit gegeben, ihnen den Schwarzen Peter zuzuschieben, haben den Deutschen einen moralischen Fluchtweg geöffnet."[206]

Die Verweigerung der Räumlichkeiten für eine Diskussion über die Kontinuität des Nationalsozialismus löst einen Sturm der Entrüstung in der Studentenschaft der FU aus. Es kommt zu Protestversammlungen und zum ersten Vorlesungsstreik in der Geschichte dieser Universität. Besondere Brisanz gewinnt das Thema, als 1966 Dokumente aus der DDR bekannt werden, die Bundespräsident Lübke vorwerfen, er habe als Architekt den Bau von Konzentrationslager geleitet. In „konkret" erscheint nun eine ganze Reihe von Artikeln, die sich damit auseinandersetzen und die den Bundespräsidenten auffordern, Stellung zu beziehen. Auch der SDS nimmt diese Enthüllungen zum Anlaß, im Februar 1968 eine „Anti-Lübke-Woche" auszurufen. Allerdings ist offensichtlich, daß der „Fall Lübke" nur die Spitze des Eisberges darstellt, daß wenig Hoffnung auf konsequente Aufklärung besteht. In „konkret" steht zu lesen: „Es gibt tausend Lübkes zuviel in Deutschland. – nun, seien wir Realisten. Daß diese große Nation sich tatsächlich dazu aufschwingen würde, sich jener Tausend zu entledigen – das glaubt von uns keiner mehr; es widerspräche der nationalen Tradition."[207]

Mehr noch als durch den „Fall Lübke" wird die Diskussion mit dem Regierungsantritt der Großen Koalition unter Bundeskanzler Kurt Georg Kiesinger 1966 angefacht. Stellt schon allein das Faktum einer Großen

Koalition, die eine effektive parlamentarische Opposition unmöglich macht, für die Studentenbewegung einen weiteren Schritt in die autoritäre Gesellschaft dar, so ist die Ernennung des ehemaligen NSDAP-Mitglieds und Rundfunk-Referenten im NS-Außenministeriums Kiesinger zum Bundeskanzler erst recht ein Affront. Es kommt zu Protesten gegen den neuen Bundeskanzler, die in erster Linie von der neuen, gegen den SDS gegründeten Studentenorganisation „Sozialdemokratischer Hochschulbund" (SHB) getragen werden. Die Polizei reagiert zum Teil sehr nervös und hart. Im „Kursbuch" findet sich dieser Demonstrationsbericht: „Mehrere jugendliche Demonstranten hatten sich, mit Schildern ausgerüstet, gegen das Vorhaben von Bundeskanzler Kiesinger gewandt, an dem Denkmal der Opfer des Nationalsozialismus einen Kranz niederzulegen. Mit Rücksicht auf die Tatsache, daß Kiesinger Mitglied der NSDAP gewesen war, hielten sie es für unwürdig und politisch taktlos, daß der Bundeskanzler jetzt die Opfer des Nationalsozialismus ehre. Die Demonstranten waren vereinzelt aufgetreten und hatten keine größeren Gruppen gebildet. Dennoch gingen Polizeibeamte gegen sie vor, beschlagnahmten die Schilder und nahmen fünf Personen in Gewahrsam."[208] In den Studentenzeitschriften werden die Vorwürfe gegen Kiesinger dargelegt. Und im Frankfurter „Diskus" erscheint eine Satire, die fiktive Rede eines Altnazis, der seine Ernennung zum großen Erfolg für die Sache des Nationalsozialismus erklärt. Die Vorwürfe gegen Kiesinger werden im einzelnen durch hineinmontierte Zitate belegt.[209]

Die spektakulärste Aktion, die die Nazivergangenheit des Bundeskanzlers skandalisieren will, ist jedoch die Ohrfeige, die ihm Beate Klarsfeld im November 1968 auf dem CDU-Parteitag in Berlin mit dem Ruf „Nazi, Nazi, Nazi" verpaßt. Bereits ein halbes Jahr zuvor hatte Klarsfeld während einer Rede Kiesingers „Nazi-Kiesinger abtreten!" von der Empore des Bundestags gerufen. Zu ihren Aktionen erklärt sie: „Ich habe den Bundskanzler Kiesinger geohrfeigt, um zu beweisen, daß ein Teil des deutschen Volkes, ganz besonders seine Jugend, darüber empört ist, daß ein Nazi, der stellvertretender Abteilungsleiter der Hitlerschen Auslandspropaganda war, heute Bundeskanzler ist. […] Kiesinger ist der repräsentativste und der gefährlichste jener Nazis, die erneut das deutsche Volk verderben. Kiesinger und seine Komplizen sind dabei, aus der Bundesrepublik ein Land der Revanchisten zu machen, das eine Expansionspolitik betreibt und die Folgen des Weltkrieges nicht anerkennt, aber Atomwaffen fordert."[210]

Doch nicht nur die nationalsozialistische Vergangenheit führender Regierungsmitglieder beschäftigt die Studentenbewegung. Im Lauf der

Proteste wird sie immer wieder mit alten Nazis konfrontiert; gegen diesen deutschen Alltag wird die umfassende Entnazifizierung der Gesellschaft eingefordert. Beispielhaft dafür steht ein Flugblatt, das während eines Gerichtsverfahrens gegen Demonstranten verteilt wird. Es thematisiert die NS-Vergangenheit des vorsitzenden Richters und stellt sie in direkten Zusammenhang mit der unzureichenden Aufarbeitung des Nationalsozialismus: „Organisieren wir den Ungehorsam gegen die Nazi-Generation. Ehemalige Nazi Richter wollen über uns ‚Recht' sprechen. Ausgerechnet der Moabiter Amtsrichter Gente – einst Mitglied der Nazi-Partei – will unsere Kommilitonen ‚verurteilen', die gegen den faschistischen Rassenhetzerfilm Africa Addio protestiert haben. [...] Holen wir nach, was 1945 versäumt wurde: Treiben wir die Nazi-Pest zur Stadt hinaus. Machen wir endlich eine richtige Ent-Nazifizierung. Heizen wir ihnen so ein, daß ihnen die fetten Gehälter, Dividenden und Pensionen, die sie für ihre Verbrechen von gestern verschlingen, im Halse stecken bleiben!"[211]

Aber nicht nur in den Biographien führender Repräsentanten des Staates und zahlreicher Funktionsträger der Gesellschaft lassen sich Kontinuitäten zum Nationalsozialismus erkennen, sondern auch in den Reaktionen der Bevölkerung, was sich schon in den fünfziger Jahren anläßlich der Proteste gegen Veit Harlan zeigte.[212] Als es dann Mitte der sechziger Jahre in Berlin zu vermehrten Aktionen der Studentenbewegung kommt, reagiert die Bevölkerung nicht nur größtenteils ablehnend, sondern es kommt wiederum zu Übergriffen. Auch die Reaktionen der Berliner Bevölkerung auf die Ereignisse des 2. Juni 1967 sprechen eine eindeutige Sprache. In zahllosen Zuschriften an die Zeitungen und an den AStA der FU Berlin wird verlangt, man solle die Studenten „mit Benzin begießen und anzünden! Tod der roten Studentenpest! Die rote Studentenpest soll doch rübergehen!" [...] „Nur ein Student erschossen, das ist viel zu wenig. Durch den Ofen jagen, das ganze Pack!" [...] „Am besten alle vergasen."[213] Diese Vernichtungsphantasien führen oft zur direkten Gewalt. Zynischerweise werden die Proteste zudem in der Boulevardpresse und seitens führender Berliner Politiker selbst als Nazi-Praktiken hingestellt, was die Sache gänzlich auf den Kopf stellt.[214]

Im Februar 1968, einige Tage nach dem „Internationalen Vietnam-Kongreß" des SDS, rufen der Berliner Senat, alle im Abgeordnetenhaus vertretenen Parteien, die Gewerkschaft „Öffentliche Dienste, Transport und Verkehr" (ÖTV), die Springer-Presse und zahlreiche Einzelpersonen zu einer Gegendemonstration auf. Alle Beschäftigte des öffentlichen Dienstes sowie Arbeiter und Angestellte vieler Privatbetriebe bekommen sogar frei, um daran teilnehmen zu können. Während dieser Veranstaltung, auf der zahlreiche selbstgefertigte Plakate mit Parolen wie „Dutschke Volksfeind Nr. 1“, „Bei Adolf wäre das nicht passiert“ und „politische Feinde ins KZ!“[215] gezeigt werden, kommt es zu Übergriffen auf vermeintliche Studenten, bei denen vierzig Personen verletzt werden. Als dann auch noch einige Demonstranten irrtümlich glauben, Rudi Dutschke erkannt zu haben, wird der Mann beinahe gelyncht. Das „Kursbuch“ schreibt nach diesen Vorfällen: „Die Wut auf die Demonstranten läßt alle Sicherungen der inzwischen gelernten ‚demokratischen Selbstkontrolle' durchbrennen. Die Wut schmilzt alle Unterschiede weg, auch die zwischen verfemter Vergangenheit und rechtgläubiger Gegenwart. Für den Augenblick der Gewaltandrohung stellt sich die alte Volksgemeinschaft der Verfolgung wieder her, gegen neue Opfer gerichtet erscheint sie als Schutz der Demokratie.“[216] Solche Erfahrungen mit der deutschen Bevölkerungen lassen erahnen, warum es in der Bundesrepublik, anders als etwa in Frankreich oder Italien, nur sehr vereinzelt zur Solidarisierung von Arbeitern und Studierenden kommen und warum die Neue Linke lange Zeit keinerlei Hoffnungen in die deutsche Arbeiterklasse setzten konnte.

Sind die Notstandsgesetze „NS-Gesetze“?

Die seit den fünfziger Jahren geführte öffentliche Kontroverse über die Einführung einer Notstandsgesetzgebung erhält im Zusammenhang der studentischen Debatte über die Kontinuität des Faschismus bzw. über eine erneute faschistische Entwicklung in der Bundesrepublik zusätzlich Brisanz. Johannes Agnoli spricht dies aus, als er im Mai 1968, auf dem Höhepunkt der Bewegung gegen die Notstandsgesetze, in einem Vortrag vor der „Politischen Universität“ in Frankfurt sagt: „In der Diskussion über eine mögliche Faschisierung der BRD schreibt man der Verabschiedung der Notstandsgesetze zentrale Bedeutung zu.“[217]

Der SDS steht bereits seit 1959 in Opposition dazu, und er gehört neben den Gewerkschaften und der Ostermarschbewegung zu deren aktivsten Bestandteil. Dabei zieht der SDS von Anfang an Parallelen zum Nationalsozialismus: „Der Schwerpunkt der Aktivitäten des SDS lag zunächst in der Argumentation über den Inhalt und die politischen Konsequenzen der Gesetze. Notwendig war ein Selbstverständigungsprozeß innerhalb der eigenen Organisation; die Wirksamkeit der Argumentation blieb im Wesentlichen auf den Hochschulbereich beschränkt. Artikel in der ‚neuen kritik' und Veröffentlichungen wie Seiferts ‚Gefahr im Verzuge' sind Beispiele dieser Aufklärungsphase. Kleine öffentliche Informations- und Diskussionsveranstaltungen konnten einige SDS-Gruppen in Erinnerung an die ‚Machtergreifung Hitlers' am 30. Januar 1933 zu Beginn des Jahres 1963 organisieren."[218] Allerdings sind solche NS-Vergleiche zu Beginn der Proteste noch die Ausnahme; eher wird auf die Erfahrung der Weimarer Republik zurückgegriffen. Die Notstandsgesetze werden als Gefahr gesehen, weil sie den Weg in eine neue, autoritäre Gesellschaftsform ebnen können. Dagegen setzt der SDS den Ausbau der Demokratie, die durch die Zusammenarbeit mit anderen demokratischen Organisationen, in erster Linie den Gewerkschaften, erreicht werden soll. Für diese Strategie steht der Kongreß „Demokratie vor dem Notstand", der im Mai 1965 von SDS, LSD, SHB, dem „Bundesverband Deutsch-Israelischer Studiengruppen" und der „Humanistischen Studentenunion" veranstaltet wird. Es sprechen Gewerkschafter, Professoren, Journalisten und Vertreter der Studentenverbände, und die Debatte verläuft sehr sachlich. Alle Diskutanten befürchten zwar negative Folgen für die Demokratie, aber bis auf den Rechtsanwalt Heinrich Hannover vergleicht niemand die Notstandsgesetze mit dem Faschismus oder gar mit dem deutschen Nationalsozialismus. Es werden auch hier eher Parallelen zur Weimarer Republik gezogen.[219]

Der Kongreß steht für eine neue Phase im Kampf gegen die Notstandsgesetze. Nachdem jahrelang die Aufklärungsarbeit an den Universitäten im Vordergrund stand, wird nun der Schulterschluß mit Gewerkschaften und anderen gesellschaftlichen Organisationen gesucht: „Nach Jahren der Aufklärung über Inhalt und Tendenzen der Notstandsgesetze trat der SDS 1965 in eine neue Phase des Widerstandes gegen die Verfassungsänderung. Hauptform der politischen Auseinandersetzung waren jetzt öffentliche Protestveranstaltungen. Der universitäre Rahmen wurde dabei überschritten und die Zusammenarbeit mit Gewerkschaften und der Arbeiterjugend gesucht."[220] Allerdings radikalisiert sich die Position des SDS zusehends. Die Antiautoritären gewinnen die Oberhand und besetzen nun auch das Thema der Notstandsgesetzgebung, das bisher eher eine Domäne der Traditionalisten war. Deutlich abzulesen ist dieser Übergang von einer demokratischen hin zu einer linksradikalen Argumentation an einer Resolution auf der 21. Delegiertenkonferenz des SDS, in der es heißt: „Der SDS erkennt die Notstandsgesetze als Mittel des Klassenkampfes in der spätkapitalistischen Gesellschaft. Der SDS ist sich darüber klar, daß die endgültige Überwindung der Tendenzen, die sich in den

Notstandsgesetzen äußern, die Überwindung der Herrschaft der Bourgeoise verlangt. Die bloße Forderung nach parlamentarischer Beschränkung der Herrschaft der Bourgeoisie begreift nicht die Ursachen der Tendenzen zur Diktatur. [...] Der SDS begreift sich in diesem Sinne als konsequentesten und zugleich weitertreibenden Teil der breiten oppositionellen Bewegung gegen die Notstandsgesetze."[221]

Diese Entwicklung verschärft die Differenzen innerhalb des SDS. Während die Traditionalisten vor allem in der Bündnisarbeit mit Gewerkschaftern, Parlamentariern und Pazifisten die Chance sehen, die Gesetze zu verhindern, argumentieren die Antiautoritären in der Tradition der linksradikalen Parlamentarismuskritik. Im Gegensatz zu den Traditionalisten sehen sie im Grundgesetz keinen verteidigungswerten Ausgangspunkt der sozialistischen Umgestaltung der Bundesrepublik, und vielmehr stellen sie fest: „das Grundgesetz diene nur zur Aufrechterhaltung der bestehenden Machtverhältnisse."[222] Die tödlichen Schüssen auf Benno Ohnesorg am 2. Juni 1967 beschleunigen diese Entwicklung noch. Die Ereignisse während des Schahbesuches werden als „nicht erklärter Notstand" analysiert.[223]

Die direkte Erfahrung staatlicher Gewalt führt allerdings auch zur immer pauschaleren Ablehnung der Notstandsgesetzgebung; immer willkürlicher wird nun mit NS-Vergleichen hantiert. Es ist paradox, daß gerade der Erfolg der Antiautoritären diese Entwicklung nach sich zieht, obwohl sie es doch waren, die sich in den Sechzigern intensiv mit den Faschismustheorien auseinandergesetzt und sich gerade gegen die Relativierung des Nationalsozialismus gewandt hatten. Aber die Proteste werfen die Erkenntnis zum Teil über Bord: „Die Notstandsgesetze waren der gelungene Versuch, die legale Voraussetzung für die geplante Militarisierung bzw. Faschisierung der Gesellschaft, wie wir seinerseits sagten, zu schaffen. [...] Die Notstandsgesetze wurden als neuer § 48 (Notverordnungsparagraph der Weimarer Republik) und als Ermächtigungsgesetze interpretiert. Deshalb nannten wir sie NS-(nationalsozialistische) Gesetze. Manche sahen in ihnen – zu Unrecht, wie ich meine – den ersten Schritt auf dem Weg zum Faschismus."[224]

Den Höhepunkt erreichen die Proteste im Mai 1968 während der zweiten und dritten Lesung im Bundestag. Dabei kommt es zu einem Sternmarsch nach Bonn, an dem nach verschiedenen Angaben 30 bis 70.000 Menschen teilnehmen. Die Aktionseinheit mit den Gewerkschaften ist allerdings nicht zustande gekommen; sie protestieren in Dortmund auf einer eigenen Veranstaltung. Auch die Streikhoffnungen des SDS erfüllen sich nicht, nur in wenigen Betrieben kommt es zu kurzen Warnstreiks. Nur an den Universitäten und Schulen wird der Lehrbetrieb massiv verweigert. Die zentrale Parole des SDS zeigt den neuerdings instrumentellen Umgang mit dem Faschismusbegriff: „Kapitalismus führt zum Faschismus – Kapitalismus muß weg!“[225] Hier wird mit ein Automatismus angenommen, der den Kapitalismus zwangsläufig in den Faschismus führen muß, und im Zusammenhang mit den Notstandsgesetzen wird suggeriert, diese seien der Wegbereiter dahin – eine Unterstellung, die frühere Einsichten und Erkenntnisse relativiert. Ein Grund dieser Entwicklung dürfte darin liegen, daß die Außerparlamentarische Opposition erst nach den Ereignissen des 2. Juni 1967, dann mehr noch im dem Mai 1968 zu einer Massenbewegung geworden ist. Den neu hinzugestoßenen Aktivisten fehlt der Hintergrund der Diskussionen, die die Neue Linke über ein Jahrzehnt geführt hat; sie wurden dagegen durch ihre Erfahrungen mit der Staatsgewalt politisiert, nicht durch theoretische Debatten. Sie forcieren deshalb auch den Aktionismus der Studentenbewegung. „Keine Frage: der Generationswechsel im SDS, der Übergang also von der theoretischen Reflexion spezifischer studentischer und allgemein gesellschaftlicher Probleme zu unermüdlich inszenierten ‚direkten Aktionen‘ hat derart unvermittelt stattgefunden, daß die einst auf Grund theoretischer Vorerwägungen gewonnene Legitimation im Handeln heute verloren gegangen ist.“[226]

Nun wird die Auseinandersetzung mit dem Nationalsozialismus zur Nebensache, die Rede vom Faschismus wird synonym mit moralischer Verurteilung der Mißstände überhaupt. Diese Entwicklung zeigt sich auch in der Auseinandersetzung mit dem Vietnam-Krieg, einem der Hauptthemen der Studentenbewegung. Das Entsetzen über die amerikanische Kriegsverbrechen in Vietnam führt in Teilen der Studentenbewegung zu einem Antiamerikanismus, der mit willkürlichen NS-Vergleichen den Nationalsozialismus relativiert, damit die früher so intensive und ehrliche Beschäftigung mit der deutschen Vergangenheit ad absurdum führt.

So wird Max Horkheimer, als er seine Unterstützung für den Vietnam-Krieg erklärt, von Seiten der SDS-Ortsgruppe Frankfurt die „Apologie des Faschismus und Imperialismus“[227] angelastet und damit die amerikanische Kriegsführung als faschistisch bezeichnet. Dieser Vorwurf wird in den Veröffentlichungen der Studentenbewegung immer wieder erhoben, so etwa exemplarisch von Klaus Rainer Röhl in „konkret“: „Für jedermann wurde nun sichtbar, was ‚konkret‘ schon seit einem Jahr behauptete: dies war ein Krieg der Amerikaner gegen das Volk von Vietnam, mit Methoden, die an Grausamkeit und massenhaften Menschenmord denen

Hitlers kaum nachstanden."[228] Einen Höhepunkt erreicht diese antiamerikanisch motivierte Relativierung der NS-Verbrechen im Februar 1968 auf dem Vietnam-Kongreß in Berlin. Auf der Abschlußdemonstration wird immer wieder die Parole „USA, SA, SS, USA, SA, SS" gerufen, und Rudi Dutschke erklärt: „[...] wir wollen nicht vergessen, unsere Demonstration gilt der Vernichtung des Rest-Faschismus in Vietnam."[229] Sogar der prominenteste Vertreter der antiautoritären Bewegung zieht nun die Analogie zum Nationalsozialismus und verwirft damit jegliche Analyse zugunsten moralischer Verdammung. Im Rückblick fällen deshalb einige Linke ein vernichtendes Urteil über das Verhältnis der Studentenbewegung zur deutschen Vergangenheit: „Ende der 60er Jahre war es die französische Staatsbürgerin Beate Klarsfeld, die mit ihrer Ohrfeige für Bundeskanzler Kiesinger (NSDAP-Mitglied seit 1933, später Nazi-Propagandist unter dem NS-Außenminister Rippentrop) die Auseinandersetzung mit dem Nationalsozialismus voranzutreiben suchte, während für die StudentInnenbewegung der Kampf gegen die USA der Entscheidende war."[230]

Dieses Resümee trifft seit dem 2. Juni 1967, dem Eintritt der Studentenbewegung in ihre aktionistische Phase, die zugleich ihr Auftritt als Massenbewegung ist, eindeutig zu. Die früheren Einsichten werden belanglos, die Faschismus-Vergleiche dagegen inflationär. Statt auf ihrem reflektierten Begriff des Nationalsozialismus zu beharren, wird auf eine traditionalistisch-marxistische Begrifflichkeit zurückgegriffen, die im Faschismus nur eine extreme Ausformung der Klassenherrschaft erkennen mag. Dieser pauschale Begriff des Faschismus kann nun global angewendet werden, und besonders fatale Auswirkungen wird dies auf die Beschäftigung der Studentenbewegung mit Israel, dem Staat der Überlebenden des nationalsozialistischen Antisemitismus und ihrer Nachkommen, haben.

Rudi Dutschke und die deutsche Nation

In den fünfziger und frühen sechziger Jahren tritt der SDS für die gleichzeitige militärische Abrüstung der Bundesrepublik und der DDR, die Anerkennung der Oder-Neiße-Grenze und die „stufenweise Zusammenführung der Teilstaaten"[231] ein. Um dies zu erreichen, fordert der westdeutsche Studentenverband Verhandlungen mit der DDR. Diese im antikommunistischen Klima der Adenauer-Zeit unerhörte Forderung löst einen öffentlichen Skandal aus und ist in der Folge einer der Gründe des Unvereinbarkeitsbeschlusses der SPD gegen ihre Studentenorganisation. Nach der Trennung von der SPD, als die Zeit des Seminarmarxismus und der Neuorientierung an den Theorien der internationalen Neuen Linken anbricht, verlieren deutschlandpolitische Fragen für den SDS an Relevanz. Erst das im Lauf der sechziger Jahre sich herausbildende antiimperialistische Weltbild läßt den studentischen Aktivisten auch die „nationale Frage“ wieder aktuell werden. Diesmal allerdings in weltpolitischer Perspektive, denn die rebellischen Studenten stellen sich auf die Seite der nationalen Befreiungsbewegungen der sog. „Dritten Welt“ und treten für ihre nationale Emanzipation von kolonialer und neokolonialer Unterdrückung ein. Die nationalen Befreiungskriege in Vietnam, Algerien und anderswo werden damit zu einem zentralen Thema der Protestbewegung.

Im Denken Rudi Dutschkes hat diese Solidarität mit den unterdrückten Völkern ganz besonders hohen Stellenwert, was bereits in der „Subversiven Aktion“ zu Fraktionierungen geführt hatte. Ein Teil der Organisation orientiert sich eher an Adornos Kulturkritik, während sich der andere einem mehr an Leo Trotzki orientierten Aktivismus verschreibt. Die Berliner Gruppe um Dutschke und Rabehl steht für die zweite Strömung, eine innere Spaltung, die schließlich zu ihrer Auflösung führt.[232] Im Berliner SDS leitet Dutschke dann die Projektgruppe „Dritte Welt“, in der viele Studenten aus Entwicklungsländern aktiv sind. In diesem Arbeitskreis werden Theoretiker des globalen Südens wie Frantz Fanon oder Kwame Nkrumah gelesen und diskutiert. In seinem Tagebuch hält Dutschke seine Lektüreerfahrungen fest: „Fanon weitergelesen; Che und er, nicht zu vergessen Mao, begreifen in unserer Zeit am tiefsten die Probleme der Massenpraxis im Kampf um nationale Befreiung in der Dritten Welt.“[233]

Die Revolution ist Dutschke nur denkbar im Zusammenspiel der antiautoritären Bewegungen der Metropolen mit den nationalen Befreiungsbewegungen der Peripherie. Guerillaorganisationen in Vietnam, Bolivien und anderswo, die für die nationale Unabhängigkeit und gegen neokoloniale Unterdrückung kämpfen, sind ihm deshalb von strategischer Bedeutung, und zustimmend zitiert er den russischen Revolutionär Nikolai Bucharin: „Der wichtigste Faktor des Zerfalls des kapitalistischen Systems ist die Auflösung der Verbindung zwischen den imperialistischen Staaten und ihren zahlreichen Kolonien.“[234] Dutschke geht davon aus, daß die Revolution in den Metropolen des Sieges der nationalen Befreiungskämpfe in der Peripherie bedarf, daß beides mindest zusammenkommen muß. Allerdings schränkt er die Rolle des Nationalismus doch wieder ein, wenn er schreibt: „Der revol[utionäre] Nationalismus ist kein Dauerzustand, muß in militanten und sozialen Humanismus transformiert werden…“[235]

Auch die Ereignisse in der sog. „Zweiten Welt“, dem realsozialistischen Block, sind dem DDR-Flüchtling Dutschke von besonderer Bedeutung. So nimmt er 1965 an einer Delegation des SDS teil, die auf Einladung des sowjetischen Jugendverbandes die UdSSR besucht. Im Gespräch mit seinen Gastgebern kritisiert er immer wieder die Verhältnisse im Realsozialismus.[236] Und so verwundert es nicht, daß Dutschke den „Prager Frühlings“, d.h. den reformkommunistischen Versuch, das poststalinistische Regime der Tschechoslowakei in einen Sozialismus mit menschlichem Antlitz zu verändern, begrüßt. Sogleich fährt er nach Prag, um sich selbst ein Bild der Ereignisse zu machen. Und auch die politischen Entwicklungen in der DDR verfolgt er aufmerksam.

Während sich für die große Mehrheit der Protestbewegung die Frage der Vereinigung der beiden deutschen Staaten überhaupt nicht stellt, publiziert Dutschke im Berliner „Oberbaumblatt“ unter Pseudonym einen Strategievorschlag, in dem ein zu erkämpfender Freistaat Berlin „ein strategischer Transmissionsriemen für eine zukünftige Wiedervereinigung Deutschlands“[237] darstellen soll. Deutschland leide unter der doppelten Besatzung durch USA und UdSSR. Deutschland müsse deshalb, wie die Staaten der Peripherie, zuerst seine Unabhängigkeit erobern, bevor die soziale Befreiung durchgeführt werden könne. Als er allerdings mit diesen Plänen an seinen, ebenfalls aus der DDR stammenden, Genossen Bernd Rabehl herantritt, reagiert dieser ablehnend[238], eine Reaktion, die verdeutlicht, daß die nationale Frage, in Bezug auf Deutschland betrachtet, keine große Rolle für die antiautoritäre Bewegung spielt. Dutschke wird sich diesem Thema denn auch erst wieder in den siebziger Jahren widmen, was eine Kontroverse über die Rolle nationaler Motive in seinem Denken auslösen wird.[239] Daß die „deutsche Frage“ nicht weiter wichtig wird, liegt vermutlich an der bis dahin so intensiven Auseinandersetzung mit der nationalsozialistischen Vergangenheit, was es den Aktivisten verbietet, sich positiv auf die deutsche Nation zu beziehen.

Dutschke dagegen will das Thema nicht der politischen Rechten überlassen, und in seinem Tagebuch heißt es: „Gelingt der Rechten ein Eingriff in die Jugend, meine im Sinne der 20er Jahre, so verlieren wir ein entscheidendes Kettenglied!! Hier wäre auch eine sozialistisch-antiautoritäre Beleuchtung der Deutschlandfrage von grundlegender Relevanz. Die scheinbar internationale Unvermeidlichkeit eines ‚gemeinsamen Europas‘, auch wenn es ‚rotes Europa‘ heißt, verdrängt die historisch gewachsenen und noch lange nicht beseitigten Elemente der nationalen Besonderheiten.“[240] Bei Rudi Dutschke findet sich, im Gegensatz zu vielen Aktivisten der frühen Studentenbewegung, keine tiefergehende Auseinandersetzung mit dem Nationalsozialismus. Er spricht immer nur von Faschismus und blendet die deutschen Spezifika des NS-Regimes, vor allem die Vernichtung der europäischen Juden, völlig aus.[241] Wenn sich bei ihm überhaupt eine Definition des Faschismus findet, dann in der Tradition der orthodox-marxistischen Analysen. In einem Brief an seinen Attentäter Josef Bachmann spricht er etwa davon, daß der Faschismus „die höchste Form des Kapitalismus“[242] sei und spielt damit auf das Faschismus-Verständnis der Dritten Internationale an.

Israel und die deutsche Linke bis 1967

Nach dem Ende des Zweiten Weltkriegs ist die deutsche Linke in allen ihren Fraktionen eindeutig pro-israelisch und unterstützt vorbehaltlos die Gründung und die Existenz des Staates Israels. Die Adenauer-Regierung verweigert dagegen, trotz israelischer Bereitschaft, die Aufnahme diplomatischer Beziehungen zum jüdischen Staat. Grund ist die seit 1955 geltende „Hallstein-Doktrin“, die den Alleinvertretungsanspruch der BRD für ganz Deutschland postuliert und die Aufnahme diplomatischer Beziehungen nur zu solchen Staaten zuläßt, die die DDR völkerrechtlich nicht anerkennen. Die Bundesregierung fürchtet nun – durch die Aufnahme diplomatischer Beziehungen zu Israel – ihr traditionell gutes Verhältnis zu den arabischen Staaten zu gefährden. Als Kompensation werden Ende 1957 Geheimverhandlungen mit Israel aufgenommen, die zu einer militärischen Kooperation führen. Diese „Doppelmoral“ der Regierung wird von der außerparlamentarischen Linken scharf kritisiert, stattdessen die Aufnahme diplomatischer Beziehungen zu Israel gefordert.

Die erste Gruppierung, die diesen linken Konsens verläßt, ist bereits Anfang der fünfziger Jahre die KPD. Diese Wendung erfolgt im Zuge des außenpolitischen Kurswechsels der UdSSR, deren Politik die KPD widerspruchslos folgt. Allerdings stößt diese offenkundig blockabhängige Positionierung der Parteikommunisten bei den anderen Fraktionen der Linken auf keinerlei Verständnis. Im Gegenteil läßt sich weiterhin von einem „von latenten Schuldgefühlen begleiteten Philosemitismus weiter Teile der bundesdeutschen Linken in der Adenauer Ära“[243] sprechen. Ein Beispiel dafür gibt etwa Wilfried Gottschalch in einer Rezension eines Buches über den Zionismus: „Inzwischen haben jene Juden, die eine Nation sein wollen, in Israel ihre politische Heimat gefunden und dort ein großartiges Aufbauwerk geleistet. Über die historischen Besitzansprüche der Israeli auf dies Land herrscht Unklarheit. Aber sie haben Recht, wenn sie sagen: ‚Wir sind legitim hier, weil wir die ersten sind, die dieses Land durch eigene Arbeit fruchtbar und größer machen'."[244]

Seit 1951 unterstützt der SDS die vom Hamburger Senatssprecher Erich Lüth und dem linksliberalen Journalisten Rudolf Küstermeier initiierte Aktion „Friedensbitte an Israel", die von der Bundesregierung die diplomatische Anerkennung des jüdischen Staates und „Wiedergutmachungszahlungen" für die an den Juden begangenen Verbrechen fordert. Diese Kampagne steht für den SDS an erster Stelle. „In Übereinstimmung mit Lüth und Küstermeier forderte der SDS, daß die Bundesrepublik, auch wenn es ‚keine eigentliche Wiedergutmachung' für die dem jüdischen Volke zugefügten Grausamkeiten geben könne, von sich aus die ersten Schritte unternehmen und dem Staate Israel wirksame Hilfsleistungen zukommen lassen müsse."[245]

Ein Jahr später startet der SDS sogar eine eigene Aktion und sammelt an den Hochschulen Geld, um notleidenden israelischen Studenten mit Hilfe der Care-Organisation Pakete schicken zu können. Dadurch gelingt es ihm, gute Kontakte nach Israel herzustellen. Als 1957 an der FU Berlin die erste „Deutsch-Israelische Studiengruppe" (DIS) gegründet wird, ist der Einfluß des SDS beachtlich. Nach der Etablierung weiterer Ortsgruppen der DIS gelten diese gar als „israelpolitische Arbeitskreise des SDS".[246] Schwerpunkte der Arbeit der DIS sind Informationskampagnen zu Israel und die Organisierung inoffizieller deutsch-israelischer Begegnungen. Die Haltung der DIS zu Israel läßt sich allerdings nicht mehr als unkritisch oder affirmativ bezeichnen, da sie aus einer Position der kritischen Solidarität auch einzelne Schritte der israelischen Regierung kritisieren, etwa ihre atomaren Pläne. Schwerpunkt der Aktivitäten bleibt aber die Kampagne für die Aufnahme diplomatischer Beziehungen. So gründet sich im Frühsommer 1962 in Berlin eine Initiativgruppe „Diplomatische Beziehungen zu Israel", die sich unter anderem aus der DIS, der „Sozialistischen Jugend Deutschlands – Die Falken", der „Aktion Sühnezeichen" und der „Internationalen Liga für Menschenrechte" zusammensetzt. Das Bündnis organisiert Kundgebungen und Petitionen an den Bundestag, um die Stagnation im deutsch-israelischen Verhältnis zu überwinden. Auch andere gesellschaftliche Kreise unterstützen die Forderung der Initiativgruppe, und so organisieren die Gewerkschaften eine Unterschriftenkampagne für eine Petition an den Bundestag, Hochschullehrer verfassen einen offenen Brief an die Regierung und die SPD arbeitet im Parlament für dic Anerkennung Israels.

Mitte der sechziger Jahre belastet noch ein anderer Faktor das deutsch-israelische Verhältnis: Die Präsenz von etwa 500 deutschen Raketentechnikern in Ägypten, die für das Regime gegen Israel gerichtete Trägerwaffen entwickeln sollen. Was dies für die israelische Bevölkerung noch skandalöser macht, ist, daß es sich bei diesen Technikern zum Teil um Experten handelt, die schon im Nationalsozialismus aktiv waren und auch an „Hitlers Wunderwaffe" V2 gearbeitet haben. Dies wird von den Befürwortern diplomatischer Beziehungen zu Israel zu Recht als untragbar für ein gutes Verhältnis beider Staaten betrachtet. Die Frankfurter Studentenzeitung „Diskus" verweist außerdem auf den Zusammenhang zwischen deutscher Vergangenheitsbewältigung und dem Verhältnis zu Israel, wird er doch „von den Juden als Test für die Änderung der Verhältnisse in Deutschland selbst betrachtet. Niemand kann an eine Veränderung glauben, wenn die gleichen Deutschen, die gestern Verbrennungsöfen konstruierten, heute für ihre ‚Freunde' Raketen konstruieren, mit denen die Überlebenden der Verbrennungsöfen vernichtet werden sollen."[247] Aber nicht diese Proteste führen im März 1965 zur Aufnahme offizieller Beziehungen mit Israel, sondern das offenkundige Scheitern der „Hallstein-Doktrin" und der internationale Druck.

Die Erfüllung ihrer Forderung bereitet der außerparlamentarischen Linken aber auch Legitimationsprobleme, denn ihr Proisraelismus kann nicht mehr in die oppositionellen Aktivitäten gegen die Regierung und die restaurativen Tendenzen der bundesrepublikanischen Gesellschaft eingeordnet werden. „Die amtliche Kehrtwende bezüglich Israel erlaubte es der studentischen Linken nicht mehr, ein interdependentes Verhältnis zwischen proisraelischem Engagement und kritischer Auseinandersetzung mit der eigenen restaurativen – zum Teil als ‚präfaschistisch' denunzierten – Gesellschaftswirklichkeit herzustellen."[248]

Darin liegt ein Grund dafür, warum es im Zuge des Sechs-Tage-Krieges zu einer Kehrtwende kommt. Bis 1967 bezieht der antiautoritäre Flügel des SDS einen pro-israelischen Standpunkt, der auch gegen abstrakt internationalistisch argumentierende Positionen verteidigt wird – so etwa auf einer Delegiertenkonferenz Mitte der sechziger Jahre, als einige Trotzkisten den Antrag stellen, Israel das Recht auf staatliche Existenz abzusprechen.249 Besonders Rudi Dutschke argumentiert dagegen und droht sogar mit dem Auszug des Berliner Verbandes, falls er zur Abstimmung gestellt werden sollte. Daraufhin wird der Antrag abgelehnt. Diese Episode beweist, daß die unreflektierten, antiimperialistischen Positionen noch keine Mehrheit im SDS finden können.

Zeitpunkt und Auslöser der Kehrtwendung in Sachen Israel lassen sich genau benennen: Es ist der Sechs-Tage-Krieg im Juni 1967, als Israel dem Angriff der arabischen Nachbarstaaten mit einem Präventivkrieg zuvorkommt und in weniger als einer Woche den Sieg erringen kann. Die dramatischen Ereignisse im Nahen Osten gehen in der Wahrnehmung der Studentenbewegung zunächst allerdings weitgehend unter, da sie gerade in ihre aktionistische Phase eintritt. Die Proteste gegen den Schah-Besuch und die Erschießung Benno Ohnesorgs bestimmen die Agenda der außerparlamentarischen Opposition. Die Studentenbewegung diskutiert vorrangig über den Imperialismus, die Dritte Welt, den Vietnam-Krieg und über die Zuspitzung der innenpolitischen Lage .

Als Herbert Marcuse auf einer Podiumsdiskussion über „Vietnam – Die Dritte Welt und die Opposition in den Metropolen" im Juli 1967 an der FU Berlin einige Anmerkungen zum Nahostkonflikt macht, geht niemand darauf ein. Er konstatiert das Unrecht, daß die Etablierung Israels auf arabischen Boden bedeute; er kritisiert die Behandlung der arabischen Bevölkerung und die außenpolitische Rolle Israels. Aber er betont nachdrücklich, daß dies Unrecht nicht durch ein zweites, d.h. die Zerstörung Israels durch seine arabischen Nachbarn, wiedergutgemacht werden könne. Er verwahrt sich überdies gegen die simplifizierende Einschätzung Israels als Parteigänger des Imperialismus und der arabischen Welt als antiimperialistisch; damit tritt er in Gegensatz zur der nun bald sich durchsetzenden Haltung der Studentenbewegung. Seine Hoffnungen beruhen dagegen auf einer friedlichen Verhandlungslösung. Marcuse unterstreicht aber auch seine persönliche Solidarität mit Israel und die besondere Rolle, die es als Zufluchtsort vor dem weltweiten Antisemitismus spielt: „Sie werden es verstehen, daß ich mich in einer sehr persönlichen und nicht nur persönlichen Weise mit Israel solidarisch und identisch fühle. [...] Ich kann nicht vergessen, daß die Juden jahrhunderte lang zu den Verfolgten und Unterdrückten gehörten, daß sechs Millionen von ihnen vor nicht allzu langer Zeit vernichtet worden sind. Das ist eine Tatsache. Wenn endlich für diese Menschen ein Bereich geschaffen wird, in dem sie vor Verfolgung und Unterdrückung keine Angst mehr zu haben brauchen, so ist das ein Ziel, mit dem ich mich identisch erklären muß."[250] Daß die anderen Diskutanten darauf nicht eingehen, zeigt, welch untergeordnete Rolle der Konflikt im Nahen Osten noch spielt. Aber das soll sich bald ändern.

Kurz vor dem Krieg, als sich die Lage im Nahen Osten schon gefährlich zuspitzt, kommt es zu Solidaritätsaktionen mit Israel seitens der etablierten Linken, von SPD, DGB, Evangelischen Studentengemeinden (ESG) und anderen. Auch einzelne SDS-Ortsgruppen beteiligen sich noch an den Aktionen, die unter dem Eindruck der monströs antiisraelischen arabischen Kriegspropaganda verstärkt werden.[251] Allerdings lehnt bereits eine Vollversammlung an der FU Berlin, die die Ereignisse rund um den Schah-Besuch diskutiert, den Vorschlag von Günther Grass ab, eine Resolution zugunsten Israels zu beschließen. Denn die Studentenbewegung sieht sich durch die Begeisterung, die die deutsche Öffentlichkeit angesichts des israelischen Sieges erfaßt, in ein Dilemma versetzt. Während sich einerseits die Konfrontation mit dem Establishment zuspitzt, während die Außerparlamentarische Opposition die Berichterstattung der Springer-Presse immer schärfer kritisiert – da soll ausgerechnet die Haltung des antikommunistischen Konzerns mit der der Protestbewegung zu Israel übereinstimmen? Diesen scheinbaren Widerspruch erkennt auch Reimut Reiche, als er im Auftrag des Bundesvorstandes des SDS schreibt: „Wir können nicht zu einer Zeit emphatisch für den Staat Israel eintreten, wo die gesamte Presse dessen Kriegsführung mit demselben Begriff ‚Blitzkrieg' feiert, mit dem die Nazis in drei Tagen Polen ausradiert und seine jüdische und nichtjüdische Bevölkerung massakriert haben."[252]

Damit deutet sich die Abkehr von der israelsolidarischen Position des SDS an, auch wenn der Standpunkt des Verbandes noch nicht restlos geklärt ist. Detlev Claussen zeigt dies anhand eines Vorfalls während einer Anti-Schah-Demonstration in Frankfurt, als er den stellvertretenden Vorsitzenden des Bundesverbandes, Peter Gäng, fragt, ob man nicht aufgrund der Bedrohung Israels diese Woche noch einmal demonstrieren müsse. Gäng ist dagegen und sagt: „Weißt Du, Genosse, Israel ist halt ein imperialistisches Land."[253]

Gängs Statement verweist schon auf das manichäisch antiimperialistische Weltbild, das die Politik der Linken die kommenden Jahre und Jahrzehnte bestimmen und das sich nun mit der Abkehr von der proisraelischen Position durchsetzen wird.[254] Anderseits zeigt Claussens Frage auch, daß sich die abstrakt imperalismustheoretische Sichtweise des Nahost-Konflikts im SDS noch nicht vollständig durchgesetzt hat. Die öffentlichen Stellungnahmen des SDS zu Kriegsbeginn versuchen deshalb, neben aller Sympathie für die arabische Seite, auch die Bedenken in den eigenen Reihen zu berücksichtigen. Denn die Parteinahme für die arabischen Staaten bedeutet die Distanzierung von lange vertretenen

Positionen. „Erstens ist es moralisch problematisch für eine Bewegung, deren Bestrebungen dahin gehen, einen tatsächlichen Bruch mit der gesamtgesellschaftlichen Bewußtlosigkeit, wie sie in Auschwitz kulminierte, herbeizuführen, d. h. in der – auf abstrakter Ebene – ein Bewußtsein für die Bedeutung der Shoah existiert, sich auf die Seite der Gegner eines Landes zu stellen, dessen Gründungsmodalitäten eng mit der Shoah zusammenhängen und dessen Bevölkerung zum Teil aus Opfern des nationalsozialistischen Antisemitismus besteht. Andererseits steht der Umstand, daß sich Israel als kapitalistischer und mit den USA verbündeter Staat auf der falschen Seite des globalen Konfliktsystems befindet, einer Solidarisierung entgegen."[255]

Die gleiche innere Zerrissenheit der Linken treibt die „konkret"-Kolumnistin Ulrike Meinhof in ihrem Kommentar zum Sechs-Tage-Krieg um. Einerseits beharrt sie auf der Solidarität der europäischen Linken mit Israel, die sich aus dem Nationalsozialismus und dessen Nachleben in der Bundesrepublik ergibt – andererseits beschreibt sie die US-amerikanischen Ölinteressen in Nahost, die die arabische Seite berechtigterweise bekämpfe. Und drittens analysiert sie den antikommunistischen Philosemitismus der Rechten, vor allem des Springer Verlages. Sie bezeichnet ihn gar als neuen Faschismus, der, diesmal mit den Juden, gegen den Kommunismus vorgehen wolle: „BILD gewinnt in Sinai endlich, nach 25 Jahren, doch noch die Schlacht von Stalingrad. Antikommunistisches Ressentiment ging nahtlos auf in der Zerstörung sowjetischer Mig-Jäger; die Nichteinmischung der Sowjets wurde als Ermutigung erlebt, es in der deutschen Frage den Israelis gleichzutun; der Einmarsch in Jerusalem wurde als Vorwegnahme einer Parade durchs Brandenburger Tor begrüßt."[256] Dagegen fordert sie: „Die Solidarität der Linken mit Israel kann sich nicht von den Sympathien der USA und der BILD-Zeitung vereinnahmen lassen, die nicht Israel gilt, sondern eigenen, der Linken gegenüber feindlichen Interessen."[257] Außerdem warnt Meinhof vor einem pro- oder antiisraelischen Freund-Feind-Denken, das jede vernünftige politische Lösung erdrücke. Israel müsse als Subjekt seiner Geschichte sein Schicksal selbst bestimmen. Doch die Warnungen Ulrike Meinhofs verhallen ungehört. Zwar wird vereinzelt noch auf die verbandspolitische Geschichte, in der man ein maßgeblicher Teil der Israelsolidarität war, Bezug genommen, aber der Trend zur Parteinahme gegen Israel greift um sich.

Ein gewisses Taktieren zeigt sich noch in der Erklärung des dem traditionalistischen Flügel des SDS nahestehenden Wolfgang Abendroth, die in Absprache mit dem antiautoritären Bundesvorstand verfaßt wird. Zwar bezieht Abendroth eindeutig Position für die arabische Seite, unterscheidet aber zwischen der israelischen Regierung und der Bevölkerung; er erwähnt auch die nationalistische Hysterie in den arabischen Staaten und die undemokratischen, reaktionären Strukturen der meisten arabischen Regierungen. Trotzdem stellt sein Offener Brief einen weiteren Schritt hin zu einem antiimperialistischen Antizionismus dar, wenn es heißt: „Im Weltmaßstab gesehen ist leider eine Situation entstanden, in der die Gesamtinteressen der kolonialen Revolution, der sozialistischen Länder und auch des revolutionären Flügels der internationalen Arbeiterbewegung in den kapitalistischen Ländern stärker mit denen der arabischen Staaten (nämlich Ägyptens, Syriens und Algeriens, nicht den Fürstenstaaten) als mit den Interessen Israels übereinstimmen."[258]

Diese abstrakt argumentierende Imperialismustheorie kennt nur zwei Rubriken, in die die Studentenbewegung die Konfliktparteien einzusortieren hat, will sie ihre Position klären. Einmal mehr erweist es sich, wie sehr diese Weltsicht im Widerspruch zur marxschen Kritik der politischen Ökonomie steht. Während Marx den Kapitalismus als ein soziales Verhältnis begreift, personalisiert die Imperialismustheorie die Strukturen von Herrschaft und Ausbeutung. Einige wenige Herrschende stehen darin dem „werktätigen Volk" gegenüber. So entwickelt sich ein strikter Manichäismus: „Die gesamte Welt zerfällt in zwei Lager: ‚wir', die Werktätigen, ‚sie', die Ausbeuter."[259] Der adäquaten Analyse der konkreten gesellschaftlichen Situation wird so die Absage erteilt.

Welche Bedeutung der Nahost-Konflikt für die Protestbewegung bekommt, wie er sich mit den innenpolitischen Konflikten verbindet, das zeigt ein interner SDS-Rundbrief zu den Ereignissen am 2. Juni in Berlin: „Viele Professoren und vor allem ‚die' Gewerkschaften fanden in dem 3 Tagen nach der Erschießung von Berlin ausbrechenden Krieg im Nahen Osten und der Distanzierung des SDS von der Israel-Unterstützungs-Welle den Anlaß zur Distanzierung vom SDS, den sie offenbar schon lange gesucht hatten. Bisher, so stellt es sich uns nachträglich dar, hatten sie sich mit unseren Notstandskampagnen mit mehr ungutem Gefühl solidarisiert. Jetzt konnten sie sagen (so wörtlich ein Professor vom ‚linken Flügel'): So lange der SDS sich nicht für Israel engagiert, werde ich keine Unterschrift mehr geben für irgendeine studentische Aktion, an der der SDS beteiligt ist. Der Nahost-Konflikt hatte innenpolitisch u.a. die Funktion einer Spaltung der Linken. Es kann nachhaltige Veränderungen unserer Politik außerhalb der Hochschulen mit sich führen, wenn heute auf ‚Hilfe-für-Israel'-Erklärungen, zu einer Zeit, da Israel offen eine annexionistisch-imperialistische Politik betreibt, Lemmer und Fabian, Benda und Borm vereinigt sind."[260]

Im September 1967, auf der 22. ordentlichen Delegiertenkonferenz des SDS, zementiert der Studentenbund seinen antizionistischen Kurs mit einer Resolution, die auf Initiative der Frankfurter und der Heidelberger Ortsgruppen zustande kommt. Während die Heidelberger schon seit Beginn der Auseinandersetzungen um den Nahost-Konflikt eine eindeutige Positionierung für die arabischen Seite fordern, versuchen die Frankfurter eine etwas moderatere Resolution auszuarbeiten. Allerdings läßt die letzten Endes verabschiedete Resolution keinen Zweifel an der antizionistischen Stoßrichtung des SDS. Der Konflikt wird nun endgültig nur noch mit den Mitteln einer universalisierten Imperialismustheorie analysiert, die Entstehungsgeschichte und die Funktion, die der jüdische Staat als Schutz vor dem Antisemitismus erfüllen soll, werden dagegen vernachlässigt. Israel wird sogar das Existenzrecht abgesprochen und als „zionistisches Staatengebilde" diffamiert. Damit zeigt sich zugleich, daß die Bewertung des Nahostkonflikts mit den Schemata einer universal brauchbaren Imperialismustheorie über die nur scheinbar politischen und ökonomischen Beweggründe hinausgeht und eine tiefere, psychologische Bedeutung besitzt: „Der Antiimperialismus wirkte befreiend von der Präsenz der deutschen Geschichte."[261] Nur so lassen sich Erklärungen verstehen wie diese: „Der Krieg zwischen Israel und seinen arabischen Nachbarn kann nur auf dem Hintergrund des antiimperialistischen Kampfes der arabischen Völker gegen die Unterdrückung durch den angloamerikanischen Imperialismus analysiert werden. [...] Der SDS verurteilt die israelische Aggression gegen die antiimperialistischen Kräfte im Nahen Osten. [...] Die Anerkennung des Existenzrechts der in Palästina lebenden Juden durch die sozialrevolutionäre Bewegung darf nicht identisch sein mit der Anerkennung Israels als Brückenkopf des Imperialismus und als zionistisches Staatengebilde."[262] Auch andere Teile der studentischen Linken haben sich inzwischen vorbehaltlos auf die Seite der arabischen Staaten gestellt.[263]

Gegen diese antizionistische Wende der Studentenbewegung regt sich allerdings Widerstand. So veröffentlichen zum Teil namhafte Sympathisanten und theoretische Vorbilder der Studentenrevolte eine „Gemeinsame Erklärung von 20 Vertretern der deutschen Linken zum Nahostkonflikt",[264] in der sie zur Solidarität mit Israel auffordern. Unterzeichner des Aufrufs sind u.a. Ludwig von Friedeburg, Alexander Mitscherlich und Ernst Bloch. Allerdings argumentieren auch diese Kritiker des studentischen Antizionismus in erster Linie mit der Bedrohung Israels und der reaktionären Politik der arabischen Regimes, nur am Rande gehen sie auf die Konsequenzen ein, die sich aus der deutschen Geschichte für die Beurteilung des jüdischen Staates ergeben. Die Erklärung verfehlt daher das Entscheidende an der Wende der Studentenbewegung: Während bis Mitte der sechziger Jahre die Erfahrung des Nationalsozialismus und der Kampf gegen eine restaurative Politik die Theorie wie die Praxis der studentischen Linken bestimmten, bewirkt der nun umsichgreifende Aktionismus eine grundlegende Umorientierung. Die Beurteilung des Konflikts im Nahen Osten vermittels einer generalisierenden Imperialismustheorie und die Verdammung des jüdischen Staates bedeuten das definitive Ende der antiautoritären Phase.

Die Veränderung der Rezeption der Kritischen Theorie während des Höhepunkts und des Zerfalls der Studentenbewegung

1968 – Auf dem Höhepunkt der Bewegung

Der Mordanschlag auf Rudi Dutschke, verübt durch Josef Bachmann, einen durch die Springer-Presse aufgeputschten Rechtsradikalen, dazu die „Bewegung der Besetzungen" des Pariser Mai werden 1968 die Studentenbewegung grundlegend verändern.[265] Spätestens seit den Pariser Barrikadenkämpfen und dem wilden Generalstreik in Frankreich ist aus den lokalen Bewegungen ein weltweiter Aufbruch geworden.[266]

Die im Anschluß an das Attentat ausbrechenden „Osterunruhen", die sich zu den schwersten Ausschreitungen in der Geschichte der BRD entwickeln, führen dazu, daß die Protestbewegung in Verbindung mit der Kampagne gegen die Notstandsgesetze endgültig zu einer Massenbewegung wird. Auch ihre soziale Zusammensetzung wandelt sich, und aus einer rein studentischen Bewegung wird eine Jugendrevolte, als sich Schüler, Lehrlinge und Jungarbeiter massenhaft den Osteraktionen anschließen. Zur „Außerparlamentarischen Opposition" wird die Bewegung schließlich durch das breite gesellschaftliche Bündnis, das den Protest gegen die Notstandsgesetze trägt. Dabei haben die Studenten jedoch nicht mehr uneingeschränkt die Führung, wie noch im Widerstand gegen den Vietnam-Krieg, sondern sie agieren gemeinsam mit Ostermarschierern, Gewerkschaftern und Intellektuellen. Der anhaltende Zustrom von Jugendlichen, die vielen antiautoritären Clubs und Zirkel stellen den SDS vor organisatorische Probleme, denn einerseits fehlen den Neuen die Erfahrungen der frühen Studentenbewegung, andererseits wird es im Zuge der Vermassung immer schwieriger, den antiautoritären Anspruch aufrechtzuerhalten. So konstatiert etwa die SDS-Ortsgruppe Tübingen das Scheitern ihrer Ambitionen: „In bloßer Reproduktion des universitären Leistungssystems schwankte die Gruppe zwischen völliger Unorganisiertheit und sektenhafter Planung durch einzelne Kader."[267] Eine solch schonungslose Selbstkritik, die zudem nicht auf das Abtun der antiautoritären Positionen zielte, sollte in der weiteren Entwicklung die Ausnahme bleiben.

Auch der Pariser Mai, als Arbeiter und Studenten gemeinsam auf die Barrikaden gehen, Universitäten und Fabriken besetzen, wird die

Studentenbewegung tief beeindrucken und prägen. Dadurch beginnt sich die Haltung der studentischen Aktivisten gegenüber zur Arbeiterklasse zu wandeln. So schreibt zum Beispiel Rainer Delp im „SDS-Info": „Die Oster-, später NS-Aktionen konfrontierten die überraschten Randgruppentheoretiker mit dem empirischen Umstand, daß über die Studentenschaft hinaus Teile der Arbeiterschaft, insbesondere Jungarbeiter mobilisiert wurden. Der unvermittelte Einbruch des eigentlichen revolutionären Subjekts in die marcusesche Idylle hatte die Konstitution der ‚Betriebsprojektgruppe' – die mit dem Anspruch auftrat, eine organisatorische Koordinierung und Stabilisierung der mobilisierten Gruppen herzustellen u. zudem antiautoritäre Politik in die Betriebe hineinzuverlängern – zur Konsequenz."[268] Obwohl bereits mit Marcuses „Randgruppentheorie" polemisch abgerechnet wird, ist doch bemerkenswert, daß Delp weiterhin eine explizit antiautoritäre Politik vertritt. Die Erwähnung der Jungarbeiter meint vor allem auf die Jung-Rocker, die an den militanten Demonstrationen nach dem Dutschke-Attentat teilgenommen hatten. Interessant ist in diesem Zusammenhang eine Verschiebung der Wahrnehmung: die Rocker werden jetzt als Jungarbeiter identifiziert, nicht mehr als Randgruppe. Dies zeigt den kommenden Paradigmenwechsel an. Was Delp mit der Gründung der Betriebsprojektgruppe beschreibt, hat sich inzwischen zu einer allgemeinen Tendenz der Studentenbewegung entwickelt, die nun zahlreiche Basisgruppen gründet. Nun geht es darum, Bündnispolitik mit den Arbeitern zu treiben. Das wird auch im November 1968 auf der letzten SDS-Delegiertenkonferenz in Hannover sichtbar, als, ausgehend von einer Diskussion über die Einschätzung der Rocker, über einen Vorschlag des SDS Berlin debattiert wird, eine Kampagne unter dem Motto „Arbeiterkontrolle statt Mitbestimmung" zu initiieren. Die Basisgruppen sollen in dieser Kampagne die zentrale Rolle spielen.[269]

Diese Entwicklung führt zur deutlichen Abwendung und Distanzierung von den Theoremen der Kritischen Theorie, die in der deutschen Arbeiterklasse kein revolutionäres Subjekt mehr zu erkennen vermag. Obwohl die Masse der Aktivitäten immer noch vom SDS ausgeht, beginnen sich nun die immer schon heterogenen Kräfte der Protestbewegung verstärkt fraktionsmäßig zu verfestigen und immer weiter auszudifferenzieren.[270] Dabei gewinnen auch Theorieansätze an Bedeutung, die bisher im SDS eher marginal vertreten waren, wie z. B. der Maoismus. Die Entwicklung hin zu den K-Gruppen nimmt hier ihren Anfang.

Faszination Kulturrevolution

Die Proteste von 1968 werden oft mit dem Begriff Kulturrevolution belegt, eine Charakterisierung, die nicht nur von den Protagonisten der Revolte selbst vorgenommen wird, sondern auch in der Literatur.[271] Der positive Bezug auf die chinesische Kulturrevolution hat allerdings in erster Linie projektiven Charakter: die westlichen Rezipienten lesen aus den Ereignissen in Fernost das heraus, was sie für ihre Ideologiebildung brauchen können. Der Maoismus und die Kulturrevolution werden so zu Images, die mehr über die Protestbewegung selber aussagen als über den chinesischen Kommunismus.[272]

Die positive Berufung auf den Maoismus kam bereits, wenn auch nur marginal und in eher spielerischer Form, in der antiautoritären Phase vor. Vor allem die Mitglieder der explizit antiautoritären „Kommune 1" (K1) propagieren den chinesischen Kommunismus und verbreiten massenweise maoistisches Propagandamaterial, das sie aus der chinesischen Botschaft in Ost-Berlin beziehen. Allerdings ist ihr Bezug auf den Maoismus nicht analytisch begründet, sondern dient eher der Abgrenzung einerseits gegen den sowjetischen Staatssozialismus, andererseits gegen das politische Establishment der Bundesrepublik. Die provokative Verwendung von Mao-Bildern durch die K1 etabliert den chinesischen Staatschef als „Ikone antibürgerlichen Protests"[273] und führt dazu, daß Mao innerhalb der Protestbewegung zur „radikalsten und plakativsten Antithese zur „alten" bürgerlichen Welt wie zur „alten" reformistischen Linken"[274] avanciert; eine leere Provokation, denn allerdings kann an diesem Spiel, das von den historischen und gesellschaftlichen Umständen absieht und zunehmend entpolitisiert mit dem Mao-Image kokettiert, das nur noch für diffusen Protest und Jugendlichkeit steht, nicht zuletzt die Kulturindustrie partizipieren: der Mao-Look wird zur Modeerscheinung.

Wichtig jedoch ist die Rezeption der Kulturrevolution als Revolution der Jugend gegen die alte Herrschaft. Damit kann eine direkte Verbindung zu den Aktionen der Roten Garden gestiftet werden. Denn auch die Protagonisten der Revolte in der Bundesrepublik sind in erster Linie Studenten, Schüler und Lehrlinge, Jugendliche, die gegen Autoritäten anrennen. Exemplarisch wird dies am 18. Januar 1969 bei einer Demonstration zum 50. Jahrestag der Ermordung Rosa Luxemburgs und Karl Liebknechts sichtbar, zu der die „Basis- und Ad-hoc-Gruppen im SDS" und die „Rote Garde Berlin" aufgerufen haben und auf der die Parole „Sie sind alt, wir sind jung – Mao Tse-tung" skandiert wird.[275]

Eine zweite Lesart des Maoismus sieht in der chinesischen Revolution eine Befreiung vom entfremdeten Dasein der westlichen Konsumgesellschaft und die Verwirklichung der Utopie des einfachen und unbeschwerten Lebens. Diese Bewegung werde durch einen genialen Theoretiker und Philosophen angeführt: Mao Tse-tung. Beispielhaft dafür steht das von Hans-Magnus Enzensberger herausgegebene „Kursbuch", das in seiner Ausgabe vom Juni 1967 ein neunzig Seiten umfassendes Dossier des Sinologen Joachim Schickel bringt, der unter dem Titel „Dialektik in China. Mao Tse-tung und die Große Kulturrevolution" ein schwärmerisches Gegenbild zum kapitalistischen Westen zeichnet.[276] Auch Rudi Dutschke bezieht sich in diesem Sinne positiv auf China: „In den vierziger Jahren glückte allein den chinesischen Massen der Sprung vom Reich der imperialistischen Exploitation ins Reich der sozialistischen Armut, die der Ausgangspunkt einer wirklichen Bedürfnisbefriedigung der Massen in China wurde."[277]

Auch als Gesamtverband bezieht der SDS bereits 1966 für die Volkrepublik Stellung. In einem Beschluß der 21. Ordentlichen Delegiertenkonferenz wird die Kulturrevolution mit der Begründung gutgeheißen, daß nur dadurch der Restauration der vorsozialistischen Gesellschaft zuvorzukommen sei.[278] Und auch einzelne Vertreter der antiautoritären Strömung beziehen sich nun positiv auf den Maoismus, so etwa (und exemplarisch) Reimut Reiche in der „neuen kritik": „Noch vor einem halben Jahr hätte es niemand gewagt, auf einer SDS-Versammlung sich auf Mao mit einem Zitat zu berufen, heute geschieht es ständig, aber unter affektiertem Gelächter des Lesenden und der Hörenden. Jetzt müssen wir lernen, ihn richtig zu lesen: aus der Revolution der Dritten Welt zu lernen. Die Werke Mao Tse-Tungs sind unerschöpflich reich; er ist gewiß der größte Theoretiker und der größte Revolutionär seit Lenin. Wir müssen seine Aufsätze ganz lesen."[279] So verwundert es nicht, daß der SDS-Verlag „neue kritik" 1970 eine Verteidigung der Kulturrevolution publiziert.[280]

Das von Dutschke und dem „Kursbuch" gepriesene Ideal des einfachen Lebens und die Idealisierung des chinesischen Kommunismus durch Teile des antiautoritären Flügels des SDS stehen jedoch in schroffem Widerspruch zu den Analysen ihrer theoretischen Vorbilder, die im Maoismus nur die spezifisch chinesische Form einer nachholenden Entwicklung erkennen können.[281] Max Horkheimer etwa bestreitet in einem Fernsehinterview den Roten Garden in China das Recht, sich auf die Ideen von Marx beziehen zu können.[282] Auch die unzähligen Opfer der Kulturrevolution kommen in dieser idealisierten Wahrnehmung nicht vor.

Die positive Bezugnahme auf die chinesische Kulturrevolution durch Teile der Antiautoritären wird zum Ausgangspunkt der maoistischen Gruppen werden. Im Zerfallsprozeß der Studentenbewegung wird sich sowohl ein Partei- als auch ein Bewegungsmaoismus herausbilden, der von marxistisch-leninistischen Kaderparteien bis zu undogmatischen Stadtguerillagruppen reicht.[283] Die K-Gruppen entstehen direkt aus dem antiautoritären Flügel der Studentenbewegung, und eine der Ursachen der Transformation der antiautoritären Revolte in autoritäre Kaderpolitik liegt im Enthusiasmus für die chinesische Kulturrevolution. Die Identifikation mit dieser scheinbaren Revolution der Jugend gegen die alte Welt, die sich gegen das Establishment der Bundesrepublik wie gegen die „alte Linke" des Ostblocks wenden läßt, führt für viele Protagonisten der Revolte zur Abkehr von der Kritischen Theorie und zum Einstieg in den neoleninistischen Parteiaufbau.

Die Gründung der ersten Parteien

Die Fraktionierung der Außerparlamentarischen Opposition verstärkt sich noch, als am 26. September 1968 das Zentralkomitee der verbotenen KPD auf einer Pressekonferenz in Frankfurt die Neukonstituierung einer kommunistischen Partei bekannt gibt. Die „Deutsche Kommunistische Partei" (DKP) wird nach Absprachen mit Bundesjustizminister Heinemann explizit als Neukonstitution, das heißt weder als Neugründung noch als Weiterführung der verbotenen KPD gegründet.[284] Bereits vorher, am 4. und 5. Mai 1968, wird die der DKP nahestehende Jugendorganisation „Sozialistische Deutsche Arbeiterjugend" (SDAJ) gegründet. Dies führt innerhalb der antiautoritären Bewegung zu einigem Unmut, da die SDAJ beginnt, dem SDS-nahen „Aktionszentrum Unabhängiger und Sozialistischer Schüler" (AUSS) Konkurrenz zu machen.

Der antiautoritäre Flügel der Protestbewegung reagiert ablehnend auf diese Gründung einer an der Sowjetunion und der DDR orientierten kommunistischen Partei. Folgerichtig steigen die Spannungen zwischen den Fraktionen des SDS, die bereits mit dem Ausschluß von fünf Traditionalisten im August 1968 einen Höhepunkt erreicht hatten. Eine „Projektgruppe DKP an der Freien Universität in Berlin" und Bernd Rabehl verfassen eine scharfe Abrechnung, die unter dem Titel „DKP – eine neue sozialdemokratische Partei"[285] erscheint. Darin wird der DKP, durchaus analog zur maoistischen Kritik an der Politik der Sowjetunion, die Revision des revolutionären Sozialismus vorgeworfen und ihre Politik als klassisch sozialdemokratisch analysiert. Doch trotz dieser rigorosen Kritik entwickelt die DKP eine gewisse Anziehungskraft auf studentische Aktivisten, da der Höhepunkt der rein studentisch geprägten Protestbewegung bereits überschritten ist und viele ihrer Protagonisten eine Organisationsform suchen, die die vermeintlichen Fehler der antiautoritären Phase vermeiden soll. Und so gründet Anfang 1969 eine Reihe traditionalistischer SDS-Ortsgruppen mit Minderheitsfraktionen antiautoritär-dominierter Ortsgruppen die „Assoziation Marxistischer Studenten – Spartakus“ als Fraktion innerhalb des SDS, aus dem sodann im Mai 1971 der DKP-nahe „Marxistische Studentenbund Spartakus“ (MSB Spartakus) entsteht. Dies bedeutet die organisatorische Sprengung der lange Jahre bestehenden, fragilen Einheit aus Traditionalisten und Antiautoritären im SDS.

Obwohl die DKP in der Tradition der moskauorientierten „Alten Linken“ steht und große Teile der ihr beitretenden Studenten zum traditionalistischen Flügel der Protestbewegung gehören, sich also nicht erst jetzt von antiautoritären Theorien distanzieren müssen, findet in der Partei doch eine breite Auseinandersetzung mit der Kritischen Theorie statt. So veranstaltet das der DKP nahestehende „Institut für marxistische Studien und Forschungen“ (IMSF) am 21. und 22. Februar 1970 eine Konferenz zum Thema „Die Frankfurter Schule im Lichte des Marxismus“.[286] Der Parteiverlag „Marxistische Blätter“ veröffentlicht in der Reihe „Zur Kritik der bürgerlichen Ideologe“ eine ganze Reihe einschlägiger Titel[287]; auch setzen sich verschiedene DKP-Sympathisanten ebenfalls mit der Frankfurter Schule auseinander.[288] Die Rezeption der Kritischen Theorie durch die DKP zeichnet sich durch ein inniges Ressentiment aus, das sich, wie noch zu zeigen sein wird, kaum von den Positionen der K-Gruppen unterscheidet.[289]

Zwischenzeitlich hat sich am 31. Dezember 1968 – auf den Tag genau fünfzig Jahre nach der Gründung der historischen KPD durch Rosa Luxemburg und Karl Liebknecht – die „Kommunistische Partei Deutschlands/Marxisten-Leninisten“ (KPD/ML) aus diversen Abspaltungen der illegalen KPD heraus gegründet. Daß diese erste K-Gruppe, trotz ihrer streng proletarischen Ausrichtung, versucht, auch die Studentenbewegung zu agitieren, zeigt sich, als sie auf der SDS-Delegiertenkonferenz Flugblätter mit ihrem Gründungsaufruf verteilt. Und obwohl die Protestbewegung auch der KPD/ML anfangs distanziert gegenübersteht, verwenden verschiedene Basisgruppen doch deren Schulungsmaterial in der eigenen Bildungsarbeit. Und 1969 kommt es sogar zu einer Besprechung zwischen Mitgliedern des ZKs der KPD/ML und führenden Vertretern der Berliner Studentenbewegung, unter anderem Christian Semmler und Bernd Rabehl, die ausloten wollen, ob die KPD/ML ein Betätigungsfeld für die marxistisch-leninistisch orientierten Teile der Berliner Bewegung bieten kann. Doch das Treffen scheint enttäuschend verlaufen zu sein, denn die maßgeblichen Berliner Marxisten-Leninisten konzentrieren sich danach auf den Aufbau eigener Organisationen. Die Distanz der studentischen Aktivisten zur KPD/ML bedeutet daher keine grundsätzliche Kritik weder ihrer Politik noch ihrer Organisationsform, und ganz im Gegenteil stürzen sich nun größere Teile der Bewegung selbst in die allgemeine Konkurrenz der Parteiaufbauorganisationen.

Der Zerfall der Studentenbewegung und das „Gründungsfieber"

Nach dem Scheitern der Kampagne gegen die Notstandsgesetze konzentriert sich der SDS wieder auf die Hochschulen und organisiert den aktiven Streik des Wintersemesters 1968/69. Doch nun werden Zerfall und Fraktionierung überdeutlich. Dies äußert sich auf den Delegiertenkonferenzen des SDS und des VDS, die keine verbindlichen Beschlüsse mehr zu fassen vermögen, und der SDS-Bundesvorstand ist sichtlich nicht mehr in der Lage, die divergierenden Positionen der Ortsgruppen zu integrieren.[290] Doch die Fraktionierung macht auch vor der Gesamtorganisation nicht Halt. So kommt es im September 1968 während der 23. Delegiertenkonferenz in Frankfurt dazu, daß mit Tomaten nach Hans-Jürgen Krahl geworfen wird, eine legendär gewordene Aktion, mit der Sigrid Rüger gegen die Dominanz der Männer und ihre Ignoranz gegen die Interessen und Bedürfnisse der SDS-Frauen protestieren will. Diese Aktion wird zur Initialzündung einer neuen, autonomen Frauenbewegung.[291]

Ein weiteres Indiz des Verlusts der organisierenden Funktion des SDS ist auch die vermehrte Gründung von Basisgruppen, die außerhalb der Universitäten aktiv werden. Darin drückt sich aus, daß die Studentenbewegung an ihre objektiven Grenzen gestoßen ist. Weder ist es ihr gelungen, die Notstandsgesetze zu verhindern, noch hat sie sich über die Jugend hinaus auf die Industriearbeiterschaft erweitern können. Auch dem antiautoritären Flügel ist klar geworden, daß es einer langfristig angelegten Organisierung bedarf, die über die aktionistische Dauermobilisierung seit dem Juni 1967 hinausgeht. Krahl reflektiert diese Situation genau, als er 1969 schreibt: „Erst wenn ein historisches Selbstbewußtsein organisatorische

Gestalt angenommen hat, das die falsche Identitätsangst, die Bewegung sei zersetzt, wenn sie nicht alle vierzehn Tage mit einer spektakulären Aktion aufwarte, beseitigt, bieten sich die geschichtlichen Bedingungen der Möglichkeit, einen Begriff revolutionärer Strategie zu entwickeln."[292]

Doch die Interventionen der antiautoritären Gruppierungen können die Entwicklung immer weniger beeinflussen. Im Theoretischen entfernen sich die Basisgruppen von den antiautoritären Vorstellungen und lesen nun die kommunistischen Klassiker. So empfiehlt zum Beispiel der Frankfurter Basisgruppenrat die Schriften von Lenin und Mao zur Schulung, was mit deren Erfolg begründet wird: „Wir wollen nicht lesen, was gerade aktuell erscheint. Das sind meist Schreibtischprodukte ‚linker' Professoren. Wir wollen wissen, was richtig und falsch ist. Das lesen wir, wenn wir die Genossen studieren, die in den letzten 150 Jahren die proletarische Revolution erfolgreich geführt haben: MARX, ENGELS, LENIN, STALIN, MAO TSE-TUNG. Dann kann uns auch kein ‚linker' Akademiker mehr etwas vormachen. Ohne revolutionäres Studium ist langfristig eine revolutionäre Praxis der Lehrlinge in den Stadtteilbasisgruppen und der Aufbau einer schlagkräftigen Organisation nicht möglich."[293]

Dieser Schulungsplan resümiert die Entwicklung der Protestbewegung: über die Ablehnung ihrer früheren Vordenker, mit denen in Frankfurt natürlich die Kritischen Theoretiker gemeint sind – die polemisch nur noch in Anführungszeichen als „links" bezeichnet werden –, und ihre Ersetzung durch die sozialistischen Klassiker hinaus soll nun mit dem Aufbau einer schlagkräftigen Organisation begonnen werden. Darin zeichnet sich die Zukunft schon ab, die Konkurrenz um die einzig legitime KPD. Allerdings befindet sich die Bewegung noch in einer Phase der Zersplitterung und Fraktionierung – ironisch ist auch von „Gründungsfieber" die Rede[294], da sich nun in der ganzen Republik unzählige linke Gruppen und Grüppchen meist marxistisch-leninistischer Ausrichtung gründen. Sie begreifen sich meist in Analogie zur Situation in Rußland zu Beginn des zwanzigsten Jahrhunderts und in der Begrifflichkeit Lenins als „Zirkel", als Keimform der kommunistischen Partei. „Aus der ‚Überwindung des Zirkelwesens' sollte – so die in der ML-Bewegung allgemein akzeptierte Perspektive – eine bundesweit relevante revolutionäre KP in der Tradition der Komintern der 20er Jahre entstehen."[295]

Am stärksten tritt diese Entwicklung in Berlin zu Tage, das immer noch das Zentrum der Bewegung ist. Dort gründen sich seit Juli 1969 sog. „Rote Zellen", die als studentische Massenorganisationen die Studentenbewegung in eine sozialistische Bewegung transformieren und mit den

Basisgruppen sodann zu einer „Sozialistischen Massenorganisation“ (SOMAO) zusammenführen wollen.[296] Bei diesen Plänen spielen führende Exponenten der antiautoritären Strömung wie Bernd Rabehl und Christian Semmler eine bedeutende Rolle. Bis 1970 entstehen mindestens 61 Rote Zellen.[297] Mit der SOMAO konkurriert die Berliner „Projektgruppe Elektroindustrie“ (PEI), die sich nach der sog. „Harzer Konferenz“ im Herbst 1969 gründet. Hier bereiteten sich Studenten auf ihre Arbeit im Betrieb vor. Nach einer kurzen Phase als „Harzer Gruppe (PEI)“ entwickelt sie ein eigenständiges Konzept des Parteiaufbaus und benennt sich in die zeitweilig sehr einflußreiche „Proletarische Linke/Parteiinitiative“ (PL/PI) um, die allerdings bald scheitert.[298]

Die Linke hat sich nun definitiv organisatorisch wie ideologisch zerstritten und zersplittert. Während einige Gruppen bereits ein geschlossenes marxistisch-leninistisches Weltbild entwickelt haben, verstehen sich andere noch als Teil der Protestbewegung; wieder andere stehen dazwischen und werden sich noch zu entscheiden haben. Aber auch konkurrierende linke Strömungen wie der Trotzkismus, der Anarchismus oder der spontaneistische Operaismus bilden jetzt eigenständige Organisationen aus. Diese Richtungen der radikalen Linken beziehen sich zwar meist positiv auf die antiautoritäre Phase und zum Teil auch positiv auf Teile der Kritische Theorie, aber sie orientieren sich nun rigider an ihren historischen oder internationalen Vorbildern. Die einzige bedeutendere Organisation, die die kritisch-theoretische Tradition der antiautoritären Revolte weiterzuführen versucht, ist das (bezeichnenderweise in der Nähe von Frankfurt ansässige) Sozialistische Büro (SB). Hier finden sich unter anderem Oskar Negt und, nach seiner Genesung, auch Dutschke wieder.

Die politische Theorie dagegen, die nun die größte Attraktion entfalten wird, ist der Maoismus.[299] Selbst antiautoritäre Gruppen beziehen sich positiv auf die autoritäre Herrschaftsideologie der chinesischen KP.

Die Septemberstreiks 1969 und die „proletarische Wende“ der Protestbewegung

Entscheidend für die weitere Entwicklung der Protestbewegung werden dann die im September 1969 ausbrechenden „wilden“[300] Streiks in Westdeutschland.[301] Ausgehend von Arbeitsniederlegungen in den Dortmunder Werken der Hoesch-AG am 2. September verbreitet sich die Streikbewegung auf etliche Betriebe vor allem der Montanindustrie in Nordrhein-

Westfalen, dem Saarland, der Pfalz und Bremen. Bis zum 19. September legen mehr als 140.000 Menschen die Arbeit nieder. Die Streikbewegung läßt sich anfangs als „zweite Lohnrunde“ begreifen, da die Verbesserung der bereits im Sommer abgeschlossenen Tarifverträge gefordert wird. In einzelnen Betrieben werden aber auch darüber hinausgehende Forderungen erhoben, etwa nach der Abschaffung der unteren Lohngruppen. Diese Streikbewegung ordnet sich in den „proletarischen Mai“[302] ein, in die Welle militanter Streiks, die Europa von 1967 bis 1973 erschüttern.

Auf die Protestbewegung haben diese spontanen Streiks eine ambivalente Wirkung. Denn sie bestärken viele linke Gruppen in ihrer Hinwendung zur Industriearbeiterklasse als dem angeblich einzig revolutionären Subjekt und in der Abwendung von den antiautoritären Strategien. Denn schließlich scheinen diese Streiks die Theorie von der Integration der deutschen Arbeiterklasse in das System zu widerlegen. Folgerichtig werden auch die ideologischen Differenzen innerhalb der Protestbewegung immer größer. So werden z.B. im SDS-Organ „neue kritik“ die Streiks noch daraufhin untersucht, ob sie zur revolutionären Bewegung beitragen können,[303] während andere Gruppen bereits die leninistische Theorie adaptiert haben. Die Leninisten gehen davon aus, daß die Arbeiter nur ein Bewußtsein der Notwendigkeit des ökonomischen Kampfes entwickeln können, das jedoch doppeldeutig bleiben muß. Denn dieses Spontanbewußtsein ist offen für bürgerliche Ideologisierungen, wenn es nicht systematisch mit der sozialistischen Theorie vermittelt wird.[304] Die marxistisch-leninistischen Gruppen versuchen deshalb, in erster Linie gegen Gewerkschaften, DKP und Studentenbewegung zu agitieren, die als opportunistisch, revisionistisch und kleinbürgerlich eingeschätzt werden und das sozialistische Bewußtsein der Arbeiter sabotieren.

Andere Gruppen sind zwar in ihrer marxistisch-leninistischen Entwicklung noch nicht so weit vorangeschritten und verstehen sich weiterhin als Teil der Studentenbewegung; die Septemberstreiks bedeuten allerdings auch für sie einen Einschnitt. So konstatiert zum Beispiel die „Rote Presse Korrespondenz“, das Informationsorgan der Berliner Ad-hoc-, Betriebs- und Basisgruppen, das Scheitern der studentischen Taktik: „Seit Ostern 1968 war die Hauptparole, an der der Kampf der Studentenbewegung sich orientierte, die Forderung, man müsse die antiautoritäre Studentenbewegung in eine sozialistische transformieren. Spätestens mit den Septemberstreiks mußten aber die Studenten erkennen, daß diese Parole als isolierte Parole opportunistisch und falsch ist, daß durch geduldiges Transformieren niemals Hochschulkampf zu Klassenkampf wird, daß das isolierte Vorantreiben der Studentenbewegung – immer radikalere Parolen, immer radikalere Uni-Aktionen, immer mehr Studenten in die Basisgruppen – nicht nur keinen Erfolg in der Basisgruppenarbeit zeigt, sondern auch den Uni-Kampf in die Sackgasse führte."[305]

Daraus zieht nun ein bedeutender Teil der Protestbewegung den Schluß, die antiautoritäre Phase endgültig zu überwinden. Die Heidelberger SDS-Gruppe prägt dafür den Begriff der „Liquidierung der antiautoritären Phase".[306] Schon die stalinoide Wortwahl läßt die weitere Entwicklung in Heidelberg erahnen, nämlich die Gründung einer dogmatisch leninistischen, stalinistischen und maoistischen Kaderpartei. Eine solche Partei könne jedoch, so die Theorie, erst durch langdauernde Arbeit im Proletariat und klärende Diskussionen in der kommunistischen Bewegung geschaffen werden. Aus diesem Grund wird etwa die Gründung der KPD/ML als verfrüht und voluntaristisch abgelehnt.[307]

Nun kommt die sich längst anbahnende Wendung zur Arbeiterklasse endgültig zum Durchbruch. Viele Organisationen propagieren jetzt die Arbeit in den Betrieben – und damit sollen mehrere Funktionen erfüllt werden: erstens sollen Untersuchungen über die konkreten Verhältnisse im Betrieb angestellt,[308] zweitens die Arbeiter für die je eigene Organisation gewonnen und drittens sollen die Studenten von den Arbeitermassen zum konsequenten Klassenstandpunkt umerzogen werden.[309] Allerdings gehen noch nicht alle Organisationen so weit. Einige gestehen der Studentenbewegung immer noch eine bedeutende Rolle zu, gerade auch im Bezug auf die Kooperation mit den Arbeitern. So betont die Betriebsprojektgruppe Heidelberg die Vorbildfunktion der Studentenbewegung für die Arbeiter. Das hätte man während den Streiks im Saarland durch die Reaktionen der Arbeiter erfahren können. „Während einige auf den parlamentarischen Weg zur Veränderung der politischen Situation hinwiesen, war vielen klar, daß dieser zum Scheitern verurteilt sei, und daß nur eine Möglichkeit blieb, nämlich ‚wie die Studenten' vorzugehen. Die kämpferische Tradition der Arbeiterklasse ist bei dieser selbst vergessen und nur durch die Transmission der Studentenbewegung bekannt. Aber daraus ergibt sich schon die Möglichkeit ihrer Rekonstruktion."[310]

Dies Urteil zeugt von einer realistischen Einschätzung der Verhältnisse. Die kämpferische Tradition der Arbeiterklasse ist spätestens mit der Niederlage der revolutionären Arbeiterbewegung in der Weimarer Republik gebrochen worden; und der Nationalsozialismus sowie der Antikommunismus der Nachkriegszeit haben es unmöglich werden lassen, erneut daran anzuknüpfen. Die bürokratischen Organisationen der Gewerkschaften und der sozialdemokratischen Partei verwalten die Interessen der Arbeiterklasse nun im Sinne eines vorgestellten Allgemeininteresses der deutschen Gesellschaft, und aus der Arbeiterpartei wird eine Volkspartei, aus den Klassengewerkschaften Einheitsorganisationen. In dieser Situation konnten die Aktionen der Protestbewegung durchaus zum Vorbild für eigenständige Arbeiterproteste werden. Doch es existierten nur noch wenige Gruppen, die Interesse an autonomen Aktivitäten der Arbeiter hatten. Für die meisten wurde die Arbeiterschaft so zum Objekt ihrer Politik wie für Gewerkschaften und Parteien. Diese Organisationen werden nun zu Konkurrenten um die Agitation der Arbeiter, denn jetzt steht der Aufbau der einzig wahren kommunistischen Partei auf der Tagesordnung.

Mit der angeblichen Notwendigkeit des Aufbaus der revolutionären Partei geht bei den meisten Gruppierungen, ebenfalls in scharfem Widerspruch zu den früheren Positionen, die Forderung nach revolutionärer Disziplin einher, die sich sowohl in der widerspruchslosen Unterordnung unter die jeweilige Führung als auch in der Übernahme eines rigiden Arbeitspensums ausdrückt. Eine Orientierung der politischen Aktivitäten an den eigenen Bedürfnissen, wie in der antiautoritären Phase, wird jetzt als 'kleinbürgerlich' abgelehnt. Die neoleninistischen Gruppen propagieren nun diametral entgegengesetzte Positionen zu denen, die sie vor wenigen Jahren in der Studentenbewegung noch selbst vertreten haben.

Rudi Dutschke, der sich nach dem Mordanschlag aus Deutschland zurückgezogen hat, schreibt darüber Anfang 1970 an Herbert Marcuse: „Die Zerschlagung der Substanz, des subversiven Denkens, wie es leider gerade in der ‚Anti-Marcuse-Welle' noch immer läuft, zeigt sich katastrophal im Verlust revolutionärer antiimperialistischer ‚Sensibilität', wie sie durch die [...] widersprüchliche Dialektik von Aufklärung und Aktionen zwischen 1964 und 1968 entwickelt hatten. [...] Ich spreche nicht gegen radikale Repräsentanten des linken Lagers, spreche vielmehr gegen die, die meinen, die ‚neue Erscheinung der illegalen Streiks der Arbeiter' erfordere den unmittelbaren Aufbau einer typischen ! bolschewistischen Kaderpartei, um den immer stärker werdenden Repressionapparat des kapitalistischen Staates entgegentreten zu können. Die weiterhin subversive Seite universitären Lebens, Denkens und Handelns wird von den meisten dieser Freunde immer mehr abgetan als ‚kleinbürgerlicher' Rest. Ihre Unfähigkeit der subversiven Vermassung des universitär-gesellschaftlichen Widerspruchs ersetzen sie durch ‚bolschewistische Kaderpartei'."[311] Doch diese hellsichtige Kritik, die Dutschke an der „proletarischen Wende" der Protestbewegung formuliert, ist inzwischen in die Defensive geraten und wird in den folgenden Jahren immer mehr zu einer Minderheitsposition werden. Dutschke und sein langjähriger Genosse Bernd Rabehl reagieren auf diese Entwicklung mit der Veröffentlichung ihrer Doktorarbeiten, in denen sie den Leninismus kritisieren.[312] Für sie sind die negativen Entwicklungen in der Sowjetunion durch die rückständigen gesellschaftlichen Bedingungen, die die Bolschewiki dort vorfanden, erklärbar. Keinesfalls lassen sich deshalb Theorie und Praxis des Leninismus auf Westeuropa anwenden, wie es die KPdSU behauptet. Die historischen Analysen Dutschkes und Rabehls sind sind so zugleich als Kritik an den marxistisch-leninistischen Gruppen zu verstehen.

Die Rolle der Intelligenz

Die Frage nach der Rolle der Arbeiterklasse in der revolutionären Umgestaltung der Gesellschaft hängt eng zusammen mit der Frage nach der Funktion, die die Intellektuellen darin spielen sollen. Während in der antiautoritären Phase der Studentenbewegung, angelehnt an die Theorien von Marcuse und Mallet, der Bedeutungsverlust der traditionellen Industriearbeiterschaft festgestellt wird und, damit zusammenhängend, die zunehmende Bedeutung der wissenschaftlichen Berufe, entdecken große Teile der Bewegung nach den Septemberstreiks 1969 die Industriearbeiterschaft wieder. Dies muß auch Auswirkungen auf die Bestimmung der Funktion der Intelligenz haben. Anders als von Marcuse bestimmt, wird den Intellektuellen nun, im Rückgriff auf Lenin, keine Katalysatorfunktion mehr zugeschrieben, sondern sie werden als Bündnispartner des Proletariats bestimmt, die sich ihm unterzuordnen haben. Das ist Konsens bei allen marxistisch-leninistischen Gruppen. So schreibt zum Beispiel die der PL/PI nahestehende „Rote Zelle Ökonomie" in Berlin: „Geht man davon aus, daß systemtranszendierende Kämpfe nur vom Proletariat durchgeführt werden können und daß – bei aller Unsicherheit in der Bestimmung der Klasse des Proletariats im Monopolkapitalismus – das Industrieproletariat als revolutionärer Kern anzusehen ist, so hat die Intelligenz als Bündnispartner des Proletariats in der gegenwärtigen historischen Situation ihre Arbeit vorrangig in den Dienst dieses Kerns des Proletariats zu stellen."[313]

Um diese Aufgabe zu erfüllen, empfiehlt die „Rote Zelle Ökonomie" den Studenten, in die Betriebe zu gehen, um dort Massenkämpfe zu entfalten. Ziel der sozialistischen Intellektuellen muß es sein, den Sozialismus in die Arbeiterklasse zu tragen, sich sodann mit den klassenbewußtesten

Arbeitern zu vereinigen und so den Weg frei zu machen für die proletarische Partei. „Die Aufgabe sozialistischer Intellektueller ist es, sich dem Industrieproletariat langfristig selbst überflüssig zu machen, die Einsicht und Handlungsfähigkeit des Proletariats so zu fördern, daß die Partei des Proletariats eine Partei unter der Führung von Proletariern sein wird."[314]

Begründet wird diese Vorstellung mit den Leninschen Frühschriften, in denen er sich intensiv mit der Frage des Parteiaufbaus auseinandersetzt. Die wichtigste Schrift in diesem Zusammenhang ist seine Broschüre „Was tun?",[315] die Hans Gerhart (genannt Joscha) Schmierer paradigmatisch für die MLer in einem Artikel des Heidelberger SDS-Organs, dem „Roten Forum", aufbereitet. Er stellt dabei fest, daß die kommunistischen Gruppen heute vor den gleichen Problemen stünden wie Lenin Ende des neunzehnten Jahrhunderts in Rußland. Die Arbeiterklasse hat kaum Klassenbewußtsein, und die sozialistischen Intellektuellen können nur auf wenig revolutionäre Erfahrungen zurückblicken. In dieser Situation ist es die Aufgabe der Intellektuellen, das Klassenbewußtsein in die Arbeiterklasse zu tragen,[316] denn diese kann von sich aus nur ein sog. „tradeunionistisches" Bewußtsein entwickeln, nur für wirtschaftliche Verbesserungen kämpfen ohne dabei die politische Dimension zu erkennen. Wenn es gelinge, das Klassenbewußtsein ins Proletariat zu tragen, sollen sich die sozialistischen Intellektuellen mit den klassenbewußtesten Arbeitern schließlich in der revolutionären Partei vereinigen. Allerdings ist es nun wichtig, die klassenbedingte Inkonsequenz der Intellektuellen zu kontrollieren. „Die Partei, die gerade durch die Verschmelzung von marxistischer Theorie und Arbeiterbewegung, von sozialistischer Intelligenz und Arbeiterintelligenz geschaffen wurde, mußte vor den Fehlern der Intelligenz bewahrt werden, die ‚als besondere Schicht der modernen kapitalistischen Gesellschaft im großen und ganzen gerade durch den Individualismus und die Unfähigkeit zur Disziplin und Organisation gekennzeichnet ist.' In der Partei mußte deshalb ein Übergewicht der Intellektuellen verhindert werden. Die Intellektuellen und Arbeiter wurden in einheitlichen Komitees organisiert, die Arbeiter aber mußten zunehmend zu Führungsaufgaben herangezogen werden:"[317]

Im weiteren Verlauf der Parteientwicklung, wenn proletarische Massenkämpfe entfaltet werden, kann sodann die Position der Arbeiter verstärkt werden, bis die Organisation zur proletarischen Partei transformiert ist. Bis dahin ist es wichtig, abweichende Theorien, die die Intellektuellen aufgrund ihrer Klassenlage entwickeln, zu bekämpfen. Die Klassenlage der Intellektuellen wird generell als schwankend interpretiert, da sie durch die Revolution einiges zu gewinnen, aber auch einiges zu verlieren haben. Zu gewinnen haben sie das Ende der Ausbeutung, aber zu verlieren haben sie ihre Privilegien, insbesondere das Privileg der Kopfarbeit. Dieses Konzept Lenins übernehmen die marxistisch-leninistischen Gruppen und versuchen, es in die Praxis umzusetzen – wobei der „ideologische Kampf" gegen die nun als opportunistisch bezeichneten Theorien der antiautoritären Studentenbewegung strategische Bedeutung erhält. So stellt ein Artikel im „Roten Pfeil", dem Organ der marxistisch-leninistischen Gruppen an der Universität in Tübingen, fest: „In diesem ideologischen Kampf ist in der gegenwärtigen Phase folgendes bemerkenswert: mit offensichtlich bürgerlichen Ideologien wie Marcuse, Gorz etc. kann man heute die Thesen, die man sich beweisen will, nicht mehr untermauern; wenn man noch als ‚Sozialist' gelten will."[318]

Eben die Theorien, die ein Teil der Mitglieder der marxistisch-leninistischen Gruppierungen vor kurzer Zeit noch selbst vertreten haben, werden nun auf das schärfste bekämpft. Die Studentenbewegung wird nun gar als Hindernis der revolutionären Umgestaltung betrachtet. So schreiben zum Beispiel der „Kommunistische Arbeiterbund" (KAB) und das „Sozialistische Arbeiter- und Lehrlingszentrum" (SALZ) aus Hamburg in einer gemeinsamen Erklärung: „Erziehung, akademische Ausbildung und Berufsperspektive bestimmen den Charakter der Studentenrevolte als kleinbürgerlich. Deshalb richtete sich die Ideologie der Studentenbewegung auch gegen die Arbeiterklasse, die als passiver Haufen abgetan wurde. Die Studentenbewegung mußte versagen bzw. sogar zum objektiven Störfaktor werden, wo sich der Kampf des Proletariats entfaltete und kommunistische Organisationen des Proletariats sich zu entwickeln begannen."[319]

Die Theorien von der „Neuen Arbeiterklasse" und von der Katalysatorfunktion der Intellektuellen werden von den marxistisch-leninistischen Gruppen als kleinbürgerliche Ideologie zurückgewiesen, stattdessen wird auf das leninistische Modell der proletarischen Kaderpartei zurückgegriffen.[320] Doch trotz dieser Propaganda gegen die Intellektuellen gelingt es den marxistisch-leninistischen Gruppen, die Führung des Proletariats durch ihre Organisationen, die in erster Linie aus Intellektuellen bestehen, zu legitimieren. Eben zu diesem Zweck wird auf die leninistische Vorstellung vom Proletariat, das nur ein „trade-unionistisches" Bewußtsein vermöge, zurückgegriffen. Dieses Proletariat benötige die Führung der kommunistischen Kaderpartei, die sich überwiegend aus Intellektuellen zusammensetzt, die ihre Klasse individuell, durch das Studium der Klassiker des ML, verraten haben: „Auf diese Weise gelingt den ML-Organisationen das Kunststück, trotz der geradezu mit Masochismus verfochtenen These von der notwendigen Unterwerfung der Kleinbürger unter die Organisationen des klassenbewußten Proletariats, sich als vornehmlich aus Studenten bestehende Organisationen an die Spitze der proletarischen Klassenkämpfe (bzw. ihrer Keimformen) glauben setzen zu können."[321]

Der Leninismus ist und bleibt so eine Legitimationsideologie für die Führungsrolle der Intellektuellen. Diese Einsicht hatte der holländische Rätekommunist Anton Pannekoek bereits 1938 in seinem Aufsatz „Lenin als Philosoph" vertreten.[322] Darin heißt es über die Funktion des Leninismus in der russischen Revolution: „Diese materialistische Philosophie war gerade die richtige Lehre für die Masse der neuen russischen Intelligenz, die voll Begeisterung in Naturwissenschaft und Technik die Basis einer von ihnen geleiteten Produktion erkannte […] und die als neue herrschende Klasse eines Riesenreichs die Zukunft vor sich offen sah."[323] Pannekoeks Aufsatz erscheint 1969 erstmals auf Deutsch in der renommierten „Europäischen Verlagsanstalt", und er hätte der zerfallenden Studentenbewegung eine Warnung sein können. Doch die Aktivisten der neoleninistischen Aufbauorganisationen wehren derlei Gedankengänge ab und verfolgen konsequent das Ziel, eine bolschewistische Partei aufzubauen. Die Frage, warum die Partei für die marxistisch-leninistische Strömung eine so zentrale Funktion einnimmt, wurde auch schon früh von linken Kritikern der Sowjetunion gestellt: „Der absolute Führungsanspruch der revolutionären, kleinbürgerlichen, jakobinischen Intelligenz verbirgt sich hinter der bolschewistischen Auffassung von der Rolle der Partei in der Arbeiterklasse. […] Die Unterordnung der kämpfenden Arbeiterklasse unter die kleinbürgerliche Führung begründet der Bolschewismus mit der Theorie von der ‚Avantgarde' des Proletariats, die er in seiner Praxis bis zu dem Grundsatz ausbaute: Die Partei verkörpert die Klasse. Sie ist also nicht Werkzeug der Arbeiterschaft, sondern die Arbeiterschaft ist ihr Werkzeug."[324] Die Partei dient der Aufrechterhaltung der Vormacht der Intellektuellen über die Arbeiterklasse, und das im Namen der Arbeiterklasse selbst. Diesem russischen Vorbild folgen größere Teile der Protestbewegung nach, als sie den SDS „liquidierten" und mit dem Aufbau einer leninistischen Kaderpartei beginnen.

Die Abwendung von der Randgruppentheorie

Als eine Folge der Rezeption der Randgruppenstrategie Marcuses beschäftigt sich die Studentenbewegung zunehmend auch praktisch mit Heimkindern, mit Strafgefangenen, Obdachlosen und anderen Randgruppen der Gesellschaft. Dabei entstehen allerdings viele Probleme, da die Objekte des studentischen Interesses meist nicht die Erwartungen erfüllen, die die Studierenden auf sie projizieren. Denn anstatt sich aufgrund ihrer am eigenen Leib erfahrenen Unterdrückung als besonders konsequente Kämpfer gegen das System zu beweisen, wollen etwa die meisten Heimflüchtlinge nur ihre neugewonnene Freiheit genießen. Die Politisierung scheitert zumeist, und die Kapazitäten der Bewegung zur Unterstützung der Fürsorgezöglinge stoßen an ihre Grenzen.[325] Peter Brosch beschreibt dies am Beispiel der nach Frankfurt entflohenen Jugendlichen aus dem Staffelberger-Heim: „Die Situation in Frankfurt wird immer kritischer, Wohnungen sind überbelegt, die Jugendlichen wissen nichts Rechtes mit sich anzufangen, sie hängen im Leeren, einige kriminalisieren sich, andere entfliehen in die Subkultur.“[326]

Aus dieser Problemlage heraus wird am 7. und 8. Februar 1970 in Berlin die sog. „Randgruppenkonferenz“ veranstaltet, auf der man Erfahrungen austauschen und die theoretischen Grundlagen der Arbeit mit gesellschaftlichen Außenseitern bestimmen will. Etwa 230 Personen nehmen teil, die vierzig Gruppen repräsentieren und aus ca. zwanzig Städten der Bundesrepublik und aus Westberlin kommen.

Allerdings wird schon bei der Vorbereitung der Konferenz deutlich, wie sehr sich die theoretische Perspektive seit Beginn der praktischen Arbeit mit Randgruppen verschoben hat. Große Teile der früher antiautoritären Bewegung haben inzwischen den Schritt zum Industrieproletariat vollzogen, und damit hat sich auch die Wertschätzung der Randgruppen für die sozialistische Bewegung deutlich verändert. Ein Vorbereitungstext vergleicht sie nun explizit mit dem „Lumpenproletariat“ des 19. Jahrhunderts. Damals habe dieses zur Spaltung der Arbeiterklasse gedient, sein Bewußtsein sei zwiespältig. Zum Beweis wird ein Zitat von Marx und Engels aus dem „Manifest der Kommunistischen Partei“ angeführt, in dem es heißt: „Das Lumpenproletariat, diese passive Verfaulung der untersten Schichten der alten Gesellschaft, wird durch eine proletarische Revolution stellenweise in die Bewegung hineingeschleudert, seiner ganzen Lebensweise nach wird es bereitwilliger sein, sich von reaktionären Umtrieben erkaufen zu lassen.“[327]

Diese negative Einschätzung hat Auswirkungen für die politische Arbeit: „Manche Genossen rechtfertigen ihre Arbeit etwa mit folgenden Argumenten: Die unterdrücktesten Schichten der Gesellschaft (die Randgruppen) haben das größte Interesse an der Veränderung der Machtverhältnisse und sind am ehesten bereit und in der Lage dafür zu kämpfen (Theorie von Marcuse). Diese Genossen nehmen in der Tat an, daß die Entstehung von Klassenbewußtsein ein mechanistischer Akt sei. [...]. Dies ist eine typische kleinbürgerliche Einschätzung, die nicht von einer Bedingungsanalyse der Befreiung des deklassierten Proletariats ausgeht, sondern – wie sollte es auch anders sein – von unseren Wünschen."[328]

Aus der Distanzierung von der Randgruppenstrategie ziehen große Teile der Bewegung den Schluß, man habe sich nun vorrangig um die Ausbildung proletarischer Kader zu bemühen. Die Randgruppenkonferenz zieht also das Fazit: „Trotzdem ist als Ergebnis des Seminars festzuhalten, daß der überwiegende Teil aller anwesenden Gruppen darin übereinstimmte, daß die strategischen Schwerpunkte der Bewegung in der Stadtteilarbeit (insbesondere proletarischer Erziehungsarbeit), der Betriebsarbeit und den Anstrengungen zum Aufbau einer proletarischen Organisation liegen müssen und nicht in der Weiterführung oder dem Neubeginn punktueller Arbeit mit deklassierten Proletariern."[329]

Einzig die Frankfurter Gruppe (die einzige, die sich aus ehemaligen Fürsorgezöglingen zusammensetzt) hält zumindest teilweise an der Einschätzung Marcuses fest. Aber selbst jene Gruppen, die sich in Kinderläden und ähnlichen Einrichtungen um eine antiautoritäre Erziehung bemühen, die sich bei ihrer Gründung also explizit auf die Überlegungen der Kritischen Theorie zum autoritären Charakter stützten, verwerfen die Randgruppentheorie inzwischen als auf „idealistischen und falschen Vorstellungen"[330] beruhend. Dieser Bruch wird durch den Paradigmenwechsel von der antiautoritären zur sog. „sozialistischen" Erziehung deutlich.

Nur eine Minderheit hält noch an den antiautoritären Theorien und damit an der Kritischen Theorie fest; die große Mehrheit dagegen verwirft sie: „Jede Gesamtstrategie für die Bundesrepublik und Westberlin, die in der derzeitigen historischen Situation nicht unter dem Primat der Reorganisation der Arbeiterklasse steht, fällt hinter unseren bisherigen Erfahrungen zurück, endet entweder als kritische Theorie, Seminarmarxismus, verläuft zwangsläufig putschistisch oder wird sozialreformerisch."[331] Die „proletarische Wende" der Bewegung wird forciert.

„Die Reste bürgerlicher Ideologie entschieden bekämpfen"

Die Abwendung von der Kritischen Theorie geschieht meist indirekt über die Abkehr von der antiautoritären Bewegung. Dagegen verwirft das Heidelberger SDS-Bundesvorstandsmitglied Joscha Schmierer in seiner programmatischen Schrift „Die theoretische Auseinandersetzung vorantreiben und die Reste bürgerlicher Ideologie entschieden bekämpfen – Die Kritische Theorie und die Studentenbewegung“[332] sowohl die studentische Rezeption als auch gegen die Kritische Theorie selbst.

Schmierer beschäftigt sich hier in erster Linie mit Horkheimers Theorie des autoritären Staates und ihrer Rezeption durch Hans-Jürgen Krahl. Insbesondere werden Horkheimers Kritik an der Organisationsform Partei und seine Analyse der neuen Rolle der Arbeiter im autoritären Staat zurückgewiesen; Schmierer streicht dagegen die leninistische Kaderpartei als einzig mögliche Organisationsform des Proletariats heraus. Daß die Kritische Theorie so relevant werden konnte, erklärt er sich einerseits aus der durch Nationalsozialismus und Adenauerzeit unterbrochenen Kontinuität der deutschen Arbeiterbewegung, andererseits aus der spezifischen Klassenlage der Studenten. Der Grund der Attraktivität der Kritischen Theorie sei dieser gewesen: „Sie zog die linken Studenten an, die Vereinzelte waren, ohne sie zum Bruch mit den bürgerlichen Wertmaßstäben zu zwingen und ihnen die Einsicht in den Zusammenhang zwischen Praxis und Organisation aufzudrängen. Sie war die spezifische Ideologie von Intellektuellen, die die bürgerliche Gesellschaft satt hatten und die Fähigkeiten des Proletariats bezweifelten, die bürgerliche Gesellschaft umzustürzen, und konnte so bruchlos zur Ideologie einer Studentenbewegung werden, die antibourgeois motiviert sich auf keine Praxis der Arbeiterbewegung beziehen konnte. Außerdem schien die kritische Theorie zu erklären, warum die Arbeiterklasse integriert war, und zu versprechen, daß die kapitalistische Gesellschaft dennoch erfolgreich bekämpft werden könne: Integration der Arbeiterklasse und möglicher Aufstand der Vereinzelten leitet sie ab aus dem Begriff des autoritären Staates. Die kritische Theorie ist die geschwätzig gewordene Resignation über den Faschismus, der mit der Sphäre der Zirkulation und damit der Krise auch die Arbeiterklasse unter Kontrolle gebracht haben soll. Der Kapitalismus endet nicht mit seinem Zusammenbruch, sondern vegetiert im ‚autoritären Staat‘ dahin.“[333]

Dagegen stellt Schmierer die Imperialismustheorie Lenins[334] und deren Optimismus hinsichtlich des baldigen Sturzes des kapitalistischen Systems. Er argumentiert mit einer Methode, die in der Kritik an der Frankfurter Schule immer wieder verwandt wird, mit dem Hinweis auf ihre Negativität bzw. ihre pessimistische Geschichtsauffassung. Erklären ließe sich die Kritische Theorie nur aus der Schwäche der Arbeiterbewegung. „Die kritische Theorie ist eine Intellektuellenideologie in einer Phase der Ohnmacht des Proletariats. Ihre Praxisferne mochte deshalb als Ausdruck der historischen Situation verstanden werden, nicht als Implikat der Theorie selbst."[335] Aus der Ablehnung der Kritischen Theorie folgt die ihrer studentischen Rezeption.

Schmierer weist Krahls Überlegungen über die Rolle der Intelligenz als „kollektivem Theoretiker des Proletariats"[336] wie auch seine Thesen über die Neue Arbeiterklasse, zu der auch die wissenschaftliche Intelligenz gehöre, zurück. Denn ihm zufolge hält sich das Monopolkapital „einen ganzen Heerhaufen von Handlangern zur Fesselung der Produktivkräfte, die es aus dem Mehrwert und den imperialistischen Extraprofiten aushält."[337] Diese intellektuellen „Kopflanger" (Brecht) seien zwar vom Kapital und seinem Staat abhängig, aber da das Kapital nicht von ihrer produktiver Arbeit abhängt, seien sie folglich keine Proletarier. Schmierer teilt die Kritische Theorie in zwei Strömungen ein, eine Sicht, die von vielen marxistisch-leninistischen Kritiken übernommen werden wird: in eine kulturpessimistisch-anarchistische, die vor allem von Horkheimer vertreten wird, und in eine reformistische, die Habermas repräsentiert; Strömungen. die sich dann auch in den der Studentenbewegung nachfolgenden Gruppen widerspiegeln. Die eine Fraktion hängt „dem individuellen Terror und der Subkultur" an und steht in der Tradition Horkheimers, die andere neigt zum Reformismus. Seine Hoffnungen setzt er dagegen auf die dritte Fraktion, die „die Rekonstruktion der marxistisch-leninistische Theorie und Praxis"[338] in Angriff nehme und so die Voraussetzungen zum Aufbau der proletarischen Kaderpartei schaffe.

Schmierers Aufsatz ist die erste ausführliche und grundsätzliche Auseinandersetzung der aus der Studentenbewegung hervorgegangenen marxistisch-leninistischen Bewegung mit der Kritischen Theorie selbst, und er erlaubt es, die theoretische Tendenz der marxistisch-leninistischen Bewegung nachzuvollziehen. Sie ist zugleich der theoretische Ausdruck der praktischen Mutation, die die aus der Studentenbewegung hervorgegangenen Gruppen durchmachen – in den Worten Fritz Kramers, auch eines führenden Mitglieds des Heidelberger SDS: „Das ideologische Freibeutertum der antiautoritären Studentenschaft schlägt tendenziell um in Dogmatismus und Pietät, der Antikommunismus in Stalinismus, die Organisationsanarchie in angebliche ‚proletarische Disziplinierung', auf die Verachtung des Arbeiters folgt die Apotheose des Proletariats."[339]

Im Zuge dieser Entwicklung löst sich der schon seit längerem nicht mehr aktionsfähige SDS im März 1970 als Bundesverband auf. Einige Ortsgruppen bestehen allerdings fort, so die Ortsgruppe Heidelberg, die aber im Juni 1970 von der baden-württembergischen Landesregierung verboten wird. Bereits vorher, im Februar 1970, stirbt Hans-Jürgen Krahl bei einem Autounfall, und damit sind Fraktionierung und Spaltung der Protestbewegung endgültig besiegelt. Die kollektive Identität, die konstitutiv wäre für eine soziale Bewegung, ist verschwunden. Inzwischen haben sich sieben Strömungen aus der Konkursmasse der Studentenrevolte herausgebildet:

– die an der Moskauer Politik orientierte orthodox-kommunistische DKP;
– die aktionistische Sponti-Bewegung, die im subkulturellen Milieus agiert;
– Anhänger klassischer Strömungen der radikalen Linken, die bisher eher marginalisiert waren, wie der Trotzkismus oder der klassische Anarchismus;
– diejenigen, die unter dem Slogan des „Marsches durch die Institutionen" wieder im System angekommen sind;
– eine große Anzahl von Anhängern östlicher Religionen, Psychosekten und esoterischer Vereinigungen;
– die neue Frauenbewegung, sowie
– die marxistisch-leninistischen Gruppierungen, aus denen im Folgenden die K-Gruppen entstehen. Anfang der siebziger Jahre werden die K-Gruppen, nach der DKP, zur einflußreichsten Strömung der radikalen Linken werden.

Die Spaltung der Heidelberger Linken und die Abrechnung mit der Studentenbewegung

Die Spaltung der Heidelberger Linken ist in dreifacher Hinsicht exemplarisch: erstens ist die Spaltung dieser SDS-Gruppe symptomatisch für die Entwicklung in der gesamten Bundesrepublik, zweitens führt sie zu einer Auseinandersetzung über die Kritische Theorie, und drittens entsteht daraus die bedeutendste K-Gruppe, der „Kommunistische Bund Westdeutschlands" (KBW). Zudem wurde die Generalversammlung, auf der diese Spaltung sich manifestierte, auf Tonband aufgenommen und transkribiert.[340] Es gibt wohl kaum einen anderen Fall, in dem ein für die weitere Entwicklung der Linken derart bedeutendes Ereignis dokumentiert worden wäre.

Im Juni 1970 verbietet die baden-württembergische Landesregierung den Heidelberger SDS und sein Organ, das „Rote Forum", mit der Begründung, Aktivisten des SDS seien führend an gewalttätigen Demonstrationen beteiligt gewesen. Anschließend kommt es in der Heidelberger

Linken zum Konflikt um das Nachfolgeorgan des „Roten Forums“, das „Neue Rote Forum“. Vertreter des „Allgemeinen-Studentenausschusses“ (AStA) der Heidelberger Universität verlangen, daß die Generalversammlung der Heidelberger Linken das Recht erhält, die Redaktion der Zeitschrift zu wählen. Doch dieser scheinbar nur um eine Formalie geführte Streit liefert den Anlaß, sich über Grundsatzfragen auseinanderzusetzen. Auf der Versammlung kommt es zum Zusammentreffen der Kontrahenten. Die Kritik der „Gruppe Neues Rotes Forum“ richtet sich in erster Linie gegen einen Vertreter der AStA-Linie, Fritz Kramer, dem eine linkskommunistische, an der Kritischen Theorie orientierte Haltung vorgeworfen wird: „Ich gehe davon aus, daß der allgemeine Rahmen, in denen sich die Kramerschen Beiträge einordnen lassen, tatsächlich von den Anfängen der Kritischen Theorie vorgesteckt sind, also Theoremen, wie sie von Adorno und Horkheimer vor dem Krieg formuliert wurden. [...] so stellt Kramer [...] den Einzelnen einer Totalität gesellschaftlicher Beziehungen gegenüber, in die er nur schwer einzudringen vermag. [...] Das Gesellschaftliche erst einmal als Totalität, in die sich nicht eindringen läßt, als Prämisse vorweggenommen, denunziert politische Praxis als ohnmächtige Sektiererei, als puren Aktionismus, transformiert die Arbeiterklasse in ein ideales Substrat, an das man glauben muß, um nicht an der Unmöglichkeit historischen Fortschritts zu verzweifeln. Entsprechend ist Praxis nur noch als negativ bestimmte möglich, der theoretische Ausgangspunkt verweist stets nur auf einen neugefaßten theoretischen Standpunkt. [...] Das Ganze erst einmal als übermächtig eingeführt und dann noch der historischen Kraft einer Arbeiterbewegung beraubt, läßt allerdings kaum noch eine andere Praxis zu, als Reflexion aufs eigene Selbst im stillen Kämmerlein. Dieser Konsequenz konnten sich auch die Exponenten der kritischen Theorie wie Adorno oder Horkheimer nicht entziehen.“[341]

Diese Kritik, die Claus Koch vorträgt und die vorgeblich dem Konkurrenten Kramer gilt, ist in Wahrheit eine Generalabrechnung mit der Kritischen Theorie und damit dem antiautoritären Flügel der Studentenbewegung. Adorno und Horkheimer wird die Kapitulation vor den gesellschaftlichen Verhältnissen vorgeworfen; das müsse mit unerbittlicher Konsequenz zu einer individualistischen intellektuellen Selbstbeschäftigung führen, die jegliche Praxis verwirft. Die Kritische Theorie sei deshalb rein negativ. Über dieses Ressentiment gegen die Kritik hatte Adorno bereits wenige Monate vor seinem Tod im Mai 1969 gesprochen: „Wesentlich deutsch, obwohl wiederum nicht so durchaus, wie leicht der annimmt, der nicht Analoges in anderen Ländern zu beobachten Gelegenheit hatte, ist ein antikritisches Schema, das aus der Philosophie, eben jener, die den Raisonneur anschwärzte, ins Gewäsch herabsank: die Anrufung des Positiven. Stets wieder findet man dem Wort Kritik, wenn es denn durchaus toleriert werden soll, oder wenn man gar selber kritisch agiert, das Wort konstruktiv beigestellt. Unterstellt wird, daß nur der Kritik üben könne, der etwas Besseres anstelle des Kritisierten vorzuschlagen habe."[342]

Diese Kritik- und Intellektuellenfeindschaft wird noch ausführlicher zu behandeln sein. Aber Horkheimer und Adorno wird in dem erwähnten Beitrag nicht nur Verzicht auf Praxis und bloß negative Kritik vorgeworfen, sondern auch, sie würden den Grundwiderspruch der kapitalistischen Gesellschaft, den zwischen Lohnarbeit und Kapital, negieren. Dies träfe zwar auch auf Habermas zu, aber er würde immerhin wieder zur Praxis finden; allerdings zu einer reformistischen. Über diese Differenz innerhalb der Kritischen Theorie heißt es weiter: „Wir haben einige Aspekte der kritischen Theorie dargestellt. Wir haben ihren zwiespältigen Charakter aufgezeigt, der es möglich macht, einmal aus der These Einzelner – Allgemeines eine antiautoritäre, gegen das Allgemeine und eine sozialpsychologische, für den Einzelnen, Praxis herzuleiten; zum anderen wurde am Beispiel Habermas gezeigt, wie – unter Negation des Grundwiderspruchs und der Einführung einer omnipotenten Technologie – reformistische Praxis sich aus Prämissen ableiten läßt. Stützte man sich auf die erste These vor allen Dingen in der anti-autoritären Phase der Studentenbewegung, so stützte sich ihre Fraktion der Reformisten nach Beendigung dieser Phase auf Habermas."[343] Mit dieser Zweiteilung der Kritischen Theorie in eine praxisfeindliche Variante (vertreten durch Adorno und Horkheimer), und eine reformistische (vertreten durch Habermas), lasse sich, so Koch, auch die Entwicklung der Studentenbewegung erklären. Koch argumentiert genau nach den theoretischen Vorgaben, die Schmierer in seiner Kritik an der Frankfurter Schule gegeben hat.

In der folgenden Ausgabe des „Neuen Roten Forum" veröffentlicht die Gruppe „Neues Rotes Forum", an die Auseinandersetzungen der Generalversamlung anschließend, eine Abrechnung mit der Studentenbewegung; darin heißt es: „Der Widerspruch, den die Studentenbewegung spontan artikulierte, ist der Widerspruch zwischen bürgerlicher Ideologie und bürgerlicher Gesellschaft."[344] Das bedeutet, daß die bürgerliche Ideologie von Freiheit und Gleichheit, die nur der „historisch-systematische Ausdruck des Marktes"[345] ist, im Zeitalter des staatmonopolistischen Kapitalismus aufgehoben, damit der Widerspruch zwischen Ideologie und Wirklichkeit eklatant wird. Da der Monopolkapitalismus auch die Autonomie der Hochschulen aufhebt und die Wissenschaft seinem Verwertungsinteresse unterwirft, revoltieren die Studierenden dagegen. Aber sie tun dies mehrheitlich aus einem bürgerlich-demokratischen Bewußtsein heraus, keinem sozialistischen. Dagegen fordert die Gruppe die Unterordnung der Studenten unter die Arbeiterklasse, will sie sozialistisches Bewußtsein erlangen: „Sich auf den Standpunkt des Proletariats stellen hieß, die einzige Perspektive einnehmen, von der aus die bürgerliche Gesellschaft und ihre Ideologie nicht nur wissenschaftlich-systematisch erfaßt werden kann, sondern praktische revolutionäre Arbeit überhaupt erst möglich wird."[346] Desweiteren wendet man sich gegen die Theorie von der „neuen Arbeiterklasse" und deren These der Integration der Arbeiter, d.h. gegen die Kritische Theorie, wie sie von Marcuse vertreten wird. Schmierer faßt dies in einem weiteren Artikel zusammen: „Der Artikel ‚Zur Analyse der Studentenbewegung' war ein erster Versuch, den Klassencharakter der Studentenbewegung zu analysieren und historisch-materialistisch zu erklären. Der Artikel hatte zwei Stoßrichtungen: einerseits wandte er sich gegen jene Theoreme, die die Studenten als Kern einer ‚neuen Arbeiterklasse' verstanden und folgerichtig die Studentenbewegung zur Avantgarde der Arbeiterklasse erklärten; andererseits wandte er sich gegen Positionen, die ausgehend von der angeblichen Integration der Arbeiterklasse in die ‘spätkapitalistische Gesellschaft', den Gegensatz zwischen den emanzipatorischen Bedürfnissen des ‘Menschen' und den unterdrükkerischen Interessen des autoritären Staates von der Peripherie der spätkapitalistischen Gesellschaft ausgehend zur Explosion bringen sollten. Beide Theoreme hatten der Studentenbewegung und ihren Sprechern dazu gedient, die partikularen Ziele der Studentenbewegung zu überhöhen und unmittelbar mit den Interessen der Gesellschaft in eins zu setzen."[347]

Schmierer erneuert damit seine Kritik an der Frankfurter Schule und versucht abermals zu erklären, wie sie auf Resonanz stoßen konnte. Es liege dies daran, daß die Hypothese der „Neuen Arbeiterklasse" die Studenten zur Avantgarde des Proletariats mache, somit die Intellektuellen zu Führern der Klasse. Dem hält er das Konzept der Kaderpartei entgegen, ohne zu analysieren, daß dies die Vorherrschaft der Kopfarbeiter zementiert. Der Versuch der Studentenbewegung, eine der Gegenwart angemessene Klassenanalyse durchzuführen, wird vermittels der leninistischen Orthodoxie abgewehrt. Auch das macht den Weg frei für die Gründung der K-Gruppen.

Die Auseinandersetzungen über den Nationalsozialismus in der Übergangsphase zu den K-Gruppen

Weitere Diskussionen über die Theorie des Faschismus

Auch nachdem die Studentenbewegung ihren Höhepunkt überschritten hat und die Fraktionierung voranschreitet, gehen die Diskussionen über den Nationalsozialismus und die Theorie des Faschismus weiter. Die schon seit Beginn der aktionistischen Phase manifeste Tendenz, von der deutschen Vergangenheit zu abstrahieren und stattdessen eine allgemeine Theorie des Faschismus zu entwickeln, greift nun immer weiter um sich. „Das Argument", früher das Forum dieser Diskussionen, verliert an Bedeutung. Außerdem nähert sich die Zeitschrift sukzessive der DKP an und steht damit für die maoistisch-orientierten Gruppierungen außer jeder Diskussion, obwohl es doch gerade die traditionsmarxistische Theorie ist, die sie eint. Eine weitere Tendenz ist die schon notorische Bezugnahme auf die historischen Debatten und Analysen. Da die marxistisch-leninistischen Parteiaufbauzirkel sich in der Tradition der Weimarer KPD und der Komintern sehen, wird immer häufiger auf deren „Klassiker" verwiesen. Zu einer einheitlichen Begriffsbildung kommt es trotzdem nicht, denn die Geschichte der orthodoxen Faschismustheorien liest sich für jede ML-Fraktion anders.

Welche Funktion die marxistisch-leninistische Bewegung der Faschismusdiskussion beimißt, zeigt ein Vorwort des „Verlags Neues Rotes Forum" zu einer Dokumentation historischer Texte: „Diese Broschüre ist umso notwendiger geworden, als der Kampf zweier Linien, der Kampf zwischen dialektischem Materialismus und bürgerlichem Idealismus sich gegenwärtig in der ‚Faschismusfrage' und der Frage des antifaschistischen Kampfes zuspitzt. Dahinter steht die Frage der richtigen Einschätzung der gegenwärtigen Klassenkampfsituation. Sie ist entscheidend."[348] In erster Linie geht es also gar nicht um die Analyse des Faschismus oder gar des NS, sondern um ihre jeweilige Konsequenz für die Politik. Denn die ML-Gruppen beziehen sich samt und sonders auf die Definition der „Kommunistischen Internationale" von 1935, die den Faschismus als „die offene, terroristische Diktatur der reaktionärsten, am meisten chauvinistischsten, am meisten imperialistischen Elemente des Finanzkapitals"[349] begreift, und seine Funktion wird dabei wesentlich in der terroristischen Unterdrückung der Arbeiterbewegung gesehen. Die Differenzen ergeben sich dagegen überwiegend aus der Frage nach der Aktualität des Faschismus und daher nach der Strategie des antifaschistischen Kampfes. Dabei werden alle historischen Strategien der KPD und der Komintern in Betracht gezogen und durchgemustert, mögen sie sich auch noch so sehr widersprechen – das geht von der Sozialfaschismustheorie, die den Hauptfeind in der SPD sah, über die „Einheitsfront von unten", die den antifaschistischen Kampf mit der SPD-Basis gemeinsam führen wollte, über die Einheitsfront aus KPD und SPD bis hin zur Volksfront, zu der sich alle nichtfaschistischen Teile der Bevölkerung vereinen sollten.[350] Je nach Einschätzung der gesellschaftlichen Realität der Bundesrepublik wird die Wahl aus dem Fundus historischer Möglichkeiten getroffen, und darin spiegeln sich einige der wenigen theoretischen Differenzen zwischen den ML-Gruppen.

Während die KPD/ML die Sozialfaschismustheorie aufgreift und sich damit von den anderen ML-Organisationen isoliert, vertreten die meisten aus der Studentenbewegung hervorgegangenen marxistisch-leninistischen Gruppen, die sich noch nicht als K-Gruppen konstituiert haben, je verschiedene Strategien der Bündnispolitik. Dabei grenzen sie sich aber scharf gegen die 'prinzipienlose' Bündnispolitik der DKP ab, die als Aufgabe marxistischer Positionen betrachtet wird. Allerdings wird auch die Gefahr gesehen, daß diese Abgrenzung in die radikalste Gegenposition, die Sozialfaschismustheorie, umschlagen kann. Deshalb meint die Berliner „Rote Zelle Germanistik" in ihrer Kritik der Sozialfaschismustheorie: „Es kann nicht darauf ankommen, gegenüber den Positionen von SED und DKP als Ausdruck einer ‚antirevisionistischen' Haltung am Begriff Sozialfaschismus zur Charakterisierung festzuhalten. Denn die Gefahr, daß dadurch die wichtige Differenz zwischen momentaner Gewaltanwendung auf bürgerlich-rechtstaatlicher Grundlage und offener terroristischer Zerschlagung des kämpfenden Proletariats verloren geht, ist sehr groß."[351]

Kritik an der unreflektierten Übernahme historischer Analysen übt auch die „Kommunistische Gruppe (Neues Rotes Forum)" aus Heidelberg, die eine intensive Faschismusdiskussion führt. Sie bestimmt den Faschismus als „Waffe der Bourgeoisie gegen einen zweifachen Feind: die Zerstörung ihrer sozialen Herrschaft durch die Verschärfung der ökonomischen Widersprüche und die Bedrohung ihrer politischen Herrschaft durch den revolutionären Ansturm des Proletariats."[352] Da die „Kommunistische Gruppe (Neues Rotes Forum)" eine der Bedingungen des Faschismus, das revolutionäre Proletariat, in der Bundesrepublik nicht für gegeben hält, kann sie auch keine unmittelbare faschistische Gefahr erkennen. Sie kritisiert daher auch scharf alle Gruppen, die sie für akut halten und daraus ihre politische Taktik ableiten, so der KAB Hamburg und der daraus entstehende KB. Ihnen wird nicht allein eine falsche Analyse der gesellschaftlichen Verhältnisse vorgeworfen, sondern auch Sabotage am Klassenkampf, weil sie die Arbeiterklasse auf politische Abwege führten: „Die opportunistischen Liquidatoren des KB/Hamburg, die die Gefahr des Faschismus an die Wand malen, und die in einer Situation, in der die Bourgeoisie mit den Mitteln des bürgerlichen Rechtsstaates herrscht, in der sie die Mittel dieses Rechtsstaates mit Hilfe der bürgerlichen Parteien und ihres Einflusses in den Massen ständig ausbaut, die Arbeiterklasse auf eine dieser Parteien – die SPD – und die Erhaltung des Rechtsstaates orientieren, leisten der Bourgeoisie die besten Dienste. Sie sabotieren den Klassenkampf und verhindern damit, daß sich die Arbeiterklasse in den sich verschärfenden Krisen des Kapitalismus politisch formiert."[353] Obwohl sich die Heidelberger intensiv mit den linken Faschismustheorien beschäftigen, die Unstimmigkeiten und Fehler der konkurrierenden Gruppierungen scharf angreifen, bestimmen doch auch sie den Faschismus geschichtsblind bloß als Werkzeug der Bourgeoisie. Dieser Instrumentalismus eint sie wiederum mit den anderen Zirkeln, wenn etwa verlautbart wird: „Das Lager der Monopolbourgeoisie war so geordnet, daß sie selber auf dem Feldherrenhügel saß, Hitler der Offizier war und als Truppen die faschistischen Banden eingesetzt wurden."[354]

Daher verwundert es nicht weiter, daß der Antisemitismus, sowohl der der NS-Führung als auch der der deutschen Bevölkerung, nicht weiter von Belang ist und nicht einmal erwähnt wird – eine weitere Gemeinsamkeit der marxistisch-leninistischen Zirkel, die sie zugleich von der Studentenbewegung der frühen sechziger Jahre trennt.

Und daraus folgt natürlich, wie die Rolle der deutschen Bevölkerung, vor allem der deutschen Arbeiterklasse, während des Nationalsozialismus interpretiert wird. Weil die Aufbauorganisationen die Funktion des Faschismus in erster Linie in der Unterdrückung der Arbeiterklasse sehen, mögen sie in ihr auch nur ein Opfer des Systems erkennen; der Beitrag, den die Klasse zum Funktionieren des NS geleistet hat, muß um jeden Preis verleugnet werden. Für die ML-Zirkel muß der Nazifaschismus die terroristische Herrschaft einer kleinen Minderheit, der Monopolbourgeoise, über die große Mehrheit der deutschen Bevölkerung darstellen; von der Verantwortung der Deutschen ist daher nie die Rede. Die Anhänger der NSDAP werden als verführte, betrogene Menschen betrachtet, die man nur über die wahren Ziele der Nazis aufklären müsse, um sie für die richtige Seite zu agitieren. Das steht in der Tradition des großen Vorbilds der ML-Gruppen, der Weimarer KPD, die die innige Anteilnahme der Mehrheit der Deutschen am Nazi-Faschismus ebenfalls verleugnete: „In dem Maße, wie die KPD von einem belogenen, betrogenen und verratenen Volk ausging, blendete sie die Massenbasis des deutschen Faschismus aus. Indem die Partei nicht müde wurde, das Bild von den irregeführten und fehlgeleiteten Volksmassen zu zeichnen, übersah sie gleichsam, daß viele Deutsche aus allen Klassen die Inhalte der faschistischen Ideologie teilten. Jeder Form von Herrschaft liegt ein Wechselverhältnis von Repression und gesellschaftlicher Akzeptanz zugrunde; und in der Weimarer Republik waren reaktionäre Wertvorstellungen bei weiten Teilen der Bevölkerung tief verankert. Insofern war der Faschismus kein bloßes Werkzeug in der Hand der Großbourgeoise. Vielmehr fiel die faschistische Ideologie gerade in Deutschland auf einen fruchtbaren Boden."[355]

In dieser historischen Tradition verwahren sich die marxistisch-leninistischen Gruppen natürlich schärfstens gegen die sog. „Kollektivschuld-These". Deren Zurückweisung und Abwehr wendet sich vor allem gegen die USA, deren substantieller Beitrag zur Befreiung vom Nationalsozialismus bestritten, deren aktuelle Funktion als „Hauptfeind Nummer eins" dagegen gerechtfertigt werden soll. So meint zum Beispiel die „Rote Zelle Germanistik" in ihrem Seminarprogramm für das Wintersemester 1970/71: „Dagegen ging der US-Imperialismus mit einer konterevolutionären Strategie vor, die die Hauptträger des deutschen Imperialismus und Hauptschuldigen des Weltkrieges zunächst durch die Kollektivschuldtheorie entlastete, um sich später mit ihnen zu verbünden."[356] Daraus spricht der ganze Begriff, den sich die marxistisch-leninistischen Gruppen vom Faschismus machen: einerseits dessen Verständnis als Willkürherrschaft einer kleinen monopolkapitalistischen Clique, andererseits – und daraus logisch abgeleitet: der Freispruch, recht eigentlich: der Persilschein für die überwältigende Masse des deutschen Volkes. Die sog. „Kollektivschuld-These" wird energisch abgewehrt, während sie doch geradezu gebraucht wird, eben um sie empört zurückzuweisen. Sie dient einzig und allein der Schuldabwehr wie zur Anklage derjenigen, die sie angeblich gegen die Deutschen erheben – gegen die Opfer des Nationalsozialismus und die alliierten Siegermächte. Günther Anders hat die Konstruiertheit der Kollektivschuldtheorie und ihre Verbindung mit dem Antisemitismus auf den Begriff gebracht: „Gäbe es dieses Wort nicht, Ihr würdet es erfinden, um es zu bekämpfen. So wie Ihr, wenn es uns Juden nicht gegeben hätte, Juden erfunden und sogar hergestellt hättet, um uns zu verfolgen und liquidieren zu können. Der Vergleich ist deshalb mehr als eine Parallele, weil es sich in beiden Fällen um die typische Taktik des Antisemitismus handelt, der deshalb auf Juden angewiesen ist, weil diese das unverzichtbare Futter für die Haßlust ist. Kurz: Ihre Leute hier, die Eichmannsöhne von heute, leben geradezu im Glauben daran, daß die sie verunrechtende Anklage von uns dauernd vertreten werde. Sie benötigen den Vorwurf, um durch Nachweis seiner Falschheit ihre Schuldlosigkeit beweisen zu können."[357]

Die Marxisten-Leninisten übernehmen die Schuldabwehrtechniken der postnazistischen Gesellschaft, was sich auch an ihrer Polemik gegen den Vietnam-Krieg zeigt. Die Angriffe gegen die USA waren schon auf dem Höhepunkt der Studentenbewegung massiv, zum Teil wurden schon damals Faschismus-Vergleiche bemüht. Diese Agitation wird nun von den ML-Fraktionen fortgesetzt und radikalisiert, so zum Beispiel in der marxistisch-leninistischen „Rote Presse Korrespondenz": „Die ersten Anzeichen des Faschismus in Amerika sind schon aufgetreten."[358] Der „Kommunistische Arbeiterbund (Marxisten-Leninisten)" bezeichnet den US-Vizepräsidenten Agnew als Faschisten[359], und selbst das eher undogmatische „Kursbuch" bringt im Dezember 1970 ein Dossier von Reinhard Lettau, der Artikel aus amerikanischen Zeitungen unter der Überschrift „Täglicher Faschismus" montiert.[360] Am weitesten geht das „Zentralorgan der Revolutionären Jugend", der „Rebell", der die USA als „Yankee-Nazi-Imperialismus"[361] bezeichnet. Aber nicht nur in den USA wird der Faschismus entdeckt. Es lassen sich zahlreiche Beispiele in den Publikationen der Protestbewegung finden, in denen autoritär regierten Staaten der Vorwurf des Faschismus gemacht wird; aber auch einzelne, als besonders brutal empfundene staatliche Maßnahmen, etwa Polizeigewalt gegen Demonstranten werden, werden als faschistisch denunziert.[362]

Diese Beispiele mögen genügen, um zu zeigen, daß der Faschismus-Begriff, trotz des heftigen internen Streits um die exakte Auslegung der orthodoxen Analysen, inflationär und ohne jede inhaltliche Bestimmung gebraucht wird. Er wird zur moralischen Diskreditierung des politischen Gegners benutzt und relativiert dadurch die historischen Besonderheiten der faschistischen und insbesondere der nationalsozialistischen Verbrechen. Der Faschismus-Begriff der marxistisch-leninistischen Gruppen taugt nur zur Verdrängung der Erfahrung des Nationalsozialismus.

Die weitere Beschäftigung mit den Kontinuitäten des Nationalsozialismus in der BRD

Durch ihre Analyse des Faschismus und des Nationalsozialismus als der offen diktatorischen Herrschaftsform des Monopolkapitals betonen die marxistisch-leninistischen Gruppen die Kontinuitäten zwischen dem NS-Staat und der BRD, und sie agitieren damit, daß die meisten Verantwortlichen in Wirtschaft, Justiz und Verwaltung nicht von der Entnazifizierung erfaßt wurden. Dabei wird allerdings meist sehr allgemein vom Fortbestehen der Herrschaft des Monopolkapitals gesprochen, und nur sehr selten wird diese Kontinuität auch, wie zuvor in der Studentenbewegung, ad personam entlarvt. Artikel, die zum Beispiel vom Prozeß gegen Beate Klarsfeld berichten, haben nicht nur in der ML-Presse Seltenheitswert, sondern auch in den Veröffentlichungen der anderen Fraktionen. Die Abwendung von der konkreten Auseinandersetzung mit der nationalsozialistischen Vergangenheit, die mit der aktionistischen Phase der Protestbewegung begann, hat sich in einem generalisierenden Faschismusbegriff zusammengefaßt, wie ihn etwa Hans-Magnus Enzensberger 1968 niederschreibt: „Der neue Faschismus kommt ohne Führer aus. Die Figuren an der Spitze sind vollkommen fungibel und austauschbar. Rücktrittsforderungen sind sinnlos geworden. Wo keine Personen mehr zu erblicken sind, verdienen Auseinandersetzungen über diesen oder jenen PG, diesen oder jenen KZ-Baumeister nur noch folkloristisches Interesse.“[363]

Aus der prinzipiell zutreffenden Erkenntnis, daß der Kapitalismus ein System versachlichter Herrschaft und nicht mehr, wie seine historischen Vorgänger, auf dem Prinzip personaler Macht basiert, wird die Verdrängung der Geschichte gefolgert. Die Tendenz, den Nationalsozialismus unter eine allgemeine Herrschaftstypologie kapitalistischer Ausbeutung zu subsumieren, war bereits in Teilen der frühen Studentenbewegung angelegt, jetzt, in der Phase der Fraktionierung, kommt sie vollends zum Durchbruch.

Auch an den Universitäten wird die Auseinandersetzung mit der NS-Vergangenheit nicht mehr mit besonderer Leidenschaft geführt. Nur den Professoren, die auch die Studentenproteste scharf ablehnen, wird ihr früheres Verhalten weiterhin vorgehalten. So erscheinen etwa in den Heidelberger Studentenzeitschriften „Forum Academicum“ bzw. „Rotes Forum“ eine Reihe von Artikel und Dokumentationen, die sich mit der NS-Vergangenheit von Professoren der Universität auseinandersetzen. Daraus wird der Schluß gezogen: „Daraus ist zu entnehmen, daß die Repräsentanten des Professorenstandes in der Phase der Bedrohung ihrer Privilegien durch die kapitalistische Universitätsreform einerseits und die Kritik der linken Studenten andererseits ein faschistisches Potenzial enthüllen."[364] Die Entlarvung der NS-Vergangenheit von Personen, mit denen die Protestbewegung in Konflikt gerät, dient nicht mehr der Reflexion der deutschen Geschichte, sondern wird instrumentalisiert. Auch in der 1969 gegründeten Berliner Untergrund-Zeitschrift „Agit 883", die in der Zerfallsphase der Studentenbewegung auch von marxistisch-leninistischen Gruppen für Veröffentlichungen genutzt wird, ist dieses Phänomen anzutreffen: „In den alltäglichen Auseinandersetzungen in Schulen und Universitäten, bei Aktionen gegen die NPD sowie im Zusammenhang mit der Verfolgung der Aktivisten durch Polizei und Justiz stellte die Agit 833 die NS-Vergangenheit der Gegenseite heraus und verwies damit auf ungebrochene Kontinuitätslinien."[365] Hartmut Rübners hier zitierte Geschichte der „Agit 883" zeigt, wie sich am Ende ein Faschismusbegriff etabliert, der in der spätkapitalistischen Gesellschaftsformation selbst bereits den Faschismus erkennt. In der Konsequenz gibt es keinen Unterschied mehr zwischen 1933 und 1970.

Diskussionen über die drohende Faschisierung der Gesellschaft

Ein wichtiges Thema in den Publikationen der Zirkel ist die Verschärfung der Gesetze im Bereich der „Inneren Sicherheit". Darin setzt sich einerseits die Opposition der Studentenbewegung gegen die Notstandsgesetze fort, andererseits hat der Staat inzwischen mit einer Reihe von Gesetzesverschärfungen auf die antiautoritäre Herausforderung reagiert. Diese Entwicklung wird von den Aufbauorganisation mit den wilden Streiks vom September 1969 in Zusammenhang gebracht und als Verschärfung des Klassenkampfes analysiert. Sie fühlen sich deshalb vom Vorgehen der Regierung noch zusätzlich in ihren Analysen bestätigt. So findet sich in der Presse der Bewegung eine Vielzahl von Artikeln, in denen die Repression gegen die Proteste, die fortschreitende Militarisierung der Gesellschaft und vor allem die Verfolgung der eigenen Gruppe herausgestrichen werden.

Allerdings kommt es in der Einschätzung der staatlichen Maßnahmen nicht zu einer einheitlichen Meinung. So erblickt etwa das Westberliner „Sozialistische Anwaltskollektiv" im Vorgehen der Bundesregierung Anzeichen für eine „sich zunehmend faschistoid-autoritär entwickelnde Bundesrepublik“ und konstatiert: „Die Entwicklung in der Bundesrepublik hat in den letzten Monaten deutlich eine Beschleunigung der Faschisierungstendenzen gezeigt.“[366] Und der „Kommunistische Arbeiterbund (Marxisten-Leninisten)“ kann sogar schon die Protagonisten dieser faschistischen Entwicklung benennen: „Der reaktionäre Teil der westdeutschen Monopolbourgeoisie, gestützt auf die CSU, die Aktion Widerstand, die NLA, die Vertriebenenverbände und den rechten Flügel der CDU u.a. steuert auf die faschistische Diktatur hin.“[367] Andere Teile der Protestbewegung lehnen dagegen diese Analyse ab. Vor allem die kommunistischen Zirkel, aus denen der KBW hervorgehen wird, kritisieren die sog. „Faschisierungstheorie“: „Die Vorstellung einer schrittweisen Entwicklung zum Faschismus, der so genannten ‚Faschisierung' der Gesellschaft, die nichts anderes darstellt als eine Anhäufung reaktionärer Maßnahmen durch die Bourgeoisie, entspringt einer mechanischen Vorstellung von der Entwicklung der Dinge, die nicht befähigt, die Entwicklung der Dinge zu erkennen und zu analysieren. Die Anhäufung reaktionärer Maßnahmen bringt die Geschichte nicht in Bewegung, erklärt nicht das Umschlagen einer Qualität in eine andere, den Umschlag von der Republik in den Faschismus.“[368]

Auch die Analyse der Notstandsgesetze als Wegbereiter eines neuen Faschismus verwirft das „Neue Roten Forum“. „Die Notstandsgesetze mit der Vorbereitung des Faschismus gleichzusetzen, paßt zwar in das Konzept des präventiven Faschismus, lenkt aber von der eigentlichen Bedeutung dieser Gesetze ab.“[369] Vielmehr wird darauf hingewiesen, daß diese Gesetze mit der Hilfe von SPD und Gewerkschaftsführung erlassen wurden, es sich deshalb nicht um die Etablierung des Faschismus, sondern um ein weiteres Mittel der staatlichen Repression handelt. Aber mit dieser etwas differenzierteren Auffassung stehen die Autoren des „Neuen Roten Forums“ ziemlich alleine da, denn selbst einige Zirkel aus dem gleichen Diskussionszusammenhang sehen darin Maßnahmen, die den Faschismus zwar nicht zwangsläufig nach sich ziehen, ihn aber doch erleichtern. So erklärt zum Beispiel der „Bund Kommunistischer Arbeiter“ (BKA) aus Freiburg, die Geschichte zeige, „daß vor Errichtung der faschistischen Diktatur die bürgerlichen Regierungen eine Reihe von reaktionären Maßnahmen durchführen, die den Machtantritt des Faschismus fördern und vorbereiten. […] Wer in diesen Vorbereitungsetappen nicht gegen die reaktionären Maßnahmen der bürgerlichen Regierungen und den anwachsenden Faschismus kämpft, der ist nicht im Stande den Sieg des Faschismus zu verhindern.“[370] Noch weiter gehen die „Kommunistischen Studentengruppen (Marxisten/Leninisten)“ aus Tübingen, die den Verfassungsschutz als „Bonner Gestapo“[371] bezeichnen und damit jeden Unterschied zwischen Diktatur und Parlamentarismus einebnen.

Von besonderer Bedeutung wird die „Faschisierungstheorie“ für die kommunistischen Zirkel, aus denen 1971 der KB hervorgehen wird. So stellt zum Beispiel das „Sozialistische Arbeiter- und Lehrlingszentrum“ (SALZ) aus Hamburg in der ersten Ausgabe ihrer „Kommunistischen Arbeiter-Zeitung“ die These auf, daß sich aus Gesellschaftsgeschichte der Bundesrepublik selbst eine erneute Tendenz zum Faschismus ergibt. „Das Kapital hat ein Interesse daran, daß die Faschisten die Macht im Staat übernehmen. Dies war bisher nicht so, denn die Nachkriegsjahre bescherten den Monopolherren in Westdeutschland ein ‚Wirtschaftswunder‘.“[372] Doch seit der Krise und der Zunahme der Arbeiterkämpfe – hier werden wieder die Septemberstreiks 1969 hervorgehoben – orientiere sich das Kapital erneut auf eine faschistische Lösung. Das SALZ weiß auch schon, wer dafür repräsentativ sein wird: „Strauß ist der kommende starke Mann. Über ihn scheint den Faschisten der Weg zur Macht sicher.“[373]

Doch diese pauschale Diffamierung staatlichen Handelns als faschistisch beschränkt sich nicht auf die marxistisch-leninistischen Gruppen. Auch andere Fraktionen bemühen zur Kritik der „Inneren Sicherheit“ Vergleiche mit der nationalsozialistischen Vergangenheit, obwohl es doch auch Stimmen gibt, die eine differenziertere Analyse einfordern. So schreibt zum Beispiel die eher undogmatisch orientierte Frankfurter Studentenzeitung „Diskus“ unter der Überschrift „Die Bundesrepublik auf dem Weg in den Rechts-Staat“: „Sicherlich kann man die Bundesrepublik nicht als faschistischen Staat bezeichnen, es mehren sich jedoch verstärkt Anzeichen für eine gefährliche Tendenz in dieser Richtung.“[374] Zum Beweis dafür führt der Verfasser an, daß der nicht erklärte Notstand, der während des Schah-Besuchs 1967 in Berlin und während der Osterunruhen 1968 in der ganzen Bundesrepublik geherrscht habe, nun permanent geworden sei. Daraus zieht er den Schluß: „Faschisierung vollzieht sich hinter demokratischen Verfahrensnormen.“[375] Er steht damit zwar in der Tradition der Faschismusanalyse der Kritischen Theorie, die immer wieder auf den Zusammenhang von bürgerlicher Gesellschaft und Faschismus hingewiesen hat, aber es stellt sich doch die Frage, ob die westdeutschen Verhältnisse des Jahres 1972 nicht dramatisiert werden. Denn der „Diskus“-Artikel legt die Vermutung nahe, daß die Bundesrepublik sich bereits auf dem Weg in eine faschistische Gesellschaftsordnung befindet.

Diese Beispiele mögen genügen, um die Relativierung und Verdrängung des Nazismus zu illustrieren, wie sie nach der Auflösung des SDS in den Splittergruppen und Parteiaufbauorganisation immer weitere Kreise zieht. Es zeigt sich aber auch, wie weit sich deren Analyse von der gesellschaftlichen Realität entfernt hat. Denn trotz einiger bedenklicher Verschärfungen im Bereich der inneren Sicherheit, etwa im Rahmen der Bekämpfung des Terrorismus oder durch den sog. „Radikalenerlaß", sind die ersten Jahre der sozialliberalen Koalition seit 1969 durch deutliche Liberalisierungstendenzen gekennzeichnet. So kommt es etwa im Frühjahr 1970 zu einer begrenzten Amnestie für Demonstrationsstraftaten, die fast 6.000 Personen erfaßt.[376] Die Regierung Brandt versucht anfangs, die Protestbewegung wieder in die Gesellschaft zu integrieren und nicht polizeilich gegen sie vorzugehen.

Der Nahostkonflikt und die deutsche Vergangenheit

Nachdem sich mit dem Sechs-Tage-Krieg 1967 eine pro-arabische und damit antiisraelische Position in der Neuen Linken durchgesetzt hat, verliert nun auch das Bewußtsein einer besonderen deutschen Verantwortung für den Staat Israel, das bis dahin bestand, seine Bedeutung. Dies gilt für das gesamte Spektrum der aus der Studentenrevolte hervorgegangenen Fraktionen der Linken festzustellen, und nur das SB macht aufgrund seiner engen Zusammenarbeit mit linken jüdischen Studenten eine Ausnahme.

Eine der ersten Manifestationen des studentenbewegten Antizionismus geschieht am 9. Juni 1969, als SDS-Aktivisten in Frankfurt einen Vortrag des israelischen Botschafters in Deutschland, Asher Ben Nathan, mit Zwischenrufen und Sprechchören sprengen.[377] Mit Parolen wie „Nazi-Kiesinger und Ben Nathan eine Clique mit Dajan" wird zwar immer noch auf die deutsche NS-Vergangenheit rekurriert, aber die an Bundeskanzler Kiesinger hergestellte Kontinuität zum Nationalsozialismus wird nun in Person des israelischen Verteidigungsministers Moshe Dajan mit der Regierung Israels in Verbindung gebracht. Daran zeigt sich schon die, in Zukunft von der Linken immer häufiger praktizierte, Verlagerung der deutschen Geschichte nach Israel zum Zwecke der eigenen Entlastung. In der Öffentlichkeit wird die Aktion des SDS übereinstimmend verurteilt; auch einige der Studentenbewegung wohlgesinnte Persönlichkeiten distanzieren sich. Adorno ist entsetzt und befürchtet eine grundlegende Umkehr der studentischen Protestbewegung. An Marcuse schreibt er: „Die Gefahr des Umschlags der Studentenbewegung in Faschismus nehme ich viel schwerer als Du. Nachdem man in Frankfurt den israelischen Botschafter niedergebrüllt hat, hilft auch die Versicherung, das sei nicht aus Antisemitismus geschehen, und das Aufgebot irgendeines israelischen ApO-Mannes nicht das mindeste. [...] Du müßtest nur einmal in die manisch erstarrten Augen derer sehen, die, womöglich unter Berufung auf uns selbst, ihre Wut gegen uns kehren."[378]

Daß Adornos Befürchtungen berechtigt sind, zeigt eine weitere Begebenheit, die sich nur etwa einen Monat nach der Veranstaltungssprengung in Frankfurt zuträgt. Zu diesem Zeitpunkt nämlich reist eine etwa zwanzigköpfige Delegation des SDS auf Einladung der palästinensischen Organisationen „El Fatah" und „Demokratische Front für die Befreiung Palästinas" (DFLP) in zwei Ausbildungslager nach Jordanien und bekommt dort unter anderem paramilitärische Schulungen angeboten. Als nach der Rückkehr der Delegation Kritik an dieser Reise laut wird und gefragt wird, ob es nicht ein Gebot der Ausgewogenheit gewesen wäre, auch nach Israel zu fahren und damit die andere Seite des Konfliktes zu sehen, antwortet Adornos Schüler Krahl: „Was sollen wir in Israel? Dort gehen wir hin, wenn's sozialistisch geworden ist."[379] Dies zeigt, daß selbst der sich immer noch explizit als antiautoritär verstehende Flügel der Studentenbewegung in der Frage des Nahostkonfliktes eine Position gegen die Kritische Theorie bezieht. Selbstverständlich stimmen in dieser Frage die anderen Strömungen der Bewegung, die ansonsten mit den antiautoritären Positionen radikal brechen, mit den Antiautoritären überein.

Innerhalb des SDS spielt die Heidelberger Ortsgruppe die Rolle des maßgeblichen Katalysators des Antizionismus. Bereits vor dem Sechs-Tage-Krieg hatte sie gegen den damaligen Willen des Bundesvorstandes Position für die arabische Seite bezogen.[380] Und im Gegensatz zum Gesamtverband gilt die Sympathie der Heidelberger nicht so sehr der „Al Fatah" von Jassir Arafat, sondern sie unterstützen explizit die marxistisch-leninistisch ausgerichtete DFLP. Diese agiert noch radikaler gegen den Staat Israel. Rückblickend verurteilt die Ortsgruppe die schwankende Position des SDS während des Sechs-Tage-Krieges: „Noch während des Junikrieges 1967 verschleierte die philosemitische Ideologie selbst einigen Gruppen des SDS den Charakter der israelischen Aggression, während die Mehrheit des Verbandes (u. a. der antiimperialistische Reiche-Gänge-BV) wider besseres Wissen ‚neutrale' opportunistische Positionen bezog, aus Furcht sich gegen die faschistoide antiarabische Hetze in der BRD zu stellen."[381]

Sowohl die Sprache – „opportunistische Positionen", „faschistoide antiarabische Hetze" – als auch die explizite Unterstützung einer marxistisch-leninistisch ausgerichteten palästinensischen Splittergruppe kündigt schon den Übergang der Heidelberger SDS-Ortsgruppe zu den Positionen der K-Gruppen an. Aber auch im Gesamtverband des SDS hat sich inzwischen ein Antizionismus durchgesetzt, dessen antisemitische Grundlage kaum mehr verborgen werden kann. So ruft unter anderem die Frankfurter Ortsgruppe im Februar 1970 zu einem „Teach in" gegen den Besuch des israelischen Außenministers Abba Eban auf. In dem Aufruf zur Aktion heißt es: „Der Besuch Abba Ebans, der als Vertreter eines rassistischen Staates in die Bundesrepublik reist, muß zu einer Demonstration und zum Protest gegen den zionistischen, ökonomisch und politisch parasitären Staat Israel und seine imperialistische Funktion im Nahen Osten werden [...]. Der palästinensische Kampf ist Bestandteil des Kampfes aller unterdrückter Völker der Dritten Welt gegen den Imperialismus. [...] Nieder mit dem chauvinistischen und rassistischen Staatsgebilde Israel."[382] In diesem Aufruf finden sich fast alle Stereotypen, die zeigen, daß der Antizionismus zwar ein noch verschämter, aber doch schon erneuerter Antisemitismus ist; ein „ehrbarer Antisemitismus"[383], wie ihn Jean Améry nennt. Israel wird in völkischer Manier[384] als „Staatengebilde" bezeichnet, womit implizit unterstellt wird, es gebe Staaten, die kein künstliches Gebilde seien, sondern natürlich gewachsene organische Einheiten. Daß offenherzigste antisemitische Stereotyp findet sich dann in der Behauptung, Israel sei ein „ökonomisch und politisch parasitärer Staat". Denn damit übernimmt Israel in der Staatenwelt die Rolle, die die Antisemiten den Juden in der modernen Gesellschaft zuschreiben, des zersetzenden Schmarotzers eines sonst heilen Wirtsvolkes. Diese biologistische Vorstellung ist historisch eines der wirkmächtigsten Ressentiments des modernen Antisemitismus.[385] Dies müßte auch den Frankfurter SDS'lern bekannt sein, schließlich war die Bekämpfung des Antisemitismus bis in die Mitte der sechziger Jahre ein Schwerpunkt der politischen Aktivitäten des Studentenbundes. Nichtsdestotrotz übertragen sie nun diese antisemitische Zuschreibung auf den Staat Israel.

Die in dem Frankfurter Aufruf gewissermaßen noch fehlende Verlagerung der deutschen Geschichte in den Nahen Osten wird in einem Demonstrationsaufruf der Heidelberger SDS-Ortsgruppe gegen den Besuch des Außenminis[t]ers nachgeholt. Dort heißt es: „In diesen Tagen besucht der israelische Außenminister Abba Eban die Bundesrepublik. Er wird dort Geld erbitten, damit seine Regierung mit den arabischen Völkern ebenso verfahren kann wie die Nazis mit den Völkern Polens oder der UdSSR. Die Alten Nazis und ihre ehemaligen Opfer reichen sich heute die Hände, weil sie gemeinsam ein neues Opfer gefunden haben."[386] So werden die Israelis zu den neuen Nazis erklärt, die Opfer von gestern zu den Tätern von heute gemacht. Das Ergebnis ist die Relativierung der deutschen Verbrechen mit den Methoden des sekundären Antisemitismus. Vergleiche dieser Art lassen sich in der Palästina-Solidarität der deutschen Linken in großer Anzahl finden. Thomas Haury ist darin zuzustimmen, daß „die penetrante Gleichsetzung von Nationalsozialismus und Zionismus davon (zeugt), daß auch in der deutschen Linken das Bedürfnis nach deutscher Normalität, nach einem Schlußstrich, nach Entlastung von der deutschen Vergangenheit virulent war."[387]

Aus der zerfallenden Studentenbewegung entstehen seit 1969 in vielen Städten der Bundesrepublik unabhängige Palästinakomitees, die die Solidarität mit dem Kampf der Palästinenser zu ihrem einzigen politischen Inhalt erheben.[388] Eine der bedeutendsten dieser Gruppierungen entsteht mit dem „Sozialistischen Palästina-Komitee Heidelberg" (SPK), das von 1969 bis 1972 die Zeitschrift „Al Djabha – Die Front" herausgibt. Im Jahr 1972 ändert sich der Titel in „Die Front", und mit der Gründung des KBW 1973 gerät das SPK zu einer Art „Palästina AG" dieser K-Gruppe. Neben dem marxistisch-leninistischen SPK entsteht mit dem „Palästinakomitee Bonn" eine gegenüber den einzelnen palästinensischen Fraktionen neutrale Solidaritätsgruppe, die versucht, auf dieser strömungsübergreifenden Basis die deutsche Palästinasolidarität zusammenzuschließen.

Besonders wichtig wird der Antizionismus für die Fraktion der Protestbewegung, die den bewaffneten Kampf in der Bundesrepublik aufnimmt. Der Beginn der Guerilla in Deutschland ist, nach Bommi Baumann, der Bombenanschlag, den die Gruppe „Schwarze Ratten/Tupamaros Westberlin" am 9. November 1969 – am Jahrestag der Reichspogromnacht – auf das jüdische Gemeindezentrum in Westberlin verübt.[389] Im Bekennerschreiben der Attentäter, das die der undogmatischen Linken zuzurechnende Untergrundzeitschrift „Agit 883" veröffentlicht, rechnen die Verfasser mit der israelsolidarischen Position ab, die die deutsche Linke bis 1967 vertritt, und stellen sie in einen Zusammenhang mit der Auseinandersetzung der deutschen Linken mit der nationalsozialistischen Vergangenheit.

„Am 31. Jahrestag der faschistischen Kristallnacht wurden in Westberlin mehrere jüdische Mahnmale mit ‚Schalom und Napalm' und ‚El Fatah' beschmiert. Im jüdischen Gemeindehaus wurde eine Brandbombe deponiert. Beide Aktionen sind nicht mehr als rechtsradikale Auswüchse zu diffamieren, sondern sie sind ein entscheidendes Bindeglied internationaler Solidarität. Das bisherige Verharren der Linken in theoretischer Lähmung bei der Bearbeitung des Nahostkonflikts ist Produkt des deutschen Schuldbewußtseins: wir haben Juden vergast und müssen die Juden vor einem neuen Völkermord bewahren. Die neurotisch-historizistische Aufarbeitung der geschichtlichen Nichtberechtigung eines israelischen Staates überwindet nicht diesen hilflosen Antifaschismus. Der wahre Antifaschismus ist die klare und einfache Solidarisierung mit den kämpfenden Feddayin. Unsere Solidarität wird sich nicht mehr mit verbal-abstrakten Aufklärungsmethoden à la Vietnam zufrieden geben, sondern die enge Verflechtung des zionistischen Israels mit der faschistischen BRD durch konkrete Aktionen schonungslos bekämpfen. Jede Feierstunde in Westberlin und in der BRD unterschlägt, daß die Kristallnacht von 1938 heute tagtäglich von den Zionisten in den besetzten Gebieten, in den Flüchtlingslagern und in den israelischen Gefängnissen wiederholt wird. Aus den vom Faschismus vertriebenen Juden sind selbst Faschisten geworden, die in Kollaboration mit dem amerikanischen Kapital das palästinensische Volk ausradieren wollen. Zerschlagen wir die direkte Unterstützung Israels durch die deutsche Industrie und die Bundesregierung, so bereiten wir den Sieg der palästinensischen Revolution vor und forcieren die erneute Niederlage des Weltimperialismus. Gleichzeitig erweitern wir unseren Kampf gegen die Faschisten im demokratischen Mantel und beginnen eine revolutionäre Befreiungsfront in den Metropolen aufzubauen. Tragt den Kampf aus den Dörfern in die Städte! Alle politische Macht kommt aus den Gewehrläufen.“[390]

Das Bekennerschreiben wurde so ausführlich zitiert, weil die antizionistische Ideologie eines großen Teils der deutschen Linken hier nachgerade exemplarisch ausgebreitet wird. Es spricht daraus das Bedürfnis, von der Geschichte derart radikal sich zu entlasten, daß der wahre Antifaschismus nun folgerichtig in den Kampf gegen Israel mündet. Die Kinder der Täter können den antifaschistischen Kampf nun als Kampf gegen den jüdischen Staat nachholen und damit das wiedergutmachen, was sie ihren Eltern immer vorwarfen: nicht Widerstand geleistet zu haben. Über diese typisch deutschen Ursachen hinaus begründet sich der Antizionismus vermittels der Einordnung des Nahostkonfliktes in das Imperialismusschema. Und so werden die antiisraelischen Aktionen der deutschen Linken zur Bedingung weiterer Niederlagen des Weltimperialismus. Konsequent endet das Schreiben mit einigen Mao-Zitaten, die zeigen, welche Bedeutung der Maoismus nicht nur für die entstehenden K-Gruppen, sondern auch für die undogmatische Linke hat.

Die antisemitischen Anschläge der „Schwarzen Ratten/Tupamaros Westberlin“ stoßen in der Linken zwar größtenteils auf Ablehnung, aber dies bezieht sich oft nur auf die Aktionsform, nicht auf die theoretische Begründung. Einer der wenigen, die auf die Aktionen und den Text der Tupamaros wirklich eingehen, ist das SDS-Mitglied Tilman Fichter, der in der folgenden Ausgabe von „Agit 883“ einen längeren Artikel mit dem Titel „Was ist Antisemitismus?“ veröffentlicht. Sein aufklärerisch gehaltener Artikel allerdings erreicht die Militanten nicht. Denn als Antwort erscheint ein Brief des Ex-Kommunarden Dieter Kunzelmann, der sich angeblich gerade in einem palästinensischen Ausbildungslager in Jordanien aufhält; in Wirklichkeit versteckt sich Kunzelmann allerdings in Westberlin. Kunzelmann schreibt: „Palästina ist für die BRD und Europa das, was für die Amis Vietnam ist. Die Linken haben das noch nicht begriffen. Warum? Der Judenknax. ‚Wir haben 6 Millionen Juden vergast. Die Juden heißen heute Israelis. Wer den Faschismus bekämpft ist für Israel'. So einfach ist das, und doch stimmt es hinten und vorne nicht. Wenn wir endlich gelernt haben, die faschistische Ideologie ‚Zionismus' zu begreifen, werden wir nicht mehr zögern, unseren simplen Philosemitismus zu ersetzen durch eindeutige Solidarität mit AL FATAH, die im Nahen Osten den Kampf gegen das Dritte Reich aufgenommen hat. [...] Das die Politmasken vom Palästinakomitee die Bombenchance nicht genutzt haben, um eine Kampagne zu starten zeigt nur [...] die Vorherrschaft des Judenkomplexes.“[391] Kunzelmann argumentiert wie die extreme Rechte, indem er die vorgebliche Herrschaft eines „Judenkomplexes“ oder „Judenknackses“ feststellt, der die Deutschen daran hindere, sich so zu verhalten, wie es moralisch eigentlich angebracht wäre.

Der linke Antizionismus in Deutschland geht weit über eine simple Einpassung des Nahostkonflikts in die imperialismustheoretische Matrix hinaus. Er hat immer zugleich die Aufgabe, die radikale Linke von den Konsequenzen der deutschen Geschichte zu entlasten. Dies scheint auch der Grund dafür zu sein, daß sich die notorisch gespaltene Linke in diesem Punkt allerdings sehr einig ist, ganz wie Henryk M. Broder sagt: „Es passiert so gut wie nie, daß alle linken Gruppen, die am liebsten gegeneinander statt gegen den gemeinsamen Feind Imperialismus kämpfen, die sich normalerweise nicht mal auf eine gemeinsame Uhrzeit einigen können, es passiert so gut wie nie, daß alle linken Gruppen sich dermaßen einig sind. [...] Das allen gemeinsame antijüdische Ressentiment hatte sich wieder als die amalgamierende Masse erwiesen, der gemeinsame Nenner, auf dem diese Solidaritätsübung präsentiert werden konnte.“[392] Der

Antizionismus der deutschen Linken, der sich nach dem Zerfall der Studentenbewegung, erweist sich als ehrbar sein wollender Antisemitismus.

Die Rezeption der Kritischen Theorie in den K-Gruppen

Die K-Gruppen

Die Entstehung der K-Gruppen läßt sich nur verstehen vor dem Hintergrund des Bruchs innerhalb der sich als kommunistisch verstehenden Staaten. Diese hatten seit der Machtübernahme der „Kommunistischen Partei Chinas" (KPCh) im Jahr 1949 mit der Volksrepublik China ein zweites Zentrum neben der Sowjetunion. Allerdings ist das Verhältnis zwischen beiden Staaten von Anfang an gespannt und es dauert nicht lange, bis es zum offenen Konflikt kommt. Der Bruch vollzieht sich nach dem XX. Parteitag der „Kommunistischen Partei der Sowjetunion" (KPdSU) 1956, auf dem der sowjetische Partei- und Regierungschef Nikita Chruschtschow seine berühmt gewordene Geheimrede hält, die die Abkehr vom Stalinismus verlangt.[393] Er erklärt, daß in Zukunft, aufgrund der Stärke des sozialistischen Lagers und der Schwäche des Imperialismus, der friedliche Weg zum Sozialismus die kommunistische Strategie sein müsse.[394] Konkret bedeutet dies, daß die Sowjetunion in der internationalen Politik eine Strategie der friedlichen Koexistenz betreibt. An die Stelle militärischer Auseinandersetzungen tritt der wirtschaftliche Wettbewerb, der die Überlegenheit des sozialistischen Gesellschaftssystems beweisen soll. Für die kommunistischen Parteien der kapitalistischen Welt heißt dies, daß sie nur noch über Wahlen an die Macht gelangen sollen. Der gewaltsame Umsturz, der bisher die einzige Methode sein sollte, den Kapitalismus zu überwinden, soll von den westlichen kommunistischen Parteien, die seit der Etablierung der dritten „Kommunistischen Internationalen" (Komintern) nur noch „außenpolitische Anhängsel der Sowjetunion"[395] sind und ihre Strategie der sowjetischen Führung vollkommen untergeordnet haben, nicht mehr angestrebt werden.

Diese Positionen führen schließlich zum Bruch zwischen der Sowjetunion und der Volksrepublik, deren Beziehungen sich schon seit Jahren deutlich verschlechtert hatten. In ihrem „Vorschlag zur Generallinie der internationalen kommunistischen Bewegung" formuliert die „Kommunistische Partei Chinas" am 14. Juni 1963 als Erwiderung auf die sowjetische Position 25 Punkte. Darin heißt es unter anderem: „Diese allgemeine Linie der internationalen kommunistischen Bewegung auf eine ‚friedliche Koexistenz', einen ,friedlichen Wettkampf' oder einen ,friedlichen Übergang' einzuschränken heißt, [...] auf die historische Sendung der proletarischen Weltrevolution verzichten und die revolutionäre Doktrin des Marxismus-Leninismus verraten."[396] Der KPdSU wird weiter vorgeworfen, die Lehren Lenins und Stalins revidiert und die Restauration des Kapitalismus in der UdSSR eingeleitet zu haben.[397] Dieser Bruch hat auch Folgen für die kommunistischen Parteien Westeuropas. Denn in fast allen westlichen Ländern kommt es zu kleineren Abspaltungen von den an Moskau orientierten Kommunistischen Parteien.[398] Auch in Westdeutschland entstehen so verschiedene kleinere Zirkel, aus denen sich mit der „Kommunistischen Partei Deutschlands/Marxisten-Leninisten" (KPD/ML) am 31. Dezember 1968 die erste relevante K-Gruppe bildet. Daß diese maoistische Parteigründung so spät geschieht und selbst im Vergleich mit den anderen westeuropäischen Abspaltungen zahlenmäßig sehr klein ausfällt, ist auf die westdeutsche Besonderheit des Verbots der Kommunistischen Partei zurückzuführen.

Die KPD/ML stellt unter den in der Folge gegründeten K-Gruppen eine Ausnahme dar, da sie die einzige ist, die nicht direkt aus der Studentenrevolte hervorgeht. Trotzdem ist ihre Geschichte eng mit der Studentenbewegung verknüpft, da sie erst durch den Zustrom aus der zerfallenden Bewegung eine gewisse gesellschaftliche Relevanz erreicht. Alle anderen K-Gruppen dagegen sind originäre Produkte der zerfallenden Außerparlamentarischen Opposition. Zu den K-Gruppen, die eine gewisse Bedeutung erreichten, zählen die „Kommunistische Partei Deutschlands/Aufbauorganisation" (KPD/AO), der „Kommunistische Bund Westdeutschlands" (KBW), der „Kommunistische Bund" (KB), die „Kommunistische Partei Deutschlands/Marxisten-Leninisten" (KPD/ML), der auf Süddeutschland beschränkte „Arbeiterbund zum Wiederaufbau der KPD" (AB), der „Kommunistische Arbeiterbund Deutschlands" (KABD), aus dem 1982 die „Marxistisch-Leninistische Partei Deutschlands" (MLPD) hervorgeht, sowie, als Sonderfall, die „Rote Armee Fraktion" (RAF). Daneben existieren noch einige weitere, kleinere marxistisch-leninistische Gruppierungen, die durchaus auch als K-Gruppen definiert werden können, die aber aufgrund ihrer mangelnden Relevanz hier nicht berücksichtigt werden.

Die gemeinsame ideologische Basis der K-Gruppen ist der Marxismus-Leninismus, der nach Lenins Tod 1924 zur verbindlichen Herrschaftsideologie und weltanschaulichen Grundlage der KPdSU und der mit ihr verbundenen kommunistischen Parteien in der ganzen Welt wird. In der Auseinandersetzung zwischen der KPdSU und der KPCh stehen die K-

Gruppen auf der Seite der chinesischen Partei. Folgerichtig kennzeichnet sie in programmatischer Hinsicht die Ablehnung der ihrer Meinung nach „revisionistisch entarteten" Sowjetunion[399] und ihrer westdeutschen „Filiale", der DKP, sowie die vorgeblich konsequente Umsetzung der Ideen Lenins, Stalins, Mao Tse-tungs und Enver Hodschas. Anfänglich orientieren sich alle K-Gruppen an der Volksrepublik China als ideologischem Vorbild. Dies ändert sich aber zum Teil nach dem Tod Maos 1976. Intern sind alle K-Gruppen streng hierarchisch und autoritär organisiert. Vorbild für sie ist die bolschewistische Kaderpartei in Rußland vor der Oktoberrevolution, wie sie von W. I. Lenin entwickelt wurde. Deshalb ist es auch berechtigt, die K-Gruppen als neoleninistische Organisationen zu bezeichnen. Der Name K-Gruppen selbst steht als gemeinsame Bezeichnung für diese Organisationen, da deren Namen, zumindest anfangs, alle mit einem K als Abkürzung für „kommunistisch" beginnen, eine Bezeichnung, die sich Anfang der siebziger Jahre einbürgert. Als Eigenbezeichnung bevorzugen die K-Gruppen allerdings meist die Benennung als marxistisch-leninistische oder antirevisionistische Organisationen, um damit ihre Ablehnung des Staatssozialismus Moskauer Prägung zu demonstrieren.[400]

Neben der eigentlichen Kaderpartei besitzen die K-Gruppen noch verschiedene Vorfeld- und sog. Massenorganisationen, in denen die zukünftigen Kader herangebildet werden sollen. Ziel der K-Gruppen ist der gewaltsame Sturz des Kapitalismus unter der Führung der revolutionären Partei der Arbeiterklasse und die Errichtung der Diktatur des Proletariats als Übergangsphase zum Kommunismus. Während sich die K-Gruppen in ihren ideologischen Grundlagen kaum unterscheiden, zeigen ihre realpolitischen Aktivitäten dagegen Differenzen. Michael Steffen unterteilt die marxistisch-leninistischen Organisationen deshalb in drei Gruppen:[401] Erstens in „ultralinke" Parteien, wie die KPD/ML und die KPD/AO, die verbalradikal alle Bemühungen um Reformen als „reformistisch" bzw. „ökonomistisch" zurückweisen und die im Rahmen der „Drei-Welten Theorie" der KPCh einen nationalistischen Kurs verfolgen; zweitens in „zentristische" Bünde, wie den KBW und den KB, die realpolitisch pragmatischer orientiert sind und zum Teil radikaldemokratische Forderungen aufstellen; und drittens in „rechte" Bünde, wie den KABD und den AB, die ihren Schwerpunkt auf Betriebspolitik legen.

Gemeinsam ist allen K-Gruppen, mit Ausnahme der KPD/ML, ihre Herkunft aus der niedergehenden Studentenbewegung. Es gibt aber bisher keine empirischen Untersuchungen, wie viele Mitglieder der K-Gruppen dort aktiv waren. Gerd Koenen, ein ehemaliger KBW-Kader, schreibt über die Zusammensetzung der 2. Delegiertenkonferenz (DK) des KBW: „Von den 96 Delegierten der 2. DK Anfang 1975 waren 30 (ich zum Beispiel) vor oder seit 1968 aktiv gewesen, 20 davon im SDS. Das hieß, daß auch im engeren Kaderkreis zwei Drittel erst am Ausgang der APO-Zeit ‚politisiert' worden waren."[402] Allerdings muß dabei auch die hohe Fluktuation innerhalb der Mitgliedschaft der K-Gruppen berücksichtigt werden. Es ist davon auszugehen, daß Anfang der siebziger Jahre der Anteil der in der Studentenbewegung politisierten Personen innerhalb der K-Gruppen deutlich höher gewesen sein muß. Insgesamt wird davon ausgegangen, daß in den siebziger Jahren zwischen 100.000 und 150.000 Personen den K-Gruppen angehört haben.[403] Einen Ausnahmefall unter den marxistisch-leninistischen Gruppierungen stellt die RAF dar, die in der bisherigen wissenschaftlichen Literatur nicht als K-Gruppe angesehen, sondern meist als terroristische oder anarchistische Gruppierung geführt wird. Diese Schematisierungen stehen aber im Widerspruch zur eigenen Verortung der „Roten Armee Fraktion", die sich zumindest in ihrer Entstehungsphase selbst als marxistisch-leninistische Gruppe begreift.

Nach dieser kurzen Erläuterung wird nun auf die Entstehung und die Geschichte der einzelnen K-Gruppen eingegangen.. Dabei soll auch aufgezeigt werden, welche Nachfolgezirkel der Studentenbewegung, von denen viele bereits erwähnt wurden, sich zu den jeweiligen K-Gruppen zusammengeschlossen haben. Außerdem werden aus der Entstehungsgeschichte der einzelnen ML-Organisationen eventuell vorhandene inhaltliche Differenzen nachvollziehbar.

Die Entwicklung der K-Gruppen

Die erste maoistische Organisation Westdeutschlands gründet sich am 5. März 1965, hochsymbolisch am Jahrestag des Todes von Jossif W. Stalin. Die „Marxistisch-Leninistische Partei Deutschlands" (MLPD), nicht zu verwechseln mit der 1982 gegründeten MLPD, entfaltet aber bis auf die Herausgabe ihrer Zeitschrift „Sozialistisches Deutschland" keine nennenswerten öffentlichen Aktivitäten.

Die zweite Gruppierung, die am 22. April 1967 gegründete „Freie Sozialistische Partei/Marxisten-Leninisten" (FSP/ML) ist einer der Vorgänger der ersten relevanten K-Gruppe, der KPD/ML.[404] Diese gründet sich, wie bereits erwähnt, am 31. Dezember 1968, dem 50. Jahrestag der Gründung der KPD. Ihr Vorsitzender Ernst Aust veröffentlicht seit Juni

1967 – noch als Mitglied der illegalen KPD – die Zeitschrift „Roter Morgen" als Organ der maoistischen Opposition innerhalb der verbotenen KPD. Im September/Oktober 1967 gibt er allerdings seine Hoffnungen auf eine Änderung der Politik der KPD auf und tritt aus. Aus den Lesekreistreffen des „Roten Morgen" heraus wird seit April 1968 an der Gründung einer neuen kommunistischen Partei gearbeitet, der KPD/ML, die anfangs vor allem aus ehemaligen KPD-Mitgliedern besteht. Eine bedeutende Rolle dabei spielt der schon in der Weimarer Republik als Kommunist aktive Willi Dickhut, der 1966 wegen der Verteidigung der Politik der KP Chinas aus der KPD ausgeschlossen wird und nun das KPD/ML-Theorieorgan „Revolutionärer Weg" herausgibt.

Ab 1969 strömen dann verstärkt Schüler und Studierende aus der niedergehenden antiautoritären Bewegung in die Partei, was zu internen Spannungen führt. Eine Gruppe um Willi Dickhut fordert einen Aufnahmestopp für Intellektuelle, da diese „kleinbürgerliche Auffassungen, [...] die sich später zu liquidatorischem Auftreten entwickelten"[405], mitgebracht hätten. Als sie sich mit dieser Forderung nicht durchsetzen können, spaltet sich die Partei im April 1970 in die KPD/ML (Zentralkomitee) bzw. KPD/ML (Roter Morgen) um Ernst Aust, und in die KPD/ML (Zentralbüro [ZB] bzw. Rote Fahne), der anfangs ein Großteil der Mitglieder folgt. Doch dies ist erst der Auftakt. So trennt sich der Dickhut-Flügel als KPD/ML (Revolutionärer Weg) schon sehr bald wieder von der KPD/ML-ZB. Bei diesen Spaltungen hat es auch danach nicht sein Bewenden, und es dauert bis 1973, bis sich die meisten der verschiedenen Splittergruppen wieder auflösen und die KPD/ML Ernst Austs wieder die führende Partei dieses Namens ist. Mitte der siebziger Jahre bringt es die Partei auf etwa 800 Mitglieder und mehrere hundert Sympathisanten.[406] Die KPD/ML ist dabei die einzige K-Gruppe, die eine eigene Sektion in der DDR unterhält, die aber nach wenigen Jahren vom „Ministerium für Staatssicherheit" der DDR zerschlagen wird.[407] Eng verbunden mit der Geschichte der KPD/ML sind die Entwicklung des „Kommunistischen Arbeiterbundes Deutschlands" (KABD) und der 1982 aus ihm hervorgehenden „Marxistisch-Leninistischen Partei Deutschlands" (MLPD).[408] Dies liegt daran, daß der KABD im August 1972 aus einer Vereinigung der KPD/ML-Abspaltung KPD/ML (Revolutionärer Weg) und des „Kommunistischen Arbeiterbundes/Marxisten-Leninisten" (KAB/ML) entsteht. Der KAB/ML wiederum entsteht aus bedeutenden Teilen der Tübinger Studentenbewegung, vor allem aus den lokalen Basisgruppen, die die Zeitschrift „Roter Pfeil" herausgeben.

Aus dem KABD, der anfangs nur in Südwestdeutschland Verbreitung findet, geht im Juni 1982 die heute noch existierende MLPD hervor. Mit diesem Schritt können die für den KABD in den siebziger Jahren typischen Spaltungen und internen Parteisäuberungen zunächst überwunden werden und die Mitgliedschaft von einigen hundert in den siebziger Jahren auf über zweitausend Personen in den neunziger Jahren gesteigert werden.[409] Anders als der KABD beteiligt sich die MLPD mehrfach an Wahlen. Ihren nächsten Wahlerfolg erringt sie erst 2004, als sie ein Mandat für den Stadtrat von Wolfen (Sachsen-Anhalt) gewinnt. Bei der vorgezogenen Bundestagswahl 2005 gelingt es ihr sogar, mit 45.238 Stimmen (0,1%) den Höchstwert der KPD/AO aus dem Jahr 1976 zu übertreffen. Zusätzlich gelangen über diverse Tarnlisten, die auf den ersten Blick als MLPD-unabhängige Bürgerinitiativen erscheinen, eine Reihe von Mitgliedern der MLPD in kommunale Vertretungen. Damit ist sie die zweite K-Gruppe die, nach dem KBW 1975, Mandate erlangen kann.

Die „Kommunistische Partei Deutschlands/Aufbauorganisation" (KPD/AO), die sich im März 1970 gründet, ist ein genuines Produkt der Berliner Studentenbewegung.[410] Sie gründet sich aus den aus der zerfallenden Studentenbewegung entstandenen Roten Zellen und der Basisgruppenbewegung. Eine wichtige Rolle bei der Herausbildung der Partei spielt die „Rote Pressekorrespondenz der Studenten-, Schüler- und Arbeiterbewegung", in der die marxistisch-leninistische Bewegung in Berlin über die weitere Strategie diskutiert. Einigkeit herrscht in den Diskussionen darüber, daß die „kleinbürgerliche" Theorie der Studentenbewegung überwunden und die Kommunistische Partei nach dem Vorbild der KPD in der Weimarer Republik wieder aufgebaut werden müsse. Daß eine Kritik der Studentenbewegung schon aus persönlichen Gründen notwendig ist, läßt sich unter anderem daran festmachen, daß die Parteiführung aus ehemaligen SDS-Funktionären wie Christian Semmler oder Jürgen Horlemann besteht. Folgerichtig wird in der „Vorläufigen Plattform der Aufbauorganisation für die Kommunistische Partei Deutschlands" festgestellt: „Ohne gründliche Kritik der Studentenbewegung und ohne Selbstkritik derjenigen Genossen, die jetzt den Aufbau einer politischen Plattform in Angriff nehmen, ist es unmöglich, über das Programm, die nächsten Aufgaben und die organisatorischen Prinzipien in der Phase des Aufbaus der KPD-Aufbauorganisation Einheit herzustellen."[411]

Und obwohl in derselben Plattform formuliert wird, daß zum gegenwärtigen Zeitpunkt noch keine Organisation den Anspruch erheben könne, sich KPD zu nennen, da das Prinzip der organisierten Klassenanalyse und die Verankerung der künftigen Partei in den Massen erst am Anfang stehe,[412] legt die KPD/AO im Juli 1971 die Bezeichnung Aufbauorganisation ab und nennt sich fortan nur noch KPD. Inhaltlich unterscheidet die KPD/AO dabei wenig von den anderen K-Gruppen. Auffällig ist ihre starke Orientierung an der KPD der Weimarer Republik unter dem Vorsitz Ernst Thälmanns und ihre bis 1979 bedingungslose Gefolgschaft gegenüber der Politik der KPCh. Die KPD/AO verfügt zwar nur über einige hundert Mitglieder, da sie das Kaderprinzip aber besonders strikt auslegt, ist es für die mehreren tausend Sympathisanten, die in verschiedenen Vorfeldorganisationen organisiert sind, sehr schwer, in die Partei aufgenommen zu werden. Entgegen ihrer verbal bekundeten Orientierung an der Arbeiterklasse ist es vor allem ihre Studentenorganisation, der „Kommunistische Studentenverband" (KSV), der der KPD/AO Mitglieder zuführt. Die KPD/AO erreicht mit 22.714 Stimmen (0,1 Prozent) 1976 das beste Ergebnis, das eine K-Gruppe bei einer Bundestagswahl bis 2005 erzielen kann. Bei Landtagswahlen schafft sie den Höchstwert der K-Gruppen mit 0,7 Prozent der Stimmen 1975 in Westberlin.

Der „Kommunistische Bund Westdeutschlands" (KBW) ist ebenso wie die KPD/AO ein genuines Produkt der Studentenbewegung.[413] Er wird vom 8. bis zum 12. Juni 1973 auf einer Gründungskonferenz in Bremen ins Leben gerufen. Vorangegangen ist diesem Gründungsakt eine mehrjährige Diskussionsphase zwischen verschiedenen kommunistischen Zirkeln, bis sich schließlich sechs von ihnen zum KBW zusammenschließen und einige weitere diesem Vorbild im Laufe der Zeit folgen. Die führende Rolle bei diesem Prozeß spielen die aus dem Heidelberger SDS entstandene „Kommunistische Gruppe" (Neues Rotes Forum) Mannheim/Heidelberg und der „Kommunistische Bund Bremen" (KBB). Die Konstitution des KBW unterscheidet sich von der Entstehung der anderen K-Gruppen durch die lange, relativ offene und kontroverse Diskussionsphase, die vor allem in dem Organ der „Kommunistischen Gruppe" aus Mannheim/Heidelberg, dem „Neuen Roten Forum", geführt wird. Darin wird sich auch ausführlich mit den Theorien der Studentenbewegung auseinandergesetzt; schließlich kommen die verschiedenen Gruppen alle aus der antiautoritären Bewegung. Dies läßt sich beispielhaft an der Person des Ersten Sekretärs des Zentralkomitees (ZK) des KBW, dem ehemaligen SDS-Bundesvorstandsmitglieds Joscha Schmierer, festmachen. Nach der relativ offenen Anfangsphase setzt allerdings auch im KBW eine politische Dogmatisierung ein. Der KBW versteht sich trotz mehrfacher Wahlteilnahmen, bei dem er als bestes Ergebnis 0,6 Prozent bei der

Landtagswahl 1975 in Bremen erreicht, nicht als Partei, sondern macht zur Voraussetzung des Parteiaufbaus die Vereinigung aller wesentlichen kommunistischen Kräfte in der Bundesrepublik. Diese Arbeit will der KBW leisten. Tatsächlich ist der KBW, dem Mitte der siebziger Jahre an die 3.000 Mitglieder angehören, die stärkste K-Gruppe.[414] Dennoch muß die Organisation das Scheitern des Versuchs der Proletarisierung ihrer Mitgliedschaft eingestehen, denn die meisten Anhänger sind auch weiterhin Studierende und Schüler. Allerdings gelingt es dem KBW, als erste K-Gruppe für lange Zeit, ein politisches Mandat zu erringen. 1975 zieht ein ZK-Mitglied der Organisation, Helga Rosenbaum, in den Gemeinderat von Heidelberg ein, aus dem sie allerdings schon ein Jahr später wieder ausgeschlossen wird.

Der „Kommunistische Bund" (KB) entsteht im November 1971 aus dem Zusammenschluß zweier Hamburger Gruppen, nämlich dem „Kommunistischen Arbeiterbund" (KAB) und dem „Sozialistischen Arbeiter- und Lehrlingszentrum" (SALZ).[415] Dieser Fusion schließen sich schnell weitere Kommunistische Bünde, vor allem aus Norddeutschland, an. Hamburg bleibt auch nach der Gründung das Zentrum des KB. Der KB sieht sich ähnlich wie der KBW als eine Vorform zum notwendigen Wiederaufbau der Kommunistischen Partei. Den höchsten Mitgliederstand erreicht die Organisation 1977 mit etwa 1.700 Aktiven, davon allein 900 in Hamburg.[416] Von den anderen K-Gruppen unterscheidet sich der KB vor allem dadurch, daß er den Marxismus-Leninismus nicht ganz so dogmatisch vertritt. „Der KB vertrat maoistische Positionen, kritisierte gleichwohl aber auch des öfteren die chinesische Außenpolitik und warf der chinesischen Führung nach Mao Tse-tung ‚Revisionismus' vor. Der KB war trotz seines Bekenntnisses zum Marxismus-Leninismus nicht so dogmatisch wie z.B. die KPD/ML oder die KPD und verstand es besser, flexibel auf aktuelle politische Fragen und Ereignisse zu reagieren. Er war auch frühzeitig der Ökologie-Bewegung aufgeschlossen und versuchte vor allem im Zusammenhang mit den Auseinandersetzungen in Brokdorf Einfluß zu gewinnen."[417] Diese relative Offenheit gegenüber den Neuen Sozialen Bewegungen führt den KB allerdings auch in interne Auseinandersetzungen. Denn als aus diesen Bewegungen heraus die Partei der „Grünen" gegründet wird, spaltet sich an der Frage des Verhältnisses zu dieser neuen Partei die sogenannte „Zentrumsfraktion" oder „Gruppe Z" vom KB ab. Nach einer kurzen Übergangszeit treten die meisten Mitglieder der „Gruppe Z" den Grünen bei und steigen dort zum Teil bis in die höchsten Parteiämter auf, wie die Beispiele Thomas Ebermann oder Rainer Trampert beweisen. Zu dieser Zeit, in der auch innerhalb des KB die Themen der Neuen Sozialen Bewegungen dominieren, setzt im Bund ein langsamer Niedergang ein, der Ende der achtziger Jahre zu einer erneuten Spaltung in KB-Mehrheit und KB-Minderheit führt.

Der „Arbeiterbund zum Wiederaufbau der KPD" (AB) ist eine auf Süddeutschland begrenzte K-Gruppe, die sich im Mai 1973 aus den „Arbeiter-Basis-Gruppen" (ABG) konstituiert.[418] Die ABG wiederum entstehen aus der antiautoritären Münchner Rote-Zellen-Bewegung, denen sich dann weitere lokale kommunistische Zirkel anschließen. Der heute noch existente AB stützt sich anfangs fast vollständig auf die Betriebsarbeit und gebärdet sich, selbst im Verhältnis zu anderen K-Gruppen, besonders „proletarisch". Nachdem sich aber kein größerer Erfolg in der Betriebsarbeit einstellen will, verändert der AB seine Taktik und versucht über scheinbar von ihm unabhängige Gruppierungen neue Mitglieder zu gewinnen. Dabei konzentriert er sich vornehmlich auf Proteste gegen den bayrischen Ministerpräsidenten und Unions-Kanzlerkandidaten Strauß und gründet zahlreiche „Anti-Strauß- Komitees". Auch mit dem Agit-Prop-Spektakel „Anachronistischer Zug" gelingt es dem AB Aufmerksamkeit zu erzielen und einige Prominente wie die Tochter von Berthold Brecht, Hanne Hiob, und den Schriftsteller Günther Wallraff zu gewinnen. 1997 spaltet sich der AB in zwei Flügel, wobei die Fraktion um das ehemalige Zentralorgan, die „Gruppe Kommunistische Arbeiterzeitung", sich in der Form von Doppelmitgliedschaften der DKP anschließt. So entwickelt der AB im Vergleich zu den anderen K-Gruppen die geringste Relevanz, seine Mitgliedschaft übersteigt kaum mehr als 300 Personen. Auch beteiligt sich der AB nicht an Wahlen. Nach dieser Darstellung der „klassischen" K-Gruppen soll nun die Frage untersucht werden, ob es sich bei der „Roten Armee Fraktion" ebenfalls um eine K-Gruppe handelt.[419]

War die Rote Armee Fraktion eine bewaffnete K-Gruppe?

Seit die Protestbewegung Mitte der sechziger Jahre begonnen hatte, ihre Kritik auf der Straße praktisch zu artikulieren und es dabei immer wieder zu Konflikten mit der Ordnungsmacht kam, ist die Frage der politischen Gewalt ein Thema der Protestierenden. Auch in diesen Debatten spielt ein Vertreter der Kritischen Theorie eine bedeutende Rolle. Herbert Marcuse argumentiert in seinem in der Protestbewegung stark rezipierten Essay „Repressive Toleranz" folgendermaßen: „Aber ich glaube, daß es für unterdrückte und überwältigte Minderheiten ein ‚Naturrecht' auf Widerstand gibt, außergesetzliche Mittel anzuwenden, sobald die gesetzlichen sich als unzulänglich herausgestellt haben. Gesetz und Ordnung sind überall und immer Gesetz und Ordnung derjenigen, welche die etablierte Hierarchie schützen; es ist unsinnig, an die absolute Autorität dieses Gesetzes und dieser Ordnung denen gegenüber zu appellieren, die unter ihr leiden und gegen sie kämpfen. [...] Wenn sie Gewalt anwenden, beginnen sie keine neue Kette von Gewalttaten, sondern zerbrechen die etablierte."[420] Aber Marcuse warnt, Gewalt dürfe nur ein Mittel sein, um die herrschende Gewalt zu überwinden, und sich nicht als eigener Zweck setzen. Keinesfalls dürfe sich die Protestbewegung auf das Terrain militarisierter Auseinandersetzungen mit dem Staat begeben. Nicht nur, weil sie dieser Konfrontation nicht gewachsen sei, sondern auch weil sich darin der emanzipatorische Gehalt verliere.

Mit der Erschießung Benno Ohnesorgs durch den Polizisten Karl-Heinz Kurras am 2. Juni 1967 wird die Gewaltfrage innerhalb der Bewegung brisant, auch wenn die Proteste zu diesem Zeitpunkt noch weitgehend gewaltfrei verlaufen. Aber nach dem Attentat auf Rudi Dutschke am 11. April 1968 kommt es vielerorts zu Straßenschlachten mit der Polizei, in deren Verlauf zwei Menschen getötet werden. Damit wird die bis dahin vor allem theoretische Diskussion über die Gewalt massenhaft und konkret. Und inzwischen hat sich an der Gewaltfrage eine Reihe militanter Gruppen herausgebildet, die zahlreiche Anschläge verüben, unter anderem die „Haschrebellen", „der Blues" und die „Tupamaros". Diese eher anarchistisch orientierten Gruppierungen, deren Mitglieder sich zum Teil aus dem subproletarischen Milieu rekrutieren, entstehen meist nicht aus dem politisch-aktiven Kern der Studentenbewegung, sondern aus der mittlerweile entstandenen Subkultur.

Am 2. April 1968 legen Andreas Baader, Gudrun Ensslin, Thorwald Proll und Horst Söhnlein aus Protest gegen „die Gleichgültigkeit der Gesellschaft gegenüber den Morden in Vietnam"[421] Brandsätze in zwei Frankfurter Kaufhäuser. Die Täter werden bereits drei Tage später festgenommen und im Oktober zu je drei Jahren Haft verurteilt. Im Juni 1969 werden die Brandstifter bis zur Entscheidung über eine Revision des Verfahrens auf freien Fuß gesetzt. Als diese abgelehnt wird, kommen Gudrun Ensslin und Andreas Baader der Aufforderung, ihre Strafe anzutreten, nicht nach und gehen in den Untergrund, um eine militante Gruppe aufzubauen. Andreas Baader wird schließlich am 4. April 1970 bei einer Verkehrskontrolle verhaftet, doch bereits am 14. Mai wieder gewaltsam befreit. Anschließend erscheint in der Zeitschrift „agit 883" eine Erklärung zur Befreiung Andreas Baaders, die mit der Parole „die Rote Armee aufbauen!"[422] endet. Die damit erfolgte offizielle Gründung der „Roten Armee Fraktion" (RAF) bedeutet für ihre Mitglieder nunmehr den endgültigen Schritt in die Illegalität. Im Juni und Juli 1970 halten sich ihre Mitglieder in einem Ausbildungslager der „People's Front for the Liberation of Palestine" (PFLP) in Jordanien auf, in dem sie eine militärische Schulung erhalten. Nach ihrer Rückkehr in die Bundesrepublik verübt die RAF eine Reihe von Banküberfällen zur Stabilisierung ihrer illegalen Struktur. Doch bereits im Oktober 1970 werden Horst Mahler, Brigitte Asdonk, Monika Berberich, Ingrid Schubert und Irene Goergens wegen Mitgliedschaft in der RAF verhaftet. Ab dem April 1971 erscheinen mit dem „Konzept Stadtguerilla", „Über den bewaffneten Kampf in Westeuropa" und „Dem Volk dienen. Stadtguerilla und Klassenkampf" die ersten ausführlichen Positionspapiere der Gruppe.

Der Staat reagiert auf diese Herausforderung der bewaffneten Gruppen mit einem in der Bundesrepublik bis dato nicht gekannten Fahndungsaufwand. In deren Verlauf gibt es am 15.Juli 1971 mit dem RAF-Mitglied Petra Schelm das erste Todesopfer, dem in der Folgezeit auf beiden Seiten zahlreiche weitere folgen. Im Mai 1972 beginnt die RAF ihre so genannte „Mai-Offensive", in deren Verlauf sie Anschläge auf das Hauptquartier der US-Armee in Frankfurt am Main, auf das Polizeipräsidium in Augsburg, gegen den Richter des Bundesgerichtshof Buddenberg, auf das Hamburger Springer-Hochhaus und auf das Heidelberger Hauptquartier der US-Armee verübt. Dabei werden vier Menschen getötet und mehrere Dutzend verletzt. Im Juni und Juli desselben Jahres wird die gesamte erste Generation der RAF festgenommen. In der Folgezeit treten die Gefangenen der RAF und Mitglieder anderer bewaffneter Gruppen mehrfach in den Hungerstreik, um gegen die verschärften Haftbedingungen zu protestieren, die gegen sie angewandt werden. Beim dritten Hungerstreik stirbt am 9. November 1974 in der Vollzugsanstalt Wittlich in Rheinland Pfalz das RAF-Mitglied Holger Meins an den Folgen der Zwangsernährung.

Bereits zwei Monate vorher wird Horst Mahler aus der RAF ausgeschlossen, da er sich von ihrer Politik distanziert und sich den Positionen der KPD/AO angenähert hat. Die Befreiung der inhaftierten RAF-Gründer wird für die Mitglieder der zweiten Generation zur zentralen Zielsetzung ihrer Aktionen. Mit Felix Klopotek läßt sich von ihr sogar als „Meta-RAF, als ‚Holt die Gefangenen raus'-RAF"[423] sprechen. Den ersten Versuch startet ein „Kommando Holger Meins" mit der Besetzung der deutschen Botschaft in Stockholm im April 1975, bei der zwölf Geiseln genommen werden. Die Aktion scheitert, es sterben zwei Geiseln und zwei Geiselnehmer. Die restlichen Mitglieder des Kommandos werden festgenommen.

Am 21. Mai 1975 beginnt in Stuttgart-Stammheim der Prozeß gegen Andreas Baader, Gudrun Ensslin, Jan-Carl Raspe und Ulrike Meinhof. Nach zwei Jahren Verhandlung werden Baader, Ensslin und Raspe zu lebenslanger Haft verurteilt. Ulrike Meinhof erlebt die Urteilsverkündung nicht mehr mit, da sie am 9. Mai 1976 erhängt in ihrer Zelle gefunden wird. Kurz vor der Urteilverkündung werden in Karlsruhe der Generalbundesanwalt Buback und seine zwei Begleiter von einem „Kommando Ulrike Meinhof" ermordet. Am 30. Juli 1977 wird der Vorstandsvorsitzende der Dresdner Bank, Jürgen Ponto, bei dem Versuch, ihn zu entführen, getötet. Ponto sollte, so der Plan der Entführer, gegen die RAF-Gefangenen ausgetauscht werden. Zwei Monate später entführt ein „Kommando Siegfried Hausner" den Arbeitgeberpräsidenten Hanns-Martin Schleyer und tötet dessen drei Begleiter. Die Bundesregierung geht auf die Forderungen der Entführer nach Freilassung der RAF-Gefangenen nicht ein. Um die Forderungen der RAF zu unterstützen, kapert am 17. Oktober das Kommando „Martyr Halimeh" der palästinensischen PFLP eine Lufthansa-Maschine. Die Bundesregierung geht auf diese Erpressung aber ebenfalls nicht ein, sondern läßt die Maschine im somalischen Mogadischu von der Spezialeinheit GSG 9 stürmen. Drei Entführer werden dabei getötet, eine Entführerin überlebt schwer verletzt. Ein Tag später werden Baader, Ensslin und Raspe tot in ihren Zellen in Stuttgart-Stammheim gefunden, die ebenfalls in Stammheim inhaftierte Irmgard Möller überlebt schwer verletzt. Sie bestreitet bis heute die offizielle Version eines Selbstmordes der Gefangenen.[424] Am 19. Oktober wird Hanns-Martin Schleyer tot im Kofferraum eines Autos im elsässischen Mulhouse gefunden. Diese dramatischen Ereignisse sind in die deutsche Geschichte als der „Deutsche Herbst" eingegangen. Doch trotz des Todes ihrer Führungskader, weiteren Festnahmen und dem Scheitern der Politik der Gefangenenbefreiung existiert die RAF weiter. 1980 schließt sich sogar ein großer Teil der „Bewegung 2. Juni" der Gruppe an, und der inhaltliche Schwerpunkt wird wieder stärker auf den antiimperialistischen Kampf gelegt. Zeugnis dafür sind das 1982 erscheinende Papier „Guerilla, Widerstand und antiimperialistische Front" und zahlreiche Anschläge vor allem gegen US-Militäreinrichtungen. 1985 erklärt die RAF in einem gemeinsamen Papier ihre Zusammenarbeit mit der französischen Gruppe „Action Directe". Diese Kooperation soll der Auftakt sein zum Aufbau einer westeuropäischen Guerilla.

Ende der achtziger, Anfang der neunziger Jahre konzentrieren sich die Aktionen der RAF auf Repräsentanten der bundesrepublikanischen Politik, wie die Anschläge auf den Staatssekretär im Wirtschaftsministerium, Hans Tietmeyer und auf den Vorstandsvorsitzenden der Treuhandanstalt, Detlev Karsten Rohwedder zeigen. Nach dem Zusammenbruch des Ostblocks werden in der DDR zehn ehemalige Mitglieder der RAF verhaftet, die dort seit Anfang der achtziger Jahre mit Duldung des Staates leben. 1992 formuliert die RAF eine grundsätzliche Revision ihrer Politik und verkündet die Beendigung ihrer Aktionen gegen einzelne Repräsentanten von Staat und Wirtschaft. Um aber ihre weiter bestehende Handlungsfähigkeit zu demonstrieren, sprengt sie im März 1993 das im Bau befindliche Hochsicherheitsgefängnis im hessischen Weiterstadt. Im März 1998 wird die RAF dann endgültig aufgelöst.[425]

Handelt es sich bei der RAF um eine bewaffnete K-Gruppe? Wie die K-Gruppen entsteht die RAF aus den Zerfallsprodukten der Studentenbewegung. Alle Protagonisten der ersten Generation sind in der antiautoritären Protestbewegung aktiv. So sind zum Beispiel mit der Journalistin Ulrike Meinhof und dem Anwalt Horst Mahler[426] sogar zwei der bekanntesten Köpfe der APO an der Gründung der RAF beteiligt. Der besondere Schwerpunkt, in dem sich viele der späteren RAF-Gründer politisch engagieren, ist die bereits erwähnte Randgruppenstrategie. Ulrike Meinhof schreibt in der „Konkret" kontinuierlich Artikel und produziert mit „Bambule" sogar einen Fernsehfilm zum Thema. Andreas Baader und Gudrun Ensslin sind an den Aktionen der APO im Fürsorgeheim Staffelberg beteiligt und engagieren sich nach ihrer zeitweiligen Haftentlassung 1969 so stark an der Organisierung der nun in Frankfurt lebenden ehemaligen Bewohnern des Heims, daß sie sogar zu offiziellen Ansprechpartnern der Behörden werden.[427] Und auch in der ersten gemeinsamen Erklärung der Gruppe nach der Befreiung Andreas Baaders beziehen sie sich ausdrücklich auf die gesellschaftlichen Randgruppen, die diese Aktion als Teil ihres eigenen Kampfes um Befreiung begreifen sollen.[428]

Allerdings vollziehen auch die RAF-Mitglieder die allgemeine Wende der Protestbewegung weg von ihren antiautoritären Ursprüngen hin zum Marxismus-Leninismus. Baader und Ensslin schulen die ehemaligen Staffelberger mit Schriften von Lenin und Mao. Die erste theoretische Schrift der RAF, „Das Konzept Stadtguerilla", ist gespickt mit Zitaten von Mao Tse-Tung.[429] Besondere Bedeutung hat für die RAF dabei der Ausspruch Maos, daß der bewaffnete Kampf die höchste Form des Marxismus-Leninismus sei.[430] Für sich nimmt die Gruppe daher in Anspruch, mit dem bewaffneten Kampf in den Metropolen zu beginnen und darin liegt der Hauptunterschied zu den anderen K-Gruppen, die den Zeitpunkt zum Beginn des bewaffneten Umsturzes als verfrüht ansehen und stattdessen erst die kommunistische Partei aufbauen wollen, die dann die Revolution führen soll. Die RAF schreibt deshalb zur Legitimierung ihres Schrittes an die Adresse der anderen marxistisch-leninistischen Gruppierungen: „Wir bezweifeln, ob es unter den gegenwärtigen Bedingungen in der Bundesrepublik und Westberlin überhaupt schon möglich ist, eine die Arbeiterklasse vereinigende Strategie zu entwickeln, eine Organisation zu schaffen, die gleichzeitig Ausdruck und Initiator des notwendigen Vereinheitlichungsprozeß sein kann."[431]

Dieser Vereinheitlichungsprozeß kann nach Ansicht der RAF in der aktuellen gesellschaftlichen Situation der Bundesrepublik nur durch die praktische revolutionäre Intervention einer Avantgarde angeschoben werden und nicht durch die Strategie der marxistisch-leninistischen Aufbauprojekte, die die RAF als gewerkschaftlichen Ökonomismus ablehnt. „Die Rote Armee Fraktion redet vom Primat der Praxis. Ob es richtig ist, den bewaffneten Widerstand jetzt zu organisieren, hängt davon ab, ob es möglich ist; ob es möglich ist, ist nur praktisch zu ermitteln."[432]

In diesem existentialistischen Willen zur praktischen Tat zeigt sich der entscheidende Unterschied zu den anderen K-Gruppen, die ihre Strategie scheinbar auf die objektiven historischen Entwicklungstendenzen der kapitalistischen Gesellschaft abstimmen und den bewaffneten Umsturz erst dann für aktuell erachten, wenn sie dies aus der Entwicklung der Klassenkämpfe ablesen können. Für die RAF dagegen ist, obwohl sie das Proletariat als das revolutionäre Subjekt bestimmt, doch nicht die Organisierung der deutschen Arbeiterklasse vorrangig wie für die übrigen K-Gruppen. Denn diese ist nach Einschätzung der RAF durch die Manipulation der Herrschenden und ihrer Medien in das System integriert und kann erst durch beispielhafte und bewußtseinsschaffende Aktionen einer Avantgarde wieder seine Rolle als revolutionäres Subjekt zurückgewinnen. Sie schreibt deshalb auch: „Die Bomben gegen den Unterdrükkungsapparat schmeißen wir auch in das Bewußtsein der Massen."[433] In dieser Klassenanalyse steht die RAF also durchaus noch in der Tradition der antiautoritären Studentenbewegung. Eben dies wird auch von den auf Parteiaufbau orientierten marxistisch-leninistischen Gruppen kritisiert. So schreibt zum Beispiel der „Kommunistische Bund Bremen": „An der wirklichen Aufgabe der revolutionären Intelligenz gehen aber die Genossen vorbei. Diese besteht in der Mitarbeit an der systematischen, notfalls auch illegal betriebenen Agitation und Propaganda sowie an der Organisierung des Industrieproletariats und seiner Vorbereitung zum bewaffneten Aufstand. Soweit unsere Differenzen mit den Genossen von der RAF! Allem opportunistischen Gekeife aber stellen wir entgegen: Die in der Roten-Armee-Fraktion kämpfenden und die niedergeschossenen Genossen, sie standen und sie stehen auf unserer Seite der Barrikade."[434] Auch wenn sie die Praxis der RAF für verfehlt bzw. verfrüht erachten, so erkennen die marxistisch-leninistischen Parteiaufbauinitiativen in ihr doch Geistesverwandte, die es vor der staatlichen Reaktion zu schützen gilt.[435]

Durchgängig von zentraler Bedeutung für die Theoriebildung der RAF ist der Bezug auf die nationalen Befreiungsbewegungen der „Dritten Welt". Darin sehen sie die Avantgarde der Weltrevolution.[436] Während die Arbeiterklasse in den Metropolen noch in das herrschende System eingebunden sei, kämpfe die Bevölkerung in der Peripherie bereits gegen den Imperialismus und für eine sozialistische Zukunft. „Daraus folgt aber, daß das revolutionäre Subjekt jeder ist, der sich aus diesen Zwängen befreit und seine Teilnahme an den Verbrechen des Systems verweigert. Daß jeder, der im Befreiungskampf der Völker der Dritten Welt seine politische Identität findet, jeder, der nicht mehr mitmacht: revolutionäres Subjekt ist – Genosse."[437]

Trotz der vergleichbaren Bedeutung, die die nationalen Befreiungsbewegungen für die übrigen K-Gruppen spielen, lehnen sie eine solchermaßen voluntaristisch begründete Theorie des revolutionären Subjektes ab. Dieser revolutionäre Voluntarismus, den die RAF von der antiautoritären Bewegung beibehält und mit dem sie auch die Aufnahme des bewaffneten Kampfes in der Bundesrepublik rechtfertigt, unterscheidet sie von den übrigen marxistisch-leninistischen Gruppierungen. Abgesehen von dieser bedeutenden taktischen Differenz überwiegen aber die theoretischen Gemeinsamkeiten der frühen RAF mit den sich etablierenden K-Gruppen. Beide entstehen als Zerfallsprodukte der antiautoritären Studentenbewegung und berufen sich auf den Marxismus-Leninismus und dessen Weiterentwicklung durch Mao Tse-tung. Genau wie die anderen K-Gruppen wirft die RAF dem antiautoritären Flügel der Protestbewegung vor, eine „studentischkleinbürgerliche Organisationsform"[438] darzustellen, die ungeeignet sei, die Revolte auszuweiten. Denn dies könne nur der Marxismus-Leninismus, der aber, das hebt die RAF lobend hervor, erst durch die Studentenbewegung als Waffe im Klassenkampf rekonstruiert wurde. K-Gruppen und RAF sehen sich im Gegensatz zu den Antiautoritären als Avantgardeorganisationen der revolutionären Massen. Dabei beziehen sich beide auf die leninistische Parteikonzeption. Iring Fetscher faßt dies für die RAF wie folgt zusammen: „Dem Elite-Vorwurf sucht man sich im Übrigen durch eine [...] Berufung auf die Leninsche Kaderpartei zu entziehen, die ja stellvertretend für die unterdrückten Massen handelt, solange diese außerstande sind, selbst zu agieren. Die ‚RAF' gilt dann gleichsam als der Kern einer künftigen Kaderpartei, die als ‚Avantgarde' der (potenziell) revolutionären Massen handelt, auch wenn diese selbst einstweilen noch völlig passiv bleiben."[439] Gudrun Ensslin bestätigt diese Aussage, wenn sie ausführt: „Was zu Lenins Zeiten Partei hieß und zu Lenins Zeiten die Partei war, heißt heute Guerilla, Guerilla, Massenlinie, Avantgarde und Partei sind die vier Namen der einen Sache: Guerilla."[440]

Die RAF sieht ihr Konzept Stadtguerilla also als die zeitgemäße Umsetzung der Leninsche „Partei neuen Typus".[441] Aufgrund dieser theoretischen Gemeinsamkeiten wendet sich die RAF in ihren frühen Schriften, wenn sie Stellung zur radikalen Linken nimmt, explizit an die ML-Gruppen. Beispielhaft dafür steht eine Tonbandbotschaft der RAF an ein Teach-in der maoistischen „Roten Hilfe" in Frankfurt, in dem sie die Distanzierung des KB und des KSV von der terroristischen Praxis der RAF nach der Mai-Offensive 1972 verurteilt.[442] Bezeichnend ist ebenfalls, daß Horst Mahler als der Vertreter der RAF, dessen Text „Über den bewaffneten Kampf in Westeuropa"[443] einen geradezu dogmatischen marxistisch-leninistischen Maoismus vertritt, sich während seiner Haftzeit von der RAF abwendet und den Positionen der KPD/AO anschließt. Die inhaltlichen Gemeinsamkeiten der RAF mit den anderen ML-Gruppen werden auch von anderen Fraktionen der Protestbewegung wahrgenommen. So veröffentlicht zum Beispiel das militant-spontaneistische Untergrundblatt „agit 883" 1971 eine Kritik an der RAF unter dem Titel „Rote Armee Fraktion. Leninisten mit Knarren"[444], in der es eine linksradikale Kritik am Leninismus formuliert und diese an der RAF konkretisiert.

Spätestens mit der Schrift „Guerilla, Widerstand und antiimperialistische Front"[445] vom Mai 1982 zeigt sich aber ein deutlicher Wandel in der theoretischen Ausrichtung der RAF, der auch das Verhältnis zu den noch existierenden K-Gruppen verändert. Nach Jahren, in denen die Politik der Gruppe auf die Befreiung der gefangenen Mitglieder gerichtet war, wird nun wieder der antiimperialistische Kampf in den Mittelpunkt gerückt. Dabei bleiben die USA für die RAF der zu bekämpfende Hauptfeind, anders als für eine Reihe der anderen K-Gruppen, die, darin der Politik der Volksrepublik Chinas folgend, in der UdSSR den strategischen Hauptgegner sehen. Die RAF dagegen verteidigt nunmehr die Existenz der sozialistischen Staaten, denen sie früher Revisionismus vorgeworfen hat. Auch gibt es eine punktuelle Zusammenarbeit mit den Regierungen des Ostblocks, etwa bei der Unterbringung aussteigewilliger Mitglieder.[446] Die RAF wendet sich inzwischen auch nicht mehr an die übrigen marxistisch-leninistischen Parteien, wenn sie strategische Diskussionen innerhalb der radikalen Linken lancieren will, sondern an die so genannten antiimperialistischen Gruppen, die sich seit den siebziger Jahren zu einer mit der Politik der bewaffneten Gruppen sympathisierenden Strömung entwickelt haben und an andere bewaffnete Gruppierung im europäischen Ausland. Bis zu ihrer Auflösung im März 1998 nähert sich die RAF dann immer deutlicher den sozialen Bewegungen in der Bundesrepublik als Bezugspunkt an.

Die Geschichte der RAF läßt sich somit als Entwicklung von der zerfallenden Protestbewegung der sechziger Jahre über einen Marxismus-Leninismus, der sich allerdings in der Einschätzung der aktuellen Situation und daher des richtigen Zeitpunkts für den bewaffneten Kampf von den K-Gruppen unterscheidet, zu einer eigenständigen antiimperialistisch-internationalistischen Position beschreiben. Es handelt sich bei der ersten Generation der RAF um eine marxistisch-leninistische Gruppe mit zwar gewichtigen Unterschieden zu den am Parteiaufbau orientierten Marxisten-Leninisten, aber doch jedenfalls um eine K-Gruppe.

Zwischen Anarchismus und Werkzeug der Bourgeoisie

Die sog. Septemberstreiks 1969, die der „proletarischen Wende“ in der Studentenbewegung zum Durchbruch verhalfen, werden auch von der einzigen schon bestehenden K-Gruppe, der KPD/ML, genutzt, um gegen die antiautoritären Theorien der Studentenbewegung zu polemisieren. So schreibt ihr Zentralorgan, der „Rote Morgen“, unter der Überschrift „Jetzt spricht die Arbeiterklasse!“: „Ein weiterer bürgerlicher Mythos ist zusammengebrochen, daß die westdeutsche Arbeiterklasse angeblich völlig ‘integriert’ sei, kein Klassenbewußtsein mehr habe und nicht mehr kämpfen könne. Die umfassendste Streikbewegung seit 1963 hat diesen bürgerlichen Mythos, der auch in der kleinbürgerlich-revolutionären APO weit verbreitet ist, innerhalb einer Woche völlig zerfetzt und vom Tisch gefegt. [...] Man kann sagen, daß die streikenden Kumpels Marcuse, Habermas, usw. ideologisch getötet haben.“[447]

Die Streiks werden als Bestätigung der eigenen politischen Linie interpretiert und als Falsifizierung der Theorien der antiautoritären Studentenbewegung, namentlich der Kritischen Theorie. Dabei wird aber nicht im Geringsten auf die Kritische Theorie eingegangen, sondern nur das Schlagwort der Integration der Arbeiterklasse herausgegriffen. Dies sei nun durch die Streikaktionen widerlegt, folglich auch die Theorien von Marcuse und Habermas. Sehr bezeichnend ist auch die Sprache, aus der der offene Vernichtungswunsch gegen die Vertreter der Kritischen Theorie spricht. Auf diesem Niveau bewegt sich die gesamte Kritik an den Theorien der Frankfurter Schule, die von den verschiedenen Abspaltungen der KPD/ML, die sich selbst auf eine proletarische Herkunft beruft und so in einen Gegensatz setzt zu den anderen vorgeblich studentischen ML-Gruppen, formuliert wird.

Dies zeigt sich auch an einem Artikel im „Revolutionären Weg", dem von Willi Dickhut herausgegebenen theoretischen Organ der KPD/ML. Nach der Spaltung der Partei und der Vereinigung des Dickhut-Flügels mit dem KAB (ML) zum KABD wird der „Revolutionäre Weg" zum theoretischen Organ des KABD. Er erscheint jeweils mit einem Schwerpunktthema, dessen Behandlung das Redaktionskollektiv besondere Bedeutung für die marxistisch-leninistische Theorie beimißt. Die dritte Ausgabe von 1970 erscheint mit dem Titel „Antiautoritarismus und Arbeiterbewegung" und ist die einzige größere Auseinandersetzung dieser Strömung der K-Gruppen mit der Kritischen Theorie. Die Auseinandersetzung wird, wie viele Rezeptionen der Kritischen Theorie durch die K-Gruppen, indirekt, d.h. über die antiautoritäre Studentenbewegung, geführt. Deren „kleinbürgerlicher Antiautoritarismus" wird als eine moderne Form des historischen Anarchismus angesehen, die der Marxismus-Leninismus schon immer vehement bekämpft hat. Die K-Gruppen berufen sich dabei in erster Linie auf Stalin, dessen Aufsatz „Anarchismus oder Sozialismus?" nun vermehrt wieder aufgelegt wird. Stalin sagt darin: „Wir sind der Auffassung, daß die Anarchisten richtige Feinde des Marxismus sind."[448]

Daß sich diese anarchistischen Gedanken wieder verbreiten konnten, erklärt sich das Redaktionskollektiv des „Revolutionären Wegs" aufgrund zweier Ursachen; nämlich erstens: „Die antiautoritären Vorstellungen entwickelten sich unseres Erachtens spontan aufgrund der kleinbürgerlichen Herkunft dieser Genossen."[449] Und zweitens: „[...] daß die objektive Ursache für das Wiedererstarken des Antiautoritarismus in den 60er Jahren die revisionistische Entartung vieler ehemals marxistisch-leninistischer Parteien ist."[450] Das bedeutet, daß sich die KPD/ML das Aufkommen der antiautoritären Studentenbewegung einerseits mit der Klassenlage der Studierenden als Kleinbürger erklärt und andererseits das Fehlen einer konsequenten marxistisch-leninistischen Partei als Ursache dafür ansieht, daß die antiautoritären Theorien derart Zulauf bekamen. Diese Entwicklung soll nun mit dem Aufbau einer neuen marxistisch-leninistischen Partei bekämpft werden. Denn: „Der Marxismus-Leninismus wird auch heute über den modernen Revisionismus und den Neo-Bakunismus siegen, denn das ist die Voraussetzung einer siegreichen proletarischen Revolution."[451]

Inhaltlich entwirft das Redaktionskollektiv des „Revolutionären Wegs" aus so unterschiedlichen Theoretikerinnen und Theoretikern wie Michael Bakunin, Emma Goldman, Pierre Joseph Proudhon, Herbert Marcuse, Jürgen Habermas, Daniel Cohn-Bendit und Rudi Dutschke eine einheitliche Theorie des Antiautoritarismus, die so niemals bestanden hat.[452] Die KPD/ML stimmt damit – trotz aller Polemik gegen die sog. „Revisionisten" des Ostblocks und der DKP – mit einem Großteil der dogmatischen Analyse überein; beispielhaft dafür steht das 1971 erschienene Buch „Zur Kritik der revolutionären Ungeduld. Eine Abrechnung mit dem alten und neuen Anarchismus"[453] des DDR-Literaturwissenschaftlers Wolfgang Harich.

Die Verfasser des „Revolutionären Wegs" polemisieren in ihrer Abrechnung mit dem Antiautoritarismus natürlich auch gegen die Vertreter der Kritischen Theorie, die ebenfalls darunter subsumiert werden: „Habermas und seine Mitläufer verwenden zum Ausdruck ihrer Ideen einen absichtlich unverständlichen Jargon, um durch die vielen komplizierten Ausdrücke und die langen Sätze den Leser einzuschüchtern. Sie sind zu dieser Maskerade auch gezwungen, da sie sonst mit ihren banal reformistischen Geschwätz niemanden interessieren würden."[454] Inhaltlich besagen diese Sätze nur, daß Habermas ein Reformist ist, doch eben diese Kritik wurde während der antiautoritären Phase der Studentenbewegung geäußert, allerdings theoretisch begründet. Die KPD/ML dagegen wirft Habermas nur vor, daß er die Studierenden auf die kulturelle Sphäre der Gesellschaft, also den Überbau, orientiert und damit die vermeintlich entscheidende ökonomische Basis ausklammert: „Habermas' neo-antiautoritäre Ideologie sollte der Bourgeoisie dienen, um die revolutionären Antriebe der Studenten auf die für die Bourgeoisie reformierbaren Bereiche des Überbaus zu fixieren."[455]

Habermas wird als willfähriges Werkzeug des Bürgertums dargestellt. Dieser Gedanke eines planmäßigen Einsatzes der Kritischen Theorie durch die herrschende Klasse, um die revoltierenden Studierenden wieder in die kapitalistische Gesellschaft zu integrieren, wird von der aus der KABD hervorgegangenen MLPD wieder aufgegriffen: „Viele Studenten, die sich gegen die zunehmende Reglementierung des Studiums und die immer autoritärer verlaufende Anpassung an die Profitinteressen der Industrie wehrten und gleichzeitig durch den Angriff der US-Imperialisten auf das vietnamesische Volk politisiert wurden, suchten nach einem Ausweg. Um ihnen den revolutionären Ausweg des Marxismus-Leninismus zu verbauen, bombardierten die bürgerlichen Verlage diese aufmüpfigen Studenten mit pseudorevolutionären Schriften von Theodor W. Adorno, Max Horkheimer, Herbert Marcuse und vielen anderen. Die Studenten, denen die ‚kritische' Theorie dieser Philosophen nicht mehr zusagte, wandten sich teilweise über „Basisgruppen" dem Marxismus-Leninismus zu und wurden dort in einem Sammelsurium ‚linker' Gruppen – revisionistischen, ‚undogmatischen', antiautoritären, anarchistischen, trotzkistischen – verdorben."[456]

Die MLPD kann die Verbreitung der Kritischen Theorie unter den Studierenden nur als konterrevolutionäres, gegen den Marxismus-Leninismus gerichtetes Manöver der herrschenden Klasse verstehen. Das bedeutet, daß sie sich die bürgerliche Gesellschaft als eine von einer kleinen Gruppe von Kapitalisten beherrschte Gesellschaft vorstellt, die einheitlich und planvoll gegen Gefahren, die ihre Macht bedroht, vorgeht. Und die größte Gefahr für das System ist in den Augen der MLPD der Marxismus-Leninismus, d.h. sie selbst. Für die Totalität kapitalistischer Vergesellschaftung und ihre Widersprüche, wie sie von Marx analysiert wurden, ist in dem manichäischen Weltbild der MLPD kein Platz. Die warenproduzierende Gesellschaft als soziales Verhältnis, das zwar von den Menschen hervorgebracht und beständig durch ihr Verhalten reproduziert wird, dies aber unbewußt, kann so nicht begriffen werden. Stattdessen wird der Kapitalismus als personalisiertes Herrschaftsverhältnis verstanden, in dem eine Gruppe Mächtiger die Unterdrückten vermittels Propaganda und Gewalt beherrscht.

Wie weit diese Vorstellung in der marxistisch-leninistischen Gedankenwelt verbreitet ist, zeigt auch die spätere Beschäftigung der KPD/ML damit, nachdem sich die KPD/ML (Revolutionärer Weg) schon lange abgespalten hat und ihr Theorieorgan in den KABD überführt hat. In ihrem neuen Theorieorgan „Der Weg der Partei" schreibt sie über Marcuse: „Von der Bourgeoisie wurde der Konterrevolutionär Marcuse groß als ‚Revolutionär' herausgestellt und seine antimarxistischen Theorien verbreitet, um die revolutionären Studenten- und Jugendbewegung niederzuhalten bzw. sie in ungefährliche Bahnen zu lenken."[457] Das besonders stark ausgebildete manichäische Weltbild der KPD/ML, des KABD und der MLPD ermöglicht nur eine extrem grobschlächtige Auseinandersetzung mit den Theorien der antiautoritären Studentenbewegung und der Kritischen Theorie. Diese selbst für K-Gruppen ungewöhnliche Beschränktheit der Argumentation läßt sich aus der politischen Herkunft dieser Strömung erklären. Weil sie am wenigsten von der Studentenbewegung beeinflußt wurden, ist auch der Druck zur Distanzierung nicht so groß wie bei den anderen K-Gruppen.

Die Intellektuellenfeindschaft der K-Gruppen

Mit der „proletarischen Wende" der Protestbewegung ändert sich die Auffassung der Rolle der Intellektuellen. Die Vorstellungen, die die Studentenbewegung von Marcuse und Mallet übernommen hatten und die den Intellektuellen eine Katalysatorfunktion zuschreiben bzw. in ihnen sogar Teile einer „Neue Arbeiterklasse" erkennen, werden nun entschieden zurückgewiesen. Die industrielle Arbeiterklasse wird wieder zum einzigen revolutionären Subjekt erklärt. Die Intellektuellen können nach diesen Überlegungen höchstens Bündnispartner des Proletariats sein. Da die K-Gruppen aber entgegen ihrem Anspruch im Wesentlichen eine vom akademischen Mittelstand geprägte Jugendbewegung sind, steigern sich die Projektionen in die Arbeiterklasse zu einem regelrechten „Proletkult". Dieser wird so exzessiv betrieben, daß sich dahinter andere, verdrängte Motive vermuten lassen. Stephan Marks schreibt in seiner Analyse zum Zerfall der Studentenbewegung dazu: „Der Proletkult ist Rationalisierung der Perspektivlosigkeit des bürgerlichen Prinzips und Charakters und insbesondere der drohenden Aussicht des Studenten, selbst bald zum ‚akademischen Proletariat' zählen zu müssen."[458]

Spiegelbildlich zu diesem Proletkult gesellt sich bei den ML-Organisationen ein ausgeprägtes Ressentiment gegen Intellektuelle. Der Zugang von Studenten und Akademikern zu den K-Gruppen wird deshalb meist äußerst restriktiv gehandhabt, am extremsten beim AB, wo ein Intellektueller zwei proletarische Bürgen vorweisen muß, um in die Organisation aufgenommen zu werden.[459] Aber auch die anderen K-Gruppen versuchen den Zustrom von Studierenden und Akademikern zu reglementieren. Die KPD/ML spaltet sich sogar an der Forderung des „proletarischen" Flügels um Willi Dickhut, eine Kandidatensperre für Studierende, Schüler und Lehrkräfte zu verhängen. Außerdem wird ganz in der zynisch-bürokratischen Sprache des Stalinismus verlangt, einen „Klärungs- und Säuberungsprozeß gegen kleinbürgerliche Elemente“ durchzuführen und in der Zukunft Intellektuelle nur aufzunehmen, „sofern sie bereit sind, sich der proletarischen Linie zu unterwerfen und sich umerziehen zu lassen.“[460] Stolz berichtet die Dickhutsche Abspaltung der KPD/ML nach ihrer Vereinigung zum KABD in ihrem Zentralorgan „Rote Fahne“ über die Arbeit ihrer Jugendorganisation: „Da gab es kein abstraktes Geschwätz und keine hochgestochene Theoretisiererei.“[461]

Die K-Gruppen stehen auch in ihrer verbalen Ablehnung der Intellektuellen in der Tradition des historischen Leninismus, der seine Gegner ebenfalls als Intellektuelle bekämpfte und den Begriff des Intellektuellen meist als Schimpfwort verwendete.[462] Einigen Protagonisten der K-Gruppen wird dieses Verhalten nach dem Niedergang ihrer Organisationen bewußt und sie thematisieren den Sachverhalt, daß eine Bewegung, die sich selbst größtenteils aus kleinbürgerlichen Intellektuellen zusammensetzt, ein solches Ressentiment gegen die Intellektuellen entwickeln konnte. So schreibt zum Beispiel Karl Schlögel, ein ehemaliger Funktionär der KPD/AO, in einem Buch, das sich kritisch mit dem Scheitern der KPD/AO auseinandersetzt: „Die Distanzierung der Intellektuellen von sich selbst – in der Form einer abstrakten Negation der Studentenbewegung und ihrer ideologischen Leitbilder, aber auch in der Form der Selbstillusionierung als ‚Avantgarde des Proletariats’ – hat in der kommunistischen Arbeiterbewegung eine lange Geschichte; und es scheint paradox, daß die Leistungen von Korsch, Lukács, Bloch, Adorno und Horkheimer, der wir soviel für die Analyse der spätbürgerlichen Gesellschaft verdanken, zwar schöpferisch, aber immer am Rande der Arbeiterbewegung, marginal geblieben ist, daß ‚schöpferische Kritik’ sich immerzu im Bereich der ‚Abweichung’ entwickeln mußte.“[463]

Eine ähnliche Kritik formuliert rückblickend auch der ehemalige Funktionär des KB, Thomas Ebermann, über die Gepflogenheiten innerhalb des Bundes: „[...] schwer hatte es auch jede/r, der/die als intellektuell feinziseliert oder vergrübelt galt. Der Bruch der ‚proletarischen Ordnung’ mit Adorno und Marcuse, mit einer die Unterschichten nicht freisprechenden Betrachtung des Nationalsozialismus oder einer Erforschung der Arbeiter im Akkumulationsregime, die über den Vorwurf des Verrats an der Sozialdemokratie hinausweicht, war total. Der Kult um die ‚Macher’, die Verachtung machtloser Intellektueller, trieb manch häßliche Blüte.“[464] Schlögel und Ebermann beschreiben so eine Praxis der K-Gruppen, für die sich viele Belege finden lassen, die zum Teil auch schon für die Vorgängerorganisationen der ML-Organisationen dargestellt wurden. Die Ablehnung des Intellektuellen ist eines der verbindenden Elemente aller marxistisch-leninistischen Organisationen. Gängige Vorwürfe gegen die Intelligenz sind ihre mangelnde Praxis und damit zusammenhängend ihr Beharren auf Theorie und Reflexion. Die marxistisch-leninistische Bewegung in Westdeutschland zeichnet sich dagegen durch ihren Praktizismus aus. Die Abkehr von der Studentenbewegung bedeutet gleichzeitig eine Abkehr von der Theorie.[465]

Das dogmatische Rezitieren der Klassiker ersetzt die theoretische Anstrengung und mündet in die Entgegensetzung des positiv bewerteten Konkreten gegen das verfemte Abstrakte. Diese Vorstellungen knüpfen an weit verbreitete Ressentiments gegen Intellektuelle an, wie sie von der extremen Rechten seit der Dreyfus-Affäre in Frankreich verwendet werden. „Das Denken der ‚Intellektuellen' ist abstrakt. Es bewegt sich außerhalb der Realität. Brutstätte dieses Denkens ist die Universität [...]“[466]: So beschreibt Dietz Bering diese Polemik gegen die Intellektualität. Diese Gegenüberstellung von Abstraktem und Konkretem ist ein Kennzeichen des modernen Antisemitismus, bei dem alles Abstrakte mit den Juden assoziiert wird. „Dieses Denken begreift nicht, daß das Abstrakte und das Konkrete gemeinsam einen Widerspruch konstituieren, wobei die wirkliche Überwindung des Abstrakten [...] die historische Überwindung des Widerspruchs selbst sowie jedes seiner Seiten einschließt. Anstatt dessen gibt es nur einen einseitigen Angriff auf die abstrakte Vernunft, das abstrakte Recht oder, auf anderer Ebene auf das Geld- und Finanzkapital.“[467]

Diese Gegenüberstellung von konkretem, als positiv wahrgenommenem Handeln gegen abstraktes, negativ konnotiertes Denken findet sich im Marxismus-Leninismus personalisiert in der Gegenüberstellung von Stalin und Trotzki. Beispielhaft läßt sich hierfür ein Artikel aus dem theoretischen Organ des KB, „Unser Weg“, anführen: „Unter der Führung Stalins stand die KPdSU vor einer Aufgabe, die vielleicht noch schwerer war als die Revolution von 1917 und der folgende Bürgerkrieg. Unter schwersten Bedingungen wurde die sozialistische Industrialisierung durchgeführt, stand die Sowjetunion im siegreichen Kampf gegen den faschistischen Überfall. Es ist doch gar keine Frage, daß diese Aufgabe nicht mit Klugscheißereien zu lösen waren, die der Renegat Trotzki in seiner mexikanischen Villa von sich gab, sondern daß diese Aufgaben tatsächlich gelöst wurden durch die sowjetische Arbeiterklasse und die

KPdSU mit Stalin an der Spitze."[468] Die Ablehnung des abstrakten, untätigen Kritikers Trotzki wird noch verstärkt durch die Erwähnung, daß er seine Kritik in einer mexikanischen Villa formuliert. Denn damit wird zusätzlich noch das in den K-Gruppen weit verbreitete Ressentiment gegen das „Bonzentum" aktiviert.

Diese Intellektuellenfeindschaft ist stets präsent, wenn die K-Gruppen gegen den Trotzkismus polemisieren, der neben dem „Revisionismus" zu den Hauptfeinden der Marxisten-Leninisten zählt. Ein weiteres Beispiel, in dem die konkrete (Partei-)Arbeit Stalins der abstrakten Intellektualität Trotzkis gegenübergestellt wird, findet sich in einem Buch aus dem Verlag der KPD/AO. Dort heißt es: „Sinowjew, Kamenew und Trotzki vertraten nach Lenins Tod das intellektuelle Moment in der Führung der Partei – der ‚kleinliche' Tageskampf, die Formen der illegalen Arbeit waren in ihren Biographien nicht so bedeutend wie bei Stalin."[469]

Adorno hat in einem Radiovortrag, den er nach verschiedenen Vorfällen in der niedergehenden Studentenbewegung hielt, auf die Verbindung zwischen Kritikfeindschaft und Intellektuellenfeindschaft hingewiesen: „Aber man hat Grund bei Kritikfeindschaft zumal im politischen Bereich auch an spezifisch Deutsches zu denken. [...] Der Kritiker wird zum Spalter und, mit einer totalitären Phrase, zum Diversionisten. Die Denunziation des angeblichen Parteiengezänks, war als nationalsozialistisches Propagandamittel unentbehrlich. [...]. Daß Goebbels den Begriff des Kritikers zu dem des Kritikasten erniedrigen und mit dem des Meckerers hämisch zusammenbringen konnte, und daß er die Kritik jeglicher Kunst verbieten wollte, sollte nicht nur freie geistige Regungen gängeln. Der Propagandist kalkulierte sozialpsychologisch. Er konnte anknüpfen an das deutsche Vorurteil gegen Kritik im Allgemeinen, wie es aus dem Absolutismus stammte. Er sprach den Gegängelten aus der Seele. Wollte man eine Anatomie der deutschen Kritikfeindschaft entwerfen, so fände man sie fraglos mit der Rancune gegen den Intellektuellen verbunden. [...] Die Herkunft des Anti-Intellektualismus vom obrigkeitsstaatlichen Denken leuchtet ein. [...] Nach wie vor waltet in Deutschland Identifikation mit der Macht."[470]

Diese dem obrigkeitsstaatlichen Denken entlehnte Kritikfeindschaft weist einige Parallelen zur antisemitischen Ideologie auf, wenn etwa Joscha Schmierer von der „freischwebenden Intelligenz"[471] spricht und damit die völkische Denkform par excellence, nämlich den Gegensatz des Freischwebenden zum Bodenständigen, beschwört. In den Theoretikern der Kritischen Theorie findet diese Denkform ein beliebtes Ziel, indem

Horkheimer und Adorno immer wieder „eine Intellektuellenideologie“[472] vorgeworfen wird, die zu keiner anderen Praxis mehr fähig sei als zu „Reflexionen aufs eigene Selbst im stillen Kämmerlein“[473]. Auch das RAF-Mitglied Ulrike Meinhof argumentiert in dieser Tradition, wenn sie feststellt, bei Adorno werde „[…] alles nur mit ´ner gewissen intellektuellen Präzision verhackstückt. Dreck. Mit so was den Kampf ums Bewußtsein führen ist Selbstzerstörung.“[474] Die „Initiative Sozialistisches Forum“ folgert aus dieser Argumentationsweise der K-Gruppen: „Der Affekt gegen die ‚abgehobene' Kritische Theorie ist Indiz des diskreten Antisemitismus, der unter Linken wohl gelitten ist.“[475]

Die Auseinandersetzung des KBW mit der Kritischen Theorie

Der KBW ist die K-Gruppe, die sich am intensivsten mit der Kritischen Theorie auseinandersetzt. Im Rahmen ihres „Revolutionären Volksbildungsprogramms“ gibt es im Winterhalbjahr 1978/79 sogar ein eigenes Seminar zur Kritik der Kritischen Theorie, das den Ortsgruppen angeboten wird. Zu dem Seminar erscheint ein „Quellenheft“, in dem Texte von Vertretern der Kritischen Theorie und Dokumente, die deren Positionen gegenüberstehen, versammelt werden. Das Seminar selbst staffelt sich in fünf Themenblöcke: „a) Arbeit macht eindimensional – Die Theorie Herbert Marcuses. b) Dialektik der Aufklärung – oder warum die Entwicklung der Produktivkräfte angeblich in den Abgrund führt. c) Die Entstehung des Faschismus aus der Familie – Was die kritische Theorie kritisiert und was nicht. d) Vom Zins leben ist besser als vom Verkauf der Kunst – Adorno und der Warenfetisch. e) Existenzialismus und christliche Reaktion – die Theorie Heideggers.“[476] Was auf den ersten Blick befremdlich erscheint, ist, daß der Philosoph Martin Heidegger, gegen den die Kritische Theorie, und dabei in erster Linie Adorno, fortwährend argumentiert hat, in dieser Aufzählung zur Kritischen Theorie gerechnet wird. Dies wird erst dadurch verständlich, daß sich im Quellenheft ein Text von Alfred Schmidt findet, in dem Herbert Marcuse, der bei Heidegger in Freiburg studiert hat, als „Heideggermarxist“ bezeichnet wird. Allerdings rechtfertigt dieser Einfluß, den Heideggers Philosophie auf einen Vertreter der Kritischen Theorie hatte, keinesfalls die Subsumtion Heideggers unter die Kritische Theorie.

Der Aufbau des Schulungsheftes läßt erahnen, wie die Seminare des KBW verlaufen sind. Zuerst werden zu den einzelnen Themenblökken Texte von Vertretern der Kritischen Theorie präsentiert, denen dann entweder Texte des KBW oder der sozialistischen Klassiker gegenübergestellt werden. So soll der Kritischen Theorie der Anspruch auf den Marxismus streitig gemacht werden. Bezeichnend für den KBW ist, welche Texte dazu verwendet werden. So sind in dem Themenblock, der von der Faschismustheorie der Kritischen Theorie handelt, Auszüge aus Georgi Dimitroffs Referat vor dem 7. Weltkongreß der „Kommunistischen Internationalen" abgedruckt. Damit wird verdeutlicht, daß der KBW an der orthodox-marxistischen Faschismusauffassung festhält. Bezeichnend ist ebenfalls, was im Gegensatz zu Adornos Theorie der Ästhetik präsentiert wird: Neben einem Text von Mao zur sozialistischen Kunstauffassung finden sich dort Auszüge aus den „Ausgewählten Reden zur Kunst, Wissenschaft und Politik" des sowjetischen Politbüromitglieds und obersten Kulturfunktionärs der UdSSR, Andrej Alexandrowitsch Shdanows, in denen es heißt: „Und tatsächlich haben wir einen sehr scharfen, wenn auch nach außen hin maskierten Kampf zweier Richtungen in der sowjetischen Musik zu verzeichnen. Die eine Richtung stellt das gesunde, fortschrittliche Prinzip in der Sowjetmusik dar, das auf der Anerkennung der gewaltigen Rolle des klassischen Erbes, insbesondere der Traditionen der russischen musikalischen Schule, auf der Verbindung des hohen Ideengehalts und Inhaltsreichtums der Musik, ihrer Wahrhaftigkeit und Realistik, ihrer tiefen organischen Verbundenheit mit dem Volke, seinem musikalischen, seinem Liedschaffen einerseits, mit hohem, professionellem Können andererseits basiert. Die andere Richtung ist der Ausdruck eines Formalismus, der der Sowjetkunst fremd ist; sie bedeutet unter dem Banner eines angeblichen Neuerertums die Abkehr vom klassischen Erbe, die Abkehr von der Volkstümlichkeit der Musik und vom Dienst am Volke zugunsten des Dienstes an den rein individualistischen Empfindungen einer kleinen Gruppe auserwählter Ästheten."[477]

Dieses stalinistische Kunstverständnis, das der KBW zur Kritik der Adornoschen Ästhetik verwendet, reproduziert mit seinem Insistieren auf der angeblich „organischen Verbundenheit" der Kunst mit dem Volk, durch die Verwendung der biologistischen Formel von den „gesunden" Prinzipien der Sowjetmusik und der Gegenüberstellung dieser Prinzipien gegen den „individualistischen Formalismus einer kleinen Gruppe auserwählter Ästheten", völkische Denkprinzipien. Da verwundert es nicht, daß es gerade der hier zitierte Chefideologe Stalins ist, der bereits 1946 eine nationalistisch-antisemitisch aufgeladene Kampagne gegen den „wurzellosen Kosmopolitismus" forciert.[478] In dem Quellenheft finden sich auch Textauszüge aus einem Artikel Joscha Schmierers, der Texten Herbert Marcuses gegenübergestellt ist. Diese Auszüge stammen aus einer Grundsatzkritik, die Schmierer acht Jahre nach seiner ersten Abrechnung mit der Kritischen Theorie im „Roten Forum“[479] 1978 in „Kommunismus und Klassenkampf“, dem Theorieorgan des Bundes, veröffentlicht. Joscha Schmierers Ausführungen haben dabei für die Mitglieder des KBW ein besonderes Gewicht, da er inzwischen zum Ersten Sekretär des ZK des KBW aufgestiegen ist.

In „Kritische Theorie und was bei näherem Zusehen übrig bleibt“[480] verschärft er seine Angriffe gegen die Frankfurter Schule noch. Den antiautoritären Flügel der Studentenbewegung, der sich auf die Kritische Theorie positiv bezogen hat, bezeichnet er nur noch als opportunistisch. Und Hans-Jürgen Krahl[481] als Vertreter dieses Flügels bezichtigt er, ebenso wie Adorno und Horkheimer die Kritik der politischen Ökonomie aufgegeben zu haben und sich damit der Beschönigung des Kapitalismus und Imperialismus schuldig gemacht zu haben. Als Beweis dafür, daß die Kritik der politischen Ökonomie immer noch das einzig wissenschaftliche Werkzeug sei, um die Arbeitermassen zum Sieg zu führen, referiert Schmierer ausgerechnet Lenins Imperialismustheorie als Gegenkonzept zu Horkheimers Text „Autoritärer Staat“. Damit entfernt er sich, wie Lenin und seine Nachfolger, von der marxschen Analyse des Kapitalismus als sozialem Verhältnis. Denn Lenin personalisiert die strukturell bedingten Ausbeutungsverhältnisse in seiner Imperialismustheorie und gerät dabei in die Nähe verschwörungstheoretischer Vorstellungen, etwa wenn er die fehlende revolutionäre Ausrichtung der Gewerkschaften nur mit der vermeintlichen Bestechung ihrer Führungen („Arbeiteraristokratie“) durch das Kapital erklären kann.[482]

In dieser Tradition argumentiert Schmierer, wenn er der Kritischen Theorie vorwirft, auf die Kritik der politischen Ökonomie zu verzichten und damit dem Revisionismus und Reformismus die Bahn zu ebnen: „Kritische Theorie bemächtigt sich jeder Frage, und da sie mit ihrer Absage an die Kritik der Politischen Ökonomie jedes wissenschaftliche Instrument aus der Hand gibt, kann sie sich in der geschwätzigsten und in der hinter Wortbarock verborgenen, größten Leichtigkeit in allen Fragen breit machen. [...] Der ‚Vereinzelte‘ hält sich viel auf sein unabhängiges Denken zugute, und was muß ihn, der zu keiner Praxis in der Lage ist, den Klassenkampf fürchtet, mit dem Produktionskampf als Professor nichts zu tun hat und sich als Kritischer Theoretiker über alles wissenschaftliche Experimentieren weit erhaben fühlt, mehr erbittern als ein Denken, das in der

Praxis entsteht und seinen Zweck in der Anwendung in der Praxis sieht, durch die es kontrolliert wird?"[483]

Auffällig ist, daß Schmierer hier die wissenschaftliche Methode der Kritischen Theorie angreift. Er bemängelt die fehlende Empirie („wissenschaftliches Experimentieren") und die Konzentration auf das Denken. Im Sinne Horkheimers entpuppt sich hier der Vorsitzende des KBW als Anhänger der „traditionellen Theorie". Schmierer ruft in diesem kurzen Abschnitt außerdem eine ganze Reihe von Ressentiments gegen den Intellekt und die Intellektuellen auf. Er unterstellt der Kritischen Theorie Geschwätzigkeit und „Wortbarock", d.h.: hinter der Verwendung hochtrabender Fremdwörter sei kein Inhalt zu finden. Und er verhöhnt Horkheimer und Adorno als Professoren, die von der Realität der Klassenkämpfe keine Ahnung hätten, ihn sogar fürchteten und Theorie nur um der Theorie willen betreiben würden. Er baut hier den gängigen Gegensatz zwischen der konkreten Arbeit der Marxisten-Leninisten und der abstrakten Kritik der Frankfurter Schule auf. Dieser typische Haß auf das Abstrakte verbindet sich im modernen Antisemitismus meist mit dem Ressentiment gegen die Nicht-Arbeit, bzw. das mühelose, parasitäre Einkommen, wie es beispielhaft Leo Löwenthal analysiert: „Geld wird als das spezifisch, ja, als das einzige Sozialprodukt gesehen, zu dem Juden eine wirkliche Beziehung haben. Sie wollen etwas umsonst, sie wollen Geld ohne Arbeit. Zwischen Gelderwerb und dem sich drücken vermittelt der Intellekt."[484]

Und selbst diese Argumentationsweise des modernen Antisemitismus vollzieht Schmierer in seiner Abrechnung mit der Kritischen Theorie, wenn er schreibt: „Die Kritische Theorie ist auf Entwaffnung der Arbeiter aus. Ihr Haß gilt der Arbeit, von der sie lebt und die sie scheut. Daher verkehrt sie die Kritik am Privateigentum an den Produktionsmitteln in Kritik an den Produktionsmitteln."[485] Schmierer unterstellt also den Vertretern der Kritischen Theorie, daß sie von der Arbeit anderer leben, ohne selbst zu arbeiten, und daß sie die Arbeit hassen würden.[486] Er greift damit die antisemitischen Vorstellungen der angeblichen „jüdischen Nicht-Arbeit" auf. „Eines der vielleicht folgenreichsten Elemente des Antisemitismus ist die Vorstellung, Juden seien arbeitsscheu und lebten von der Arbeit anderer – eine Vorstellung, die sich auf die lange Tradition des antijudaistischen Bildes vom angeblich parasitären, wuchernden Juden stützt."[487] Die Ablehnung der „jüdischen Nicht-Arbeit" verbindet sich notwendigerweise mit einer Überhöhung der konkreten Arbeit. Mit ihrem „Proletkult" und der Verherrlichung der Arbeiterklasse besteht bei den K-

Gruppen ständig die Gefahr, strukturell antisemitische Projektionen aufzunehmen. Für Robert Bösch besteht gar in der „Ontologisierung der Arbeit“[488] durch den Marxismus-Leninismus ein Hauptgrund für dessen strukturell bedingtes „Umkippen in den Antisemitismus“.[489] Mit eben dieser Argumentation begründet auch ein Artikel im Zentralorgan des KBW, der „Kommunistischen Volkszeitung“, seine Ablehnung der Kritischen Theorie. „Der Zweck dieser praxisfreien Philosophieübungen ist ein höchst praktischer. Es ist die Einübung in das idealistische Weltbild der Bourgeoisie, die von fremder Arbeit lebt und über diesem Parasitendasein die höchst greifbare Grundlage ihrer eigenen Existenz, die fremde Arbeit, vergißt, in schöne philosophische Gedanken verpackt. Daß der Inhalt dieser idealistischen Philosophie Parasitendasein ist, hat Adorno [...] kurz vor seinem Abgang zusammengefaßt [...] ‚Sein, sonst nichts' – gemeint ist hier die Vermehrung des Bankkontos von fremder Arbeit, wenngleich das philosophische verschlüsselt ausgedrückt ist.“[490]

Die Kritik des Marxismus-Leninismus am „Parasitendasein“ und der vermeintlichen Nicht-Arbeit der Bourgeoise verweist auf dessen verkürztes Verständnis vom Kapitalismus. Die Charakterisierung der bürgerlichen Klasse wird dabei analog zur Kritik des Bürgertums am Adel im Feudalismus gebraucht. Dies verweist auf die Herkunft des Marxismus-Leninismus als Legitimationsideologie nachholender (staats-)kapitalistischer Entwicklung in rückständigen Regionen der Weltökonomie.[491]

Der wohl extremste Ausdruck dieses Arbeitsfetischismus der K-Gruppen findet sich in einem Artikel des Theorieorgans des KBW, in dem unter dem Titel „Cohn-Bendits Lob der Fäulnis“ das Buch „Der Große Basar“ von Daniel Cohn-Bendit besprochen wird. Hier wird Daniel Cohn-Bendit, der jüdischer Herkunft ist, ganz offen als Parasit bezeichnet. „Daniel Cohn-Bendit hat Ähnlichkeit mit einem Bandwurm. Er wird in den letzten Jahren immer dicker, und zwar auf Kosten anderer. Er lebt auf Kosten der Entwicklung einer radikalisierten Bewegung [...]. Die Angst des Cohn-Bendit ist die Angst vor der Arbeiterklasse, vor derjenigen Klasse, die einzig und allein in der Lage ist, die Zukunft der Menschheit zu sichern, weil sie als produzierende Klasse, die keine andere Klasse ausbeutet und unterdrückt, mit sich selbst die ganze Menschheit befreien kann. Diese Angst des Cohn-Bendit ist die Angst, daß sein Parasitendasein der Garaus gemacht würde.“[492] Diese antisemitisch codierten Haßtiraden enden folgerichtig in einer Morddrohung, die der Autor in der Zeit nach der Revolution umgesetzt sehen will, falls Cohn-Bendit sich nicht durch eine „nützliche Arbeit“ sein Leben verdient. „Es gibt nur zwei Möglichkeiten. Entweder er wird von der Arbeiterklasse eine nützliche Arbeit zugewiesen bekommen, etwa in einer Fischmehlfabrik in Cuxhaven, oder er wird durch die Massen an den nächsten Baum befördert."[493] Auch diese Polemik lebt von der Unterscheidung zwischen der konkreten Arbeit der Arbeiterklasse einerseits, der angeblichen parasitären Nicht-Arbeit Cohn-Bendits andererseits. Doch diesmal wird diese Unterscheidung bis zur letzten Konsequenz durchgespielt, was bedeutet, daß, wer nicht arbeitet, auch kein Recht auf Leben haben soll. So steht der KBW in der Tradition des Stalinismus, denn bereits Stalin forderte: „Wer nicht arbeitet, der soll auch nicht essen."[494]

Daß die K-Gruppen generell diese strukturelle Wesensverwandtschaft von Teilen ihrer Argumentation mit dem Antisemitismus nicht erkennen können, liegt daran, daß sie einen nur verkürzten Begriff vom Antisemitismus verwenden. Denn nach der marxistisch-leninistischen Interpretation ist der Antisemitismus nur ein Ablenkungsmanöver der herrschenden Klasse, um die Arbeiterklasse zu spalten – so Stalin: „Der Antisemitismus dient den Ausbeutern als Blitzableiter, der die Schläge der Werktätigen vom Kapitalismus ablenken soll. Der Antisemitismus ist eine Gefahr für die Werktätigen, denn er ist ein Irrweg, der sie vom rechten Weg abbringt und sie in den Dschungel führt. Darum sind die Kommunisten als konsequente Internationalisten unversöhnliche und geschworene Feinde des Antisemitismus."[495] In dieser Aussage verkürzt Stalin zwar einerseits den Antisemitismus zu einer rein instrumentellen Ideologie der Bourgeoisie, die diese zur Schwächung des Proletariats anwendet, andererseits grenzt er sich aber auch deutlich gegen den Antisemitismus ab. In der Praxis dagegen kommt es in der Sowjetunion und in den von ihr abhängigen Staaten des Ostblocks während der stalinistischen Herrschaft zu einer Reihe von antisemitischen Kampagnen, etwa im Rahmen des Slánský-Prozesses 1952 in Prag und der Aufdeckung einer angeblichen „Ärzteverschwörung" 1953 in Moskau.[496]

Gegenüber den marxistisch-leninistischen Verkürzungen ist festzuhalten, daß Antisemitismus nicht einfach ein Instrument zur Spaltung der Arbeiterklasse ist, das planmäßig von der herrschenden Klasse eingesetzt würde, sondern vielmehr in der Form der Ideologie eine umfassende Erklärung für die kapitalistisch verfaßte Gesellschaft bietet, derart, wie es etwa Moishe Postone darstellt: „Der moderne Antisemitismus ist ... eine besonders gefährliche Form des Fetischs. Seine Macht und Gefahr liegt darin, daß er eine umfassende Weltanschauung liefert, die verschiedene Arten antikapitalistischer Unzufriedenheit in einer Weise scheinbar erklärt und ihnen politischen Ausdruck verleiht. Er läßt den Kapitalismus aber dahingehend bestehen, als er nur die Personifizierung jener gesellschaftlichen Form angreift. Ein sich so darstellender Antisemitismus ist ein wesentliches Moment des Nazismus als verkürzte antikapitalistische Bewegung. Für ihn ist der Haß auf das Abstrakte charakteristisch. Seine Hypostasierung des existierenden Konkreten mündet in einer einmündigen, grausamen – aber nicht notwendig haßerfüllten Mission: Die Erlösung der Welt von der Quelle allen Übels in Gestalt der Juden."[497] Es zeigt sich, zusammenfassend, daß die Ablehnung der Kritischen Theorie durch die K-Gruppen Analogien den Denkformen des modernen Antisemitismus verwandt ist. Durch ihre Intellektuellenfeindlichkeit und ihre ungebrochene Affirmation der scheinbar konkreten Arbeit reproduzieren sie Denkformen, die man sonst bei der faschistischen Rechten erwarten muß.

Die Kritische Theorie als bürgerliche Sozialwissenschaft

Für viele Mitglieder der K-Gruppen ergibt sich schon allein aus biographischen Gründen eine Notwendigkeit, sich mit der Kritischen Theorie auseinanderzusetzen. Denn viele Angehörige der marxistischen-leninistischen Organisationen waren früher in der von der Kritischen Theorie geprägten antiautoritären Studentenbewegung aktiv. Um ihr jetziges Engagement zu legitimieren, ist es also notwendig, sich von der antiautoritären Phase der Protestbewegung zu distanzieren. Dies gilt nicht nur für einzelne Parteimitglieder, sondern auch für die K-Gruppen generell. Die KPD/AO etwa gründete sich explizit in Abgrenzung gegen die durch die Kritische Theorie geprägte antiautoritäre Studentenbewegung. Ein ehemaliger Führungskader der Partei beschreibt dies rückblickend so: „Die Erfahrungen mit einer spontanen und wenig organisierten Studentenbewegung und ihrer gesellschaftlich begrenzten Möglichkeiten zugleich mit den Erfahrungen der Krise 1966/67 und der Septemberstreiks 1969 drängten zur Arbeiterbewegung, weg von den ‚Randgruppentheorien', weg von der Negation der Bedeutung der Arbeiterklasse als revolutionäres Subjekt durch die kritische Theorie der Frankfurter Schule, weg von den beliebigen und subjektivistischen Antiautoritären hin zu einer organisierten Kraft der Arbeiterklasse. [...] Man hatte es satt, sich in Philosophie-Arbeitskreisen mit der Beschränkung der Dialektik auf die Subjekt-Objekt-Problematik durch die Frankfurter Schule herumzuschlagen, wo doch die objektiven Gesetzmäßigkeiten der kapitalistischen Widersprüche in den neuen Arbeitskämpfen vor unseren Augen wirkten [...] Theorie-Entwicklung wurde der Praxis überantwortet."[498]

Und so verwundert es auch nicht, daß in der „Roten Pressekorrespondenz", die bis zum Juni 1971 das Organ der nichtrevisionistischen Linken in Berlin ist und seitdem als das Zentralorgan der KPD/AO-Studentenorganisation „Kommunistischer Studentenverband" (KSV) geführt wird, eine rege Beschäftigung mit den Theorien der antiautoritären Bewegung stattfindet. Eine der zentralen Auseinandersetzungen in der Roten Pressekorrespondenz wird im August 1972 unter dem Titel „Kampf den kapitalistischen Sozialwissenschaften"[499] geführt. Dort wird festgestellt, daß der Hauptangriff der Apologeten der bürgerlichen Gesellschaft, womit in diesem Fall die kritischen Theoretiker gemeint sind, immer gegen die Arbeiterklasse und ihre Avantgarde, die kommunistische Partei, gerichtet ist. „Dieser Grundzug bürgerlicher Theorien über die Gesellschaft – wie fortschrittlich und kritisch sie sich auch immer geben mögen – ist der Schlüssel auch zur Bestimmung von Aufgabe und Funktion der ‚Kritischen Theorie'. Die ‚Kritische Theorie' bereicherte die Vielzahl der bürgerlichen Gesellschaftstheorien um eine neue Variante. Daß die angesichts des ideologischen Bankrotts der Bourgeoisie mit dem Marxismus kokettierenden kritischen Theoretiker nach der zeitweiligen Niederlage der deutschen Arbeiterbewegung, über deren Spaltung sie vorher geistvoll räsoniert hatten, blind bleiben mußten gegenüber den veränderten Bedingungen des Klassenkampfes und nur noch die Allmacht des autoritären, bürokratischen Staatsapparates und der von ihm gelenkten dunklen Mächte des Kollektivismus und die Manipulation auf den Begriff zu bringen bestrebt waren, ist nur zu natürlich für die Selbsterlösungsversuche der aufgeklärten bürgerlichen Intelligenz."[500] Wie immer verbindet sich auch hier die Abrechnung mit der Kritischen Theorie mit dem Ressentiment gegen die Intellektuellen. Diese würden, anstatt unter den „veränderten Bedingungen des Klassenkampfes" an der Seite der Arbeiterklasse zu kämpfen, nur über die Spaltung derselben „geistvoll [...] räsonieren", also eine rein negative, theoretische Kritik vorbringen, ohne in der Praxis etwas verändern zu wollen. Und dieses Verhalten gründet sich auch noch auf die egoistische Grundlage „bürgerlicher [...] Selbsterlösungsversuche." Daß solch eine Theorie in der Studentenbewegung Anklang gefunden hat, zeigt nach Ansicht der Autoren nur ihre Unzulänglichkeiten: „Das Aufgreifen dieser Perspektive durch die Studentenbewegung beweist noch einmal von dieser Seite her die kleinbürgerliche Beschränktheit dieser demokratischen und antiimperialistischen Bewegung, die teilweise stehengeblieben ist beim Kampf um die eigene Befreiung zur Ereichung des individuellen, privaten Glücks."[501]

Die hier formulierte Denunziation „des individuellen, privaten Glücks" als typisch kleinbürgerlich ist symptomatisch für die kollektivistisch ausgerichteten K-Gruppen. Während andere Nachfolgeerscheinungen der Studentenbewegung wie zum Beispiel die Spontis einen hedonistischen Voluntarismus propagieren und stark subkulturell geprägt sind, versuchen die K-Gruppen auch kulturell an die Arbeiterbewegung der Weimarer Republik anzuschließen. Der Konsum illegaler Drogen und moderner Popmusik werden folgerichtig als Spaltungsinstrumente der herrschenden Klasse abgelehnt.[502] Diese Entwicklung zeigt einmal mehr die unüberbrückbaren Unterschiede zwischen den K-Gruppen und der Kritischen Theorie, die diesen repressiven Kollektivismus entschieden ablehnt. So schreibt Adorno: „Erleichtert wird das dem Einzelnen durch seine Kapitulation vorm Kollektiv, mit dem er sich identifiziert. Ihm wird erspart, seine Ohnmacht zu erkennen; die Wenigen werden zu Vielen. [...] Keine durchsichtige Beziehung waltet zwischen den Interessen des Ichs und dem Kollektiv, dem es sich überantwortet. Das Ich muß sich durchstreichen, damit es der Gnadenwahl des Kollektivs teilhaftig werde. Unausdrücklich hat sich ein wenig Kantischer kategorischer Imperativ aufgerichtet: du mußt unterschreiben. Das Gefühl neuer Geborgenheit wird bezahlt mit dem Opfer autonomen Denkens."[503] Diese Antikritik, mit der Adorno auf die Studentenbewegung antwortet, trifft auf die innere Verfaßtheit der K-Gruppen erst recht zu und zeigt, wie scharfsinnig er die weitere Entwicklung eines Teils der Protestbewegung vorhergesehen hat.

Die Beschäftigung mit der Kritischen Theorie läßt nach der endgültigen Konstituierung der K-Gruppen deutlich nach. In den Diskussionen wird überwiegend mit den „Klassikern" argumentiert, in erster Linie mit Lenin und Mao Tse-tung. Bezeichnenderweise wird in einem Artikel in der „Roten Presse Korrespondenz" unter der Überschrift: „Das Schicksal der „Kritischen" Theorie: 'Kritischer' Opportunismus"[504], der sich gegen die Zeitschrift „Sozialistische Politik" richtet, den Angegriffenen vorgeworfen, sie würden die Positionen der Frankfurter Schule vertreten. Somit würden sie die bürgerliche Trennung der Theorie von den Bewegungen der Arbeiterklasse reproduzieren. Dem werden die Positionen Lenins und Maos gegenübergestellt, deren Theorie auf die unmittelbare Verbindung der Partei mit dem Proletariat und den übrigen werktätigen Massen ziele. Die Schriften von Lenin und Mao werden explizit gegen die Kritische Theorie verwendet.

In den theoretischen Argumentationen der K-Gruppen überwiegt die Ignoranz gegenüber den Analysen der Kritischen Theorie. Deutlich zeigen läßt sich das zum Beispiel an der Kritik des KBW an den bürgerlichen Sozialwissenschaften, die für den Bund große Bedeutung haben, da ein Großteil der Anhängerschaft sich weiterhin aus Studierenden rekrutiert; denn wie schon während der Studentenbewegung stellen die Geistes- und Sozialwissenschaftler den politisch aktivsten Teil der Studentenschaft. Der KBW veröffentlich in seinem organisationseigenen „Jürgen-Sendler-Verlag" eine Reihe von Auseinandersetzungen mit den Sozialwissenschaften, die sich aber kaum noch mit der Kritischen Theorie beschäftigen.[505] Selbst in der Kritik der Psychoanalyse, einem unverzichtbaren Element der Frankfurter Schule, wird nur noch mit einem Satz und indirekt auf die Kritische Theorie gezielt: „Indem Intellektuelle ihre Psychoanalyse mit einigen ökonomischen Kategorien des Marxismus verbinden, erreichen sie, daß sie als linke Intellektuelle lange Zeit unangefochten theoretisieren können. Indem sie ihren ‚Marxismus' mit Psychoanalyse verbinden, versuchen sie glauben zu machen, daß politische Praxis nicht ohne ihre esoterische, d.h. massenfeindliche Wissenschaft und damit nicht ohne sie als Intellektuelle auskommt. Letztlich versuchen sie nur ihren eigenen Tauschwert zu erhöhen."[506] Daraus spricht die gleiche Intellektuellenablehnung wie aus der „Roten Pressekorrespondenz", doch mit dieser kurzen Bemerkung ist der Bezug auf die Kritische Theorie denn auch zu Ende. Denn nach der Etablierung der diversen ML-Organisationen finden die wichtigen theoretischen Diskussionen nun mit den konkurrierenden K-Gruppen, der DKP, den Trotzkisten oder anderen Strömungen der radikalen Linken statt. Die Auseinandersetzung mit den Theorien des antiautoritären Flügels der Studentenbewegung und insbesondere der Kritischen Theorie beschränkt sich überwiegend auf die Übergangsphase von der zerfallenden studentischen Protestbewegung bis zur Konstitution der K-Gruppen. Haben sich die verschiedenen K-Gruppen sodann etabliert, finden sich nur noch sporadisch Texte, die sich mit dieser Tradition auseinandersetzen. Nun ist die Abkapselung von der eigenen Vergangenheit endgültig vollzogen und der Bruch mit den Theorien der antiautoritären Studentenbewegung unumkehrbar.

Das Verhältnis der K-Gruppen zum Nationalsozialismus

Die Faschismusanalyse der K-Gruppen

Wie sich bereits in der Übergangsphase von der Studentenbewegung zu den K-Gruppen angedeutet hat, setzt sich der dogmatische Marxismus zur Erklärung des Faschismus durch. Dies belegt einmal mehr den Befund, daß sich hier ein Traditionalisierungsprozeß vollzieht, denn allen K-Gruppen ist der affirmative Bezug auf die orthodox-marxistische Faschismusanalyse gemein, wie sie 1935 auf dem VII. Weltkongreß der „Kommunistischen Internationale" erarbeitet wurde. Paradigmatisch läßt sich dies daran ablesen, daß fast alle K-Gruppen den einschlägigen Aufsatz von Georgi Dimitroff über „Die Offensive des Faschismus und die Aufgaben der Kommunistischen Internationale im Kampf für die Einheit der Arbeiterklasse gegen den Faschismus" nachdrucken.[507]

Dimitroff bezeichnet den Faschismus als „die offene, terroristische Diktatur der reaktionärsten, chauvinistischsten, am meisten imperialistischen Elemente des Finanzkapitals."[508] Der Faschismus sei dabei die Macht des Finanzkapitals selbst, das in der Phase der zugespitzten kapitalistischen Krise und der Revolutionierung der werktätigen Massen seine Rettung im Faschismus sucht. Mittels sozialer und chauvinistischer Demagogie gelingt es dem Finanzkapital, Teile der von den bürgerlichen Parteien enttäuschten Massen einzufangen. Die Etablierung der faschistischen Diktatur geschehe indes nicht in einem Schritt, sondern bereite sich durch verschiedene reaktionäre Maßnahmen der bürgerlichen Regierungen vor. Trotzdem ist der Faschismus nach Dimitroff nicht einfach nur die bruchlose Fortsetzung der bürgerlichen Herrschaftsform, sondern die Ersetzung einer Form bürgerlicher Klassenherrschaft durch eine andere.

Ausgehend von dieser Bestimmung des Faschismus gibt es innerhalb der K-Gruppen allerdings trotzdem Differenzen in der Einschätzung der aktuellen faschistischen Gefahr. Dabei setzen sich die Auseinandersetzungen fort, die bereits die Vorgängerzirkel der K-Gruppen ausgetragen hatten. Vor allem KB und KBW bestimmen ihre Faschismusanalyse in scharfer Abgrenzung zur konkurrierenden Organisation. Der KB entwikkelt dabei die von seinen Vorgängerzirkeln schon entworfene Faschisierungstheorie weiter und macht sie zu seinem Markenzeichen: „Die Faschisierungsthese des KB entwickelte sich zum wichtigsten ‚ideologischen Kristallisationspunkt' nach innen und diente nach außen als Markenzeichen und bedeutendes Unterscheidungsmerkmal zu anderen Gruppen der radikalen Linken. Sie stand im Zentrum der konzeptionellem Grundausrichtung des KB und fungierte quasi als dessen informelles Programm, so daß anfangs weder ihre immanente Logik noch ihr Wahrheitsgehalt zur Debatte standen."[509] Die Faschisierungsthese war bereits von den Vorgängerzirkeln des KBW scharf kritisiert worden und ist auch jetzt wieder die Hauptdifferenz zwischen den marxistisch-leninistischen Bünden.

Während der KB davon ausgeht, daß der Faschismus von der Bourgeoisie planmäßig im Zuge einer „präventiven Konterrevolution" errichtet wird, versteht ihn der KBW als letztes Rettungsmittel und unmittelbare Reaktion auf eine das System bedrohende Krise. Die Bourgeoisie ist somit geradezu gezwungen, den Faschismus zu installieren.[510] In der Theorie des KB nimmt die herrschende Klasse die Rolle des aktiven und planmäßigen Installateurs des Faschismus ein, der KBW hingegen sieht sie in der Rolle des passiven, von den Ereignissen getriebenen Akteurs. Dieser Widerspruch spiegelt sich auch in der Analyse der Frage, welche Rolle die Massen bei der Etablierung des Faschismus spielen. Während der KB den Faschismus auch ohne Massenbewegung für möglich hält und eine fortschreitende Diskrepanz zwischen der Faschisierung des Staatsapparates und der Gesellschaft feststellt, ist für den KBW das Vorhandensein einer kleinbürgerlichen Massenbewegung konstitutiv. Allerdings sieht auch der KBW in den Massen selbst nur verhetzte Opfer der bourgeoisen Demagogie, nicht selbsttätig Handelnde.[511] Doch immerhin wird in der Analyse des KBW, im Gegensatz zu den meisten anderen K-Gruppen, die Rolle der Massen überhaupt thematisiert, gilt ihnen der Faschismus doch als das Werk einiger weniger Kapitalisten, die die Massen terroristisch unterdrückten. So schreibt etwa die „Rote Garde", die Jugendorganisation der KPD/ML: „Sicher, Hitler war ein Verbrecher, aber seine Auftraggeber und Hintermänner, die Krupp, Thyssen und Co. noch viel mehr. Ihr Gott ist der Profit. Für ihn gehen sie über Berge von Leichen. Was interessieren diese Herren denn der Tod von 60 Millionen Arbeitern und einfachen Soldaten, Frauen und Kindern? Sie sitzen in sicheren Bunkern im Hinterland."[512]

Der „Roten Garde" war Hitler also nur die Marionette skrupelloser kapitalistischer Hintermänner und Auftraggeber, die nur Befehle ausführt und nicht aus eigenem Antrieb handelt. Die Schuld an den nationalsozialistischen Verbrechen wird den Monopolkapitalisten angelastet. Die deutsche Bevölkerung kommt nur als das Opfer dieser Hintermänner vor, indem sie unterschiedslos unter die Opfer der deutschen Vernichtungspolitik und des Zweiten Weltkrieges subsumiert wird. Auch die planmäßige Vernichtung der europäischen Juden wird mit keinem Wort erwähnt. Insbesondere die Arbeiterklasse wird von jeglicher Beteiligung am Nationalsozialismus freigesprochen, und es wird ihr ein quasi natürlicher Drang zum Sozialismus unterstellt: „Tatsache aber ist, daß die werktätigen Massen den Faschismus hassen und zum Sozialismus drängen. Zum Faschismus drängt wieder einmal das Kapital. Die Kapitalisten treiben die Faschisierung ihres Staatsapparates voran, planen erneut die Errichtung einer offen terroristischen, faschistischen Diktatur über die Arbeiterklasse und das gesamte werktätige Volk, um ihre Herrschaft vor der proletarischen Revolution zu retten."[513]

Folgerichtig wenden sich die K-Gruppen gegen die von den Alliierten angeblich vertretene Kollektivschuldtheorie und setzen damit die Schuldabwehr ihrer Vorgängerzirkel fort. Und wie früher richtet sich dies gegen die Siegermächte – mit Ausnahme natürlich der Sowjetunion, auf deren Kampf die K-Gruppen sich positiv beziehen.[514] So schreibt zum Beispiel die KPD/AO über das Potsdamer Abkommen: „Die ‚Kollektivschuld-Theorie' sollte die Absicht des anglo-amerikanischen Monopolkapitals verschleiern, die deutsche Industrie auszuschalten. So wie der faschistische Imperialismus seinen Versuch, kapitalistisch voll entwickelte, auf einer hohen Kulturstufe stehende europäische Staaten in seine Kolonien zu verwandeln und sie im Rahmen seines ‚Neuen Europa' zu Agrar- und Rohstoffanhängseln Deutschlands zu machen, mit Hitlers ‚Herrenrasse-Theorie' rechtfertigte, begründete der anglo-amerikanische Imperialismus mit deren Kehrseite, der ‚Kollektivschuld-Theorie' seine Absicht, Deutschland in ein Agrarland zu verwandeln und durch Zerstückelung in Kleinstaaten in dauernder Abhängigkeit zu halten."[515] Der von Deutschland entfesselte Vernichtungskrieg wird zu einem rein imperialistischen Beutezug erklärt, zu dem die „Herrenmenschenideologie Hitlers" nur den ideologischen Vorwand lieferte. Die systematische Ermordung und Versklavung der europäischen Juden, Sinti, Roma und der Bevölkerung Osteuropas fehlt. Damit werden aber die historische Spezifik und die Singularität der nationalsozialistischen Verbrechen nicht nur ignoriert, sondern vielmehr mit dem Vorgehen der westlichen Siegermächte verglichen und somit relativiert.

In einem späteren Aufsatz des KPD/AO-Theoretikers Alexander von Plato wird allerdings der Kollektivschuldthese eine gewisse Berechtigung attestiert, aber nur, um zu dem gleichen Ergebnis zu kommen. Die Rechtfertigung der Kollektivschuldthese ergibt sich in diesem Zusammenhang nur aus der notwendigen Übereinstimmung mit der Politik der SED in den vierziger Jahren. Nach einigen Ausführungen darüber, daß diese Theorie es erschwerte, zwischen den fortschrittlichen, indifferenten und reaktionären Strömungen des Volkes zu unterscheiden (wobei die Arbeiterklasse natürlich in Gänze als fortschrittlich und antifaschistisch angesehen wird), schreibt von Plato zur Verteidigung der SED-Politik: „Die Kollektivschuld-These, die noch 1946 auf dem SED-Vereinigungsparteitag eng mit der Behandlung der Potsdamer Beschlüsse als ‚Charta' des Wiederaufbaus verknüpft wurde, hat gleichzeitig Berechtigung: allerdings nur insofern, als dem deutschen Volk die besondere Verantwortung des Monopolkapitals für den Faschismus klar gemacht werden mußte, und insofern, als andere Klassen und Schichten mitschuldig waren, weil dem Faschismus und seinen Verbrechen so wenig direkter und indirekter Widerstand entgegenschlug."[516]

So gelingt es von Plato, aus der Kollektivschuldtheorie, die sich normalerweise dadurch auszeichnet, daß sie die gesamte Bevölkerung meint, eine besondere Verantwortung des Monopolkapitals zu konstruieren, die um einen gewissen Schuldanteil anderer Klassen und Schichten als der Arbeiterklasse ergänzt wird. Daraus ergibt sich, daß die gesamte deutsche Arbeiterklasse im Widerstand gegen den Faschismus gestanden hat, während andere Klassen und Schichten der deutschen Bevölkerung kaum Widerstand geleistet haben. Von einer Mitschuld dieser Klassen und Schichten ist nur im Zusammenhang mit unzureichendem Widerstand die Rede, und folglich trägt das Monopolkapital nahezu die alleinige Verantwortung für die Verbrechen des Nationalsozialismus. Die deutsche Bevölkerung wird gegen alle historische Erkenntnis von jeglicher Schuld freigesprochen.

Das Gleiche gilt für einen Text der RAF-Gefangenen Andreas Baader, Gudrun Ensslin, Ulrike Meinhof und Jan-Carl Raspe, in dem sie ausführen: „Indem die Besatzungsmacht die Ursachen des Faschismus nicht nur in die Person seiner Führer, sondern mit der rassistischen Behauptung der ‚Kollektivschuld' in den Charakter des Volkes verlagerte, verhinderte sie, daß die Niederlage der Arbeiterbewegung von 1933 als Konsequenz einer falschen Politik diskutiert wurde, und sie tabuisierte damit die tatsächliche Ursache des Faschismus: die herrschende Klasse des Monopolkapitalismus, das kapitalistische Produktionsverhältnis – und damit seine Kontinuität."[517] Einerseits stehen die RAF-Mitglieder mit ihrer

Kritik an der Verkürzung der Schuldfrage auf die Spitze des nationalsozialistischen Staates und der Betonung der Kontinuität der gesellschaftlichen Basis des Faschismus in der Tradition der Faschismusanalyse der Studentenbewegung, doch der Bezug auf eine von den Besatzungsmächten angeblich erfundene Kollektivschuld-Theorie zeigt, daß sich für sie der Nationalsozialismus auf die Herrschaft einiger weniger Monopolkapitalisten über die deutsche Bevölkerung reduziert. Ihre Analyse deckt sich so mit der anderer K-Gruppen, was auch anderweitig deutlich wird: „Der Nationalsozialismus war nur die politische und militärische Vorwegnahme des imperialistischen Systems der multinationalen Konzerne."[518] Die Beteiligung der deutschen Bevölkerung an den NS-Verbrechen soll zum Verschwinden gebracht werden. Dagegen wird eine Gesellschaftsanalyse sichtbar, die sich die Geschichte aus dem Handeln kleiner, einflußreicher Kreise erklärt, damit zur Abwehr der Schuld taugt.

Abwehr der deutschen Geschichte und Nationalismus der K-Gruppen

Das Faschismus-Verständnis der K-Gruppen verinnerlicht die Abwehr gegen jegliches Eingeständnis der Schuld an den deutschen Verbrechen. Die Schuld wird allein den Monopolkapitalisten angelastet, die Masse der Bevölkerung dagegen aus der Verantwortung entlassen. Dies geschieht vermittels der empörten Zurückweisung einer angeblich von den Alliierten vertretenen Kollektivschuldtheorie, die zum Teil sogar mit der nationalsozialistischen Ideologie gleichgesetzt wird, zum anderen wird die deutsche Schuld durch nachgerade inflationäre Vergleiche mit den Verbrechen des Nationalsozialismus relativiert. So wird in zahllosen Staaten ein neuer „Faschismus" entdeckt, der aufgrund der eigenen Unfähigkeit, die Besonderheiten des deutschen Nationalsozialismus zu verstehen, mit dem NS-Faschismus gleichgesetzt wird, besonders exzessiv im Angesicht des Nahost-Konflikts. Doch auch in der Berichterstattung über Ereignisse in anderen Weltregionen wird mit NS-Analogien gearbeitet. Etwa wenn von einer „türkischen Gestapo" die Rede ist und davon, daß in der Türkei „5 000 Patrioten in KZs deportiert"[519] werden. Derartige Beispiele zeigen einmal mehr, daß der Marxismus-Leninismus der K-Gruppen nicht in der Lage ist, die Spezifik des Nationalsozialismus zu erkennen, diesen folglich einem verallgemeinernden Begriff von Faschismus subsumieren muß, der wenig mehr bedeutet als eine gewaltförmigere Form bürgerlicher Herrschaft. So gelingt es den K-Gruppen dann, von den deutschen Besonderheiten des Nationalsozialismus zu schweigen. Schuldabwehr ist die Voraussetzung, nach 1945 überhaupt einen positiven Bezug zur deutschen Nation herstellen zu können. Den K-Gruppen gelingt dies, indem sie den marxistisch-leninistischen Nationenbegriff[520] geschichtslos übernehmen, der maßgeblich von Stalin geprägt wurde. Damit greifen sie zwar das Erbe der leninistischen Linie der sozialistischen Arbeiterbewegung auf, doch deren internationalistische und antinationale Ursprünge sind verloren.

Während das „Manifest der Kommunistischen Partei“ von Marx und Engels noch explizit international argumentiert: „Proletarier aller Länder, vereinigt euch!“[521], und zugleich feststellt: „Die Arbeiter haben kein Vaterland“[522], enthält das 1903 von Lenin aus strategischen Gründen entwickelte „Selbstbestimmungsrecht der Nationen“[523] bereits eine positive Bezugnahme auf die Nation. Doch Lenin schränkt dies wieder ein, denn „kein Marxist kann, ohne mit den Grundsätzen des Marxismus und des Sozialismus überhaupt zu brechen, bestreiten, daß die Interessen des Sozialismus höher stehen als die Interessen des Selbstbestimmungsrecht der Nationen.“[524] Erst mit Stalins Unterscheidung zwischen „papierenen“ und „wirklichen Nationen“[525] findet eine überhistorische Naturalisierung und Ethnisierung des Nationenbegriffs statt.[526] Dies gilt trotz Stalins ausdrücklicher Betonung der Historizität der Nation. Deutlich wird dies, wenn er ausgerechnet den Juden den Nationalstatus mit der Begründung streitig macht, sie seien „keine mit der Scholle verbundene breite stabile Schicht [...], die auf natürliche Weise die Nation nicht nur als ihre Gerippe, sondern als ‚nationalen’ Markt zusammenhält.“[527] Indem er die Nation „natürlicher Weise“ an die Scholle bindet, konterkariert er seine vorherige Definition der geschichtlichen Entstehung der Nationen und seine Ablehnung des Nationalismus. Daß ausgerechnet die Juden als Negativbeispiel einer zur Nationenbildung nicht fähigen Gruppe herangezogen werden, hat zwar mit den Diskussionen der internationalen sozialistischen Bewegung zu tun,[528] verweist aber schon auf den Antisemitismus der Stalin-Ära.

Mit der Oktoberrevolution und dem Entstehen der ersten „sozialistischen Nation“, sowie verstärkt nach dem Ende des Zweiten Weltkriegs mit der Herausbildung des sozialistischen Lagers, gewinnt die nationale Politik für die sozialistischen Machthaber immer größere Bedeutung. Dies betrifft sowohl die internationalen Beziehungen als auch die Innenpolitik der Ostblockstaaten. Aber auch in den kommunistischen Parteien außerhalb des sozialistischen Einflußbereichs greift das Denken in nationalen

Kategorien immer weiter um sich. Während die einen als „außenpolitische Anhängsel der Sowjetunion“[529] agieren, kämpfen die anderen um die nationale Befreiung von Kolonialismus und Imperialismus, so auch die „Kommunistische Partei Chinas“, die für die Herausbildung der Theorie der K-Gruppen grundlegend ist. Ihre Theorie bedeutet die Amalgamierung des Nationalismus mit dem Marxismus-Leninismus, und Mao sagt gar konsequenterweise: „Der nationale Kampf ist letzten Endes ein Klassenkampf.“[530]

In dieser Tradition gewinnen auch die westdeutschen K-Gruppen ihren positiven Begriff der Nation. Damit ignorieren sie aber die Malaise, in die jede Form des Nationalismus in Deutschland nach den nationalsozialistischen Verbrechen notwendig gerät. Denn „durch Auschwitz ging dem deutschen Nationalismus verloren, worauf jede ‚nationale Identität' basiert: die Gewißheit, einer guten Nation anzugehören. [...] Das heißt, jeder Anlauf, ‚nationale Identität' zu rekonstruieren, muß versuchen, Auschwitz aus dem Weg zu räumen oder zumindest zu neutralisieren.“[531] Die K-Gruppen bewerkstelligen dies, indem sie die Singularität des deutschen Verbrechens durch ständiges Vergleichen relativieren. Das Ergebnis ist ein scheinbar ungebrochenes, unbefangenes Verhältnis zur deutschen Nation, das deren Vergangenheit jedoch immer wieder abwehren muß. Beispiele für dieses spezifische Nationalbewußtsein lassen sich zahlreich finden: So werden schon in den Texten der ersten maoistisch ausgerichteten Partei der Bundesrepublik, der „Marxistisch-Leninistischen Partei Deutschlands“ (MLPD),[532] explizit nationale Positionen formuliert. So fordert die Partei unter anderem, daß die „deutschen Ostgebiete [...] nicht preisgegeben werden dürfen.“ Zur Begründung heißt es: „Es ist unmarxistisch und revisionistisch, die deutschen Ostgebiete nicht zurückgeben zu wollen! Die deutschen Ostgebiete sind mit dem Blut deutscher Kommunisten getränkt. Thälmann hat die Raubgrenzen von 1918 (bekannt als die Grenzen von 1937) niemals anerkannt und deren Anerkennung entschieden abgelehnt. Mit wie viel mehr Entrüstung hätte er die vom USA-Imperialismus angerichtete Zerstückelung von 1945 angegriffen und bis zur Beseitigung bekämpft? Wer die Ideen Mao Tse-tungs anwendet, weiß, daß unsere Rückgabeforderung marxistisch-leninistisch ist.“[533]

Solch nationalistische Forderungen finden sich allerdings nicht nur in den Texten einer obskuren, nur anonym auftretenden Minipartei. Auch die offen agierenden und einige tausend Mitglieder umfassenden K-Gruppen der siebziger Jahre vertreten nationalistisches Gedankengut. So findet sich etwa in der in den Farben Schwarz, Rot, Gold gebundenen „Programmerklärung zur friedlichen Wiedervereinigung Deutschlands“ des „Arbeiterbundes für den Wiederaufbau der KPD“ mit dem Titel „Damit Deutschland den Deutschen gehört!“[534] die folgende Passage: „Es ist an der Zeit, daß sich die friedliebenden und wirklich national gesinnten Menschen über die Schranken von Weltanschauung, Religion und Herkunft hinweg zusammenfinden.“[535]

Klassenzugehörigkeit und Bekenntnis zu den Ideen der Arbeiterbewegung sind für eine sozialistische Position nicht weiter von Belang, ist man nur friedliebend und wahrhaft national gesonnen. Dieser Satz steht im eklatanten Widerspruch zu den bisherigen Erklärungen des AB, denn sonst erklärt sich der Bund die herrschenden Verhältnisse aus der Teilung der Gesellschaft in Klassen, die sich über den Besitz, bzw. die Verfügungsgewalt über die Produktionsmittel definieren. Diese Klassenanalyse wird nun zugunsten des Nationalismus verworfen. Daß das Bekenntnis zu Deutschland auch hier mit der Abwehr und Umschreibung der Geschichte einhergeht, zeigt die folgende Passage der Programmerklärung: „Der deutsche Imperialismus [...] verkaufte Deutschland meistbietend an das amerikanische, französische und englische Finanzkapital. Weil er erst das eigene Volk niederwerfen mußte, um es aufs neue zur Niederwerfung anderer Völker mißbrauchen zu können, heuerte er die weder nationalen noch sozialen Hitlerfaschisten an, die über Deutschland die finsterste Zeit seiner Geschichte brachten.“[536] Hier zeigt sich erneut das reduktionistische Verständnis der K-Gruppen vom Nationalsozialismus. Hitler, die Marionette des Finanzkapitals, unterwirft die deutsche Bevölkerung und macht sie zum Opfer; dann treibt er sie in den Weltkrieg. Damit wird sie nicht nur von den Verbrechen des Nationalsozialismus freigesprochen, sie wird gar zum ersten Opfer des Finanzkapitals und ihrer Agenten Organe stilisiert. Und nach dem verlorenen Krieg werden die Deutschen abermals zu Opfern erklärt, indem der deutsche Imperialismus ihr Vaterland an das ausländische Finanzkapital verkauft. Die antinationalen Herrschenden werden damit dem national fühlenden Volk gegenübergestellt – solch eine Gesellschaftsanalyse erinnert mehr an die politische Rechte als an eine Organisation, die sich als kommunistisch bezeichnet.

Selbst innerhalb der marxistisch-leninistischen Bewegung gibt es Kritik an den Positionen des Arbeiterbundes. Das theoretische Organ des KBW „Kommunismus und Klassenkampf“ setzt sich ausführlich damit auseinander: Nachdem der Autor erst die bedeutende Rolle der Frage der Nation für die Arbeiterklasse bestätigt und somit klarmacht, daß es sich bei aller Kritik nicht um eine grundsätzliche Differenz zum Arbeiterbund handelt, betont er, daß die nationale Frage sich heute der sozialen unterzuordnen habe, daß folglich der Arbeiterbund über das Ziel hinausgeschossen sei: „Der Arbeiterbund kommt auf die Idee, von nationaler Unterdrückung zu sprechen und zum nationalen Befreiungskampf zu blasen, weil die deutsche Nation gespalten ist. Statt aber diese Frage klassenmäßig zu untersuchen und sich zu fragen, für welche Klassen diese Spaltung denn Unterdrückung bedeutet, geht er an die Frage wie ein beliebiger bürgerlicher Nationalist heran."[537] Der KBW formuliert allerdings keine grundsätzliche Kritik am Nationalismus des Arbeiterbundes, sondern beklagt nur die Überschätzung der nationalen Frage im Vergleich zur sozialen. Kritik an der Relativierung der deutschen Vergangenheit findet nicht statt, es handelt sich lediglich um eine graduelle Abstufung der nationalen Position innerhalb der marxistisch-leninistischen Parteien und Bünde.

Andere Gruppen, etwa die KPD/ML, vertreten die gleiche Linie. In ihrer Grundsatzerklärung heißt es: „Der Ruhm Deutschlands wurde nicht von jämmerlichen Herzögen und Königen begründet, von der Raffgier, dem Profitstreben einiger Bank- und Industriebosse, er wurde begründet durch die deutschen Werktätigen, ihren Fleiß und Ordnungssinn, ihren wissenschaftlichen und künstlerischen Leistungen."[538] Daran läßt sich ablesen, wie energisch die K-Gruppen mit ihrer antiautoritären Herkunft gebrochen haben. Während den antiautoritären Studierenden die deutschen Sekundärtugenden noch als eine psychologische Ursache des Nationalsozialismus galten, werden sie nun als vorbildlich propagiert. Außerdem wird erneut manichäisch agitiert: auf der einen Seite steht eine kleine Anzahl von als unmoralisch denunzierten Herrschenden, auf der anderen Seite die überwältigende Masse der Bevölkerung, die eben jene Sekundärtugenden vertritt. Der Nationalismus ersetzt jedwede gesellschaftliche Analyse.

Die weitere Radikalisierung dieses positiven Bezugs der K-Gruppen auf die deutsche Nation wird durch die sog. „Drei-Welten-Theorie" der KP China eingeleitet. Diese Theorie, die 1974 von Deng Hsiao-Ping formuliert wird, geht davon aus, daß die Supermächte UdSSR und die USA die erste Welt bilden, wobei die Sowjetunion als die aggressivere politische Macht eingeschätzt wird; die europäischen Staaten, Japan und Australien bilden die zweite Welt, die dritte Welt stellen die Länder Afrikas, Asiens und Lateinamerika unter Führung Chinas. Um gegen die hegemonialen Bestrebungen der ersten Welt vorzugehen, empfiehlt die KPCh das Bündnis von zweiter und dritter Welt. Aufgrund der außenpolitischen

Interessen der Volksrepublik Chinas richtet sich die „Drei-Welten-Theorie“ sehr viel schärfer gegen die Sowjetunion als gegen die USA.[539] In der marxistisch-leninistischen Bewegung Westdeutschlands löst diese theoretische Vorgabe heftige Auseinandersetzungen aus, die dann mit der weitgehenden Abkehr vom idealisierten chinesischen Vorbild enden. Als erste deutsche K-Gruppe kritisiert der KB offen die strategische Umorientierung der chinesischen Außenpolitik. Als 1974 im Rahmen der Festlegung der UdSSR als Hauptfeind und der damit verbundenen Annäherung an die USA und Westeuropa der den K-Gruppen besonders verhaßte und als Faschist bezeichnete CSU-Vorsitzende Franz-Josef Strauß von der chinesischen Führung empfangen wird, titelt der „Arbeiterkampf“: „Strauß in China: Zum Kotzen!“[540]

Doch die anderen K-Gruppen folgen zunächst den Positionen der KPCh. Besonders die KPD/ML und die KPD/AO propagieren vorbehaltlos die chinesischen Vorgaben . Eingeleitet wird diese Phase im Frühjahr 1975 durch die „Kieler Rede“ des KPD/ML-Vorsitzenden Ernst Aust, in der er darstellt, wie die „Drei-Welten-Theorie“ auf die deutschen Verhältnisse übertragen werden soll. Erst gibt er die Grundlagen der chinesischen Einschätzung wieder, nach der die beiden Großmächte USA und UdSSR die Hauptfeinde der Völker seien, wobei die Sowjetunion als aufstrebende imperialistische Macht die aggressivere darstelle. Aust geht soweit, die UdSSR mit dem nationalsozialistischen Deutschland zu vergleichen: „Die Sowjetunion von heute ist eine Diktatur nach der Art Hitlers, die ihren staatsmonopolistischen Herrschaftsapparat auf die völlige Militarisierung und Kriegsvorbereitung abgestellt hat.“[541]

Diese sowjetische Strategie führe dazu, das Westeuropa zum nächsten Schlachtfeld der russischen Expansion werde, die Bundesrepublik deren erstes Opfer. Nach einer kurzen Übersicht über die leninistische Konzeption vom gerechten und ungerechten Krieg, konstatiert er, daß der Widerstand gegen eine sowjetische Invasion Westdeutschlands ein gerechter Verteidigungskrieg sei, und daß „jeder Krieg zwischen den zwei Supermächten, sollte er ausbrechen und die Bundesrepublik in ihn hineingezogen, für uns deutsche Werktätige von Anfang an ein antifaschistischer, antiimperialistischer Befreiungskampf (wäre), in dem wir uns mit jedem verbünden, der bereit ist, mit uns gemeinsam jeden Angreifer, jeden Besatzer vom Boden unserer Heimat zu verjagen.“[542] Auf den möglichen Einwand, daß die KPD/ML sich in diesem Kampf auch mit nationalistischen Gruppen verbünden müsse, die beide Großmächte ebenfalls ablehnen, antwortet Ernst Aust mit einem eingeschränkten Ja. Es gelte, in Europa eine breite Einheitsfront unter der Führung der Kommunistischen Partei zu schmieden, die „alle Klassen, Schichten, Parteien, Organisationen und Individuen zusammenschließt, die im Widerspruch zu den beiden Supermächten stehen, im Widerspruch zur Monopolbourgeoisie und anderen reaktionären Kräften, die die Interessen der Nation verraten.“[543]

Den Hauptwiderspruch der aktuellen weltpolitischen Situation sieht der Vorsitzende der KPD/ML also nicht mehr im Klassenantagonismus, sondern im Gegensatz zwischen den Großmächten auf der einen Seite, den Völkern der Welt auf der anderen Seite. So ist nun folglich nicht mehr die Arbeiterklasse der Bundesrepublik der Adressat der Partei, sondern das deutsche Volk. Aust bestätigt so den Vorwurf, den linke Kritiker dem Maoismus wiederholt gemacht haben, nämlich nicht mehr von der Kategorie des Proletariats als revolutionärem Subjekt auszugehen, sondern vom Volk.[544] Beleg dafür sind den Kritikern die nationalen Positionen einiger K-Gruppen, unter anderem der gängige Gegensatz zwischen einer mittelständischen Wirtschaft, die verteidigt werden, und den multinationalen Monopolen, die bekämpft werden sollen, dazu der positive Bezug auf die deutsche Kultur. Aust bestätigt diese Vorwürfe, wenn er in seinem Referat zur weltpolitischen Lage vom Kampf der Völker und dabei explizit auch vom Kampf des deutschen Volkes gegen den „Hegemonismus“ der Weltmächte ausgeht.

Die Führung im weltweiten Kampf gegen die Großmächte liegt nach Meinung der KPD/ML bei der Regierung der Volksrepublik China, deren politisches Vorgehen deshalb nicht kritisiert werden darf. Artikel wie der über den Strauß-Besuch in China im „Arbeiterkampf“ werden deshalb als „Revisionismus“ zurückgewiesen, die chinesische Außenpolitik wird bedingungslos verteidigt. „Jawohl, es war richtig, und wir begrüßen es, daß der Genosse Mao Tsetung den CSU-Vorsitzenden Strauß empfangen hat! Denn im Gegensatz zu den anderen Herren, die Peking besuchten, im Gegensatz zu den Exponenten der SPD/FDP, hat Strauß in China klipp und klar sich gegen das Vormachtstreben der zwei Supermächte, besonders gegen den sowjetischen Sozialimperialismus gewandt, ist er gegen die Entspannungsdemagogie und für eine Stärkung der Verteidigungsbereitschaft der westeuropäischen Staaten gegen den Sowjetimperialismus eingetreten.“[545]

Dank der chinesischen „Drei-Welten-Theorie“ findet sich die KPD/ML nun unversehens an der Seite des rechten Flügels der CDU/CSU wieder und propagiert eine Politik der Stärke gegenüber dem Ostblock. Dies wird auch von der KPD/AO unterstützt, die neben der KPD/ML die zweite K-Gruppe ist, die die Vorgaben aus China vorbehaltlos umsetzt. Es läßt sich also in Analogie zum Verhältnis der DKP zur SED bzw. KPdSU sagen, daß diese Parteien das außenpolitische Anhängsel der KPCh darstellen. Die anderen K-Gruppen beziehen in Sachen „Drei-Welten-Theorie“ entweder nicht eindeutig Stellung oder benötigen einen längeren Zeitraum, um die Politik der auch von ihnen als Vorbild angesehenen KP China zu kritisieren.

Daß die Propagierung der „Drei-Welten-Theorie“ und die damit verbundene potenziell positive Rolle Deutschlands in der Welt die Relativierung der deutschen Schuld voraussetzen, zeigen die entsprechenden Erklärungen von KPD/AO und KPD/ML. So treten beide Parteien im Falle eines imperialistischen Angriffs auf die Bundesrepublik (dieser Fall wird zumindest seitens der Sowjetunion als sehr wahrscheinlich angesehen) für eine Politik der Vaterlandsverteidigung ein. Gerechtfertigt wird dies mit einer Identifizierung der beiden Großmächte mit dem Nationalsozialismus: „Es liegt auf der Hand, daß die beiden imperialistischen Supermächte heute die Stelle des Nazifaschismus einnehmen.“[546] Vor allem die Sowjetunion wird immer wieder mit dem Nationalsozialismus verglichen. Für KPD/AO und KPD/ML ergibt sich aus der „Drei-Welten-Theorie“ eine grundlegende Änderung ihres Verhältnisses zur Bundeswehr. Während beide Parteien bisher eine antimilitaristische Zersetzungspolitik in der Armee betrieben haben, fordern sie nun zur Stärkung der Bundeswehr auf. „Nicht Wehrlosmachung, sondern Wehrertüchtigung für die gerechte Sache der Unabhängigkeit gegen die beiden Supermächte ist also unsere Aufgabe. Wenn Wehrkundeunterricht in den Schulen gegeben wird, wenn Schüler Kasernen besuchen usw., dann ist das eben nicht an sich schlecht und zu bekämpfen, wie es früher richtig schien.“[547]

Beide Parteien kritisieren sogar, daß die sozialliberale Regierung die Bundeswehr schwächen, damit die Bundesrepublik wehrlos dem „Sozialimperialismus“ ausliefern würde. Die gleiche Kritik trifft natürlich auch andere linken Gruppen, die an antimilitaristischenen Positionen festhalten, besonders die moskauorientierten: „Es kommt nicht von ungefähr, daß es gerade die Revisionisten in der BRD und Westberlin sind, die diesen Pazifismus mit aller Kraft schüren. Nie zuvor hat die westdeutsche Kriegsdienstverweigererorganisation so viel pazifistisches Gift unter die Massen gestreut, wie jetzt, wo es den Revisionisten gelungen ist, den Vorstand der vereinigten Organisation DFG/VK an sich zu reißen.“[548] Mit der Wortwahl vom „pazifistischen Gift“ bedienen sich die K-Gruppen einmal mehr aus dem sprachlichen Repertoire der faschistischen Rechten.

Die „Drei-Welten-Theorie“ führt zu einer kurzzeitigen Annäherung zwischen der KPD/AO und der KPD/ML, die soweit geht, daß erste Vorbereitungen für einen Zusammenschluß getroffen werden. Doch spätestens 1977 enden derlei Überlegungen, da die KPD/ML nun einen erneuten Kurswechsel einleitet, sich von der „Drei-Welten-Theorie“ distanziert und sich von China ab- und Albanien zuwendet. Die Entwicklung in China wird nun ähnlich negativ beurteilt wie die der Sowjetunion nach dem Tode Stalins. Für die KPD/ML gilt von nun an der Sozialismus nur noch in Albanien als verwirklicht. In den folgenden Jahren setzt allerdings ein gewisser Entdogmatisierungsprozeß ein, der 1986 zur Vereinigung mit der trotzkistischen „Gruppe Internationaler Marxisten“ (GIM) führen wird. Nach Maos Tod 1976 und der anhaltenden Erfolglosigkeit der K-Gruppen kommt es zum Niedergang dieser Strömung. Die Auseinandersetzungen um die „Drei-Welten-Theorie“ tragen ihr Teil dazu bei. Sie führen dazu, daß sich die ML-Organisationen in zwei rivalisierende Lager spalten, ohne daß die Konkurrenz innerhalb dieser Lager aufgehoben wird.

Wie bereits erwähnt, kommt die erste und auch schärfste Kritik an der „Drei-Welten-Theorie“ vom „Kommunistischen Bund“. Dieser hatte bereits zuvor die Positionen von KPD/ML, KPD/AO und AB zur nationalen Frage und zur Wiedervereinigung als nationalistisch kritisiert und erklärt, die Aufgabe der Kommunisten in Deutschland sei es stattdessen, die deutsche Arbeiterklasse gemeinsam mit den ausländischen Arbeitern zur Revolution zu führen.[549] Nachdem 1975 die KPD/ML und die KPD/AO die chinesischen Vorgaben der „Drei-Welten-Theorie“ übernehmen und auf die deutschen Verhältnisse anwenden, folgen in fast jeder Ausgabe des „AK“ sachliche wie polemische Abrechnungen damit. Der KB geht dabei soweit, die deutschen Vertreter der „Drei-Welten-Theorie“ als Unterstützer der in der Bundesrepublik betriebenen Faschisierung zu bezeichnen: „Hier entfaltet sich zwischen ‚ML’ern und ‚Nationalrevolutionären’ ein ‚sozial’demagogischer, ‚sozial’chauvinistischer Sumpf, der Vorfeld und Zutreiber der vom BRD-Imperialismus betriebenen Faschisierung ist.“[550] Hintergrund dieser Kritik ist unter anderem die kurzzeitige Zusammenarbeit der Gruppe „Marxisten-Leninisten Deutschlands“ (MLD) – eine selbst im Vergleich mit KPD/ML und KPD/AO noch radikaler nationalistisch auftretende Gruppierung – mit rechtsextremen Organisationen.[551] Verbindendes Element dieser sonst antagonistischen Gruppen ist die Feindschaft gegen den Ostblock. Für den KB folgt daraus, daß es sich um ein Bündnis von Rechtsextremisten handeln muß: „Die konsequente Vaterlandsverteidigung ist nichts anderes als eine ‚links’ aufgemachte Spielart des Faschismus. [...] In der BRD und Westberlin sind die Reste der ‚KPD' und ihrer Ableger die übelsten Vertreter dieser rechtsradikalen Politik"[552]

In dieser harschen Kritik an den K-Gruppen, die die „Theorie der Drei-Welten" vertreten – zu ihnen zählt der KB allerdings anfangs auch den KBW, den KABD und den AB, da diese sich nicht konsequent genug von den chinesischen Positionen distanzieren –, deutet sich schon die Abkehr des KB vom marxistisch-leninistischen Politikverständnis an, und an dieser Kritik des KB scheitert dann auch ein vom AB initiiertes Bündnis von K-Gruppen gegen die „Vaterlandsverteidiger".[553] Dieses sollte außer dem AB den KBW und den KABD auch den KB umfassen, doch dieser kritisiert die zögerliche Auseinandersetzung der anderen Organisationen mit den chinesischen Vorgaben. In der Tat fällt es dem AB, dem KBW und dem KABD zunächst sehr schwer, sich von ihrem Vorbild zu distanzieren. Der Prozeß der Ablösung ist langwierig und verstärkt bei den meisten K-Gruppen die schon länger schwelenden internen Krisen. Beispielhaft für die mühsame und zögerliche Distanzierung von der Politik der KPCh steht der KABD, der von 1977 bis 1981 eine siebenteilige Broschürenreihe mit dem Titel „China-Aktuell" veröffentlicht, wobei sich die Kritik an der Politik der Volksrepublik China von Folge zu Folge steigert, bis von der Restauration des Kapitalismus in China und von Sozialimperialismus die Rede ist.[554]

Nach dem erneuten Kurswechsel der KPD/ML 1977 und der Auflösung der KPD/AO 1980 endet die Phase der „Drei-Welten-Theorie" in der westdeutschen ML-Bewegung. Der Fokus richtet sich nun im Rahmen der Proteste gegen die Nachrüstung Anfang der 1980er Jahre wieder verstärkt auf die US-amerikanische Politik. Und auch die aktuelle Politik der Bundesrepublik wird von den noch existierenden K-Gruppen wieder einheitlich verurteilt. So attestieren nach dem Zusammenbruch der DDR und der Vereinigung der beiden deutschen Staaten Teile der K-Gruppen der Bundesrepublik eine besonders aggressive imperialistische Politik. Dies wird aus dem deutschen Sonderweg abgeleitet und mit zahlreichen historischen Beispielen belegt.[555] Nun setzen sich auch Teile der marxistisch-leninistischen Gruppierungen zum ersten Mal eingehender mit der deutschen Vergangenheit auseinander, mit weitreichenden Folgen. Aus Teilen des 1991 aufgelösten KB, der schon immer vor der Faschisierung der Bundesrepublik gewarnt hat, entsteht im Laufe der 1990er Jahre eine sich explizit „antideutsch" verstehende Strömung, die nicht nur die Positionen der K-Gruppen einer radikalen Kritik unterzieht.[556]

Auseinandersetzungen über die Sozialfaschismusthese

Charakteristisch für die Politik der K-Gruppen ist ihr ungebrochener Bezug auf die Geschichte und dic Theorie der kommunistischen Parteien. In erster Linie werden die KPD der Weimarer Republik und die KPdSU bis 1956 als historische Vorbilder herangezogen. Vor diesem Hintergrund entwickeln die K-Gruppen ihre aktuelle Politik – so dogmatisch und unreflektiert, daß Kritiker ihnen vorwerfen, sie würden die Ereignisse der zwanziger und dreißiger Jahre noch einmal durchspielen. So geraten auch die verschiedenen taktischen Wendungen der kommunistischen Faschismusanalyse in den Blick der K-Gruppen, insbesondere die sog. „Sozialfaschismusthese".

Die Sozialfaschismusthese wird seitens der „Kommunistischen Internationale" Ende der zwanziger Jahre entwickelt.[557] Ausgehend von den Erfahrungen mit den sozialdemokratischen Parteien während des Ersten Weltkrieges und der darauf folgenden revolutionären Phase in Europa, werden die Sozialdemokraten als die Hauptstütze der Bourgeoisie betrachtet, denn sie hatten während des Weltkrieges die antimilitaristischen Positionen der „Zweiten Internationalen" aufgegeben und eine Politik des Burgfriedens mit der Bourgeoisie betrieben. Nach dem Ende des Krieges stellten sich die Sozialdemokraten gegen die revolutionären Erhebungen in Deutschland, Österreich, Ungarn und Italien und verhindern so weitere kommunistische Revolutionen. Dabei kam es zur blutigen Niederschlagung von Arbeiterrevolten durch sozialdemokratische Regierungen. Dieses Verhalten führte auf Seiten der Kommunisten verständlicherweise zu einem tief sitzenden Haß auf die Sozialdemokratie. Spätestens mit dem Sieg des Faschismus in Italien 1922 muß sich die kommunistische Bewegung auch mit diesem neuen politischen Phänomen auseinandersetzen. Der Faschismus wird dabei meist auf eine nur extremere Variante bürgerlicher Herrschaft verkürzt. Da die Sozialdemokratie in vielen Ländern Europas mit an der Regierung ist, während andere von faschistischen Diktaturen beherrscht werden, spricht Stalin 1924 davon, daß die Sozialdemokratie „objektiv den gemäßigten Flügel des Faschismus" darstellen und bezeichnet sie als dessen „Zwillingsbruder"[558] des Faschismus. Und das Programm der Komintern sagt 1928: „Entsprechend der jeweiligen politischen Konjunktur bedient sich die Bourgeoisie sowohl der faschistischen Methoden als auch der Methoden der Koalition mit der Sozialdemokratie, wobei die Sozialdemokratie selbst, besonders in für den Kapitalismus kritischen Zeiten, eine faschistische Rolle spielt. Die

Sozialdemokratie zeigt im Laufe der Entwicklung faschistische Tendenzen, was sie jedoch nicht hindert, im Falle einer Änderung der politischen Konjunktur gegen die bürgerliche Regierung als oppositionelle Partei aufzutreten."[559] Diese Phase der Gleichsetzung der Sozialdemokratie mit dem Faschismus und der vorrangigen Bekämpfung der sozialdemokratischen Parteien geht in Deutschland praktisch bis zur Proklamation der „Antifaschistischen Aktion" im Frühjahr 1932 und theoretisch bis zu den Vorbereitungen des 7. Weltkongresses der Komintern 1934. Auf diesem Weltkongreß wird die Sozialfaschismusthese verworfen und als „linkssektiererische Abweichung" gebrandmarkt.

Zu Beginn der siebziger Jahre, während der Regierungszeit der sozialliberalen Koalition, wird die Sozialfaschismusthese zeitweilig von den „ultralinken" ML-Parteien, der KPD/ML und der KPD/AO, wieder aufgegriffen. Maßnahmen der sozialdemokratisch geführten Regierung werden folglich unter diesem Gesichtspunkt bewertet. Alexander von Plato, ein führender Kader der KPD/AO, setzt sich in seinem 1973 erschienenen Buch „Zur Einschätzung der Klassenkämpfe in der Weimarer Republik: KPD, Komintern, Sozialdemokratie und Trotzkismus" ausführlich mit der Sozialfaschismusthese auseinander. Obwohl er die 1930 von Teilen der KPD vertretene Linie der Bekämpfung der einfachen SPD-Mitglieder durchaus als „linkssektiererischen" Fehler einstuft, kommt er doch zu dem Ergebnis: „Die Geschichte der SPD beweist weiterhin, daß der Vorwurf der KPD und der Komintern, die SPD-Führung sei sozialfaschistisch, Gültigkeit besaß: Sowohl in ihrer Politik der Verelendung der Arbeiterklasse als auch in ihrem Terror, sowie in ihrem Arrangement mit den Nationalsozialisten und schließlich in ihrer Ideologie wies die deutsche Sozialdemokratie dem Faschismus den Weg und erleichterte der NSDAP ihren Aufstieg. Die SPD war [...] einer der Wegbereiter des Faschismus."[560]

Dieses Resümee stützt sich vor allem auf den sowohl von der SPD als auch der NSDAP vertretenen Glauben, man könne die kapitalistische Produktionsweise durch Eingriffe des Staates krisenfrei gestalten. Das Mittel dieser korporatistischen Strategie der Weimarer SPD war die sog. „Wirtschaftsdemokratie" und ihre Praxis der Zwangsschlichtungen, die von den sogenannten Arbeitsgemeinschaften der Tarifparteien und des Staates durchgesetzt wurden; Ziel dieses Staatssozialismus war es, sich die Ökonomie auf dem Wege der Planwirtschaft untertan zu machen. Nach ihrer Machtübernahme setzte die NSDAP diese Politik in Organisationen wie der „Deutschen Arbeitsfront" (DAF) fort. Obwohl die meisten konkurrierenden K-Gruppen diese historische Analyse der

KPD/AO ebenfalls vertreten, lehnen sie sie hinsichtlich der aktuellen Politik der Sozialdemokratie ab. Für sie ist die SPD vielmehr eine „bürgerliche Arbeiterpartei",[561] deren einfache Mitglieder man für eine Einheitsfrontpolitik zu gewinnen versucht. Anders die „ultralinken" ML-Parteien: Für sie gilt, daß die Sozialdemokratie der Hauptfeind ist. In dieser Frage exponiert sich besonders die KPD/ML (Zentralbüro), die eine regelrechte Anti-SPD-Kampagne betreibt. In ihrem internen Organ „Der Parteiarbeiter" werden die Mitglieder auf die Bekämpfung der SPD eingeschworen: „Besteht nun die Gefahr des Faschismus? Diese Gefahr wird von den sozialdemokratischen Führern systematisch verstärkt. Sie sind Wegbereiter der faschistischen Diktatur der Monopolbourgeoisie. Sie sind Steigbügelhalter der faschistischen Banden um Strauß und Thadden. Das ist ihre historische Mission und deshalb verwalten sie die Arbeiterklasse immer mehr mit faschistischen Mitteln, spalten die Arbeiterklasse und verraten sie. Müssen wir diese Banditen nicht schonungslos bekämpfen? Sind nicht die sozialdemokratischen Führer die Hauptfeinde der Arbeiterklasse?"[562] So beweist sich einmal mehr die simplifizierende Faschismusanalyse der K-Gruppen. Der Nationalsozialismus wird auf die offene Diktatur der Monopolbourgeoisie reduziert, die qualitativen Unterschiede zwischen der parlamentarischen bürgerlichen Gesellschaft und dem totalitären System der faschistischen Regime nivelliert. Für die KPD/ML-ZB stellt folglich jede Gesetzesverschärfung etwa im Rahmen der Inneren Sicherheit einen weiteren Schritt zum offenen Faschismus dar. Folgerichtig finden sich in ihrem Zentralorgan „Rote Fahne" unzählige Artikel, die sich gegen die Faschisierung des Staates durch die sozialliberale Regierung richten.

Dieser Kurs stößt bei den meisten anderen K-Gruppen auf Kritik. Obwohl ihre Faschismusanalyse mit der der „ultralinken" ML-Parteien übereinstimmt, richtet ihre praktische Politik in erster Linie gegen offen faschistische Organisationen und die konservativen Parteien. So unterhält etwa der KB sogenannte „Antifa-Kommissionen", die unter dem Symbol der historischen „Antifaschistischen Aktion" der KPD Informationen über Rechtsextremisten recherchieren und Aktionen organisieren. Dabei wird versucht, Bündnisse mit anderen linken und liberalen Organisationen zu bilden. Auch der KABD lehnt die Sozialfaschismusthese für ihre Praxis ab und erklärt, daß diese Theorie nur von den tatsächlichen Faschisten ablenken würde: „Jegliches Gerede von Sozialfaschismus im Zusammenhang mit der gegenwärtigen reaktionären Regierung ist falsch, sektiererisch, äußerst schädlich. Ebenso falsch ist es, die SPD/FDP-Regierung als Wegbereiter des Faschismus zu bezeichnen, weil diese These von den tatsächlichen faschistischen Mächten ablenkt."[563]

Ein langer Artikel Joscha Schmierers, des Ersten Sekretärs des ZK des KBW, im Theorieorgan des KBW zeigt, welche Bedeutung die Frage der Sozialfaschismusthese für die marxistisch-leninistische Bewegung hat. Er arbeitet sich einerseits an der historischen Politik der KPD von 1928 bis 1933 ab, kritisiert andererseits die unvermittelte Übernahme der Sozialfaschismusthese durch die KPD/AO. Schmierer bezeichnet die Sozialfaschismusthese als Abweichung vom Marxismus-Leninismus und führt zur Unterscheidung zwischen Faschismus und Sozialdemokratie aus: „Insofern der Faschismus gerade darin besteht, *offen* mit der bürgerlichen Demokratie und den sozialen Reformen aufzuräumen, kann sich die Sozialdemokratie nicht mit dem Faschismus als bestimmte Form der Herrschaft der Bourgeoisie aussöhnen, kann auch selber nicht, solange sie bürgerliche *Arbeiter*partei bleibt, zu einer faschistischen Partei werden."[564]

Doch die von den meisten K-Gruppen geäußerte grundsätzliche Kritik der Sozialfaschismusthese hindert sie nicht daran, der SPD fallweise entsprechende Vorwürfe zu machen. Selbst der KB, der bei antifaschistischen Protestaktionen auch versucht, Aktionsbündnisse mit der SPD zu schließen, ist davor nicht gefeit. So schreibt zum Beispiel die Frankfurter Ortsgruppe nach einem harten Polizeieinsatz bei einer Demonstration nach dem Tod Ulrike Meinhofs über den SPD-Polizei-Präsidenten: „Um so brutaler die Bulleneinsätze in Frankfurt geworden sind, um so deutlicher Müller seine ‚sozial'faschistische Fratze gezeigt hat, um so flauer wurde der Protest der SPD-‚Linken', von der angeblich ‚linken' SPD-Hochburg Hessen ist da nichts zu spüren. [...] Das ist keine Frage von Personen, der ‚Sozial'faschismus hat in der SPD-Politik insgesamt seinen festen Platz."[565] Der Sozialfaschismusvorwurf wird hier zwar rein polemisch in der Tagespolitik verwendet, doch relativiert er allein schon durch seinen Gebrauch die Grundsatzpositionen des KB.

Eine weitere Anwendung erfährt die Sozialfaschismusthese in der Auseinandersetzung mit dem „real existierenden Sozialismus". Wie bereits gezeigt, wird seitens der Parteigänger der „Drei-Welten-Theorie" die Behauptung erhoben, die Sowjetunion sei der Hauptfeind der Menschheit. Wie die Sozialfaschismusthese wird auch die „Drei-Welten-Theorie" von den „ultralinken" K-Gruppen vertreten, und wie bei der Sozialfaschismusthese wird auch der Faschismusvergleich überaus großzügig gehandhabt. In den Publikationen von KPD/ML und KPD/AO[566] finden sich inflationäre Vergleiche der Sowjetunion, der DDR und auch der DKP mit dem Nationalsozialismus. So meint etwa die KPD/AO in einem Artikel mit der Überschrift „Die sowjetischen Führer sind in die Fußstapfen Hitlers getreten“ in ihrem Zentralorgan: „Daher ist es völlig richtig, die Diktatur der Bourgeoisie in der Sowjetunion als sozialfaschistische Diktatur zu kennzeichnen, die sich – je nach den besonderen Bedürfnissen der Täuschung oder Niederhaltung hinter den Aushängeschildern ‚Staat des ganzen Volkes‘ oder ‚Diktatur des Proletariats‘ versteckt. Auch Hitler erklärte seinen faschistischen Terrorstaat zum Ausdruck einer ‚Volksgemeinschaft‘, in dem es angeblich keine Klassen mehr gäbe, auch er bediente sich sozialistischer Phrasen, um über den Klassencharakter der faschistischen Herrschaft zu täuschen. Der Unterschied zwischen Hitler und den neuen Zaren besteht allein darin, daß diese die faschistische Unterdrückungsmaschine und die sozialistischen Phrasen noch umfassender und perfekter ausgebaut haben.“[567] Darin wird die Sowjetunion nicht nur mit dem nationalsozialistischen Deutschland gleichgesetzt, es wird sogar behautet, sie habe ihren Repressionsapparat noch perfekter gestaltet als die Nazis. Im Ergebnis bedeutet dies, daß die Sowjetunion noch faschistischer sei als der NS-Staat selbst. Die KPD/AO wiederholt in diesem Artikel exakt die Argumentation von Teilen der extremen Rechten, die den Nationalsozialismus mit der Sowjetunion vergleichen und zu dem Ergebnis kommen, daß die UdSSR der schlimmere Totalitarismus sei. Im Ergebnis werden die deutschen Verbrechen relativiert, und dies ist auch die Konsequenz der inflationären Benutzung der Begriffe „faschistisch“ oder „sozialfaschistisch“ zur Kennzeichnung bekämpfter politischer Strömungen. „Faschismus“ wird zum allzeit bereiten Schimpfwort.

Der Gebrauch der Sozialfaschismusthese durch Teile der K-Gruppen verdeutlicht, welch sektiererische Ausformungen der Marxismus-Leninismus angenommen hat. Das Ergebnis ist die immer weitere Isolierung der marxistisch-leninistischen Organisationen selbst innerhalb der radikalen Linken und die immer weiter voranschreitende Krise der K-Gruppen seit Mitte der siebziger Jahre. Ende des Jahrzehnts rücken dann auch die „ultralinken“ ML-Parteien von der Sozialfaschismusthese ab. Die KPD/ML schwenkt mit der Gründung ihrer Vorfeldorganisation „Volksfront gegen Reaktion, Faschismus und Krieg, für Freiheit und Demokratie, Wohlstand und Frieden“ auf eine Einheitsfrontpolitik um, und die KPD/AO formuliert in ihrem Theorieorgan „Theorie und Praxis des Marxismus-Leninismus“ kurz vor ihrer Auflösung eine Kritik an den bisher vertretenen Anschauungen.[568]

Die Bewertung der bundesrepublikanischen Gesellschaft durch die K-Gruppen

Das Bild, das sich die K-Gruppen von Staat und Gesellschaft der Bundesrepublik machen, knüpft an die Diskussionen über die Notstandsgesetzgebung und die dann folgenden Debatten über die drohende Faschisierung an. Wie bereits gezeigt, entwickelt der KB eine ausgearbeitete Theorie der Faschisierung als zentrales Moment seiner Gesellschaftsanalyse.[569] Für den Bund stellt die Faschisierung eine bewußt forcierten Politik der herrschenden Klasse dar, mittels derer sie sich präventiv für kommenden Krisen und Klassenkämpfe wappnen will. Diese Krisen und Klassenkämpfe sieht der KB unmittelbar bevorstehen. Anzeichen dafür seien das weitere Voranschreiten antikolonialer und antiimperialistischer Befreiungsbewegungen in der Peripherie des Weltsystems, was zu einem verschärften Konkurrenzkampf zwischen den Staaten der imperialistischen Zentren führen werde. Dies wiederum habe zur Folge, daß es in den einzelnen Gesellschaften der Metropolen zu einer Zuspitzung der Widersprüche und einer Verschärfung der Klassenkämpfe komme. Um diesen Prozeß zu kontrollieren, greife die Bourgeoisie präventiv zur Politik der Faschisierung von Staat und Gesellschaft. Akteure dieser Entwicklung seien die führenden Kreise des Großkapitals und die sie stützenden politischen Parteien. Der Kampf gegen die Faschisierung müsse sich also nicht in erster Linie gegen rechtsradikale Gruppierungen richten, sondern gegen das Zentrum des politischen Systems selbst. Die entscheidenden Akteure der Faschisierung, die sich unter anderem im stetigen Abbau der sozialen Sicherung und im stetigen Ausbau der Repressionsmittel zeige, sind dieser Auffassung zufolge zum einen die sozialliberale Regierung, zum anderen aber auch die oppositionellen Unionsparteien, denen eine Verquickung mit offen faschistischen Gruppierungen vorgeworfen wird. Als beunruhigendes Exempel für diese Analyse dient dem KB die Entwicklung in Italien, wo Teile des Staatsapparates gemeinsam mit rechtsextremistischen Gruppierungen auf die Protestbewegungen mit der sog. „Strategie der Spannung“[570] reagieren.

Die vom KB entwickelte Faschisierungstheorie wurde so ausführlich referiert, weil sie, trotz entschiedener Differenzen, auch für die konkurrierenden K-Gruppen grundlegend ist. Wie bereits ihre Vorgängerorganisationen darum rangen, ob die herrschende Klasse die Faschisierung präventiv oder als Reaktion auf die Klassenkämpfe betreibe, so ist dies zwischen KB und KBW auch weiterhin umstritten. Während der eher nüchtern argumentierende KB von präventiver Faschisierung ausgeht, besteht der KBW darauf, daß die Bourgeoisie erst durch die sozialen Kämpfe dazu getrieben werde. Er vertritt, wie die meisten anderen K-Gruppen auch, Anfang bis Mitte der siebziger Jahre die Vorstellung vom zunehmenden Aufschwung der Klassenkämpfe, die durch Schlagzeilen wie „Haupttendenz Revolution“, „Arbeiteroffensive“, „Linkswendung der Massen“ oder „revolutionärer Aufschwung“ gekennzeichnet ist, und dagegen wisse sich das herrschende System nur durch verschärfte Faschisierung zu wehren. Der KBW formuliert dies unter anderem in einem Artikel über ein Gerichtsverfahren gegen Beate Klarsfeld: „Daß sich diese Fälle gegenwärtig häufen, in denen bürgerliche Gerichte offen die faschistische Gewaltverbrechen rechtfertigen, zeigt, wie sich die Lage im Klassenkampf in den letzten Jahren verändert hat. Der Aufschwung der Kämpfe der Arbeiterklasse und des Volkes in Westdeutschland zwingt die Bourgeoisie immer mehr, die jahrzehntelang propagierte Linie der Klassenversöhnung zu verlassen und auf die Linie der offenen Unterdrückung aller selbstständigen Bestrebungen in der Arbeiterklasse und im Volk einzuschwenken.“[571]

Ein besondere Rolle in den Argumentationen der K-Gruppen spielen immer noch die Notstandsgesetze, die 1968 zur größten Mobilisierung der APO geführt haben. Diese Gesetzgebung wird als Meilenstein der Entwicklung angesehen, in deren Rahmen die Faschisierung umgesetzt wird. Vor allem die KPD/ML (Zentralbüro), die sich während ihrer kurzen Existenz vorrangig auf die Bekämpfung der SPD mit den Mitteln der Sozialfaschismustheorie konzentriert, betont die Rolle der Notstandsgesetzgebung für die Faschisierung: „Das sozialfaschistische Programm der Sozialdemokratie besteht in der schrittweisen Umsetzung der Notstandsgesetze in die Praxis. Das bedeutet Vorbereitung der polizeistaatlichen Militärdiktatur, von der sozialfaschistischen Sozialdemokratie unter dem Deckmantel so genannter ‚Reformen' ins Werk gesetzt durch die Zerstörung der bürgerlich-demokratischen parlamentarischen Einrichtungen. [...] Die Sozialdemokratie ist tatsächlich von der Verkündigung ihres sozialfaschistischen Programms zu seiner Verwirklichung übergegangen. Sie entwickelt sich zum Sozialfaschismus.“[572] Diese Positionierung beweist die völlige Loslösung der KPD/ML-ZB von der Realität. Denn trotz der allerdings vorhandenen Tendenz des Staates, gegen die kommunistische Bewegung repressiv vorzugehen, ist die sozialliberale Regierung Anfang der siebziger Jahre nicht dabei, die „polizeistaatliche Militärdiktatur“ vorzubereiten. Ganz im Gegenteil versucht die Regierung, Teile der Protestbewegung durch Reformen in die Gesellschaft zu integrieren. Bezeichnend ist, daß diese realitätsverleugnenden Theoreme durch historische Parallelen aus der Zeit des Nationalsozialismus bzw. der unmittelbaren Vorgeschichte untermauert werden. So wird die Sozialfaschismustheorie der KPD aus der Weimarer Republik auf die Verhältnisse der Bundesrepublik angewendet. Daß diese historische Analogiebildung kein Zufall ist, sondern Konsequenz der Schuldabwehr, zeigt sich in der schon zwanghaften Wiederholung dieser Vorwürfe. Ein Feld, auf dem dies besonders gut zu beobachten ist, ist die Reaktion der K-Gruppen auf die staatliche Bekämpfung der bewaffneten Gruppen.

Hier ist es vor allem die RAF selbst, die den Faschismus-Vorwurf inflationär benutzt. So bemüht das „Kommando Thomas Weisbecker" der RAF in der nur wenige Sätze langen Erklärung zu den Bombenanschlägen in München und Augsburg im Mai 1972 vier Mal den expliziten NS-Vergleich. Wie die anderen K-Gruppen auch, versteht das RAF-Kommando die behauptete Faschisierung des Staates als eine von oben betriebene Reaktion auf die Klassenauseinandersetzungen und verortet ihre Aktionen als Widerstand. „Die Schutzpolizei, die Bereitschaftspolizei, die Kripo, der Bundesgrenzschutz und ihre behördlichen und politischen Auftraggeber haben zur Kenntnis zu nehmen, daß ihre Anstrengungen, die sozialen Probleme diese Landes faschistisch zu ‚lösen' – durch die Aufrüstung der Polizei, durch die Militarisierung der Klassenkämpfe, durch rücksichtslosen und hinterhältigen Schußwaffengebrauch – auf Widerstand stoßen werden."[573] Als den entschiedensten Teil dieses Widerstands begreift die RAF sich selbst. Dies führe dann wiederum zu einem besonders harten Vorgehen des Staates gegen die Stadtguerilla. Die in der Tat zu kritisierende Behandlung der RAF-Gefangenen in den bundesdeutschen Gefängnissen, die Isolationshaft, das Kontaktsperre-Gesetz, die Nichtbehandlung kranker Gefangener und weitere eklatante Verstöße gegen die Rechte der Inhaftierten werden von der RAF als faschistischer Vernichtungsversuch interpretiert. So heißt es in der ersten Hungerstreikerklärung: „Unsere Isolation jetzt und das Konzentrationslager demnächst [...] kommt raus auf: Vernichtungslager – Reformtreblinka – Reformbuchenwald – die ‚Endlösung'. So sieht's aus."[574] Gudrun Ensslin oder Ulrike Meinhof, die jahrelang gegen die Verdrängung der nationalsozialistischen Vergangenheit und gegen die personellen und strukturellen Kontinuitäten des Nazifaschismus protestiert hatten, vergleichen ihre Situation nun mit der der Juden in den Vernichtungslagern. Sie instrumentalisieren die Judenvernichtung für ihre eigenen Interessen, relativieren so die

Singularität der Shoah. Besonders deutlich wird sich diese Instrumentalisierung dann in der Zusammenarbeit mit palästinensischen Organisationen und in der Einschätzung Israels zeigen.

Aber auch die anderen K-Gruppen begreifen den Kampf gegen die RAF, in Analogie zu Maßnahmen des Nationalsozialismus, als forcierte Faschisierung. Allerdings vertreten sie die Auffassung, daß der staatliche Repressionsapparat die Bekämpfung der RAF nur als Vorwand nutze, um in Wirklichkeit die kommunistische Arbeiterbewegung zu treffen. So schreibt zum Beispiel der „Rote Morgen“: „Und heute nimmt Bonn Kurs auf ein Neues ´33, Kurs auf den Faschismus. Was ist denn die ‚Sicherungsverwahrung für terroristische Gewalttäter‘, die jetzt in den Bonner Ausschüssen vorbereitet wird anderes als eine Neuauflage der faschistischen Schutzhaft, mit der die Nazis ihre KZs füllten? Oder die Kontaktsperre, wie sie über die Stammheimer und andere politische Gefangene verhängt war? Sie hat in Stammheim und anderswo genau die Verhältnisse der totalen Isolation geschaffen, wie sie in den Zuchthäusern der Hitler-Diktatur herrschten.“[575]

Auf dem Höhepunkt der Auseinandersetzung zwischen der RAF und dem Staat, während der Schleyer-Entführung, spitzen die K-Gruppen die NS-Vergleiche noch einmal zu. So schreibt der „Rote Morgen“ über eine Fernsehansprache von Bundeskanzler Schmidt: „Man glaubte Goebbels zu hören, aber es war Schmidt.“[576] Und die „Rote Fahne“ der KPD/AO schreibt über eine Rede Schmidts: „So hat auch Hitler argumentiert.“[577] Und nach dem Tod der Stammheimer Gefangenen: „Selbst wenn die Selbstmordversion zutreffen sollte, ist der Vergleich mit KZ-Methoden nicht hinfällig.“[578] Der „Arbeiterkampf“ überbietet sogar diesen Vorwurf noch: „’Selbstmord’ – die ‚Endlösung‘ des Staates“,[579] und setzt damit den Tod in Stammheim in eine Linie mit der Ermordung der europäischen Juden. Derartige Beispiele zeigen, wie nachgerade zwanghaft die K-Gruppen zu NS-Analogien greifen, um sich die aktuellen gesellschaftlichen Verhältnisse zu erklären. Allerdings fühlen sie sich in erster Linie selbst als Opfer des als faschistisch angesehenen Vorgehens des Staates, indem sie die Stelle der Verfolgten des Naziregimes okkupieren.

Als Bestätigung ihrer These, die Terroristenverfolgung sei nur ein Vorwand, um die marxistisch-leninistische Bewegung zu treffen, sehen die K-Gruppen 1977 den Vorstoß der CDU/CSU, das Verbot von KPD/AO, KBW und KPD/ML im Bundesrat zu beantragen. Als Reaktion auf die Verbotsdrohung kommt es zu einer kurzzeitigen Aktionseinheit der drei Organisationen, die zu einer großen gemeinsamen Demonstration in Bonn führt. Die CDU/CSU setzt ihre Ankündigung allerdings in der Folge nicht um, und so zerfällt auch die Aktionseinheit.

Eine besondere Rolle zum Beleg der Faschisierung der Bundesrepublik spielt für die K-Gruppen der CSU-Vorsitzende, bayrische Ministerpräsident und Kanzlerkandidat der Unionsparteien Franz-Josef Strauß. Der dem rechten Flügel der Union angehörende Politiker, der in der Tat vielfältige Kontakte zu rechtsextremistischen Gruppierungen in der ganzen Welt unterhält,[580] ist den Marxisten-Leninisten der Inbegriff der faschistischen Gefahr. Vor allem die „zentristischen" und „rechten" Bünde, die die Theorie des Sozialfaschismus ablehnen, sehen in der Bekämpfung Strauß' eine vorrangige Aufgabe. So schreibt zum Beispiel der „Arbeiterkampf", den Namen Strauß grundsätzlich mit zwei SS-Runen, was prompt dazu führt, daß der CSU-Politiker Anzeige wegen Beleidigung erstattet.[581] Für den vorwiegend in Bayern aktiven „Arbeiterbund für den Wiederaufbau der KPD" überlagert der Kampf gegen Franz- Josef Strauß zeitweise alle andere Themen. Er gründet eigene „Anti-Strauß-Komitees" und verfolgt damit eine Politik der Einheitsfront, mit der auch Angehörige anderer politischer Organisationen für den Kampf gegen Rechts gewonnen werden sollen. Eine ähnliche Strategie verfolgt auch der „Kommunistische Bund" mit seiner intensiven Mitarbeit am „Russel-Tribunal",[582] das in den Jahren 1976-1978 die Situation der Menschenrechte in der Bundesrepublik untersuchen soll. Der politische Niedergang der KPD/ML führt auch diese Organisation dazu, ihre anfangs mittels der Sozialfaschismustheorie vertretene Politik des Hauptschlags gegen die Sozialdemokratie zu revidieren und zu einer mit AB und KB vergleichbaren Einheitsfrontpolitik umzuschwenken. 1979 wird daher die „Volksfront gegen Reaktion, Faschismus und Krieg, für Freiheit und Demokratie, Wohlstand und Frieden" gegründet, mit der die KPD/ML die aktive Zusammenarbeit mit anderen Organisationen sucht. 1980 kandidiert die „Volksfront" bei der Bundestagswahl. Doch der große Erfolg in der Bündnisarbeit bleibt aus, lediglich eine größere Anzahl Mitglieder der KBW-Abspaltung vom „Bund Westdeutscher Kommunisten" (BWK) beteiligt sich.

Dieser Mißerfolg steht exemplarisch für das Scheitern der Politik der K-Gruppen, denn im Zuge ihrer sich immer weiter radikalisierenden Kritik der sozialen Verhältnisse als faschistisch bzw. präfaschistisch isolieren sie sich zunehmend. Selbst innerhalb der radikalen Linken, die sich verstärkt in den „Neuen Sozialen Bewegungen"[583] engagiert, geraten die K-Gruppen Ende der siebziger weitgehend ins Abseits.

Der Antizionismus der K-Gruppen

Der Antizionismus der K-Gruppen schließt nahtlos an die Positionen der radikalen Linken nach 1967 an und wird gar noch zugespitzt, sodaß die K-Gruppen nun den radikalsten Flügel des linken Antizionismus darstellen.[584] Der Zusammenhang zwischen dem Antizionismus und der Abwehr der deutschen Vergangenheit durch die K-Gruppen beweist sich durch den immer wieder variierenden Vergleich der israelischen Politik mit dem Nationalsozialismus. Der Nahostkonflikt wird dazu genutzt, die deutsche Vergangenheit zu verdrängen. Den hohen Stellenwert, den der Nahostkonflikt für die ML-Parteien hat, läßt sich in den einschlägigen Zeitungen ihrer diverser Vorfeldorganisationen ablesen: So veröffentlicht etwa das vom KBW kontrollierte „Sozialistische Palästinakomitee“ (SPK) die Publikation „Die Front. Zeitschrift zur Unterstützung des Befreiungskampfes der Völker des Nahen Ostens“. Und ein der KPD/AO nahestehendes „Komitee zur Unterstützung der kämpfenden Völker im Nahen und Mittleren Osten“ verbreitet „Al Tahrir. Befreiung“. Für die KPD/ML übernimmt die Zeitschrift „Der Funke. Zeitung für den Kampf der unterdrückten Völker“ die kontinuierliche Bearbeitung des Nahostkonflikts aus der Perspektive der Partei. Neben diesen Spezialzeitschriften berichten natürlich auch noch die Zentralorgane und die Publikationen weiterer Vorfeldorganisationen über die Ereignisse im Nahen Osten. Besonders anläßlich spektakulärer Ereignisse nimmt die Kommentierung breiten Raum ein.

Ein solches Ereignis ist der Überfall palästinensischer Terroristen des „Kommandos Schwarzer September“ auf die israelischen Teilnehmer der Sommerolympiade 1972 in München und die Reaktionen des westdeutschen und des israelischen Staates. Ausnahmslos alle K-Gruppen stellen in ihrer Berichterstattung über die Geiselnahme Analogien zwischen Israel und dem Nationalsozialismus her.[585] Dabei werden nicht nur in diesem Fall Täter und Opfer vertauscht. Für die ML-Parteien sind die Mitglieder des palästinensischen Kommandos, nicht die zu Geiseln genommenen israelischen Sportler, die Opfer. So werden die Opfer der NS-Verbrechen durch den Vergleich Israels mit dem Nationalsozialismus zu den Tätern der Gegenwart gemacht. Die Politik Israels wird mit NS-Deutschland ineinsgesetzt. Doch diese Analogie wird sogar noch intensiviert, indem das israelische Vorgehen gegen die palästinensischen Guerillaorganisationen mit der Ermordung der europäischen Juden identifiziert wird. So belegen die K-Gruppen exemplarisch Adornos These vom „Schuldabwehrantisemitismus“,[586] der vermittels eines ganzen Arsenals an Abwehrmechanismen wie Leugnung, Verschiebung, Verkehrung, Projektion und Rationalisierung die als störend empfundenen Elemente der deutschen Geschichte bearbeitet, um die Identität des Kollektivs aufrechterhalten zu können.

Die Presse der K-Gruppen spricht eine eindeutige Sprache: So schreibt die „Rote Fahne“ der KPD/AO unter der Überschrift „Zionisten: Die Nazis unserer Tage“, daß die zionistischen Machthaber mit faschistischen Mitteln Palästina „araberfrei“ machen.[587] Die „Rote Fahne“ des KABD spricht von München als einem Alibi, um den „Ausrottungsfeldzug bis zum zionistischen Endsieg zu führen.“[588] Der „Rote Morgen“ der KPD/ML sieht Israel als „ein einziges KZ für Araber“[589], und für den „Arbeiterkampf“ des KB werden die Vergeltungsangriffe Israels auf palästinensische Guerillalager nach dem Vorbild der Nazis organisiert.[590] Doch trotz dieser doppelten Täter-Opfer Verkehrung lehnen die meisten K-Gruppen die Geiselnahme als individuellen Terror ab. Dieser schade nur der Sache der palästinensischen Revolution, weil er nicht von den Massen getragen werde und scharfe israelische Reaktionen hervorrufe. Nur die KPD/ML-ZB und die RAF begrüßen die Aktion des „Schwarzen September“. So schreibt das „Zentralbüro der KPD/ML“ in einem nach dem blutigen Ende der Geiselnahme verteilten Flugblatt: „Die KPD/ML ist der Meinung, daß der individuelle Terror, wie ihn die palästinensischen Kämpfer anwenden, dann ein richtiges Mittel ist, wenn er den Kampf der Massen um die Befreiung Palästinas vom zionistischen Joch vorantreibt.“[591] Für die KPD/ML-ZB ist diese Bedingung erfüllt, die Geiselnahme somit legitim.

Für die RAF dagegen stellt sich die Frage nach der Legitimität des individuellen Terrors erst gar nicht; sie praktiziert ihn bereits. Die RAF ist den bewaffneten palästinensischen Gruppen besonders verbunden, schließlich verkehren ihre Kommandomitglieder häufig in Ausbildungslagern des Nahen Ostens; eine enge Zusammenarbeit ist so entstanden. Das ausführliche Strategiepapier „Die Aktion des ‚Schwarzen September‘ in München. Zur Strategie des antiimperialistischen Kampfes“ ist die letzte Schrift, die die Mitglieder der ersten RAF-Generation vor ihrer Festnahme veröffentlichen, und hier entwirft die RAF ihre Analyse des modernen Imperialismus. Dieser sei durch die Aktion des „Schwarzen Septembers“ exemplarisch durchschaubar gemacht worden. In der Reaktion auf die Geiselnahme von München habe der Imperialismus sein wahres Gesicht gezeigt, und damit habe das palästinensische Kommando dessen Grundtendenz offenbart: „Dieser Imperialismus zeigt sein faschistisches

Wesen nur, wenn er auf Widerstand stößt – eine spätkapitalistische Machtergreifung hat er nicht nötig. Seiner historischen Tendenz nach ist er faschistisch: auf Ausbeutung aus und Unterwerfung, Vernichtung, Vergeudung, Entlaubung, Zerstörung von Menschen und Bodenschätzen."[592] Dadurch, daß der Imperialismus durch die palästinensischen Guerillas gezwungen wurde, sein Wesen zu bekennen, sei die Aktion antifaschistisch gewesen. „Die Aktion des Schwarzen September war antifaschistisch. Sie hat den Zusammenhang zwischen dem alten NS-Faschismus und dem entfalteten Imperialismus als dem erst durch und durch faschistischen System hergestellt."[593]

Für die RAF ist also erst der Imperialismus der wirkliche Faschismus. Der Nationalsozialismus dagegen war nur eine „politische und militärische Vorwegnahme des imperialistischen Systems der multinationalen Konzerne."[594] Um ihren Kampf als antifaschistisch zu legitimieren, wird der Nationalsozialismus verharmlost, als eine noch unvollkommene Vorwegnahme des modernen imperialistischen Weltsystems bagatellisiert. Die Vernichtung der europäischen Juden kommt in der Analyse der RAF nur als makabrer Vergleich vor, der die Verkommenheit der israelischen Regierung belegen soll. Die RAF wirft ihr vor, sie habe ihre „Sportler verheizt wie die Nazis die Juden – Brennmaterial für die imperialistische Ausrottungspolitik."[595] Durchgängig wird Israel in diesem Papier mit dem Nationalsozialismus gleichgesetzt. Es wird von „Israels Nazi-Faschismus"[596] gesprochen, der israelische Außenminister Moshe Dayan als „Himmler Israels" bezeichnet und der jüdische Staat als „Moshe-Dayan-Faschismus"[597] denunziert. Der Text der RAF ist eine einzige Entlastung der deutschen Geschichte von den Verbrechen des Nationalsozialismus dar. Der NS wird im Vergleich zum Imperialismus verharmlost, um die eigene Praxis antifaschistisch zu legitimieren. Der israelische Staat, der zum Zufluchtsort der Überlebenden der NS-Vernichtungspolitik wurde, erscheint als integraler Teil des imperialistischen Systems selbst, somit ist der Kampf gegen den jüdischen Staat gerechtfertigt. So gelingt es der RAF, die Wahrheit des Nationalsozialismus vermittels des Faschismus zu verdrängen. „Wie überaus deutsch die RAF von Anfang an war, erhellt daraus, wie energisch sie mit den Mitteln der marxistisch-leninistischen Theorie des Faschismus und in der Tradition der stalinisierten Kommunistischen Internationale von der Wahrheit des Nazismus, der Massenvernichtung, ablenkte. Nirgends wurde lauter vom wieder drohenden Faschismus gesprochen, als unter denen, die über Antisemitismus und die Shoah nicht mehr zu sagen wußten, als daß es gelte, jetzt und hier, als

Konsequenz deutscher Geschichte, ‚Israels Nazi-Faschismus' im Verein mit palästinensischen Befreiungsnationalisten zu bekämpfen. So paradox es klingt, es hat doch seine Logik: vermittels des Faschismus verdrängte die RAF den Nazismus."[598]

Nach der Geiselnahme von München verbietet das Bundesinnenministerium zwei palästinensische Organisationen: die „Generalunion palästinensischer Studenten" (GUPS) und die „Generalunion palästinensischer Arbeiter" (GUPA). Diese Verbote werden von den K-Gruppen als weitere Beschleunigung des Faschisierungsprozesses betrachtet und führen zu einer großen Solidaritätskampagne, in deren Verlauf sich in vielen westdeutschen Städten Aktionskomitees bilden, die zum Teil von den ML-Parteien dominiert werden. Den Höhepunkt der Kampagne bildet eine zentrale Demonstration in Dortmund am 8. Oktober 1972, an der an die 15.000 Personen teilnehmen. Anschließend flaut die Kampagne allerdings spürbar ab.

Einen weiteren Höhepunkt erlebt die Berichterstattung der ML-Presse über den Nahostkonflikt nach der Entführung einer Passagiermaschine der Air France durch ein deutsch-palästinensisches Kommando im Sommer 1976. Im ugandischen Entebbe wird der Flughafen vom israelischen Militär gestürmt und die Geiseln befreit. Bei dieser gegen den Willen der pro-palästinensischen ugandischen Regierung durchgeführten Aktion sterben 45 ugandische Soldaten, der Leiter der israelischen Militäraktion und drei Geiseln. Während der Geiselnahme wurden die nichtjüdischen von den jüdischen Passagieren selektiert – von einem Mitglied der „Revolutionären Zellen" (RZ). Dieser von einem deutschen Linksradikalen durchgeführte und an Nazipraktiken gemahnende Vorgang führt innerhalb der westdeutschen Linken zu einer heftigen Diskussion über Antisemitismus.[599] Die K-Gruppen aber ignorieren diese Debatte und reagieren wie schon anläßlich der Geiselnahme von München. Sie vertauschen Täter und Opfer, indem sie die israelische Befreiungsaktion verurteilen, aber die Flugzeugentführung höchstens als strategisch unklug kritisieren. Die Befreiung der Geiseln durch das israelische Militär wird abermals mit dem NS-Praktiken gleichgesetzt.

Die KPD/AO geht in ihrer Berichterstattung über Entebbe so weit, den ugandischen Diktator Idi Amin ihrer „uneingeschränkten Solidarität" und ihres „tief empfundenen Beileids anläßlich der Ermordung von Angehörigen der ugandischen Armee"[600] zu versichern. Die unschuldigen Opfer der Flugzeugentführung werden dagegen von der KPD/AO, wie von den anderen K-Gruppen auch, ignoriert. Ebenso wird die Tatsache vernachlässigt, daß es ausgerechnet ein deutscher Linksradikaler ist, der einunddreißig Jahre nach der Niederlage des Nationalsozialismus während einer politischen Aktion Juden von Nichtjuden selektiert. An der seither in Teilen der westdeutschen Linken stattfindenden Debatte über linken Antisemitismus beteiligen sich die ML-Parteien nicht. Sie verwehren sich vielmehr geschlossen gegen jeden Antisemitismusvorwurf.

So schreibt das Theorieorgan des KBW, „Kommunismus und Klassenkampf", daß der Vorwurf des Antisemitismus ein „alter zionistischer Trick" sei, um zu verhindern, daß die Menschen „den wirklichen Charakter des Zionismus und des israelischen Staates erkennen."[601] Und in einer als Flugblatt verbreiteten Erklärung der Bundesleitung des KBW wird ausgeführt: „Daß Neofaschisten aus der israelischen Aggression Kapital für eine Verharmlosung des Hitler-Faschismus schlagen können und daß ein Teil der Deutschen mit der Gleichsetzung der israelischen Aggression mit dem Holocaust einen Teil der deutschen Geschichte verdrängen wollen, liegt doch wohl nicht an der Kritik an Israel, sondern an seiner Politik, die diese Kritik hervorruft. Kritik an Israel ist kein Antisemitismus und für den Aufschwung antisemitischer Ausfälle trägt vor allem die israelische Aggression die Schuld."[602] Schuld am Antisemitismus sind also in erster Linie der israelische Staat und damit die Juden selber. Damit wird der Antisemitismus, der in der Faschismustheorie der K-Gruppen sowieso keine Rolle spielt, als verständliche Reaktion auf das Verhalten der Juden entschuldigt.

Auffällig an der Erklärung des KBW ist das Zugeständnis, daß ein Teil der Deutschen durch die Gleichsetzung israelischer Militäraktionen mit dem Holocaust die deutschen Verbrechen verdrängen wolle. Diese zutreffende Aussage läßt sich, wie gesagt, auch auf die K-Gruppen übertragen. Läßt man die weiteren Ausführungen der Erklärung außer acht, mag man darin zumindest in Ansätzen eine Selbstkritik an der bisherigen Politik des KBW erkennen. Daß dies wahrscheinlich unabsichtlich unterlief, zeigt allerdings der weitere Tenor, der eine typisch marxistisch-leninistische und damit antiisraelische Positionierung zum Nahostkonflikt darstellt.

Dieser Antizionismus bestimmt die Ansichten der K-Gruppen derart nachhaltig, daß er auch Spielfilmen über den Nationalsozialismus zum Kriterium wird. So wird die 1979 in Westdeutschland erstmals ausgestrahlte US-Serie „Holocaust", [603] die zahllose Betroffenheitsreaktionen des Publikums auslöst und für viele Historiker „eine Zäsur in der Geschichte der kulturellen Erinnerung an die NS-Gewaltverbrechen [...]"[604] darstellt, von den K-Gruppen einhellig abgelehnt.[605] Der Grund dafür ist einfach der, daß die Serie das Schicksal einer jüdischen Familie und nicht der deutschen Arbeiterklasse erzählt. Außerdem gehen die wenigen Familienmitglieder, die die deutschen Vernichtungslager überleben, nach ihrer Befreiung nach Israel. Dies sei, so schreibt der „Arbeiterkampf", der ansonsten die Serie noch am positivsten rezensiert, „zionistische Propaganda".[606] Der „Rote Morgen" kritisiert, der Film mache Werbung für die „zionistischen Ziele Israels".[607] Die „Rote Fahne" des KABD schreibt, es werde „zionistisches Gedankengut verbreitet" und die „Vertreibung der Palästinenser von ihrem Land verherrlicht und gerechtfertigt."[608] Und die „Kommunistische Volkszeitung" (KVZ) meint: „Eine scharfe Anklage gegen den Faschismus hat die Bourgeoisiepresse diesem Film bescheinigt. Mit der Gleichsetzung von Faschismus und Judenverfolgung, Judenvernichtung – und nichts mehr – ist er das Gegenteil. In der Hülle der Kritik am Nationalsozialismus greift er dessen Rassenideologie nur auf, um sie anzuwenden – zur Propagierung des Zionismus, des Rechts der jüdischen Rasse auf ‚Heimat', ‚Raum' – im ‚gelobten Land' ‚Palästina'. […] Aufrechterhaltung des Staates Israel als Bollwerk der Imperialisten, vor allem der US-Imperialisten gegen die arabischen Staaten, ideologische Vorbereitung weiterer israelischer Aggression mit Unterstützung des US-Imperialismus – das ist der aktuelle Zweck von ‚Holocaust'."[609]

Neben der bereits von den anderen K-Gruppen kritisierten Darstellung Israels als Zufluchtsort der Juden und damit der Verantwortung, die Deutschland für die Entstehung des jüdischen Staates trägt, verwehrt sich die KVZ gegen die in der Presse vorgenommene Gleichsetzung von Judenvernichtung und Faschismus. Diese Gleichsetzung sei keine scharfe Anklage gegen den Faschismus, sondern das Gegenteil, nämlich selbst Unterstützung für den als rassistisch diffamierten Zionismus. Für die K-Gruppen, die vom Antisemitismus und der Judenvernichtung nichts wissen wollen und darin nur Propaganda für den Zionismus erkennen können, stellt eine Fernsehserie, die das Schicksal einer jüdischen Familie in den Vernichtungslagern zeigt, nur eine Provokation dar. So zeigt sich, daß bei den K-Gruppen von der durch den SDS betriebenen Kritik des Antisemitismus nichts mehr geblieben ist. Im Gegenteil vertreten die ML-Parteien inzwischen selbst antisemitische Positionen, beteiligen sich aktiv an der Verdrängung der deutschen Vergangenheit. Erst in der Spätphase der K-Gruppen in den 1980er Jahren kommt es dann zu halbherzigen Selbstkritiken bei einigen Protagonisten des linken Antizionismus. So wird etwa 1982 in einem Artikel eben jener KVZ unter der Überschrift: „Nationalsozialistische Vergangenheit: Westdeutsche Magenschmerzen mit dem Nahost-Konflikt“ ausgeführt: „Das eigentliche Problem, das durch die Wahl der Begrifflichkeit und der Kritik daran deutlich wird, ist das große Defizit an historischen Kenntnissen über den deutschen Faschismus, seine Ideologie, seine Vernichtungsaktionen und über den Zionismus, den israelischen Staat und seine Politik in der Region. Über den historischen Vergleich würde deutlich werden, daß die heutige Politik Israels mit Begriffen wie Holocaust schlecht beschrieben ist und auch nicht kritisiert werden kann.“[610] Festgestellt wird also, daß die Politik Israels nicht mit der Vernichtungspolitik des Nationalsozialismus verglichen werden kann. Welche Funktion solche Vergleiche im Zusammenhang mit der Auseinandersetzung mit der NS-Vergangenheit in Deutschland haben, wird allerdings verschwiegen, genau wie die Rolle, die der linke Antizionismus dabei spielt. Doch immerhin stellt dieser Text eine erste Selbstkritik aus den Reihen der K-Gruppen dar. Das sich allerdings in derselben Ausgabe der KVZ eine Anzeige mit einem Demonstrationsaufruf unter der Überschrift: „Schluß mit dem Vernichtungskrieg gegen Palästinenser und Libanesen“ findet, relativiert den selbstkritischen Artikel Theo Mehlens wieder.

Auch der KB formuliert in den 80er Jahren eine vorsichtige Kritik an den antisemitischen Konnotationen der linken Palästina-Solidarität. So weigert sich der Bund, an einer Demonstration in Hamburg anläßlich der Intifada in den palästinensischen Gebieten teilzunehmen. Grund dafür ist der Aufruf, in dem das Selbstbestimmungsrecht der Juden in Israel negiert und zu einem Boykott israelischer Produkte aufgerufen wird. „Wir wollen auch nicht eine Demonstration unterstützen, bei der die Forderung nach einem allseitigen antiisraelischen Boykott zu den Hauptparolen gehören wird. Wir halten diese Parole erstens in dem bekannten historischen Kontext (‚Kauft nicht bei Juden’) in der BRD für unangemessen und wir sehen zweitens, daß sie wegen der auf der Hand liegenden Mißdeutungsmöglichkeiten der Solidarität mit dem palästinensischen Kampf mehr schaden als nutzen wird.“[611]

Die Solidarität mit dem Kampf der Palästinenser wird also nicht aufgegeben, aber eine allzu offensichtliche antiisraelische Ausrichtung, die die Grenzen zum Antisemitismus überschreitet, soll vermieden werden. Dieser Diskussionsbeitrag führt in den folgenden Ausgaben des KB-Zentralorgans zu wütenden Reaktionen. Aber damit ist eine Diskussion über die antisemitischen Implikationen der bisherigen Palästina-Solidarität innerhalb des Bundes eingeleitet. Teile des KB sind nach dem Auseinanderbrechen der Organisation 1991 schließlich maßgeblich an der Herausbildung einer sich explizit antideutsch verstehenden Strömung der radikalen Linken beteiligt. Diese kritisiert massiv den linken Antisemitismus und propagiert demgegenüber eine uneingeschränkte Solidarität mit dem israelischen Staat.[612]

Daß aber der linke Antisemitismus noch lange nicht überwunden wurde, zeigt unter anderem ein Anschlag einer palästinensischen Organisation namens „Bewegung zur Befreiung Jerusalems“ 1991 in Budapest, der sich gegen jüdische Auswanderer aus Rußland richtet, die über Ungarn nach Israel reisen wollen. Da die Bombe zu früh zündet, werden nur sechs Menschen verletzt. Logistisch unterstützt wird der antisemitische Mordanschlag von zwei deutschen RAF-Sympathisanten, ein Attentat, das in einer Reihe mit der Flugzeugentführung von Entebbe und anderen antisemitischen Terroraktionen steht.

Der Niedergang der K-Gruppen

Die aus der zerfallenden Studentenbewegung der sechziger Jahre entstehenden K-Gruppen repräsentieren in der ersten Hälfte der 70er Jahre die aktivste Fraktion der radikalen Linken in der Bundesrepublik. Sie versprechen am entschiedensten, die Trennung zwischen Studentenbewegung und Arbeiterklasse aufzuheben, an der die antiautoritäre Bewegung unter anderem gescheitert ist. Mit ihrer Rückwendung zu den Positionen der bolschewistischen Parteitheorie werden die dissidenten kommunistischen Theorieansätze, die in der Phase des Seminarmarxismus wiederentdeckt wurden, verdrängt und zugleich der Versuch beendet, die eigenen autoritären Persönlichkeitsstrukturen zu überwinden. In fast jeder Hinsicht vertreten die marxistisch-leninistischen Kaderparteien das Gegenteil der antiautoritären Bewegung. Die ehemals antiautoritären Studierenden schneiden sich die langen Haare ab, verteilen Flugblätter gegen Rockmusik und propagieren deutsche Sekundärtugenden.

Doch spätestens Mitte der siebziger Jahre wird die Erfolglosigkeit der K-Gruppen augenfällig. Der in mehr als ein halbes Dutzend auch nur halbwegs relevante Organisationen zersplitterten marxistisch-leninistischen Bewegung gelingt es nicht, größere Teile der Bevölkerung zu erreichen. Daß 1976 das verehrte Idol Mao Tsetung stirbt und die Volksrepublik China zunehmend realpolitisch agiert, läßt die Krise der K-Gruppen akut werden. Die einen reagieren darauf, indem sie sklavisch allen strategischen Wendungen der Volksrepublik folgen, die anderen lösen sich nach und nach vom ehemaligen Vorbild.

Gleichzeitig entstehen Mitte der siebziger Jahre mit den ersten Umweltprotesten die sog. „Neuen Sozialen Bewegungen",[613] die sich auch auf die Erfahrungen der antiautoritären Studentenbewegung berufen. Da diese „Neuen Sozialen Bewegungen" nicht nur erfolgreich Massenproteste organisieren, sondern auch das gesellschaftliche Bewußtsein verändern, nähern sich ihnen die K-Gruppen an. In den achtziger Jahren lösen sie sich dann zumeist auf oder vegetieren allenfalls als sektiererische Kleinstparteien. Ein Teil der ehemaligen Mitgliedschaft macht in der aus den „Neuen Sozialen Bewegungen" entstandenen Partei der „Grünen" Karriere. Dies führt zu ihrer Wiedervereinigung mit Vertretern der anderen Fraktionen der ehemaligen Protestbewegung in der neuen Partei, in der sich nun ehemalige K-Grüppler und Spontis wiedertreffen.

Aber auch die weiterbestehenden K-Gruppen verändern im Laufe der achtziger Jahre ihre Programmatik. Die ehemals „ultralinke" KPD/ML vereinigt sich 1986 mit der trotzkistischen „Gruppe Internationale Marxisten" (GIM) zur „Vereinigten Sozialistischen Partei" (VSP) – ein früher unvorstellbarer Vorgang, da keine Fraktion der Linken bei den K-Gruppen so verhaßt war wie die Trotzkisten. Doch auch dieses Manöver kann den Niedergang nicht aufhalten, und so spaltet sich erneut eine Vielzahl von Gruppierungen von der KPD/ML ab und existiert seitdem in selbst gewählter Isolation. Die KBW-Abspaltung BWK geht nach dem Zusammenbruch der DDR in der neu gegründeten „Partei des demokratischen Sozialismus" (PDS) auf, der sich auch eine Fraktion des KB annähert, während sich der übrige Teil des Bundes am Entstehen der antideutschen Strömung beteiligt. Einzig die 1982 aus dem KABD entstandene MLPD verfolgt weiterhin mit einem Mindestmaß an Relevanz und ungebrochen die Theorie und Praxis des Marxismus-Leninismus.[614]

„Die schlechte Aufhebung der antiautoritären Bewegung“[615]

Anfang der sechziger Jahre entwickelt sich aus dem SDS heraus und durch internationale Vorbilder beeinflußt auch in Westdeutschland eine „Neue Linke“. Diese eignet sich in einer ersten Rekonstruktionsphase die durch den Nationalsozialismus zerstörten Denktraditionen des Marxismus, der Psychoanalyse und der Kritischen Theorie an. Zentrale Themen in dieser Zeit sind die unbewältigte NS-Vergangenheit und deren Virulenz in der Gegenwart. Ab Mitte der sechziger Jahre werden diese Theorietraditionen zunehmend zur Formulierung einer Globaltheorie zur Erklärung aller gesellschaftlichen Verhältnisse verwendet. Statt der konkreten deutschen NS-Vergangenheit wird nun etwa der Faschismus in den Institutionen kritisiert. Diese Entwicklung verstärkt sich mit dem Beginn der „Aktionsphase“ nach den Ereignissen des 2. Juni 1967. Aus den kleinen studentischen Zirkeln entsteht nun eine bundesweite Jugendbewegung, die in Verbindung mit der Anti-Notstandskampagne und nach dem Dutschke-Attentat zur außerparlamentarischen Opposition und damit zur Massenbewegung wird.

Allerdings gerät die Bewegung sehr schnell an eine Grenze, nachdem zentrale Forderungen wie die Verhinderung der Notstandsgesetze und die Enteignung des Axel-Springer-Konzerns nicht erreicht werden können. Auch die große Anzahl von Strafverfahren nach den politischen Aktionen wirkt sich hemmend auf die erhoffte Ausweitung der Bewegung aus. Diese politischen Niederlagen und auch die negativen Folgen der aktionistischen Dauermobilisierung führen zu einer Krise der Proteste. Am offensichtlichsten läßt sich dies daran ablesen, daß es der Studentenbewegung in der Bundesrepublik kaum gelingt, die Arbeiterklasse zu erreichen, im Gegensatz etwa zu Frankreich oder Italien. Mit Blick auf die französischen und italienischen Erfahrungen und verstärkt durch die „Septemberstreiks“ 1969 kommt es deshalb zur sog. „proletarischen Wende“ der Protestbewegung. Allerdings geht diese, anders als etwa in Italien, mit einem Retraditionalisierungsprozeß einher. Die meisten Zerfallsprodukte der Studentenbewegung sehen sich nun in der Tradition des Marxismus-Leninismus, also der Theorie der „Alten Linken“. Dieser Rückgriff auf die Orthodoxie des Marxismus ist den meisten Protagonisten der Revolte zuerst kaum bewußt, da er sich in Gestalt des Maoismus ausdrückt.

Die positive Identifikation mit Theorie und Praxis des chinesischen Staatssozialismus, die bereits während der antiautoritären Phase der Bewegung einsetzt, erscheint anfangs als explizite Entgegensetzung zur erstarrten, wenig attraktiven Sozialismuskonzeption des Ostblocks. Die chinesische Kulturrevolution wird als Revolte der Jugend gegen die abgelehnte Welt der an der Macht befindlichen älteren Generation verstanden. Daneben wird in ihr der authentische Ausdruck eines befreiten Lebens jenseits der entfremdeten Konsumgesellschaft des Westens gesehen. So verstanden, wird die autoritäre Entwicklungsdiktatur im fernen Osten für Teile der antiautoritären Bewegung zum bewundernswerten Vorbild, und wird im folgenden ihre politische Theorie und Praxis bestimmen.

Institutioneller Ausdruck des Zerfallsprozesses ist die Auflösung des SDS, der das Zentrum der Studentenbewegung darstellte. An dessen Stelle entstehen nun unzählige Zirkel, die sich als Keimzelle der neu aufzubauenden kommunistischen Partei sehen, die nach den Prinzipien der leninschen „Partei neuen Typus“[616] als Kaderpartei der Berufsrevolutionäre organisiert sein soll. Dieser Rückgriff auf die Theorietraditionen der marxistischen Orthodoxie verführt die studentische Linke zur Ausbildung eines regelrechten „Proletkultes“, der sich auch als Rationalisierung der Angst vor der eigenen Proletarisierung[617] verstehen läßt. Denn die Jugendproteste der sechziger Jahre können sowohl als Motor wie als Produkt einer Umstrukturierung der kapitalistischen Produktionsweise interpretieren werden. „Der neue Sozialcharakter, wie er sich in der Jugendbewegung Artikulation verschaffte und wie er durch diese Bewegung geschaffen wurde, entsprach den gewandelten Anforderungen der Kapitalakkumulation an die Ware Arbeitskraft.“[618] Die antiautoritären Theoriediskussionen über eine „neue Arbeiterklasse“ und die Rolle der Intelligenz im Produktionsprozeß, die auf diesen Umstand reagieren, werden nach der „proletarischen Wende“ abgebrochen und durch den schematischen Rückgriff auf die marxistisch-leninistische Klassenanalyse ersetzt. Die Niederlage der Bewegung läßt sich an diesen Debatten ablesen.

Ein Ergebnis der Niederlage der APO ist die Konstitution der K-Gruppen. Diese setzen sich in ihrer Entstehungsphase intensiv mit den von der Kritischen Theorie geprägten antiautoritären Positionen auseinander, verwerfen dann aber die vor kurzem noch von ihnen selbst vertretenen Theorien der Studentenbewegung und fordern gar die „Liquidierung der antiautoritären Phase“.[619] Die Auseinandersetzungen um die Frankfurter Schule, die auch schon während der antiautoritären Studentenbewegung geführt werden, nehmen nun an Schärfe noch zu und steigern sich sogar zu denunziatorischen Abrechnungen, deren Argumentationsmuster, etwa in Sachen Intellektuellenfeindlichkeit, Kollektivismus und der Affirmation der Arbeit, zum Teil strukturelle Parallelen zum modernen Antisemitismus aufweisen.

Ähnliches läßt sich im Verhältnis der marxistisch-leninistischen Organisationen zum Nahost-Konflikt feststellen. Die Pro-Israel-Haltung der frühen Studentenbewegung hat sich zu einem rabiaten Antizionismus gewandelt, der oft nur der Kaschierung antisemitischer Einstellungen dient. Nicht mehr die Erfahrung von Auschwitz und der Kampf gegen „das Nachleben des Nationalsozialismus in der Demokratie“[620] stehen nun im Mittelpunkt der studentischen Aktivitäten, sondern die Abwehr der deutschen Geschichte. Die dafür notwendige positive Bezugnahme auf die deutsche Nation gelingt durch die Übernahme der marxistisch-leninistischen Ideologie, die das Bedürfnis erfüllt, sich von den von den Bürden der deutschen Geschichte zu entlasten.

Diese regressive Abkehr von den emanzipatorischen Positionen der Studentenbewegung wird von führenden Protagonisten des antiautoritären Flügels und von den Vertretern der Kritischen Theorie schon früh erkannt. Vor allem der Theoretiker der Antiautoritären, Hans-Jürgen Krahl, warnt die Bewegung schon früh davor, sie solle – trotz der Grenze, an die sie gestoßen ist –, die Errungenschaften der antiautoritären Revolte nicht aufgeben. Als eine der wichtigsten Errungenschaften der Proteste sieht Krahl die Ausrichtung der Revolte an den Bedürfnissen der daran Beteiligten. Diese Perspektive müsse nun allerdings in organisatorische Kontinuität überführt werden. Aber Krahl überschätzt die Frustrationstoleranz seiner Mitstreiter und muß feststellen: „Wenn die Verdrängung von Langfristigkeits- und Kontinuitätserfordernissen, die schlechte Verallgemeinerung politischer Augenblickserfahrungen und arbeitsteiliger Einzelprojekte, die kleinbürgerliche Identitätsschwäche es nicht gestatten, Frustrationserfahrungen politisch zu verarbeiten, und die periodische Wiederkehr konkretistischer Theoriefeindlichkeit und dezisionistischer Entscheidungsstrukturen ein bisheriges Unvermögen der antiautoritären Bewegung anzeigen, sich ein eigenes politisches Geschichtsbewußtsein zu erarbeiten, so ist die ahistorische Forderung nach einer Liquidation der antiautoritären Phase noch mit den realitäts- und geschichtsblinden Symptomen der politischen Kinderkrankheiten behaftet, die wohl das Entstehen jeder revolutionären Bewegung – post festum gesehen – unvermeidlich begleiten und eine ideologiekritische Einsicht in die Geschichte verhindern. Sie ist Ausdruck eines ahistorischen Reflexverhaltens, das Krisenerscheinungen und Umwälzungsprozesse nicht kritisch reflektierend und kontrollierend bewältigen kann, sondern mit formalen Rezepten der Organisation als emanzipativen Prozeß der Gegensozialisation stillstellt."[621]

Krahl sieht also in der Übernahme des leninistischen Organisationskonzeptes den Ausdruck einer labilen Identität, die viele Protagonisten der Bewegung auszeichnet. Deshalb scheinen sie den Leninismus als Kompensation ihrer niedrigen Frustrationstoleranz geradezu zu benötigen. „Nur er scheint den auf der Suche nach Identität und einem neuen kollektiven Über-Ich befindlichen Intellektuellen jenen Halt und jene Sicherheit zu versprechen, die das beschädigte Subjekt benötigt, um überleben zu können."[622]

Auch der mit der antiautoritären Protestbewegung sympathisierende Psychologie-Professor Peter Brückner interpretiert die Zerfallsprozesse so.[623] Für ihn führt die mangelnde Frustrationstoleranz der meisten antiautoritären Protagonisten, die sich aus dem unabsehbar langen Zeit der erforderlichen Selbst- wie Gesellschaftsveränderung ergibt, ebenfalls zu zwei typischen Reaktionsformen: einerseits in eine sich entpolitisierende Strömung der „Selbstveränderung des Bewußtseins", die sich etwa in der Kommunebewegung, dem Rückzug in Esoterik und Sekten und in Teilen des Spontaneismus ausdrückt, und andererseits in eine sich dogmatisierende Fraktion, die die notwendigen antiautoritären Impulse der Veränderung der Verkehrsformen und des Bewußtseins zugunsten der scheinbaren Sicherheit der Parteiform verwirft und alles auf den politischen Wandel der Verhältnisse setzt. Die Dialektik aus Selbst- und Gesellschaftsveränderung, die die antiautoritären Proteste bestimmten, wird nun zugunsten je eines der beiden Elemente zurückgedrängt, dadurch jede revolutionäre Dynamik stillgestellt. „Die gegenwärtige gesellschaftliche Realität wird in vielen ihrer Wertsetzungen und Umgangsstile partiell akzeptiert, die Verselbständigung der Verkehrsformen von der ökonomischen Basis verleugnet oder bagatellisiert. Da sich zugleich der Anspruch auf Veränderung von Bewußtsein mindert, überhaupt das Verständnis von Subjektivität verflacht, sinkt der aus dem Widerspruch von Anspruch hier, sozialer Realität dort einst fließende Druck. Der redogmatisierte Protest ist davon entlastet, Unsicherheit lange zu ertragen, und verringert den allgemeinen Leidensdruck."[624] So gesehen, erscheint die Studentenbewegung trotz all ihrer emanzipatorischen und autoritätsfeindlichen Ansätze im Rückblick nur als „Rebellion", wie sie, im Gegensatz zur „Revolution", Erich Fromm in der Theorie des autoritären Charakters analysiert hat: „Diese ‚Rebellion', bei der nur das Objekt wechselt, aber die autoritäre Struktur erhalten bleibt, ja noch verstärkt wird, und deren Ideal der Typ des zur Macht gekommene Rebellen ist, hat soziologisch größte Bedeutung. Oft erscheinen sie als ‚Revolution'. Die neue Autorität bedient sich der Empörung gegen die alte und fördert die Illusion, als sei der Kampf gegen die Unterdrückung durch die alte Autorität ein Kampf gegen die Unterdrückung überhaupt gewesen. Alle Strebungen nach Freiheit und Selbstständigkeit scheinen verwirklicht zu sein. Indem aber die fundamentale psychische Struktur nicht verändert wird, erweist sich die Revolte als vorübergehender Ausbruch von Trotz und Auflehnung, und die neue Autorität nimmt den Platz ein, den die alte nicht mehr zu behaupten wußte."[625]

Die antiautoritäre Studentenbewegung scheint also bei den meisten ihrer Protagonisten zu einer nur temporären Zurückdrängung des autoritären Charakters geführt zu haben. Nachdem sich der Erfolg nicht, wie erhofft, in kurzer Zeit einstellt und sich vielfältige Widerstände zeigen, tauschen viele Teilnehmer der Studentenrevolte die Zweifel, die mit der antiautoritären Bewegung verbunden sind, gegen die Sicherheit neoleninistischer Kaderparteien ein, die eine geschlossene Welterklärung anbieten. Damit werden die emanzipatorischen Errungenschaften der studentischen Revolte, der Kampf gegen die Verdrängung der NS-Vergangenheit oder die Erkenntnis, daß eine revolutionäre Umwälzung sowohl der Veränderung der gesellschaftlichen Verhältnisse als auch der eigenen Persönlichkeitsstrukturen bedarf, wieder verschüttet. Die Theoretiker der Kritischen Theorie, die der antiautoritären Studentenbewegung noch so wichtig waren und die die Wirkmächtigkeit des autoritären Charakters schon längst analysiert hatten, werden nun beiseite geschoben. Resigniert urteilt daher Karl-Heinz Neumann:: „Die antiautoritäre Bewegung führte auch nur zur schlechten Aufhebung der autoritären Persönlichkeit, die sich mittlerweile wieder in konkurrierenden Kommunistischen Parteien organisiert, so, als wäre nichts geschehen."[626]

Abkürzungen

AB	Arbeiterbund zum Wiederaufbau der KPD
ABG	Arbeiter Basis Gruppen
AJC	American Jewish Commitee
APO	Außerparlamentarische Opposition
AStA	Allgemeiner Studierendenausschuß
AUSS	Aktionszentrum Unabhängiger und Sozialistischer Schüler
BKA	Bund Kommunistischer Arbeiter
BWK	Bund Westdeutscher Kommunisten
DAF	Deutsche Arbeitsfront
DFG-VK	Deutsche Friedensgesellschaft – Vereinigte Kriegsdienstgegner
DFLP	Democratic Front for the Liberation of Palestine (Demokratische Front für die Befreiung Palästinas)
DIS	Deutsch-Israelische Studiengruppe
DK	Delegiertenkonferenz
DKP	Deutsche Kommunistische Partei
ESG	Evangelische Studentengemeinde
FSP/ML	Freie Sozialistische Partei/Marxisten-Leninisten
FU	Freie Universität
GIM	Gruppe Internationaler Marxisten
GUPA	Generalunion palästinensischer Arbeiter
GUPS	Generalunion palästinensischer Studenten
IfS	Institut für Sozialforschung
IMSF	Institut für marxistische Studien und Forschungen
K 1	Kommune 1
KAB	Kommunistischer Arbeiterbund
KABD	Kommunistischer Arbeiterbund Deutschlands
KAB/ML	Kommunistischer Arbeiterbund/Marxisten-Leninisten
KB	Kommunistischer Bund
KBB	Kommunistischer Bund Bremen
KBW	Kommunistischer Bund Westdeutschlands
Komintern	Kommunistische Internationale
KPCh	Kommunistische Partei Chinas
KPD	Kommunistische Partei Deutschlands
KPD/AO	Kommunistische Partei Deutschlands/Aufbauorganisation

KPD/ML	Kommunistische Partei Deutschlands/Marxisten-Leninisten
KPD/ML-ZB	Kommunistische Partei Deutschlands/Marxisten-Leninisten-Zentralbüro
KPdSU	Kommunistische Partei der Sowjetunion
KSV	Kommunistischer Studentenverband
KVZ	Kommunistische Volkszeitung
LSD	Liberaler Studentenbund Deutschland
MLD	Marxisten-Leninisten Deutschlands
MLPD	Marxistisch-Leninistische Partei Deutschlands
MSB-Spartakus	Marxistischer Studentenbund Spartakus
NLA	Nationalliberale Aktion
NPD	Nationaldemokratische Partei Deutschlands
ÖTV	Gewerkschaft Öffentliche Dienste, Transport und Verkehr
PdAA	Partei der Arbeit Albaniens
PEI	Projektgruppe Elektroindustrie
PFLP	People´s Front for the Liberation of Palestine (Volksfront zur Befreiung Palästinas)
PL/PI	Proletarische Linke/Parteiinitiative
RAF	Rote Armee Fraktion
RZ	Revolutionäre Zellen
SALZ	Sozialistisches Arbeiter- und Lehrlingszentrum
SB	Sozialistisches Büro
SDAJ	Sozialistische Deutsche Arbeiterjugend
SDS	Sozialistischer Deutscher Studentenbund
SED	Sozialistische Einheitspartei Deutschlands
SHB	Sozialdemokratischer Hochschulbund
SOMAO	Sozialistische Massenorganisation
SPK	Sozialistisches Palästina-Komitee Heidelberg
VDS	Verband Deutscher Studentenschaften
VSP	Vereinigte Sozialistische Partei
VVN	Vereinigung der Verfolgten des Naziregimes
ZfS	Zeitschrift für Sozialforschung
ZK	Zentralkomitee

ANMERKUNGEN

Karl Marx, Der achtzehnte Brumaire des Louis Bonaparte, S. 118
Rosa Luxemburg, Die Krise der Sozialdemokratie, S. 53

1 Leo Löwenthal, Mitmachen wollte ich nie. Ein autobiographisches Gespräch mit Helmut Dubiel, Frankfurt am Main 1980, S. 85f.

2 Alex Demirović, Der nonkonformistische Intellektuelle. Die Entwicklung der Kritischen Theorie zur Frankfurter Schule, Frankfurt am Main 1999, S. 48.

3 Vgl. Clemens Albrecht et. al., Die intellektuelle Gründung der Bundesrepublik. Eine Wirkungsgeschichte der Frankfurter Schule, Frankfurt am Main/New York 1999.

4 Gerd Langguth, Mythos '68. Die Gewaltphilosophie von Rudi Dutschke – Ursachen und Folgen der Studentenbewegung, München 2001, S. 11.

5 Eric Hobsbawn, Das Zeitalter der Extreme. Weltgeschichte des 20. Jahrhunderts, aus dem Englischen von Yvonne Badae, München/Wien 1995, S. 37-281.

6 Knut Nevermann, Die APO und ihre Anstöße – zu Gerechtigkeit und Selbstbestimmung, in: Helmut Geiger und Armin Roether (Hrsg.), Dutschke und Bloch. Zivilgesellschaft damals und heute, Mössingen – Talheim 1999, S. 125.

7 Max Horkheimer, (1937), Nachtrag, in: Alfred Schmidt und Gunzelin Schmid Noerr (Hrsg.), Max Horkheimer. Gesammelte Schriften. Band 4, Schriften 1936-1941, Frankfurt am Main 1988, S. 219.

8 Vgl. Theodor W. Adorno, (1962), Zur Logik der Sozialwissenschaften, in: Rolf Tiedemann (Hrsg.), unter Mitwirkung von Gretel Adorno, Susan Buck-Morss und Klaus Schultz, Theodor W. Adorno. Gesammelte Schriften Band 8, Frankfurt am Main 1972, S. 555.

9 Rosa Luxemburg, (1916), Die Krise der Sozialdemokratie, in: Institut für Marxismus-Leninismus beim ZK der SED (Hrsg.), Rosa Luxemburg. Gesammelte Werke Band 4 August 1914 bis Januar 1919, Berlin 1974, S. 53.

10 Karl Marx, (1852), Der achtzehnte Brumaire des Louis Bonaparte, in: Institut für Marxismus-Leninismus beim ZK der SED, Karl Marx Friedrich Engels Werke Band 8, Berlin 1960, S. 118.

11 Eberhard Klumpp, Kritische Theorie, in: Peter Gutjahr-Löser und Klaus Hornung (Hrsg.) unter Mitwirkung von Wolfgang Eltrich et. al. , Politisch-Pädagogisches Handwörterbuch, Berichte und Studien der Hanns-Seidel-Stiftung e.V. München, München 1980, S. 194.

12 Theodor. W. Adorno (1966), Negative Dialektik, in: Rolf Tiedemann (Hrsg.), unter Mitwirkung von Gretel Adorno, Susan Buck-Morss und Klaus Schultz, Theodor W. Adorno, Gesammelte Schriften. Band 6, Negative Dialektik. Jargon der Eigentlichkeit, Frankfurt am Main 1977, S. 15.

13 Vgl. Erich Fromm, Arbeiter und Angestellte am Vorabend des Dritten Reiches. Eine sozialpsychologische Untersuchung, bearbeitet und herausgegeben von Wolfgang Bonß, Stuttgart 1980.

[14] Vgl. Martin Jay, Positive und negative Totalität. Adornos Alternativentwurf zur interdisziplinären Forschung, in: Wolfgang Bonß und Axel Honneth (Hrsg.), Sozialforschung als Kritik. Zum sozialwissenschaftlichen Potenzial der Kritischen Theorie, Frankfurt am Main 1982, S. 67-86.

[15] Der Begriff des „westlichen Marxismus" wurde 1976 von Perry Anderson geprägt. Vgl. Perry Anderson, Über den westlichen Marxismus, aus dem Englischen von Reinhard Kaiser, Frankfurt am Main 1978.

[16] Lilly Marcou, Westlicher Marxismus, in: Georges Labica und Gérard Benzussan (Hrsg.), Kritisches Wörterbuch des Marxismus Band 8, Überbau bis Zusammenbruchstheorie. Nachträge und Register. Herausgeber der deutschen Fassung Wolfgang Fritz Haug, Hamburg 1989, S. 1425. Hervorhebung im Original.

[17] Ebenda, S. 1425.

[18] Max Horkheimer, (1937), Traditionelle und kritische Theorie, in: Alfred Schmidt und Gunzelin Schmid Noerr (Hrsg.), Max Horkheimer. Gesammelte Schriften. Band 4, Schriften 1936-1941, Frankfurt am Main 1988, S. 162-216.

[19] Ebenda, S. 172.

[20] Ebenda, S. 201.

[21] Karl Marx, (1844), Zur Kritik der Hegelschen Rechtsphilosophie. Einleitung, in: Institut für Marxismus-Leninismus beim ZK der SED (Hrsg.), Karl Marx Friedrich Engels Werke Band 1, Berlin 1961, S. 385.

[22] Vgl. Albrecht et. al., 1999.

[23] Marion Gid, Der jüdische Rektor und seine deutsche Universität – Interview mit Max Horkheimer, dem Rektor der Frankfurter Universität, in: Allgemeine Wochenzeitung der Juden in Deutschland vom 01.08.1952, zitiert nach: Wolfgang Kraushaar (Hrsg.), Frankfurter Schule und Studentenbewegung. Von der Flaschenpost zum Molotowcocktail. 1946-1995, Band 2, Dokumente, Hamburg 1998, S. 86.

[24] Vgl. Max Horkheimer, Brief an Theodor W. Adorno vom 27. September 1958, in: Schmid Noerr, Gunzelin (Hrsg.), Max Horkheimer. Gesammelte Schriften Band 18: Briefwechsel 1949-1973, Frankfurt am Main 1996, S. 437-447.

[25] Jürgen Habermas, Zur philosophischen Diskussion um Marx und den Marxismus, in: Philosophische Rundschau, Heft 3/4 1957, S. 182.

[26] Vgl. Theodor, W. Adorno, (1942), Reflexionen zur Klassentheorie, in: Rolf Tiedemann (Hrsg.), unter Mitwirkung von Gretel Adorno, Susan Buck-Morss und Klaus Schultz, Theodor W. Adorno. Gesammelte Schriften Band 8, Soziologische Schriften I, Frankfurt am Main 2003, S. 273-391.

[27] Theodor, W. Adorno, (1969), Resignation, in: Rolf Tiedemann (Hrsg.), unter Mitwirkung von Gretel Adorno, Susan Buck-Morss und Klaus Schultz, Theodor W. Adorno. Gesammelte Schriften Band 10.2., Kulturkritik und Gesellschaft II. Eingriffe. Stichworte. Anhang, Frankfurt am Main 1977, S. 798.

[28] Die folgende Darstellung stützt sich im Wesentlichen auf: Tilman Fichter und Siegward Lönnendonker, Macht und Ohnmacht der Studenten. Kleine Geschichte des SDS, Hamburg 1998, Tilman Fichter, SDS und SPD. Parteilichkeit jenseits der Partei, Schriften des Zentralinstituts für sozialwissenschaftliche Forschung

der Freien Universität Berlin, Band 52, Opladen 1988 und Willy Albrecht, Der Sozialistische Deutsche Studentenbund (SDS). Vom parteikonformen Studentenverband zum Repräsentanten der Neuen Linken, Forschungsinstitut der Friedrich Ebert Stiftung Reihe Politik- und Gesellschaftsgeschichte, Band 35, Herausgegeben von Dieter Dowe und Michael Schneider, Bonn 1994.

[29] Vgl. Ingrid Gilcher-Holtey, „Die Phantasie an die Macht". Mai 68 in Frankreich, Frankfurt am Main 1995, S. 19f.

[30] Vgl. Ingrid Gilcher-Holtey, Die 68er Bewegung. Deutschland – Westeuropa – USA, München 2001, S. 15f.

[31] Vgl. Fichter und Lönnendonker,1998, S. 92ff.

[32] Vgl. Reimut Reiche, Sexuelle Revolution – Erinnerung an einen Mythos, in: Lothar Baier et. al., Die Früchte der Revolte. Über die Veränderung der politischen Kultur durch die Studentenbewegung, Berlin 1988, S. 45.

[33] Vgl. Christian Riechers, Willy Huhn (1909-1970). Eine biographische Notiz, in: Willy Huhn, Der Etatismus der Sozialdemokratie. Zur Vorgeschichte des Nazifaschismus, mit einem Vorwort von Clemens Nachtmann, einer biographischen Notiz von Christian Riechers, einer bibliographischen Information von Ralf Walter sowie einer Nachbemerkung von Joachim Bruhn, Freiburg im Breisgau 2003.

[34] Vgl. Michael Mauke, Die Klassentheorie von Marx und Engels, mit einem Nachwort von Klaus Meschkat, herausgegeben von Kajo Heymann, Klaus Meschkat und Jürgen Werth, Frankfurt am Main 1970.

[35] Die Bedeutung des Begriffs „Autorität" für die Gesellschaftsanalyse der Kritischen Theorie wird später erläutert werden.

[36] Über die Situationistische Internationale gibt es eine umfangreiche Literaturlage. Für einen Überblick s. Biene Baumeister Zwi Negator, Situationistische Revolutionstheorie. Eine Aneignung. Volume I: Enchiridion, Reihe theorie.org, Stuttgart 2005.

[37] So wird in den „Unverbindlichen Richtlinien", der Zeitschrift der „Subversiven Aktion" (Ausgabe Nr. 1 vom Dezember 1962) über Adorno geschrieben: „Die Kenntnis seiner Werke ist unerläßliche Voraussetzung, seinen gewählten Standpunkt behaupten zu können." Zitiert nach: Frank Böckelmann und Herbert Nagel (Hrsg.), Subversive Aktion. Der Sinn der Organisation ist ihr Scheitern, Frankfurt am Main 1976, S. 83. Frank Böckelmann, der führende Kopf der „Subversiven Aktion", veröffentlicht 1966 mit „Die schlechte Aufhebung der autoritären Persönlichkeit" einen Versuch, die von der Kritischen Theorie entwickelten Ansätze zur Theorie des autoritären Charakters zusammenzufassen und zu aktualisieren. 1972 erscheint von ihm das Buch „Über Marx und Adorno. Schwierigkeiten der spätmarxistischen Theorie". Vgl. Frank Böckelmann, Die schlechte Aufhebung der autoritären Persönlichkeit, München 1971 und Frank Böckelmann, Über Marx und Adorno. Schwierigkeiten der spätmarxistischen Theorie, Frankfurt am Main 1972.

[38] Adorno stellt Anzeige gegen Unbekannt wegen der unbefugten Verwendung seines Namens. Die später ermittelten Urheber der Plakataktion, Frank Bökkelmann und Dieter Kunzelmann, werden daraufhin zu einer Geldstrafe von 1000 DM verurteilt. Vgl. Kraushaar 1998, Band 1, S. 208.

[39] Subversive Aktion, Suchanzeige, in: Böckelmann und Nagel (Hrsg.) 1976, S. 145.

[40] Vgl. den Reprint von 1969: Rudi Dutschke, Ausgewählte und kommentierte Bibliographie des revolutionären Sozialismus von Karl Marx bis in die Gegenwart, kleine Agitationsbroschüre Nr. 1, Heidelberg/Frankfurt am Main/Hannover/Berlin 1969.

[41] Ebenda, S. 40.

[42] Karl Marx und Friedrich Engels, (1932), Die deutsche Ideologie. Kritik der neuesten deutschen Philosophie in ihren Repräsentanten Feuerbach, B. Bauer und Stirner und des deutschen Sozialismus in seinen verschiedenen Propheten, in: Institut für Marxismus-Leninismus beim ZK der SED (Hrsg.), Karl Marx Friedrich Engels Werke Band 3, Berlin 1969, S. 195.

[43] Zum Einfluß von Wolfgang Abendroth auf die Studentenbewegung, vgl. Richard Heigl, Oppositionspolitik. Wolfgang Abendroth und die Entstehung der Neuen Linken (1950-1968), Berliner Beiträge zur kritischen Theorie Band 6, Argument Sonderband Neue Folgen AS 303, Hamburg 2008.

[44] Detlev Claussen, Hans-Jürgen Krahl – Ein philosophisch-politisches Profil, in: Wolfgang Kraushaar, Frankfurter Schule und Studentenbewegung. Von der Flaschenpost zum Molotowcocktail. 1946-1995, Band 3, Aufsätze und Kommentare. Register, Hamburg 1998, S. 66.

[45] Vgl. Wolfgang Kraushaar, Autoritärer Staat und antiautoritäre Bewegung. Zum Organisationsreferat von Rudi Dutschke und Hans-Jürgen Krahl auf der 22. Delegiertenkonferenz des SDS in Frankfurt (4.-8. Sept. 1967), in: Kraushaar 1998, Band 3, S. 28.

[46] Wie stark der Aufsatz von Horkheimer das Denken der Studentenbewegung beeinflußt, läßt sich exemplarisch nachvollziehen in den Texten des Theoretikers der Bewegung Hans-Jürgen Krahl. Vgl. dazu: Hans-Jürgen Krahl, Konstitution und Klassenkampf. Zur historischen Dialektik von bürgerlicher Emanzipation und proletarischer Emanzipation. Schriften, Reden und Entwürfe aus den Jahren 1966-1970, Frankfurt am Main, 1971.

[47] Johannes Agnoli, (1967), Die Transformation der Demokratie und andere Schriften zur Kritik der Politik, Freiburg im Breisgau 1990.

[48] Max Horkheimer, (1940/42), Autoritärer Staat, in: Gunzelin Schmid Noerr (Hrsg.): Max Horkheimer. Gesammelte Schriften. Band 5, „Dialektik der Aufklärung“ und Schriften 1940-1950, Frankfurt am Main 1987, S. 310.

[49] Ebenda, S. 300.

[50] Vgl. Friedrich Engels, (1880), Die Entwicklung des Sozialismus von der Utopie zur Wissenschaft, in: Institut für Marxismus-Leninismus beim ZK der SED (Hrsg.), Karl Marx Friedrich Engels Werke, Band 19, Berlin 1962, S. 181-228.

[51] Ebenda, S. 300.

[52] Beide Aufsätze finden sich in: Helmut Dubiel und Alfons Söllner (Hrsg.), Wirtschaft, Recht und Staat im Nationalsozialismus. Analysen des Instituts für Sozialforschung 1939-1942 von Max Horkheimer, Friedrich Pollock, Franz L. Neumann, A. R. L. Gurland, Otto Kirchheimer und Herbert Marcuse, Frankfurt am Main 1984, S. 81-109 und S. 111-128.

[53] Franz Neumann, (1942), Behemoth, Struktur und Praxis des Nationalsozialismus 1933-1944, herausgegeben und mit einem Nachwort „Franz Neumanns Behemoth und die heutige Faschismusdiskussion“ von Gert Schäfer, Studien zur Gesellschaftstheorie, Köln und Frankfurt am Main 1977.

[54] Vgl. hierzu das Kapitel zur Faschismusdiskussion.

[55] Vgl. Institut für Sozialforschung (Hrsg.), Studien über Autorität und Familie. Forschungsberichte aus dem Institut für Sozialforschung, Paris 1936, 2 Bände und Max Horkheimer und Samuel H. Flowerman (Hrsg.), Studies in Prejudice, New York 1949f, 5 Bände.

[56] Vgl. Wolfgang Kraushaar, Autoritärer Staat und antiautoritäre Bewegung. Zum Organisationsreferat von Rudi Dutschke und Hans-Jürgen Krahl auf der 22. Delegiertenkonferenz des SDS in Frankfurt (4.-8. Sept. 1967), in: Kraushaar 1998, Band 3, S. 20.

[57] Vgl. Michael Schmidtke, Der Aufbruch der jungen Intelligenz. Die 68er Jahre in der Bundesrepublik und den USA, Campus Historische Studien Band 34, Frankfurt am Main/New York 2003, S.137ff.

[58] Sozialistischer Deutscher Studentenbund, Gruppe Frankfurt, Offener Brief an Max Horkheimer, in: Diskus – Frankfurter Studentenzeitschrift Nr. 4, 1967, zit. nach Kraushaar 1998, Band 2, S. 231.

[59] Max Horkheimer, Die Motive der rebellierenden Studenten, in: Späne. Notizen über Gespräche mit Max Horkheimer, in unverbindlicher Formulierung aufgeschrieben von Friedrich Pollock, in: Gunzelin Schmid Noerr (Hrsg.), Max Horkheimer. Gesammelte Schriften, Band 14, Nachgelassene Schriften 1949-1972. 5. Notizen, Frankfurt am Main 1988, S. 505.

[60] Max Horkheimer, (1976), Das Schlimme erwarten und doch das Gute versuchen. Gespräche mit Gerhard Rein, in: Gunzelin Schmid Noerr (Hrsg.), Max Horkheimer, Gesammelte Schriften, Band 7, Vorträge und Aufzeichnungen 1949-1973, 1. Philosophisches, 2. Würdigungen, 3. Gespräche, Frankfurt am Main 1985, S. 467.

[61] Rolf Wiggershaus, Die Frankfurter Schule. Geschichte. Theoretische Entwicklung. Politische Bedeutung, München 2001, S. 163.

[62] Vgl. Herbert Marcuse, (1934), Der Kampf gegen den Liberalismus in der totalitären Staatsauffassung, in: Ders., Aufsätze aus der Zeitschrift für Sozialforschung 1934-1941, Herbert Marcuse Schriften Band 3, Frankfurt am Main 1979, S. 7-44.

[63] Vgl. Max Horkheimer, (1939), Die Juden und Europa, in: Alfred Schmidt und Gunzelin Schmid Noerr (Hrsg.), Max Horkheimer. Gesammelte Schriften Band 4: Schriften 1936-1941, Frankfurt am Main 1988, S. 308-331.

[64] Ebenda, S. 327.

[65] Vgl. Horkheimer und Flowerman, 1949f.

[66] Theodor W. Adorno, Brief an Max Horkheimer vom 25.08.1940, zit. nach: Gunzelin Schmid Noerr, Flaschenpost. Die Emigration Max Horkheimers und seines Kreises im Spiegel seines Briefwechsels, in: Ilja Srubar (Hrsg.), Exil, Wissenschaft, Identität. Die Emigration deutscher Sozialwissenschaftler 1933-1945, Frankfurt am Main 1988, S. 261f.

[67] Vgl. Institut für Sozialforschung 1936 und Fromm 1980.

[68] Die von Adorno verfaßten Beiträge des Bandes sind auf Deutsch erschienen als: Theodor W. Adorno, Studien zum autoritären Charakter, übersetzt von Milli Weinbrenner, mit einer Vorrede von Ludwig von Friedeburg, Frankfurt am Main 1999.

[69] Lars Rensmann, Kritische Theorie über den Antisemitismus. Studien zu Struktur, Erklärungspotenzial und Aktualität, Berlin und Hamburg 1988, S. 32.

[70] Max Horkheimer und Theodor W. Adorno (1944), Dialektik der Aufklärung. Philosophische Fragmente, in: Rolf Tiedemann (Hrsg.), unter Mitwirkung von Gretel Adorno, Susan Buck-Morss und Klaus Schultz, Theodor W. Adorno. Gesammelte Schriften Band 3, Frankfurt am Main 1981.

[71] Vgl. Florian Markl, Beschädigtes Leben und Judenhaß. Kritik des Antisemitismus als Gesellschaftskritik, in: Stephan Grigat (Hrsg.), Feindaufklärung und Reeducation. Kritische Theorie gegen Postnazismus und Islamismus, mit Beiträgen von Johann Dvorák et. al. Freiburg im Breisgau 2006, S. 131-153.

[72] Horkheimer und Adorno (1944), S. 197.

[73] Adorno (1966), S. 358.

[74] Herbert Marcuse zit. nach: Detlev Claussen, Spuren der Befreiung, in: Ders, Spuren der Befreiung – Herbert Marcuse. Ein Materialienbuch zur Einführung in sein politisches Denken, mit Beiträgen von Lothar Baier et. al., Darmstadt/Neuwied 1981, S. 44.

[75] Krahl 1971, S. 315.

[76] Friedrich Pollock, Gruppenexperiment. Ein Studienbericht, mit einem Geleitwort von Franz Böhm, Frankfurter Beiträge zur Soziologie, im Auftrag des Instituts für Sozialforschung, herausgegeben von Theodor W. Adorno und Walter Dirks, Band 2, Frankfurt am Main 1955.

[77] Rensmann 1998, S. 231.

[78] Vgl. hierzu das Kapitel zur „Überwindung des Antisemitismus"

[79] Vgl. Krahl 1971, S. 291.

[80] Rudi Dutschke, Die Widersprüche des Spätkapitalismus, die antiautoritären Studenten und ihr Verhältnis zur Dritten Welt, in: Uwe Bergmann, Rudi Dutschke, Wolfgang Lefèvre und Bernd Rabehl, Die Rebellion der Studenten oder Die neue Opposition, Reinbek bei Hamburg 1968, S. 58.

[81] Ausführlich zur Theorie der Kinderläden: Vgl. Berliner Kinderläden, Antiautoritäre Erziehung und sozialistischer Kampf, Köln/Berlin 1970.

[82] Heide Berndt zit. nach, Schmidtke 2003, S. 162.

[83] Über den Einfluß Herbert Marcuses auf die US-amerikanische Neue Linke siehe: Paul Breines, Marcuse and the New Left in America, in: Jürgen Habermas (Hrsg.), Antworten auf Herbert Marcuse, mit Beiträgen von Alfred Schmidt et. al., Frankfurt am Main 1968, S. 133-151.

[84] Herbert Marcuse, Versuch über die Befreiung (1969), in: Ders., Aufsätze und Vorlesungen 1948-1969. Versuch über die Befreiung, Herbert Marcuse Schriften Band 8, Frankfurt am Main 1984, S. 242.

[85] So etwa „Die Zeit" am 21.07.1967, zitiert nach Kraushaar 1998, Band 1,

S. 268. Jürgen Habermas nennt Marcuse den *„Philosophen der Jugendrevolte"*, Jürgen Habermas, 1968, S. 13.

86 Herbert Marcuse, (1964), Der eindimensionale Mensch. Studien zur Ideologie der fortgeschrittenen Industriegesellschaft, übersetzt von Alfred Schmidt, in: Herbert Marcuse Schriften, Band 7, Frankfurt am Main 1989. Kraushaar schreibt über „Der eindimensionale Mensch": „Marcuses 1964 in den USA erstmals erschienene gesellschaftstheoretische Studie wird von der studentischen Protestbewegung als Grundlagenwerk aufgenommen und erfährt allein in den ersten anderthalb Jahren nach dem Erscheinen fünf weitere Auflagen." Kraushaar 1998, Band 1, S. 250.

87 Diese Einschätzung stützt sich auf Hans Manfred Bock, der schreibt: „Die Übersetzungen der beiden Hauptwerke des 1962 verstorbenen Soziologen, die *Amerikanische Elite,* Hamburg 1962, und *Kritik der soziologischen Denkweise,* Neuwied 1963, hatten bis Mitte der sechziger Jahre eine ähnliche Bedeutung für die Diskussion im SDS wie in der zweiten Hälfte der sechziger Jahre die Arbeiten von Herbert Marcuse." (Hervorhebungen im Original; Anmerkung des Verfassers.) Hans Manfred Bock, Geschichte des "linken Radikalismus" in Deutschland. Ein Versuch, Frankfurt am Main 1976, Anmerkung 134, S. 328.

88 Vgl. Ebenda, S. 225f.

89 Herbert Marcuse, (1966), Analyse eines Exempels. Hauptreferat des Kongresses „Vietnam-Analyse eines Exempels", in: Herbert Marcuse Nachgelassene Schriften. Band 4: Die Studentenbewegung und ihre Folgen, Herausgegeben und mit einem Vorwort von Peter Erwin Jansen, Einleitung von Wolfgang Kraushaar, aus dem Amerikanischen von Thomas Laugstien, Springe 2004, S. 70.

90 Diese Position vertreten spätestens seit dem 2. Weltkrieg auch die anderen Vertreter der Kritischen Theorie, wie bspw. Max Horkheimer wenn er schreibt: *„Ebenso wenig existiert eine gesellschaftliche Klasse, an deren Zustimmung man sich halten könnte."* Horkheimer (1937), Traditionelle und Kritische Theorie, S. 215f.

91 Vgl. Karl Marx, (1885), Das Elend der Philosophie. Antwort auf Proudhons „Philosophie des Elends", in: Institut für Geschichte der Arbeiterbewegung Berlin (Hrsg.), Karl Marx Friedrich Engels Werke Band 4, Berlin 1990, S. 180f.

92 Herbert Marcuse, Revolutionäres Subjekt und Autonomie. Vortrag auf der Sommeruniversität Korèula zum Thema „Marx und die Revolution" 14.-25. August 1968, in: Marxismus-Kollektiv (Hrsg.), Marx und die Revolution mit Beiträgen von Ernst Bloch, Ernst Fischer, Iring Fetscher, Jürgen Habermas, Herbert Marcuse u. a., o. O., 1970, S. 169.

93 Marcuse, (1964), S. 267.

94 Vgl. Peter Brosch, Fürsorgeerziehung. Heimterror und Gegenwehr, Frankfurt am Main 1971.

95 Marcuse, 1970, S. 167.

96 Vgl. Serge Mallet et al., Klassenanalyse, Berlin 1970. Und beispielhaft für die studentische Rezeption der Gedanken Mallets, Heide Berndt, Die Suche nach

dem „revolutionären Subjekt“, in: neue kritik – Zeitschrift für sozialistische Theorie und Politik Nr. 45, Dezember 1967, S. 94-99.

[97] Vgl. AK „Angestellte und technische Intelligenz (Automation)“ des Republikanischen Clubs, Technische Intelligenz und Klassenkampf, in Rote Presse Korrespondenz der Studenten-, Schüler– und Arbeiterbewegung Nr. 18 vom 20.06.1970, S. 9-10.

[98] Krahl 1971, S. 318.

[99] Vgl. Karl Marx, (1867), Das Kapital. Kritik der politischen Ökonomie, Erster Band , Karl Marx Friedrich Engels Werke Band 23, Berlin 1962, S. 531.

[100] Krahl 1971, S. 25.

[101] Ebenda, S. 335.

[102] Ebenda, S. 345.

[103] Ebenda, S. 23.

[104] Vgl. Jürgen Habermas et. al., Student und Politik. Eine soziologische Untersuchung zum politischen Bewußtsein Frankfurter Studenten, Soziologische Texte Band 18, herausgegeben von Heinz Maus und Friedrich Fürstenberg, 3. Auflage, Neuwied am Rhein und Berlin 1961.

[105] Jürgen Habermas, Protestbewegung und Hochschulreform, Frankfurt am Main 1969, S. 141.

[106] Vgl. Jürgen Habermas, Strukturwandel der Öffentlichkeit. Untersuchungen zu einer Kategorie der bürgerlichen Gesellschaft, Darmstadt und Neuwied 1962.

[107] Oskar Negt, Massenmedien: Herrschaftsmittel oder Instrumente der Befreiung? Aspekte der Kommunikationsanalyse der Frankfurter Schule, in: Dieter Prokop (Hrsg.), Kritische Kommunikationsforschung. Aus der Zeitschrift für Sozialforschung, mit einer Einleitung von Oskar Negt, München 1973, S. VIII. Hervorhebung im Original.

[108] Jürgen Habermas, in: Uwe Bergman (Red.), Bedingungen und Organisation des Widerstandes – Der Kongreß in Hannover, West-Berlin 1967, zit. nach Kraushaar 1998, Band 2, S. 254.

[109] Vgl. Jürgen Habermas, Die Scheinrevolution und ihre Kinder – Sechs Thesen über Taktik, Ziele und Situationsanalysen der oppositionellen Jugend, in: Oskar Negt et al., Die Linke antwortet Jürgen Habermas, Frankfurt am Main 1968, S. 5ff.

[110] Krahl 1971, S. 231.

[111] Ebenda, S. 245.

[112] Oskar Negt et al., Die Linke antwortet Jürgen Habermas, Frankfurt am Main 1968.

[113] Habermas 1969, S. 151.

[114] Vgl. Jürgen Habermas, Theorie des kommunikativen Handelns, 2 Bände, Frankfurt am Main 1981.

[115] Vgl. hierzu: Gerhard Bolte (Hrsg.), Unkritische Theorie. Gegen Habermas, mit Beiträgen von Christoph Türcke et. al., Lüneburg 1989.

[116] Hans-Ulrich Wehler, Deutsche Gesellschaftsgeschichte. Fünfter Band Bundesrepublik und DDR 1949-1990, München 2008, S. 280f.

[117] Schriftwechsel zwischen Leo Kofler und Oskar Negt, zit. nach Kraushaar 1998, Band 2, S. 100.

[118] Alex Demirovic, Bodenlose Politik – Dialoge über Theorie und Politik, in: Kraushaar 1998, Band 3, Aufsätze und Kommentare, Register, S. 93.

[119] Krahl 1971, S. 257.

[120] Unverbindliche Richtlinien Nr. 2, Dezember 1963, zitiert nach: Böckelmann und Nagel 1976, S. 115.

[121] Theodor W. Adorno, (1969), Marginalien zu Theorie und Praxis, in: Rolf Tiedemann (Hrsg.), unter Mitwirkung von Gretel Adorno, Susan Buck-Morss und Klaus Schultz, Theodor W. Adorno. Gesammelte Werke Band 10.2., Kulturkritik und Gesellschaft II. Eingriffe. Stichworte. Anhang, Frankfurt am Main 1977, S. 769f.

[122] Krahl 1971, S. 285.

[123] Vgl. Kraushaar 1998, Band 1, S. 303.

[124] Alex Demiroviæ, Bodenlose Politik – Dialoge über Theorie und Politik, in: Kraushaar 1998, Band 3, Aufsätze und Kommentare, Register, S. 83.

[125] Krahl 1971, S. 294f.

[126] Ebenda, S. 257.

[127] Detlev Claussen, Hans-Jürgen Krahl – Ein philosophisch-politisches Profil, in: Kraushaar 1998, Band 3, S. 69.

[128] Basisgruppe Germanistik, „Wissenschaftliche Standards = Polizeimaßnahmen“, Flugblatt zur polizeilichen Räumung des Instituts für Sozialforschung vom April 1969, zit. nach Kraushaar 1998, Band 2, S. 587.

[129] Streikkomitee Spartakus – Seminar, „Solidarität mit dem Spartakus-Seminar!“, Flugblatt – Aufruf zu einem gesamtuniversitären „Teach -in gegen die technokratische Hochschulreform“ vom 19.12.1968, zit. nach Kraushaar 1998, Band 2, S. 527.

[130] Herbert Marcuse, Brief an Theodor W. Adorno, in: Gunzelin Schmid Noerr (Hrsg.), Max Horkheimer, Gesammelte Schriften Band 18, Briefwechsel 1949-1973, Frankfurt am Main 1996, S. 718.

[131] Zit. nach Kraushaar 1998, Band 1, S. 409.

[132] Theodor W. Adorno, (1969), Marginalien zu Theorie und Praxis, in: Rolf Tiedemann (Hrsg.), unter Mitwirkung von Gretel Adorno, Susan Buck-Morss und Klaus Schultz, Theodor W. Adorno. Gesammelte Werke Band 10.2., Kulturkritik und Gesellschaft II. Eingriffe. Stichworte. Anhang, Frankfurt am Main 1977, S. 762.

[133] Ebenda, S. 763.

[134] Ebenda, S. 771.

[135] Theodor W. Adorno, Eilbrief an Herbert Marcuse vom 06.08.1969, zit. nach Kraushaar 1998, Band 2, S. 671.

[136] Theodor W. Adorno, (1969), Keine Angst vor dem Elfenbeinturm. Ein „Spiegel“-Gespräch, in: Rolf Tiedemann (Hrsg.) unter Mitwirkung von Gretel Adorno, Susan Buck-Morss und Klaus Schultz, Theodor W. Adorno. Gesammelte Schriften Band 20.1, Vermischte Schriften I, Frankfurt am Main 1986, S. 406.

137 Vgl. Demirovic1999, S. 947.

138 Theodor W. Adorno, Brief an Günter Grass vom 04.11.1968, zit. nach Kraushaar 1998, Band 2, S. 473.

139 Wolfgang Kraushaar, Einleitung. Kritische Theorie und Studentenbewegung, in: Ders. 1998, Band 1, S. 28.

140 Vgl. Walter Benjamin, Theorien des deutschen Faschismus. Zu der Sammelschrift „Krieg und Krieger" Hrsg. v. Ernst Jünger, in: Das Argument. Berliner Hefte für Probleme der Gesellschaft Heft 30, 6. Jahrgang Heft 1 1964, Faschismus-Theorien (I), 5. Auflage März 1970, S. 129-137.

141 Vgl. Reinhard Westphal, Psychologische Theorien über den Faschismus, in: Das Argument. Berliner Hefte für Probleme der Gesellschaft Heft 32, 7. Jahrgang Heft 1 1965, Faschismus- Theorien (II), 5. Auflage März 1970, S. 30-39.

142 Vgl. Theodor W. Adorno, Zur Bekämpfung des Antisemitismus heute, in: Das Argument. Berliner Hefte für Probleme der Gesellschaft Heft 29, 6. Jahrgang Heft 2 Mai 1964, Schule und Erziehung (I), 5. Auflage Januar 1970, S. 88-104.

143 Fichter 1988, S. 154.

144 Bernhard Blanke, „Rot gleich Braun", in: Das Argument. Berliner Hefte für Probleme der Gesellschaft, Heft 33, 7. Jahrgang Heft 2 Mai 1965, Faschismus-Theorien (III), 3. Auflage März 1970, S. 30.

145 Wolfgang Fritz Haug u. a., Ideologische Komponenten in den Theorien über den Faschismus, in: Das Argument. Berliner Hefte für Probleme der Gesellschaft, Heft 33, 7. Jahrgang Heft 2 Mai 1965, Faschismus-Theorien (III), 3. Auflage März 1970, S. 3.

146 Vgl. Dieter Grosser, Die nationalsozialistische Wirtschaft. Die deutsche Industrie und die Nationalsozialisten: Partnerschaft beim Griff nach der Weltmacht, in: Das Argument. Berliner Hefte für Probleme der Gesellschaft, Heft 32, 7. Jahrgang Heft 1 1965, Faschismus-Theorien (II), 5. Auflage März 1970, S. 1-11.

147 Ronald Wiegand, „Herrschaft" und „Entfremdung". Zwei Begriffe für eine Theorie über den Faschismus, in: Das Argument. Berliner Hefte für Probleme der Gesellschaft, Heft 30, 6. Jahrgang Heft 1 1964, Faschismus-Theorien (I), 5. Auflage März 1970, S. 138-144.

148 Bernhard Blanke, Reimut Reiche und Jürgen Werth, Die Faschismus-Theorie der DDR, in: Das Argument. Berliner Hefte für Probleme der Gesellschaft, Heft 33, 7. Jahrgang Heft 2 Mai 1965, Faschismus-Theorien (III), 3. Auflage März 1970, S. 35.

149 Vgl. Wladimir Iljitsch Lenin, (1917), Der Imperialismus als höchste Stufe des Kapitalismus, in: Institut für Marxismus-Leninismus beim ZK der KPdSU (Hrsg.), W. I. Lenin. Werke Band 22, Dezember 1915 - Juli 1916, Berlin 1960, S. 189-309.

150 Blanke u.a., S. 43. Hervorhebung im Original.

151 Wolfgang Abendroth, Rede zum 8. Mai 1965, in: neue kritik, Zeitschrift sozialistischer Studenten, Nr. 30, Juni 1965, S. 4.

152 Zur Beteiligung „ganz gewöhnlicher Deutscher" an der Vernichtung und Ausplünderung der jüdischen Bevölkerung, vgl. Daniel Jonah Goldhagen, (1996),

Hitlers willige Vollstrecker. Ganz gewöhnliche Deutsche und der Holocaust, Berlin 1998, Christopher R. Browning, Ganz normale Männer. Das Reserve-Polizeibataillon 101 und die „Endlösung“ in Polen, deutsch von Jürgen Peter Krause, Reinbek bei Hamburg 1993 und Wolfgang Dreßen (Hrsg.), Betrifft: „Aktion 3“. Deutsche verwerten jüdische Nachbarn. Dokumente zur Arisierung. Eine Ausstellung im Stadtmuseum Düsseldorf 29.10.1998-10.1.1999, Berlin 1998.

[153] Ulrike Meinhof, Zum 20. Juli, in: Dies, Die Würde des Menschen ist antastbar. Aufsätze und Polemiken, mit einem Nachwort von Klaus Wagenbach, Berlin 1994, S. 49.

[154] Wolfgang Fritz Haug u. a., Ideologische Komponenten in den Theorien über den Faschismus, März 1970, S. 10.

[155] Tim Mason, Der Primat der Politik – Politik und Wirtschaft im Nationalsozialismus, in: Das Argument. Berliner Hefte für Probleme der Gesellschaft, Heft 41, 8. Jahrgang Dezember 1966 Heft 6, Staat und Gesellschaft im Faschismus, Faschismus-Theorien (IV), 3. verbesserte Auflage, S. 474. Hervorhebung im Original.

[156] Vgl. Friedrich Pollock, (1941), Ist der Nationalsozialismus eine neue Ordnung?, in: Ders, Stadien des Kapitalismus, Herausgegeben und eingeleitet von Helmut Dubiel, München 1975, S. 101-134.

[157] Vgl. Mason, Der Primat der Politik, 1966, S. 491.

[158] Eberhard Czichon (Berlin/DDR), Der Primat der Industrie im Kartell der nationalsozialistischen Macht, in: Das Argument. Berliner Hefte für Probleme der Gesellschaft, Heft 47, 10. Jahrgang Juli 1968 Heft 3, Faschismus und Kapitalismus. Faschismus-Theorien (V) / Diskussion, 2. Auflage Juli 1969, S. 185.

[159] Georgi Dimitroff, (1935), Die Offensive des Faschismus und die Aufgaben der Kommunistischen Internationale im Kampf für die Einheit der Arbeiterklasse gegen den Faschismus. Bericht auf dem VII. Weltkongreß der Kommunistischen Internationale 2. August 1935, in: Georgi Dimitroff, Ausgewählte Schriften Band 2 1921-1935, Auswahl aus der vierzehnbändigen bulgarischen Ausgabe, Berlin 1958, S. 525.

[160] Mason, Der Primat der Politik, S. 474.

[161] Tim Mason, Primat der Industrie? Eine Erwiderung, in: Das Argument. Berliner Hefte für Probleme der Gesellschaft, Heft 47, 10. Jahrgang Juli 1968 Heft 3, Faschismus und Kapitalismus. Faschismus-Theorien (V) / Diskussion, 2. Auflage Juli 1969, S. 205.

[162] Vgl. Wolfgang Fritz Haug, Der hilflose Antifaschismus. Zur Kritik der Vorlesungsreihen über Wissenschaft und NS an deutschen Universitäten, Frankfurt am Main 1967.

[163] Wolfgang Fritz Haug, Vom hilflosen Antifaschismus zur Gnade der späten Geburt, Hamburg/Berlin 1987, S. 149.

[164] Zit. nach: Peter Reichel, Vergangenheitsbewältigung in Deutschland. Die Auseinandersetzung mit der NS-Diktatur in Politik und Justiz, zweite, aktualisierte und überarbeitete Neuauflage, München 2007, S. 133.

[165] Vgl. hierzu beispielhaft einen Bericht über die antisemitischen Ausschreitungen in Freiburg, in: Fichter 1988, S. 159f.

[166] Vgl. Stephan Alexander Glienke, Die Darstellung der Shoah im öffentlichen Raum. Die Ausstellung „Die Vergangenheit mahnt" (1960-1962), in: Ders., Paulmann, Volker und Perels, Joachim (Hrsg.), Erfolgsgeschichte Bundesrepublik? Die Nachkriegsgesellschaft im langen Schatten des Nationalsozialismus, Göttingen 2008, S. 147-183.

[167] Max Horkheimer zit. nach: Kraushaar 1998 Bd. 2, S. 68.

[168] Vgl. Demiroviæ1999, S. 258.

[169] Vgl. Reichel, 2007, S. 149ff.

[170] Vgl. Margherita von Brentano und Manfred Raxin, Presseverlautbarung und Beschlüsse der Berliner Tagung „Überwindung des Antisemitismus", in: Das Argument. Berliner Hefte für Politik und Kultur, Heft 16 Mai/Juni 1960, Die Überwindung des Antisemitismus, Argument-Reprint 1-17, Berlin 1974, S. 203-206.

[171] Vgl. Demiroviæ1999, S. 875f.

[172] Vgl. Wiegand, 1970, S. 138-144.

[173] Ebenda, S. 141.

[174] Ebenda, S. 143.

[175] Vgl. Dan Diner (Hrsg.), Zivilisationsbruch. Denken nach Auschwitz. Mit Beiträgen von Seyla Benhabib, Micha Brumlik et. al., Frankfurt am Main 1988.

[176] Krahl 1971, S. 343.

[177] Gerhard Wehrle, Der Holocaust als Gegenstand der bundesdeutschen Strafjustiz, in: Bernhard Moltmann et. al., (Hrsg.), Erinnerung. Zur Gegenwart des Holocaust in Deutschland – West und Deutschland – Ost, Arnoldshainer Texte – Band 79, Frankfurt am Main 1993, S. 101.

[178] Reichel 2007, S. 210.

[179] Vgl. Heiner Lichtenstein, NS-Prozesse und Öffentlichkeit, in: Justizministerium des Landes Nordrhein-Westfalen (Hrsg.), NS-Verbrechen und Justiz, Juristische Zeitgeschichte Band 4, Düsseldorf 1996, S. 227-232.

[180] Vgl. Irmtrud Wojak, Der erste Frankfurter Auschwitz-Prozeß und die „Bewältigung" der NS-Vergangenheit, in: Dies. (Hrsg.), Auschwitz-Prozeß 4Ks 2/63 Frankfurt am Main, im Auftrag des Fritz Bauer Instituts, Frankfurt am Main 2004, S. 67.

[181] Fichter 1988, S. 312.

[182] Vgl. Manfred Müller, Zum Auschwitz-Prozeß, in: Diskus, Frankfurter Studentenzeitung, Nr. 10, Dezember 1963, S. 1 und 4.

[183] Heinz Brüggemann, „Die Ermittlung" und ihre Kritiker, in: neue kritik, Zeitschrift sozialistischer Studenten, Nr. 34, Februar 1966, S. 35f.

[184] Gerhard Schoenberner, Eichmann und die Deutschen, in: Das Argument. Berliner Hefte für Politik und Kultur, Heft 20, Dezember 1961/Januar 1962, Argument Reprint 18-21 mit einem Nachwort von Helmut Gollwitzer, Berlin 1975, S. 35.

[185] Ebenda, S. 37.

[186] Ulrike Marie Meinhof, Ein Mann mit guten Manieren. Ein Tag Karl-Wolff-Prozeß, in: Dies., 1994, S. 57.

[187] Klaus R. Allerbeck, Soziologie radikaler Studentenbewegungen. Eine vergleichende Untersuchung in der Bundesrepublik Deutschland und den Vereinigten Staaten, München und Wien 1973, S. 104ff.

[188] Vgl. Inge Viett, Nie war ich furchtloser. Autobiographie, Hamburg 1997, Marco Carini, Fritz Teufel – Wenn´s der Wahrheitsfindung dient, Hamburg 2003, Ulrich Enzensberger, Die Jahre der Kommune I. Berlin 1967-1969, Köln 2004.

[189] Axel Schildt, Die Eltern auf die Anklagebank? Zur Thematisierung der NS-Vergangenheit im Generationenkonflikt der bundesrepublikanischen 1960er Jahre, in: Christoph Cornelißen, Lutz Klinkhammer und Wolfgang Schwendker (Hrsg.), Erinnerungskulturen. Deutschland, Italien und Japan seit 1945, Frankfurt am Main 2003, S. 325.

[190] Vgl. Manfred Hahn, Faschismus in verändertem Aufzug? Hinweise auf Literatur über die „Formierte Gesellschaft", in: Das Argument. Berliner Hefte für Probleme der Gesellschaft, Heft 48, 10. Jahrgang Oktober 1968 Heft 4/5, kalter Krieg und Neofaschismus in der Bundesrepublik. Materialien zur „formierten" Demokratie (II), S. 300-308.

[191] Ebenda, S. 306.

[192] Ebenda, S. 306.

[193] Ebenda, S. 302.

[194] Ebenda, S. 307.

[195] Wolfgang Fritz Haug u. a., Ideologische Komponenten in den Theorien über den Faschismus, März 1970, S. 3.

[196] Vgl. Enzensberger, 2004, S. 66.

[197] Helmut Schauer, Soziale Demokratie oder neuer Faschismus? Zur innenpolitischen Entwicklung der Bundesrepublik, in: neue kritik, Zeitschrift sozialistischer Studenten Nr. 25/26 Oktober 1964, S. 14.

[198] Vgl. Anja Corinne Baukloh, „Nie wieder Faschismus!". Antinationalsozialistische Proteste in der Bundesrepublik der 50er Jahre im Spiegel ausgewählter Tageszeitungen, in: Dieter Rucht (Hrsg.), Protest in der Bundesrepublik. Strukturen und Entwicklungen, Frankfurt am Main und New York 2001, S. 81.

[199] Vgl. Fichter 1988, S. 314.

[200] Vgl. Karl Christian Lammers, Die Auseinandersetzung mit der „braunen" Universität. Ringvorlesungen zur NS-Vergangenheit an westdeutschen Hochschulen, in: Axel Schildt, Detlef Siegfried und Karl Christian Lammers (Hrsg.), Dynamische Zeiten. Die 60er Jahre in den beiden deutschen Gesellschaften, Hamburger Beiträge zu Sozial- und Zeitgeschichte, herausgegeben von der Forschungsstelle für Zeitgeschichte in Hamburg, Darstellungen, Band 37, Hamburg 2000, S. 148-165.

[201] Vgl. Haug 1967.

[202] Vgl. Theodor W. Adorno, (1959), Was bedeutet: Aufarbeitung der Vergangenheit, in: Rolf Tiedemann (Hrsg.), unter Mitwirkung von Gretel Adorno, Susan Buck-Morss und Klaus Schultz, Theodor W. Adorno. Gesammelte Schriften

Band 10.2, Kulturkritik und Gesellschaft II. Eingriffe, Stichworte, Anhang, Frankfurt am Main 1977, S. 555-572.

203 Reinhard Strecker, Die Namen nennen, in: Das Argument. Berliner Hefte für Politik und Kultur, Heft 20 Dezember 1961/ Januar 1962, Argument Reprint 18-21, mit einem Vorwort von Helmut Gollwitzer, Berlin 1975, S. 33-34.

204 Gerhard Schoenberner, Das Menetekel von Köln. Die unbewältigte Gegenwart, in: Das Argument. Berliner Hefte für Politik und Kultur, Heft 16 Mai/ Juni 1960, Die Überwindung des Antisemitismus, Argument-Reprint 1-17, Berlin 1974, S. 197-201.

205 Vgl. Fichter und Lönnendonker 1998, S. 112f.

206 Erich Kuby zitiert nach Fichter und Lönnendonker 1977, S. 87.

207 Robert Neumann, Was sagen Sie nun, Herr Lübke? In: konkret, Unabhängige Zeitschrift für Kultur und Politik, Nr. 11, November 1966, S. 30.

208 Peter Damerow, Peter Furth und Bodo von Greif u. a. , Der nicht erklärte Notstand, in: Kursbuch Nr. 12 1968, Der nicht erklärte Notstand. Dokumentation und Analyse eines Berliner Sommers, S. 26.

209 Vgl. Irmela Nitz-Lindquist, Der Putsch von Rechts, in: Diskus, Frankfurter Studentenzeitung, Nr. 8, Dezember 1966, S. 3.

210 Beate Klarsfeld, Kiesinger. Die Geschichte des PG 2633930. Dokumentation mit einem Vorwort von Heinrich Böll, Darmstadt 1969, S. 75.

211 Zit. nach: Carini, 2003, S. 90.

212 Vgl. Fichter 1988, S. 159f.

213 Diverse Zuschriften zitiert nach: Damerow, Furth und von Greif u. a. 1968, S. 136.

214 Vgl. Christel Hopf, Das Faschismusthema in der Studentenbewegung und in der Soziologie, in: Heinz Bude und Martin Kohli (Hrsg.), Radikalisierte Aufklärung. Studentenbewegung und Soziologie in Berlin 1965 bis 1970, Weinheim/München 1989, S. 81.

215 Fichter und Lönnendonker 1998, S. 174.

216 Ebenda, S. 136.

217 Johannes Agnoli, (1968), „Autoritärer Staat und Faschismus". Vortrag vor der Politischen Universität in Frankfurt im Mai 1968, in: Ders., 1968 und die Folgen, Gesammelte Schriften Band 5, Freiburg im Breisgau 1998, S. 13-29.

218 Maren Krohn, Die gesellschaftlichen Auseinandersetzungen um die Notstandsgesetze, Pahl Rugenstein Hochschulschriften Gesellschafts- und Naturwissenschaften 61, Köln 1981, S. 94.

219 Vgl. Bundesvorstand des Sozialistischen Deutschen Studentenbundes (SDS) (Hrsg.), Demokratie vor dem Notstand. Protokoll des Bonner Kongresses gegen die Notstandsgesetze am 30. Mai 1965, Sonderheft der „neue kritik", Frankfurt am Main 1965.

220 Krohn 1981, S. 182.

221 Resolution der 21. Delegiertenkonferenz des SDS zur Notstandsgesetzgebung, in: neue kritik, Zeitschrift Sozialistischer Studenten, Nr. 38/39 Oktober-Dezember 1966, S. 12.

[222] Zitiert nach: Krohn, S. 324.

[223] Vgl. Damerow, Furth, von Greif 1968.

[224] Karl Müller, Der Freiburger SDS und die Studentenbewegung 1968-72. Ein Bericht, in: Netzwerk Dreyeckland (Hrsg.), Stattbuch. Freiburg Dreyeckland. Politische Bewegungen in Freiburg und im Dreyeckland 1968-1985. 270 Selbstdarstellungen und 1000 Adressen, Freiburg im Breisgau 1985, S. 27.

[225] Sozialistischer Deutscher Studentenbund (SDS) – Bundesvorstand, Rundschreiben 12/67-68 vom 12. Mai 1968.

[226] Jens Litten, Eine verpaßte Revolution? Nachruf auf den SDS, mit einem Vorwort von Günter Grass, Hamburg 1969, S. 95.

[227] Sozialistischer Deutscher Studentenbund, Gruppe Frankfurt, Offener Brief an Max Horkheimer, in: Diskus – Frankfurter Studentenzeitschrift Nr. 4, 1967, zit. nach Kraushaar 1998, Band 2, S. 231.

[228] Klaus Rainer Röhl, Fünf Finger sind keine Faust, mit einem Nachwort von Jochen Steffen, Köln 1974, S. 241.

[229] Zitiert nach: Frank Wolff und Eberhard Windaus (Hrsg.), Studentenbewegung 1967-69. Protokolle und Materialien, Frankfurt am Main 1977, S. 87.

[230] Matthias Küntzel, Klaus Thörner u.a., Goldhagen und die deutsche Linke oder die Gegenwart des Holocausts, Berlin 1997, S. 8. Übernahme wie im Original.

[231] SDS, zitiert nach Fichter und Lönnendonker 1998, S. 53.

[232] Vgl. Böckelmann und Nagel 1976, S. 289ff.

[233] Rudi Dutschke, Jeder hat sein Leben ganz zu leben. Die Tagbücher 1963-1979, herausgegeben von Gretchen Dutschke, Köln 2003, S. 51.

[234] Nikolai Bucharin, Die Ökonomie der Transformationsperiode, zitiert nach Rudi Dutschke, Über das Verhältnis von Theorie und Praxis, in: Böckelmann und Nagel 1976, S. 259.

[235] Dutschke 2003, S. 51. Übernahme wie im Original.

[236] Vgl. Gretchen Dutschke, Wir hatten ein barbarisch schönes Leben. Rudi Dutschke. Eine Biographie, München 1998, S. 67ff.

[237] R.S. (d. i. Rudi Dutschke), Zum Verhältnis von Organisation und Emanzipationsbewegung, in: Oberbaumblatt Nr. 5 vom 12. Juni 1967, S. 4, zit. nach Wolfgang Kraushaar, Rudi Dutschke und die Wiedervereinigung, in: Ders., 1968 als Mythos, Chiffre und Zäsur, Hamburg 2000, S. 103f.

[238] Gretchen Dutschke 1998, S. 303.

[239] Vgl. etwa die in Tilman Fichter, Die SPD und die Nation. Vier sozialdemokratische Generationen zwischen nationaler Selbstbestimmung und Zweistaatlichkeit, Berlin/Frankfurt am Main 1993, S. 283-302, abgedruckten Texte Dutschkes. Allerdings ist Bernd Rabehl zu widersprechen, der aus den antiautoritären Studierenden und vor allem Dutschke eine nationalrevolutionäre Bewegung konstruieren will: Vgl. Bernd Rabehl, Rudi Dutschke, Revolutionär im geteilten Deutschland, Band 6 der Reihe Perspektiven, hrsg. von Karlheinz Weißmann und Götz Kubitschek, Dresden 2002. Diskutiert werden die nationalen Positionen Dutschkes auch in: Kraushaar 2000, Michaela Karl, Rudi

Dutschke. Revolutionär ohne Revolution, Frankfurt am Main 2003 und Peter Brandt und Herbert Ammon (Hrsg.), Die Linke und die nationale Frage. Dokumente zur deutschen Einheit seit 1945, Reinbek bei Hamburg 1981.

240 Dutschke 2003, S. 139. Übernahme wie im Original.

241 Vgl. Karl 2003, S. 73f.

242 Rudi Dutschke, zitiert nach Ulrich Chaussy, Die drei Leben des Rudi Dutschke. Eine Biographie, Frankfurt am Main 1985, S. 238.

243 Martin W. Kloke, Israel und die deutsche Linke. Zur Geschichte eines schwierigen Verhältnisses, Schriftenreihe des Deutsch-Israelischen rbeitskreises für Frieden im Nahen Osten e. V., 2. erweiterte und aktualisierte Auflage, Frankfurt am Main 1994, S. 80.

244 Wilfried Gottschalch, Besprechung zu: Der ungekündigte Bund. Neue Begegnung von Juden und christlicher Gemeinde, herausgegeben von Dietrich Goldschmidt und Hans Joachim Kraus und Kurt Blumfeld, Erlebte Judenfrage. Ein Vierteljahrhundert Zionismus, in: Das Argument. Berliner Hefte für Probleme der Gesellschaft, Heft 26, Juli 1963, Probleme der Ästhetik, 4. Auflage März 1975, S. 62.

245 Albrecht 1994, S. 295.

246 Andrea Ludwig, Neue oder Deutsche Linke? Nation und Nationalismus im Denken von Linken und Grünen, Opladen 1995, S. 40.

247 Bert Welz, Doppelte Unmoral, in: Diskus, Frankfurter Studentenzeitung, Nr. 8 Dezember 1964, S. 1.

248 Kloke 1994, S. 103f.

249 Vgl. Tilman Fichter, Der Staat Israel und die Neue Linke in Deutschland, in: Karlheinz Schneider und Nikolaus Simon (Hrsg.), Solidarität und deutsche Geschichte. Die Linke zwischen Antisemitismus und Israelkritik, Dokumentation einer Arbeitstagung in der evangelischen Akademie Arnoldshain, August 1984, Deutsch-Israelischer Arbeitskreiskreis für Frieden in Nahost e. V. Schriften Band 9, Berlin 1984, S. 91.

250 Herbert Marcuse, (1968), Das Ende der Utopie. Vorträge und Diskussionen in Berlin 1967, Frankfurt am Main 1980, S. 141.

251 Vgl. Kloke 1994, S. 106.

252 Reimut Reiche, zitiert nach Kloke 1994, S. 115.

253 Detlev Claussen, Im Hause des Henkers, in: Dietrich Wetzel (Hrsg.), Die Verlängerung von Geschichte. Deutsche, Juden und der Palästinakonflikt, Frankfurt am Main 1983, S. 115.

254 Daß das antiimperialistische Weltbild, welches sich in der radikalen Linken seit der leninschen Imperialismustheorie durchgesetzt hat, im Widerspruch zur marxschen Kritik der politischen Ökonomie steht läßt sich beispielhaft ablesen in: Thomas Haury, Antisemitismus von links. Kommunistische Ideologie, Nationalismus und Antizionismus in der frühen DDR, Hamburg 2002, S. 228ff.

255 Ludwig, 1995, S. 44.

256 Ulrike Marie Meinhof, Drei Freunde Israels, in: Dies., 1994, S. 101f.

[257] Ebenda, S. 102.

[258] Wolfgang Abendroth, zitiert nach Kloke 1994, S. 116.

[259] Wladimir Iljitsch Lenin, (1917), Werden die Bolschewiki die Staatsmacht behaupten?, in: Institut für Marxismus-Leninismus beim ZK der KPdSU (Hrsg.), W. I. Lenin Werke Band 26, September 1917-Februar 1918, Berlin 1961, S. 104.

[260] Sozialistischer Deutscher Studentenbund (SDS) Bundesvorstand, Rundbrief an alle SDS-Mitglieder, Niederlage oder Erfolg der Protestaktion? Eine vorläufige Auswertung (2.Juli 1967). – Ernst Lemmer, CDU, (1898-1979) hatte verschiedene Ministerposten unter Adenauer, Erhard und Kiesinger inne; Walter Fabian (1902-1992) war ein antifaschistischer Widerstandskämpfer, der in der linkssozialistischen Bewegung aktiv war; Ernst Benda, CDU (1925-2009) war 1968/69 Innenminister und 1971-1983 Präsident des Bundesverfassungsgerichts; William Borm (1895-1987) war Mitglied des FDP-Bundesvorstands.

[261] Gerhard Hanloser, Bundesrepublikanischer Linksradikalismus und Israel – Antifaschismus und Revolutionismus als Tragödie und als Farce, in: Ders. (Hrsg.), „Sie warn die Antideutschesten der deutschen Linken“. Zu Geschichte, Kritik und Zukunft antideutscher Politik, Münster 2004, S. 196.

[262] SDS-BV, zitiert nach Kloke 1994, S. 125.

[263] Exemplarisch sei hier auf die Hamburger Monatszeitschrift „konkret“ verwiesen. Vgl. Claude Richmond, Angeklagt: Israels Napalm Krieg, in: konkret. Unabhängige Zeitschrift für Kultur und Politik, Nr. 8/August 1967, S. 14-16 und Alfred Jacob, Marschieren für Israel? Eine Analyse des arabisch-israelischen Konflikts, in: konkret. Unabhängige Zeitschrift für Kultur und Politik, Nr. 8/August 1967, S. 17-19.

[264] Gemeinsame Erklärung von 20 Vertretern der deutschen Linken zum Nahostkonflikt, in: Neue Deutsche Hefte, Sonderdruck, O.O.A., O.J..

[265] Zu den Ereignissen in Frankreich vgl. Gilcher-Holtey 1995.

[266] Für Immanuel Wallerstein stellen die Ereignisse des Jahres 1968 gar eine *„Weltrevolution im Weltsystem“* dar. Vgl. Immanuel Wallerstein, 1968: eine Weltrevolution im Weltsystem, in: Etienne François et. al. (Hrsg.), 1968 – ein europäisches Jahr? Beiträge zu Universalgeschichte und vergleichenden Gesellschaftsordnung 6, Leipzig 1997, S. 19.

[267] H. D. Bahr, SDS-Tübingen, Organisation und Anarchie. Eine Kritik autoritärer Mechanismen in der anti-autoritären Bewegung, Broschüre, Tübingen 1968, S. 5.

[268] Rainer Delp, Anmerkungen zur Frankfurter Basisarbeit und Jungarbeiter – Agitation. „Strategiepapier“ zur Fortführung der Betriebs-, Stadtteil- und Basisgruppenarbeit, in: SDS–Info vom 02.05.1969, Nr. 11/12, zit. nach Kraushaar 1998, Band 2, S. 618. Übernahme wie im Original.

[269] Vgl. Frank Wolff und Eberhard Windaus (Hrsg.), Studentenbewegung 1967-69. Protokolle und Materialen, Frankfurt am Main 1977, S.173ff.

[270] Vgl. Bock 1976, S. 213.

[271] Vgl. Gerd Koenen, Das rote Jahrzehnt: Unsere kleine deutsche Kulturrevolution 1967-1977, Köln 2001.

[272] Vgl. dazu Laura K. Diehl, Die Konjunktur von Mao-Images in der bundesdeutschen „68er"-Bewegung, in: Sebastian Gehrig, Barbara Mittler und Felix Wemheuer (Hrsg.), Kulturrevolution als Vorbild? Maoismen im deutschsprachigen Raum, Frankfurt am Main 2008., S. 179-201.

[273] Ebenda, S. 182.

[274] Koenen 2001, S. 146.

[275] Vgl. ebenda, S. 148.

[276] Joachim Schickel, Dialektik in China. Mao Tse-tung und die Große Kulturrevolution, in: Kursbuch 9 vom Juni 1967, S. 45-129. Großschreibung im Original.

[277] Dutschke, 1968, S. 60.

[278] Vgl. Kraushaar 1998, Band 1, S. 235.

[279] Reimut Reiche, Worte des Vorsitzenden Mao, in: neue kritik, Zeitschrift für sozialistische Theorie und Politik, Nr. 41 vom April 1967, S. 10.

[280] Vgl. Enrica Colloti Pischel, Die chinesische Kulturrevolution, Probleme sozialistischer Politik 18, Frankfurt am Main 1970.

[281] Vgl. etwa das bereits 1957 erschienene Hauptwerk Karl August Wittfogels, (1957), Die orientalische Despotie. Eine vergleichende Untersuchung totaler Macht, Köln/Berlin 1962, oder die beiden erstmals 1967 erschienenen Kritiken der Kulturrevolution von rätekommunistischer bzw. situationistischer Warte: Cajo Brendel, (1967), Thesen über die chinesische Revolution, übersetzt anhand der Originalausgabe von Hans-Jörg Viesel und dem Autor, Edition Nautilus Flugschrift No. 19, Hamburg 1977 und Situationistische Internationale, (1967), Der Explosionspunkt der Ideologie in China, in: Dies., Situationistische Internationale 1958-1969, Gesammelte Ausgaben des Organs der Situationistischen Internationale, Band 2, übersetzt aus dem französischen Original von Pierre Galbissaires, deutsche Bearbeitung für die vorliegende Ausgabe von Hanna Mittelstädt, Hamburg 1977, S. 247-257.

[282] Vgl. Max Horkheimer, Die Rote Garde in China [Gespräch mit Dagobert Lindlau] (1967), in: Gunzelin Schmid Noerr (Hrsg.) Max Horkheimer. Gesammelte Schriften Band 13, Nachgelassene Schriften 1949-1972. 1. Vorträge und Ansprachen, 2. Gespräche, 3. Würdigungen, 4. Vorlesungsnachschriften, Frankfurt am Main 1989, S. 167-173.

[283] Vgl. Dario Azzellini, Die ausländischen Genossen können unschätzbare Dienste leisten. Mit dem Internationalismus rund um den Globus, in: Rotaprint (Hrsg.), Agit 883. Bewegung Revolte Underground in Westberlin 1969-1972, Hamburg/Berlin 2007, S. 197ff.

[284] Vgl. Siegfried Heimann, Die Deutsche Kommunistische Partei, in: Richard Stöss (Hrsg.), Parteien – Handbuch. Die Parteien der Bundesrepublik Deutschland 1945-1980, Band I, AUD bis EFP, Schriften des Zentralinstituts für sozialwissenschaftliche Forschung der Freien Universität Berlin, Band 38, Opladen 1983, S. 906.

[285] Vgl. FU – Projektgruppe DKP und Bernd Rabehl, DKP – eine neue sozialdemokratische Partei, Berlin 1969.

[286] Vgl. hierzu die Materialiensammlung, die die DKP anläßlich der Konferenz veröffentlicht: Johannes Henrich von Heiseler, Robert Steigerwald und Josef Schleifstein (Hrsg.), Die „Frankfurter Schule" im Lichte des Marxismus. Zur Kritik der Philosophie und Soziologie von Horkheimer, Adorno, Marcuse, Habermas. Materialien einer wissenschaftlichen Tagung aus Anlaß des 100. Geburtstages von W.I. Lenin, veranstaltet vom Institut für Marxistische Studien und Forschungen (IMSF) am 21. und 22. Februar 1970 in Frankfurt am Main, Frankfurt am Main 1970.

[287] Vgl. exemplarisch Rolf Bauermann und Hans-Jochen Rötscher, Dialektik der Anpassung. Die Aussöhnung der „Kritischen Theorie" mit den imperialistischen Herrschaftsverhältnissen. Zur Kritik der bürgerlichen Ideologie Band 17, Frankfurt am Main 1972 und Igor S. Narski, Die Anmaßung der negativen Philosophie Theodor W. Adornos. Zur Kritik der bürgerlichen Ideologie Band 65, Frankfurt am Main 1975.

[288] Vgl. Robert Steigerwald, Herbert Marcuses dritter Weg, Köln 1969 oder das Kapitel „Die Metapher „heile Welt". Zu Adornos Antiutopismus, in: Jost Hermand, Orte. Irgendwo. Formen utopischen Denkens, Königstein/Ts. 1981, S. 104-117.

[289] Eine kurze Kritik an der Rezeption der Kritischen Theorie durch die DKP findet sich in: Initiative Sozialistisches Forum, Furchtbare Antisemiten, ehrbare Antizionisten. Über Israel und die linksdeutsche Ideologie, zweite, erweiterte Auflage, Freiburg im Breisgau 2002,S. 32ff.

[290] Vgl. Gerd Langguth, Protestbewegung. Entwicklung – Niedergang – Renaissance. Die Neue Linke seit 1968, Bibliothek Wissenschaft und Politik Band 30, Köln 1983, S. 29.

[291] Vgl. Ute Gerhard, Frauenbewegung, in: Roth und Rucht 2008, 201ff.

[292] Krahl 1971, S. 279.

[293] Ohne Autorenangabe, Alle reden von Schulung, Flugblatt zu einer Sitzung des Basisgruppenrates vom 22.05.1969, zit. nach Kraushaar 1998, Band 2, S. 634. Übernahme wie im Original.

[294] Vgl. beispielsweise: Redaktion, Wider das Gründungsfieber, in: Rotes Forum, Organ des SDS-Heidelberg 2/70 vom 15.04.1970, S. 2-5.

[295] Vgl. Michael Steffen, Geschichten vom Trüffelschwein. Politik und Organisation des Kommunistischen Bundes 1971 bis 1991, Berlin/Hamburg/Göttingen 2002, S. 24.

[296] Vgl. Langguth 1983, S. 47ff.

[297] Ebenda, S. 47.

[298] Ebenda, S. 49f. 2009 wird in der Zeitschrift „wildcat" ein Interview mit zwei ehemaligen Mitgliedern der PL/PI geführt, in dem diese nochmals verwundert rekapitulieren, wie aus einem antiautoritären Ansatz so schnell autoritäre Kaderorganisationen entstehen können, s. N.N., Dem Zerfall der APO was entgegensetzen. Teil II des Interviews mit Genossen der RZ, in: wildcat 85 vom Herbst 2009, S. 38-43.

[299] Vgl. Gehrig, Mittler und Wemheuer 2008.

[300] Bei „wilden" Streiks handelt es sich um Streiks die gegen den Willen und ohne Unterstützung der Gewerkschaften geführt werden.

[301] Zu den Septemberstreiks 1969 vgl. Peter Birke, Der Eigen-Sinn der Arbeitskämpfe. Wilde Streiks und Gewerkschaften in der Bundesrepublik vor und nach 1969, in: Bernd Gehrke und Gerd-Rainer Horn (Hrsg.), 1968 und die Arbeiter. Studien zum „proletarischen Mai" in Europa, Hamburg 2007, S. 64ff.

[302] Gehrke und Horn 2007.

[303] Vgl. Wolfgang Lefévre, Einige Konsequenzen aus der Streikbewegung im September 1969 für unsere Arbeit, in: neue kritik. Zeitschrift für sozialistische Theorie und Politik, Nr. 54, vom Juni 1969 , S. 41-48.

[304] Vgl. Günther Mangold, Kommentar zu einigen Interpretationen der Septemberstreiks, in: Rotes Forum, vormals forum academicum. Heidelberger Studentenzeitschrift 6/69 vom 15.12.1969, S. 12-14.

[305] Beirat der Roten Pressekorrespondenz, Den Kampf gegen die schwarze Linie führen!, in: Rote Presse Korrespondenz der Studenten-, Schüler- und Arbeiterbewegung Nr. 42 vom 05.12.1969, S. 2.

[306] Vgl. Krahl 1971, S. 283ff.

[307] Vgl. Gerd Langguth, Die Protestbewegung in der Bundesrepublik Deutschland 1968-1976, Köln 1976, S. 82.

[308] Dieser Ansatz der sog. Arbeiteruntersuchung stammt aus Italien, wo er als Kritik an der traditionellen Arbeiterbewegung entwickelt wurde. In Deutschland werden die Arbeiteruntersuchungen später vor allem von den spontaneistischen Gruppen angewandt. Vgl. zur Entstehung des Konzepts: Claudio Pozzoli (Hrsg.), Spätkapitalismus und Klassenkampf. Eine Auswahl aus den Quaderni Rossi, Frankfurt am Main 1972.

[309] Vgl. Langguth, 1976, S. 79.

[310] Betriebsprojektgruppe Heidelberg, Zu den Streiks an der Saar, in: Rote Presse Korrespondenz der Studenten-, Schüler- und Arbeiterbewegung Nr. 35 vom 17.10.1970,S. 7.

[311] Rudi Dutschke, Brief an Herbert Marcuse vom 01.01.1970, Archivarische Sammlung Rudi Dutschke im Hamburger Institut für Sozialforschung, Korrespondenz mit Herbert Marcuse, zit. nach Kraushaar 1998, Band 2, S. 699f.

[312] Vgl. Rudi Dutschke, Versuch Lenin auf die Füße zu stellen. Über den halbasiatischen und den westeuropäischen Weg zum Sozialismus. Lenin, Lukács und die Dritte Internationale, Berlin 1974 und Bernd Rabehl, Marx und Lenin. Widersprüche einer ideologischen Konstruktion des „Marxismus-Leninismus", Berlin 1973.

[313] Rote Zelle Ökonomie, Der Beitrag der Intelligenz zur Rekonstruktion der Arbeiterbewegung und die Folgerungen für die studentische Massenorganisation, in: Rote Presse Korrespondenz der Studenten-, Schüler- und Arbeiterbewegung Nr. 76/77 vom 07.08.1970, S. 6. Hervorhebung im Original.

[314] Ebenda, S. 11.

[315] Wladimir Iljitsch Lenin, (1902), Was tun? In: Institut für Marxismus-Leninismus beim ZK der KPdSU (Hrsg.), W. I. Lenin Werke Band 5, Mai 1901-Februar 1902, Berlin 1955, S. 355-551.

[316] Lenin übernimmt diese Auffassung vom Hineintragen des sozialistischen Bewußtseins in die Arbeiterklasse von der Marx-Rezeption Karl Kautskys, einem der wichtigsten sozialdemokratischen Theoretiker. Vgl. Ebenda, S. 394ff.

[317] Joscha Schmierer, Revolutionäre Intelligenz und Arbeiterbewegung in der Frühphase der Parteibildung. Ein Grundproblem des Marxismus-Leninismus, in Rotes Forum, Organ des SDS-Heidelberg 2/70 vom 14.04.1970, S. 25.

[318] Marxistisch-leninistischen Gruppen an der Universität Tübingen, Wem nützt die Theorie von der „revolutionären technischen Intelligenz"?, in: Roter Pfeil, Organ der marxistisch-leninistischen Gruppen an der Universität Tübingen Nr. 4 vom Februar 1970, S. 10.

[319] Gemeinsame Stellungnahme von SALZ und KAB Hamburg, Für das Bündnis von Intelligenz und Arbeiterklasse, in: Arbeiterzeitung des Kommunistischen Arbeiterbundes 11/12 1971,S. 35. Hervorhebung im Original.

[320] Auf die damit einhergehende Ablehnung der Intellektuellen, die sich zum Teil bis zu einer mit antisemitischen Untertönen versehenen Intellektuellenfeindschaft steigert, wird später noch eingegangen.

[321] Margareth Kukuck, Student und Klassenkampf. Studentenbewegung in der BRD seit 1967, Hamburg 1974, S. 161.

[322] Vgl. Anton Pannekoek, (1938), Lenin als Philosoph, mit einer Rezension von Karl Korsch und einem Vorwort von Paul Mattick, herausgegeben von Alfred Schmidt und Claudio Pozzoli, Frankfurt am Main 1969.

[323] Ebenda, S. 116.

[324] Gruppe Internationale Kommunisten Hollands, (1934), Thesen über den Bolschewismus, in: Anton Pannekoek, Paul Mattick u.a., Marxistischer Anti-Leninismus. Eingeleitet von Diethard Behrens, Freiburg im Breisgau 1991, S. 30.

[325] Allerdings ist es natürlich als großer Erfolg der Studentenbewegung zu bewerten, daß sie durch ihre Aktionen den Anstoß zur Schließung geschlossener Jugendheime geben.

[326] Brosch 1971, S. 128.

[327] Karl Marx und Friedrich Engels, (1848), Manifest der Kommunistischen Partei, in: Institut für die Geschichte der Arbeiterbewegung Berlin (Hrsg.), Karl Marx Friedrich Engels Werke, Band 4, Berlin 1990, S. 472.

[328] Helmut Kapczynski, Zur Frage einer sozialistischen Randgruppenstrategie, in: Rote Presse Korrespondenz der Studenten-, Schüler- und Arbeiterbewegung Nr. 41 vom 28.11.1969, S. 6.

[329] Vorbereitungskomitee Berlin, Randgruppenkonferenz Berlin. Bericht und Materialien, in: Rote Presse Korrespondenz der Studenten-, Schüler- und Arbeiterbewegung Nr. 54 vom 27.02.1970, S. 2.

[330] Berliner Kinderläden 1970, S. 36.

[331] Vorbereitungsgruppe der Randgruppenkonferenz (Berlin), Zur sozialistischen Randgruppenstrategie, in: Rote Presse Korrespondenz der Studenten-, Schüler- und Arbeiterbewegung Nr. 54 vom 27.02.1970, S. 3.

[332] Joscha Schmierer, Die theoretische Auseinandersetzung vorantreiben und die Reste bürgerlicher Ideologie entschieden bekämpfen – Die Kritische Theorie

und die Studentenbewegung, in: Rotes Forum, vormals forum academicum. Heidelberger Studentenzeitschrift 1/70 vom 02.02.1970, S. 29-36.

333 Ebenda, S. 30. Hervorhebung im Original.

334 Vgl. Lenin, (1917), S. 189-309.

335 Schmierer 1970, S. 33f.

336 Krahl 1971, S. 345.

337 Schmierer 1970, S. 36.

338 Ebenda, S. 34.

339 Fritz Kramer, Über Sozialismus in China und Rußland und die Marxsche Theorie der Geschichte, in: Rotes Forum, Organ des SDS-Heidelberg 3/70 vom 03.06.1970 , S. 5.

340 Vgl. Julian von Eckhard, Irmi Lehmann und Sarma Marla (Hrsg.), Generalspaltung. Von der Studentenbewegung zu den Sekten und Zirkeln. Das vollständige Protokoll einer Debatte, exemplarisch geführt nach dem Ende des Heidelberger SDS. 21./22. November 1970, Heidelberg 1972, (Archiv für soziale Bewegungen Freiburg, Systematikpunkt Format A4 5.212.5.6.1).

341 Claus Koch, Zum Stellenwert der Beiträge Kramers auf der Generalversammlung in den Fraktionsauseinandersetzungen, in: Neues Rotes Forum 3/70 vom 16.12.1970, S. 52.

342 Theodor W. Adorno, (1969), Kritik, in: Rolf Tiedemann (Hrsg.), unter Mitwirkung von Gretel Adorno, Susan Buck-Morss und Klaus Schultz, Theodor W. Adorno,. Gesammelte Schriften Band 10.2., Kulturkritik und Gesellschaft II. Eingriffe, Stichwort, Anhang, Frankfurt am Main 1977, S. 787ff.

343 Koch 1970, S. 55.

344 Gruppe Neues Rotes Forum, Zur Analyse der Studentenbewegung, in: Neues Rotes Forum 1/71 vom 08.02.1971, S. 52.

345 Ebenda, S. 52.

346 Ebenda, S. 55.

347 Joscha Schmierer, Die neuen Mittelklassen und das Proletariat – Bürgerliche und proletarische Linie in der Klassenanalyse, in: Neues Rotes Forum 4/71 vom Oktober 1971, S. 44.

348 N.N., Faschismusanalyse und antifaschistischer Kampf der Kommunistischen Internationale und der KPD 1923-1945, zweite, unveränderte Auflage der 1973 im Verlag „Neues Rotes Forum“ erschienenen Ausgabe, Heidelberg 1974, S. 5.

349 Dimitroff (1935), S. 525.

350 Zu den wechselnden Taktiken des kommunistischer Antifaschismus siehe: Gruppe MAGMA, „…denn Angriff ist die beste Verteidigung“. Die KPD zwischen Revolution und Faschismus, Bonn 2001.

351 Rote Zelle Germanistik (Rotzeg), Die Rolle der SPD im Faschisierungsprozeß der Weimarer Republik und die Sozialfaschismustheorie der KPD, in: Rote Pressekorrespondenz der Studenten-, Schüler- und Arbeiterbewegung Nr. 87 vom 23.10.1970, S. 10.

352 Peter Lagarde, Bemerkungen zur Faschismus-Diskussion, in: Neues Rotes Forum 6/71 vom Dezember 1971, S. 39.

[353] Christine Bucher, Vom Standpunkt der großen Kleinmütigkeit zum Standpunkt des kleineren Übels (Zur Faschismustheorie des KB-Nord), in: Neues Rotes Forum 6/72 vom Dezember 1972, S. 26.

[354] B.F., Die deutsche Monopolbourgeoisie und ihr faschistischer Ausweg aus der Krise der Weimarer Republik, in: Neues Rotes Forum 3/72 vom August 1972, S. 26.

[355] Gruppe Magma 2001, S. 184.

[356] Rote Zelle Germanistik, Die Seminare des Sozialistischen Studiums der Roten Zelle Germanistik WS 1970/71, in: Rote Pressekorrespondenz der Studenten-, Schüler- und Arbeiterbewegung Nr. 88 vom 30.10.1970, S. 13.

[357] Günther Anders, (1964), Wir Eichmannsöhne. Offener Brief an Klaus Eichmann, zweite, durch einen weiteren Brief ergänzte Auflage, München 1988, S. 82. Hervorhebung im Original.

[358] Redaktion Rote Pressekorrespondenz der Studenten-, Schüler- und Arbeiterbewegung, Rebellion in der US-Armee Westberlin, in: Rote Presse Korrespondenz Nr. 80/81 vom 11.09.1970, S. 23.

[359] Vgl. Kommunistischer Arbeiterbund (Marxisten-Leninisten), US-Vize besucht seine Schäfchen, in: Kommunistische Pressekorrespondenz. Herausgegeben vom Kommunistischen Arbeiterbund (Marxisten-Leninisten), Nr. 1 vom 09.09.1970, S. 6.

[360] Vgl. Reinhard Lettau, Täglicher Faschismus. Evidenz aus fünf Monaten, in: Kursbuch 22 vom Dezember 1970, S. 1-44.

[361] Revolutionäre Jugend (ML), Häuptling des US-Imperialismus auf „Staatsbesuch“ bei seinen europäischen Vasallen, in: Rebell – Zentralorgan der Revolutionären Jugend (ML), NR. 7 vom März 1969, S. 10.

[362] Vgl. hierzu etwa: Kommunistischer Arbeiterbund (Marxisten-Leninisten), USA: Demonstration gegen faschistischen Polizeiterror, in: Kommunistische Pressekorrespondenz. Herausgegeben vom Kommunistischen Arbeiterbund (Marxisten-Leninisten), Nr. 39 vom 28.09.1971, S. 7.

[363] Hans Magnus Enzensberger, Berliner Gemeinplätze II, in: Kursbuch Nr. 13, 1968, S. 191f. Die Abkürzung PG meint Parteigenosse der NSDAP.

[364] Redaktion Rotes Forum, Dokumente zur Kontinuität des Faschismus im deutschen Gelehrtenstand: 2. Karriere eines Rechtswahres, in: Rotes Forum, vormals: forum academicum, Heidelberger Studentenzeitschrift 6/69 vom 15.12.1969, S. 39.

[365] Hartmut Rübner, Geister der Vergangenheit. Vom Nationalsozialismus zum Faschismus, in: Rotaprint 2007, S. 217. Übernahme wie im Original.

[366] Sozialistisches Anwaltskollektiv, Verschleppung der Deserteure, in: Rote Pressekorrespondenz der Studenten-, Schüler- und Arbeiterbewegung Nr. 25/26 vom 05.08.1969, S. 6.

[367] Kommunistischer Arbeiterbund (Marxisten – Leninisten), Aktion Widerstand, in: Kommunistische Pressekorrespondenz. Herausgegeben vom Kommunistischen Arbeiterbund (Marxisten – Leninisten), Nr. 1 vom 09.09.1970, S. 1. - Die „Aktion Widerstand“ war eine 1970 von NPD-Funktionären gegründete außerparlamentarische Organisation, die gegen die Ostpolitik der Sozialllibera-

len Bundesregierung gerichtet war. Die ebenfalls 1970 gegründete „Nationalliberale Aktion" (NLA) sammelte nationalliberale Mitglieder der FDP, die die Koalition ihrer Partei mit der SPD ablehnten.

368 Bucher, 1972, S. 15.

369 Ebenda, S. 25.

370 Kommunistischer Jugendbund, Faschisten planen Großaktion in Freiburg, in: KJZ – Kommunistische Jugendzeitung des Kommunistischen Jugendbundes. Jugendorganisation des Bundes Kommunistischer Arbeiter, Extrablatt vom 18.10.1971, S. 5.

371 Kommunistische Studentengruppen (Marxisten-Leninisten), Bonns neue Notstandsgesetze, in: Roter Pfeil. Zentralorgan der Kommunistischen Studentengruppen (Marxisten-Leninisten) Nr. 5 vom Juli 1972, S. 8.

372 Sozialistisches Arbeiter- und Lehrlingszentrum, Hundert Jahre „Deutsches Reich"?, in: Kommunistische Arbeiter Zeitung des Sozialistisches Arbeiter- und Lehrlingszentrum, Nr. 1 vom Februar 1971, S. 8.

373 Ebenda, S. 7.

374 Andreas Klein, Die Bundesrepublik auf dem Weg in den Rechts-Staat, in: Diskus. Frankfurter Studentenzeitung Heft 1 vom 3. Februar 1972, S. 9.

375 Ebenda, S. 10.

376 Vgl. Peter Mosler, Was wir wollten, was wir wurden. Studentenrevolte – zehn Jahre danach. Mit einer Chronologie von Wolfgang Kraushaar, Reinbek bei Hamburg 1977, S. 295.

377 Vgl. Kloke 1994, S. 127f.

378 Theodor W. Adorno, Brief an Herbert Marcuse vom 19.06.1969, zit. nach Kraushaar 1998, Band 2, S. 652.

379 Hans-Jürgen Krahl, zit. nach Hans Joachim Noack, Ferienlager bei El Fatah – Der Sozialistische Deutsche Studentenbund auf Erkundungsfahrt bei den arabischen Guerillas, in: Die Zeit vom 15.08.1969, 24. Jahrgang, Nr. 33, S. 7, zit. nach Kraushaar 1998, Band 1, S. 447.

380 Vgl. Kloke 1994, S. 126.

381 SDS Heidelberg und FPDLP, zitiert nach Kloke 1994, S. 126.

382 SDS Frankfurt u. a. zitiert nach Kloke 1994, S. 130.

383 Vgl. Jean Améry, (1969), Der ehrbare Antisemitismus, in: Hermann L. Gremliza (Hrsg.), Hat Israel noch eine Chance? Palästina in der neuen Weltordnung, Hamburg 2001, S. 7-12.

384 Zur Bedeutung des Antizionismus für die Ideologiebildung des Nationalsozialismus, vgl. die 1938 erschienene Aufsatzsammlung des Vordenkers der NSDAP: Alfred Rosenberg, Der staatsfeindliche Zionismus, München 1938.

385 Vgl. zur Schmarotzermetaphorik im modernen Antisemitismus: Wolfgang Benz, Geschichte des Dritten Reiches, München 2000, S. 130.

386 SDS Heidelberg, Aufruf zur Palästina-Demonstration am Montag, in: Rote Kommentare vom 20.02.1970, Flugblatt/Schrift, S. 1. Schreibweise wie im Original.

387 Thomas Haury, Die Ideologie, die nicht vergehen will. 35 Jahre antisemiti-

scher Antizionismus in der Neuen deutschen Linken, in: AG Antifa/Antira im StuRa der Uni Halle (Hrsg.), Trotz und wegen Auschwitz. Antisemitismus und nationale Identität nach 1945, Münster 2004, S. 114.

[388] Zu den Palästinakomitees im Einzelnen vgl. Kloke 1994, S. 133ff.

[389] Vgl. hierzu ausführlich: Wolfgang Kraushaar, Die Bombe im Jüdischen Gemeindehaus, Hamburg 2005.

[390] Schwarze Ratten TW, Schalom + Napalm, in: Agit 883, Nr. 40 vom 13.11.1969, zit. nach Kloke 1994, S. 164f.

[391] Dieter Kunzelmann, Brief aus Amman, in: Agit 883 Nr. 42 vom 27.11.1969, zit. nach Kloke 1994, S. 166. Hervorhebung im Original.

[392] Henryk M. Broder, Linker Antisemitismus? in: Karlheinz Schneider und Nikolaus Simon (Hrsg.), Solidarität und deutsche Geschichte. Die Linke zwischen Antisemitismus und Israelkritik, Dokumentation einer Arbeitstagung in der Evangelischen Akademie Arnoldshain, August 1984, Deutsch-Israelischer Arbeitskreis für Frieden im Nahen Osten e. V. Schriften Band 9, Berlin 1984, S. 25. Hervorhebung im Original.

[393] Vgl. Nikita Chruschtschow, (1956), Die Geheimrede Chruschtschows. Über den Personenkult und seine Folgen. Rede des Ersten Sekretärs des ZK der KPdSU, Gen. N. S. Chruschtschow, auf dem XX. Parteitag der Kommunistischen Partei der Sowjetunion, 25. Februar 1956. Beschluß des Zentralkomitees der KPdSU über die Überwindung des Personkults und seine Folgen, 30. Juni 1956, Berlin 1990.

[394] Vgl. Fritz Schatten, Der Konflikt Moskau – Peking. Dokumente und Analysen des roten Schismas, München 1963, S. 27.

[395] Götz Eisenberg und Wolfgang Thiel, Über Genesis, Verlauf und schlechte Aufhebung der antiautoritären Bewegung, Gießen 1973, S. 89.

[396] Zentralkomitee der Kommunistischen Partei Chinas, Vorschlag zur Generallinie der internationalen kommunistischen Bewegung, zit. nach: Philippe Devillers, Was Mao wirklich sagte, Wien 1967, S. 174.

[397] Ironischerweise sprechen sowohl Lenin als auch Stalin, nachdem sie erkennen mußten, daß die Oktoberrevolution nicht zum Auftakt der Weltrevolution wurde und sie nun um die Existenz der UdSSR kämpfen mußten, von der friedlichen Koexistenz zwischen den verschiedenen Gesellschaftssystemen. Lenin tat dies bereits 1919 in einer Botschaft an die amerikanischen Arbeiter. Vgl. Wladimir Iljitsch Lenin, (1919), An die amerikanischen Arbeiter, in: Institut für Marxismus-Leninismus beim ZK der KPdSU (Hrsg.), W. I. Lenin. Werke Band 30, September 1919-April 1920, Berlin 1964, S. 21-22.

[398] Vgl. Friedrich Wilhelm Schlomann und Paulette Friedlingsstein, Die Maoisten, Pekings Filialen in Westeuropa, Frankfurt am Main 1970.

[399] Vgl. hierzu beispielhaft die Studie des ideologischen Kopfes des KABD/MLPD: Willi Dickhut, Die Restauration des Kapitalismus in der Sowjetunion, überarbeitete und erweiterte Neuauflage, Düsseldorf 1988.

[400] Vgl. Steffen 2002, S. 17ff.

[401] Ebenda S. 33f.

[402] Koenen, 2001, S. 423.

403 Vgl. Andreas Kühn, Stalins Enkel, Maos Söhne. Die Lebenswelt der K-Gruppen in der Bundesrepublik der 70er Jahre, Frankfurt am Main 2005, S. 287f.

404 Vgl. Bacia, Jürgen: Die Kommunistische Partei Deutschlands/Marxisten-Leninisten, in: Stöss, Richard (Hrsg.): Parteien – Handbuch. Die Parteien der Bundesrepublik Deutschland 1945-1980. Band II, FDP bis WAV, Schriften des Zentralinstituts für sozialwissenschaftliche Forschung der Freien Universität Berlin, Band 39, Opladen 1984, S. 1831-1851.

405 Zentralkomitee der Marxistisch-Leninistischen Partei Deutschlands (MLPD) (Hrsg.), Geschichte der Marxistisch-Leninistischen Partei Deutschlands, Band 1, Entstehung, Entwicklung und Ende der „marxistisch-leninistischen Bewegung", Stuttgart 1985, S. 74.

406 Vgl. Langguth 1983, S. 66.

407 Vgl. Tobias Wunschik, Die maoistische KPD/ML und die Zerschlagung ihrer „Sektion DDR" durch das MfS, BF informiert Nr. 18, Berlin 1997.

408 Pedantisch genau wird die Entwicklung des KABD und der MLPD in der vom Zentralkomitee der MLPD herausgegebenen dreibändigen Geschichte der Marxistisch-Leninistischen Partei Deutschlands beschrieben. Vgl. Zentralkomitee der Marxistisch-Leninistischen Partei Deutschlands (MLPD) (Hrsg.), Geschichte der Marxistisch-Leninistischen Partei Deutschlands, 3 Bände, Stuttgart, 1985.

409 Vgl. Patrick Moreau und Jürgen Lang, Linksextremismus. Eine unterschätzte Gefahr, teilweise aus dem Französischen übersetzt von Roxanna Sajuk, Schriftenreihe Extremismus und Demokratie Band 8, Bonn 1996, S. 294.

410 Vgl. Jürgen Bacia: Die Kommunistische Partei Deutschlands [Maoisten], in: Richard Stöss (Hrsg.): Parteien – Handbuch. Die Parteien der Bundesrepublik Deutschland 1945-1980. Band II, FDP bis WAV, Schriften des Zentralinstituts für sozialwissenschaftliche Forschung der Freien Universität Berlin, Band 39, Opladen 1984, S. 1810-1830.

411 Kommunistische Partei Deutschlands/Aufbauorganisation, Vorläufige Plattform der Aufbauorganisation für die Kommunistische Partei Deutschlands, in: Rote Presse Korrespondenz der Studenten-, Schüler- und Arbeiterbewegung Nr. 56/57 vom 13.03.1970, S. 1.

412 Ebenda, S. 2.

413 Vgl. Jürgen Bacia: Der Kommunistische Bund Westdeutschlands, in: Richard Stöss (Hrsg.): Parteien – Handbuch. Die Parteien der Bundesrepublik Deutschland 1945-1980. Band II, FDP bis WAV, Schriften des Zentralinstituts für sozialwissenschaftliche Forschung der Freien Universität Berlin, Band 39, Opladen 1984, S. 1648-1662.

414 Vgl. Langguth 1983, S. 91.

415 Vgl. Steffen 2002.

416 Langguth 1983, S. 118.

417 Ebenda, S. 114.

418 Vgl. Langguth 1983, S. 108ff.

419 Zur Roten Armee Fraktion gibt es eine umfassende Literatur. Der folgende Überblick bezieht sich weitgehend auf den Band: ID Archiv (Hrsg.), Rote

Armee Fraktion, Texte und Materialien zur Geschichte der RAF, Berlin 1997, in dem die Texte der RAF und zusätzliche Materialien abgedruckt sind.

420 Herbert Marcuse, (1965), Repressive Toleranz, in: Ders., Aufsätze und Vorlesungen 1948-1969 Versuch über die Befreiung, Herbert Marcuse Schriften Band 8, Frankfurt am Main 1984, S. 161.

421 Zitiert nach: ID Archiv 1997, S. 17.

422 Rote Armee Fraktion, Die Rote Armee aufbauen. Erklärung zur Befreiung Andreas Baaders vom 5. Juni 1970, in: ID Archiv 1997, S. 26.

423 Felix Klopotek, Der Gegen-Staat. Zur politischen Romantik der RAF, in: Joachim Bruhn und Jan Gerber (Hrsg.), Rote Armee Fiktion, Freiburg im Breisgau 2007, S. 106.

424 Vgl. Oliver Tolmein, „RAF – Das war für uns Befreiung". Ein Gespräch mit Irmgard Möller über bewaffneten Kampf, Knast und die Linke, aktualisierte und erweiterte Auflage, Hamburg 2005, S. 113ff. und S. 122ff.

425 Die Auflösungserklärung der RAF ist abgedruckt in: Oliver Tolmein, Vom Deutschen Herbst zum 11. September. Die RAF, der Terrorismus und der Staat, Hamburg 2002, S. 212-229.

426 Zur schillernden Biographie Horst Mahlers, der als Sohn überzeugter Nationalsozialisten, erst Angehöriger einer, an der FU Berlin verbotenen, schlagenden Verbindung ist, bevor er die verschiedenen Fraktionen der Linken durchläuft um schließlich seit Ende der neunziger Jahre im neonazistischen Spektrum aktiv zu sein, vgl. Martin Jander, Horst Mahler, in: Wolfgang Kraushaar (Hrsg.), Die RAF und der linke Terrorismus, Band 1, Hamburg 2006, S. 372-397.

427 Vgl. Gerd Koenen, Vesper, Ensslin, Baader. Urszenen des deutschen Terrorismus, 2. Auflage, Köln 2003, S. 233ff.

428 Vgl. Rote Armee Fraktion, Die Rote Armee aufbauen. Erklärung zur Befreiung Andreas Baaders vom 5. Juni 1970, in: ID Archiv 1997, S. 24-26.

429 Eine ausführliche Analyse der maoistischen Ideologie der RAF findet sich in: Sebastian Gehrig, „Zwischen uns und dem Feind einen klaren Trennungsstrich ziehen." Linksterroristische Gruppen und maoistische Ideologie in der Bundesrepublik der 1960er und 1970er Jahre, in: Ders., Mittler und Wemheuer 2008, S. 153-177.

430 Vgl. Rote Armee Fraktion, Das Konzept Stadtguerilla. April 1971, in: ID Archiv 1997, S. 27-48.

431 Ebenda, S. 37.

432 Ebenda, S. 40.

433 Rote Armee Fraktion, Über den bewaffneten Kampf in Westeuropa, Mai 1971, in: ID Archiv 1997, S. 100.

434 Kommunistischer Bund Bremen, Bewaffneter Kampf in Westeuropa heute. Eine Kritik an der „Roten Armee Fraktion", in: Wahrheit. Kommunistische Arbeiter Korrespondenz, Organ des Kommunistischen Bundes Bremen, Nr. 1 Februar 1972, S. 12.

435 Zum Verhältnis der K-Gruppen zur RAF, vgl. Jens Benicke, „Von Heidelberg nach Mogadischu, ein Weg von der revolutionären bis zur konterrevolutionä-

ren Aktion". Das Verhältnis der bundesdeutschen K-Gruppen zur RAF, am Beispiel der KPD/ML, in: Gehrig, Mittler, Wemheuer 2008, S. 133-152.

436 Für den französischen Situationisten Emile Marenssin ist die „Dritte-Welt-Ideologie" der Marxisten-Leninisten nur eine Rationalisierung der Tatsache, daß es ihnen in einigen Entwicklungsländern nach einer erfolgreichen Revolution gelungen ist die Aufgabe der zu schwachen einheimischen Bourgeoisie zu übernehmen und eine nachholende kapitalistische Entwicklung in Gang zu setzen. Für Marenssin zeigt sich hier, daß der Sozialismus des ML nichts anderes ist, als ein staatlicher organisierter Kapitalismus. Fälschlicherweise hält er der RAF zugute, diese „Dritte-Welt-Ideologie" überwunden zu haben, vgl. Emile Marenssin, (1974), Stadtguerilla und soziale Revolution. Über den bewaffneten Kampf und die Rote Armee Fraktion, mit einem Vorwort von Joachim Bruhn, Freiburg im Breisgau 1998.

437 Rote Armee Fraktion, Die Aktion des „Schwarzen September" in München. Zur Strategie des antiimperialistischen Kampfes. November 1972, in: ID Archiv 1997, S. 166.

438 Rote Armee Fraktion, Das Konzept Stadtguerilla. April 1971, in: ID Archiv 1997, S. 36. Übernahme wie im Original.

439 Iring Fetscher und Günter Rohrmoser, Ideologien und Strategien. Analysen zum Terrorismus Band 1, unter Mitarbeit von Jörg Fröhlich et. al., herausgegeben vom Bundesministerium des Innern, Opladen 1981, S. 28. Hervorhebung im Original.

440 Gudrun Ensslin, zitiert nach: Fetscher und Rohrmoser 1981, S. 332.

441 Eine Zusammenstellung der Leninischen Schriften zur Frage der Partei findet sich in: Wladimir Iljitsch Lenin, Über die proletarische Partei neuen Typus, Moskau 1973.

442 Vgl. Rote Armee Fraktion, Tonbandprotokoll von dem Teach-in der Roten Hilfe, Frankfurt. Erklärung vom 31. Mai 1972, in: ID Archiv 1997, S. 148-150.

443 Vgl. Rote Armee Fraktion, Über den bewaffneten Kampf in Westeuropa, Mai 1971, in ID Archiv 1997, S. 49-111.

444 Redaktion Agit 883, Rote Armee Fraktion. Leninisten mit Knarren, in: Agit 883, Revolutionäre Aktion, Nr. 86 vom 6.12.1971, S. 8-9.

445 Vgl. Rote Armee Fraktion, Guerilla, Widerstand und antiimperialistische Front, Mai 1982, in: ID Archiv 1997, S. 291-306.

446 Vgl. etwa die Autobiographie von Inge Viett, die 1982 unter aktiver Beteiligung der staatlichen Behörden in die DDR übersiedelt. Vgl. Inge Viett, 1997.

447 Redaktion Roter Morgen, Jetzt spricht die Arbeiterklasse, in: Roter Morgen. Zentralorgan der Kommunistischen Partei Deutschland/Marxisten-Leninisten (KPD/ML) vom September 1969, S. 2 zit. nach: Dietmar Kesten, Zur Geschichte der KPD/ML – Zentralbüro, http://userpage.fu-berlin.de/~archapo/ONLINE/MAO/BRD/ZB-GESCHICHT.html, (Stand 24.10.2008).

448 Josef Wissarionowitsch Stalin, (1906), Anarchismus oder Sozialismus? In: J.W. Stalin Werke Band 1 1901-1907, Dortmund 1976, S. 258.

[449] Redaktionskollektiv, Antiautoritarismus und Arbeiterbewegung, in: Revolutionärer Weg. Probleme des Marxismus-Leninismus 3/70, Theoretisches Organ des KABD, 2. unwesentlich veränderte Auflage 1973, S. 69.

[450] Ebenda, S. 49.

[451] Ebenda, S. 73.

[452] Ironischerweise wird der MLPD, die aus dieser Strömung der KPD/ML hervorgeht, von Seiten des trotzkistischen „Bundes Sozialistischer Arbeiter" ebenfalls „kleinbürgerlicher Anarchismus" vorgeworfen, da sie in ihrer Politik ebenso wie die Studentenbewegung die Arbeiterklasse als revolutionäre Kraft abschreiben würde. Vgl. Peter Schwarz, Marxismus gegen Maoismus. Die Politik der MLPD, Reihe Neue Arbeiterpresse 7, Essen 1998, S. 20.

[453] Vgl. Wolfgang Harich, (1971), Zur Kritik der revolutionären Ungeduld. Eine Abrechnung mit dem alten und neuen Anarchismus, Berlin 1998.

[454] Redaktionskollektiv, Antiautoritarismus und Arbeiterbewegung 1973, S. 56.

[455] Ebenda, S. 57.

[456] Zentralkomitee der Marxistisch-Leninistischen Partei Deutschlands (MLPD) Band 1, 1985, S. 274.

[457] ZK der KPD (ML), Linie und Entwicklung der Gruppe „Rote Fahne" (KPD) 1970-1975. Die Einheit der Marxisten-Leninisten im Kampf gegen revisionistische und trotzkistische Einflüsse herstellen! In: Der Weg der Partei, Theoretische Organ der KPD/Marxisten-Leninisten Nr. 3, 1975, S. 33.

[458] Stephan Marks, Studentenseele. Erfahrung im Zerfall der Studentenbewegung, Hamburg 1977, S. 69.

[459] Vgl. Langguth 1983, S. 109.

[460] Zentralorgan der Marxistisch-Leninistischen Partei Deutschlands (MLPD) (Hrsg.) 1985, Band 1, S. 76.

[461] Redaktion Rote Fahne, Revolutionärer Jugendverband Deutschland (RJVD) gegründet, in: Rote Fahne. Zentralorgan des Kommunistischen Arbeiterbundes Deutschlands, Nr. 7 vom Juli 1973, S. 7.

[462] Vgl. Dietz Bering, Die Intellektuellen. Geschichte eines Schimpfwortes, Stuttgart 1978,S. 148ff.

[463] Karl Schlögel, Was ich einem Linken über die Auflösung der KPD sagen würde, in: Karl Schlögel, Willi Jasper und Bernd Ziesemer, Partei kaputt. Das Scheitern der KPD und die Krise der Linken, Berlin 1981, S. 22.

[464] Thomas Ebermann, Damals, in: konkret: Politik und Kultur Heft 2, Februar 2003, S. 23.

[465] Eine Kritik an der fehlenden Theorieproduktion der K-Gruppen aus marxistisch-leninistischer Sicht findet sich in: Heiner Karuscheit, Zur Geschichte der westdeutschen ML-Bewegung, Gelsenkirchen 1978.

[466] Bering, 1978, S. 45.

[467] Moishe Postone, (1979), Antisemitismus und Nationalsozialismus, in: Redaktion diskus (Hrsg.), Küss den Boden der Freiheit. Texte der Neuen Linken, Zusammengestellt und mit Einleitungen versehen von: Thomas Atzert et. al., Berlin 1992, S. 434.

[468] Redaktion und Leitung des KB, Stellungnahme der Redaktion und der Leitung des KB, in: Unser Weg Nr. 16/17 1972, S. 25.

[469] Alexander von Plato, Zur Einschätzung der Klassenkämpfe in der Weimarer Republik: KPD und Komintern, Sozialdemokratie und Trotzkismus, Materialistische Wissenschaft Band 8, Berlin 1973, S. 58.

[470] Adorno, (1969), Kritik, S. 787ff.

[471] Joscha Schmierer, Zur Analyse der Studentenbewegung, in: Rotes Forum, vormals: forum academicum. Heidelberger Studentenzeitschrift 5/69 vom 30.10.1969, S. 6.

[472] Schmierer, Die theoretische Auseinandersetzung vorantreiben, 1970, S. 34.

[473] Koch, Zum Stellenwert 1970, S. 52.

[474] Ulrike Meinhof, Das Problem bei mir ist…., in: Info, hektograph. Broschüre ohne Pag., zitiert nach: Fetscher und Rohrmoser, 1981, S. 60.

[475] Initiative Sozialistisches Forum 2002, S. 33.

[476] Gesellschaft zur Unterstützung der Volkskämpfe (Hrsg.), Einführung in die Kritische Theorie, in: Kommunistische Volkszeitung. Zentralorgan des Kommunistischen Bundes Westdeutschlands (KBW) – Ausgabe Süd, Reihe Quellenhefte zum Studienprogramm des Kommunistischen Bundes Westdeutschlands Winterhalbjahr 1978/79, S. 1.

[477] Andrej Alexandrowitsch Shdanow, Ausgewählte Reden zur Kunst, Wissenschaft und Politik, zitiert nach: Gesellschaft zur Unterstützung der Volkskämpfe (Hrsg.) 1978/79, S. 18.

[478] Vgl. Haury, 2002, S. 337.

[479] Vgl. hierzu das Kapitel „Die Reste bürgerlicher Ideologie entschieden bekämpfen".

[480] G.S. (i.e. Gerhard Schmierer), Kritische Theorie und was davon bei näherem Zusehen übrig bleibt, in: Kommunismus und Klassenkampf, Theoretisches Organ des Kommunistischen Bundes Westdeutschlands (KBW) 3/1978, S. 135-139.

[481] Genau wie Hans-Jürgen Krahl wird auch der zweite Kopf des antiautoritären Flügels der Studentenbewegung, Rudi Dutschke unter die Kritische Theorie subsumiert und wird somit ebenso in die Kritik einbezogen. Vgl. z.gör., Kritische Theorie, Glaube an eine „vernünftige" bürgerliche Gesellschaft, in: Kommunistische Volkszeitung. Zentralorgan des Kommunistischen Bundes (KBW), Ausgabe Süd, Nr. 1 vom 31. Dezember 1979, S. 20.

[482] Vgl. dazu das Kapitel „Anti-antisemitischer Lenin – 'strukturell antisemitischer' Leninismus?", in: Haury, 2002, S. 210ff.

[483] Haury 2002, S. 138.

[484] Leo Löwenthal, (1948), Falsche Propheten. Studien zum Autoritarismus, in: Helmut Dubiel (Hrsg.), Leo Löwenthal Schriften Bd. 3, Falsche Propheten. Studien zum Autoritarismus, Frankfurt am Main 1982, S. 178.

[485] Schmierer 1978, S. 139.

[486] Daß Schmierer hier die gängige Position des KBW wiedergibt, zeigt ein weiterer Artikel in dessen Theorieorgan, der aus Anlaß des Todes von Herbert Marcuse exakt gleich argumentiert. Vgl. Nor. und Gör., Befreiung von der

Arbeit als Programm. Herbert Marcuse, Ziehvater des politischen Opportunismus in der demokratischen Bewegung, in: Kommunismus und Klassenkampf. Theoretisches Organ des Kommunistischen Bundes Westdeutschlands (KBW), Jahrgang 9, Nr. 9, August 1979, S. 18-20.

487 Holger Schatz und Andrea Woeldike, Freiheit und Wahn deutscher Arbeit. Zur historischen Aktualität einer folgenreichen antisemitischen Projektion, Reihe antifaschistischer Texte Band 9, Münster 2001, S. 8.

488 Robert Bösch, Unheimliche Verwandtschaft. Anmerkungen zum Verhältnis von Marxismus-Leninismus und Antisemitismus, in: Krisis. Beiträge zur Kritik der Warengesellschaft 16/17 1995, S. 171.

489 Ebenda, S. 162.

490 Franz Dick und Norbert Roske, Göttingen, Die Kritische Theorie: auf hohem Roß in reaktionärem Sumpf. Eine Polemik gegen Basam Tibi, Prof., Dr., Beamter, in: Kommunistische Volkszeitung. Zentralorgan des Kommunistischen Bundes Westdeutschlands (KBW) Ausgabe Süd Nr. 46 vom 14. November 1977, S. 16.

491 Vgl. Gruppe Internationale Kommunisten Hollands (1934).

492 J.K., Cohn-Bendits Lob der Fäulnis. Besprechung des Buches „Der große Basar“, in: Kommunismus und Klassenkampf. Theoretisches Organ des Kommunistischen Bundes Westdeutschland (KBW), Jahrgang 4, Nr. 6, September 1976, S. 286ff.

493 Ebenda, S. 288.

494 Jossif Wissarionowitsch Stalin, Geschichte der Kommunistischen Partei der Sowjetunion (Bolschewiki). Kurzer Lehrgang, in: Marx-Engels-Lenin Institut beim ZK der KPdSU (B) (Hrsg.), J. W. Stalin Werke, Band 15, Moskau 1938, S. 159.

495 Jossif Wissarionowitsch Stalin, (1931), Über den Antisemitismus. Antwort auf eine Anfrage der Jüdischen Telegrafenagentur aus Amerika, in: Marx-Engels-Lenin-Stalin Institut beim ZK der KPdSU (Hrsg.), J.W. Stalin Werke, Band 13, Juli 1930-Januar 1934, Hamburg 1971, S. 26.

496 Vgl. zum Antisemitismus der Stalin-Ära: Arno Lustiger, Rotbuch: Stalin und die Juden, Die tragische Geschichte des Jüdischen Antifaschistischen Komitees und der sowjetischen Juden, Berlin 1998.

497 Postone (1979), S. 435f.

498 Alexander von Plato, Einige Thesen zur Vergangenheit, Gegenwart und Perspektive unserer Organisation, in: Zentralkomitee der KPD (Hrsg.): Zur Bilanz und Perspektive der KPD. Beiträge zur Diskussion „Über die Kommunistische Partei“, 2 Bände, Köln 1980, Band 1, S. 101ff. zit. nach: Jürgen Bacia, Die Kommunistische Partei Deutschlands [Maoisten] 1984, S. 1810.

499 Vgl. KSV, Kampf den kapitalistischen Sozialwissenschaften, in: Rote Pressekorrespondenz. Zentralorgan des Kommunistischen Studentenverbandes (KSV) Nr. 181 vom 26.08.1972, S. 1-15.

500 Ebenda, S. 2.

501 Ebenda, S. 3. Schreibweise wie im Original.

[502] Vgl. hierzu: RJVD, Neuseeland: Marihuana soll legal werden, in: Rebell 7/8 vom Juli/August 1973, S. 6, RJVD, Der Weg zum Sozialismus. Scheidelinie zwischen Kommunisten und Revisionisten, in: Rebell-extra, Organ des Revolutionären Jugendverbandes Deutschlands (RJVD), ohne Jahresangabe, S. 3. und N.N., Wir warn die stärkste der Parteien. Erfahrungsberichte aus der Welt der K-Gruppen, Berlin 1977, S.15ff.

[503] Adorno, (1969), Resignation, S. 797f.

[504] Vgl. KPD-Aufbauorganisation, Das Schicksal der „Kritischen" Theorie: „Kritischer" Opportunismus, in: Rote Presse Korrespondenz der Studenten-, Schüler- und Arbeiterbewegung Nr. 108 vom 26.3.1971, S. 1-5.

[505] Vgl. z.B. die umfangreiche Studie von Franz Dick, Kritik der bürgerlichen Sozialwissenschaften. Theorie und Empirie, Theorie und Praxis, Forschungsprozeß und Wissenschaftstheorie, Plankstadt 1974.

[506] N.N., Psychologie eine Form bürgerlicher Ideologie. Aufsätze zur Kritik psychologischer Theorie und Praxis, 2. durchgesehene und verbesserte Auflage, Plankstadt 1975, S. 141. Hervorhebung im Original.

[507] Vgl. Verlag Rote Fahne (KPD/AO): Georgi Dimitroff, Ausgewählte Schriften 1933-1945, Köln 1976, Sendler Verlag (KBW): Georgi Dimitroff, (1935), Arbeiterklasse gegen Faschismus. Bericht erstattet am 2. August 1935 zum 2. Punkt der Tagesordnung des Kongresses „Die Offensive des Faschismus und die Aufgaben der Kommunistischen Internationale im Kampf für die Einheit der Arbeiterklasse gegen den Faschismus", Frankfurt am Main 1975 und Verlag Olga Benario und Herbert Baum (Gegen die Strömung), Georgi Dimitroff, Gegen den Nazifaschismus, Offenbach 2002.

[508] Dimitroff (1935), S. 97.

[509] Steffen 2002, S. 96.

[510] Vgl. Ebenda, S. 97.

[511] Vgl. Zentralkomitee des Kommunistischen Bundes Westdeutschlands (KBW) (Hrsg.), Kampf um das Programm der Revolution in Deutschland. Der Weg der KPD, Frankfurt am Main 1977, S. 233.

[512] Rote Garde, Wer sind die Hitler von heute?, in: Die Rote Garde. Jugendorganisation der KPD/ML, Nr. 2 vom Mai 1975, S. 1.

[513] Redaktion Roter Morgen, Fernsehserie: „Ein Herz und eine Seele": Wie die Kapitalisten den „kleinen Mann" gerne hätten, in: Roter Morgen. Zentralorgan der Kommunistischen Partei Deutschlands/Marxisten-Leninisten KPD/ML, Nr. 13 vom 30. März 1974, S. 8.

[514] Diese Argumentation befindet sich in völliger Übereinstimmung mit den Positionen der SED in den fünfziger Jahren. Vgl. Haury 2002, S. 361ff.

[515] KPD-Aufbauorganisation, Die „Westberlin-Frage" und das Potsdamer Abkommen im Lichte des antiimperialistischen Kampfes heute, in: Rote Presse Korrespondenz der Studenten-, Schüler- und Arbeiterbewegung, Nr. 96/97 vom 08.01.1971, S. 5f.

[516] Alexander von Plato, Über das Verhältnis von antifaschistisch-demokratischer Republik und Kampf um den Sozialismus in der Strategie der KPD und SED. Zur Entwicklung der Strategie der KPD und SED, in: Ders. (Hrsg.), Aufer-

standen aus Ruinen... Von der SBZ zur DDR (1945-1949) – ein Weg zu Einheit und Sozialismus?, Oktober – Taschenbuch 5, Köln 1979, S. 113.

[517] Die Gefangenen aus der RAF Andreas Baader, Gudrun Ensslin, Ulrike Meinhof und Jan-Carl Raspe am 13. Januar 1976, Auszüge aus der „Erklärung zur Sache", in: ID Archiv 1997, S. 211.

[518] Rote Armee Fraktion, Die Aktion des „Schwarzen September" in München. Zur Strategie des antiimperialistischen Kampfes, November 1972, in: ID Archiv 1997, S. 167.

[519] Redaktion Roter Pfeil, Faschismus in der Türkei – BRD-Imperialisten stehen dahinter, in: Roter Pfeil. Zentralorgan der Kommunistischen Studentengruppen (Marxisten-Leninisten), Nr. 5 vom Juli 1972, S. 30.

[520] Zum Nationenbegriff bei Lenin und Stalin: Vgl. Haury 2002, S. 217ff.

[521] Marx/Engels (1848), S. 493.

[522] Ebenda, S. 479.

[523] Vgl. Wladimir Iljitsch Lenin, (1916), Die Sozialistische Revolution und das Selbstbestimmungsrecht der Nationen (Thesen), in: Institut für Marxismus-Leninismus beim ZK der KPdSU (Hrsg.), W. I. Lenin Werke Band 22, Dezember 1915-Juli 1916, Berlin 1960, S. 144-159.

[524] Wladimir Iljitsch Lenin, (1917), Zur Geschichte der Frage eines unglückseligen Friedens, in: Institut für Marxismus-Leninismus beim ZK der KPdSU (Hrsg.), W. I. Lenin Werke Band 26, September 1917-Februar 1918, Berlin 1961, S. 449f.

[525] Vgl. Jossif Wissarionowitsch Stalin, (1913), Marxismus und nationale Frage, in: Marx-Engels-Lenin-Institut beim ZK der KPdSU (B) (Hrsg.), J. W. Stalin Werke Band 2, 1907-1913, 3. Auflage Berlin 1950, S. 266-333.

[526] Lenin warnt in seinen letzten Aufzeichnungen vor dem großrussischen Chauvinismus Stalins und nennt ihn einen „brutalen großrussischen Halt-die-Schnauze". Vgl. Gerhard Simon, Nationalismus und Nationalitätenpolitik in der Sowjetunion. Von der totalitären Diktatur zur nachstalinistischen Gesellschaft. Osteuropa und der internationale Kommunismus Band 16, Herausgeber: Bundesinstitut für ostwissenschaftliche und internationale Studien Köln, Baden-Baden 1986, S. 85.

[527] Stalin (1913), S. 303.

[528] Vgl. hierzu das Kapitel: Lenins Kontroverse mit dem Bund, in: Haury 2002, S. 218ff.

[529] Eisenberg/Thiel 1973, S. 89.

[530] Mao Tse-tung, Pekinger Nachrichten Nr. 3, 1966, zit. nach: Devillers 1967, S. 167.

[531] Haury 2002 , S. 145.

[532] Diese am Jahrestag des Todes J. W. Stalins, am 5. März 1965, gegründete MLPD steht in keinerlei Zusammenhang zur später aus dem KABD hervorgehenden Partei gleichen Namens.

[533] Sozialistisches Deutschland Nr. 27, 1968, S. 5, zit. nach: Schlomann und Friedlingstein 1970, S. 246.

[534] Arbeiterbund für den Wiederaufbau der KPD, Damit Deutschland den Deutschen gehört! Programmerklärung zur friedlichen Wiedervereinigung Deutschlands, verabschiedet von der außerordentlichen Delegiertenkonferenz des Arbeiterbunds für den Wiederaufbau der KPD im Februar 1974, Regensburg 1974.

[535] Ebenda, S. 15.

[536] Ebenda, S. 7.

[537] W. Maier, Schwarz-Rot-Goldene Kommunisten? Programm und Politik des Arbeiterbundes für den Wiederaufbau der KPD, in: Kommunismus und Klassenkampf. Theoretisches Organ des Kommunistischen Bundes Westdeutschlands, Nr. 1/73, S. 57.

[538] KPD/ML, Es lebe der Kommunismus. Für ein vereintes, unabhängiges, sozialistisches Deutschland. Grundsatzerklärung der KPD/ML, o. O. A. , o. J. A.

[539] Vgl. Steffen 2002, S. 62ff.

[540] Redaktion Arbeiterkampf, Strauß in China: Zum Kotzen!, in Arbeiterkampf. Arbeiterzeitung des Kommunistischen Bundes, Nr. 55 vom 28. Januar 1975, S. 1.

[541] Ernst Aust, Kampf der wachsenden Kriegsgefahr durch die zwei Supermächte! Für die Einheit und Solidarität der europäischen Völker, in: Roter Morgen. Zentralorgan der Kommunistischen Partei Deutschlands/Marxisten-Leninisten KPD/ML, Nr. 14 vom 5. April 1975, S. 3.

[542] Ebenda, S. 4.

[543] Ebenda, S. 6.

[544] Vgl. Martin Popp und Rüdiger Gantzer, Die Maoisten. Die modernen Volkstümler, herausgegeben von der Sozialistischen Arbeiter-Gruppe, Frankfurt am Main 1974.

[545] Aust 1975, S. 6.

[546] Ständiger Ausschuß des Politbüros des ZK der KPD, Mai 1975 – 30 Jahre nach der Befreiung vom Hitlerfaschismus heißt die Lehre des antifaschistischen Krieges: Internationale Einheitsfront gegen die imperialistischen Supermächte, in: Rote Fahne. Zentralorgan der Kommunistischen Partei Deutschlands (KPD), Nr.15 vom 16.04.1975, S. 3.

[547] Redaktion Rote Fahne, Zu einigen Fragen des antimilitaristischen Kampfes: Gegen die Supermächte kämpfen, dem Pazifismus eine Absage erteilen!, in: Rote Fahne. Zentralorgan der Kommunistischen Partei Deutschlands (KPD), Nr. 28 vom 16.07.1975, S. 7.

[548] Ebenda, S. 7. Die DFG/VK ist die „Deutsche Friedensgesellschaft/Vereinigte Kriegsgegner", die älteste Organisation der Friedensbewegung in Deutschland.

[549] Vgl. Redaktion Arbeiterkampf, Kommunisten und „deutsche Wiedervereinigung", in: Arbeiterkampf, Arbeiterzeitung des Kommunistischen Bundes Nr. 43 vom 01.05.1974, S. 20-21.

[550] Antifa-Kommission KB/Gruppe Hamburg, Das war vorauszusehen: „KPD/ML" schwenkt offen ins Lager der Vaterlandsverteidiger, in: Arbeiterkampf. Arbeiterzeitung des Kommunistischen Bundes Nr. 60 vom 29.04.1975, S. 29.

[551] Eine der Vorgängerorganisationen der MLD, die „Frankfurter Marxisten-Leninisten" formulieren dann auch konsequenterweise: „Die nationalen Widersprüche stehen im Vordergrund, die Klassenwidersprüche sind untergeordnet." Frankfurter Marxisten-Leninisten, Über die Lage und die Aufgaben im Kampf gegen den Hegemonismus, in: Der Maoist. Zeitschrift für die Anwendung des Marxismus-Leninismus und der Mao Tse tung-Ideen auf Deutschland, Nr. 1 vom August 1975, S. 62. Zur MLD vgl. Friedrich Wilhelm Schlomann, Trotzkisten – Europäische Arbeiter-Partei – „Maoisten", in: Aus Politik und Zeitgeschichte. Beilage zur Wochenzeitung Das Parlament, B27/80 vom 5. Juli 1980, S. 12-28.

[552] Antifa-Kommission KB/Gruppe Hamburg, Gemischte vaterländisch-trotzkistische Provokation, in: Arbeiterkampf. Arbeiterzeitung des Kommunistischen Bundes Nr. 69 vom 11.11.1975, S. 4.

[553] Vgl. Redaktion Kommunistische Arbeiterzeitung, „Zirkeldiplomatie" oder Ringen um Klarheit. Wer mit wem gegen die „Vaterlandsverteidiger"? (2), in: Kommunistische Arbeiterzeitung. Zentralorgan des Arbeiterbundes zum Wiederaufbau der KPD Nr. 82 vom 18.04.1976, S. 6-7.

[554] Vgl. Zentrale Leitung des KABD (Hrsg.), Von der Restauration des Kapitalismus zum Sozialimperialismus in China. Teil 1: Die revisionistische Innenpolitik, China Aktuell 6, Stuttgart 1981 und Zentrale Leitung des KABD (Hrsg.), Von der Restauration des Kapitalismus zum Sozialimperialismus in China. Teil 2: Sozialimperialistische Außenpolitik, China Aktuell 7, Stuttgart 1981.

[555] Für diese Richtung stehen vor allem der „Arbeiterbund für den Wiederaufbau der KPD" und die KPD/ML-Abspaltung „Gegen die Strömung".

[556] Vgl. Sebastian Dittrich, Zeitschriftenporträt: Bahamas, in: Uwe Backes und Eckhard Jesse (Hrsg.), Jahrbuch Extremismus und Demokratie (E&D), 16. Jahrgang 2004, Baden-Baden 2004, S. 220-235.

[557] Vgl. Hier und im Folgenden: Josef Schleifstein, Die „Sozialfaschismus"-These. Zu ihrem geschichtlichen Hintergrund, Marxistische Taschenbücher, Reihe Marxismus aktuell, Frankfurt am Main 1980.

[558] Jossif Wissarionowitsch Stalin, zitiert nach Ebenda, S. 22.

[559] Das Programm der Kommunistischen Internationale (1928), zitiert nach Hermann Weber, Die Kommunistische Internationale. Eine Dokumentation, Hannover 1966, S. 185.

[560] Von Plato 1973, S. 328f.

[561] Willi Dickhut, Proletarischer Widerstand gegen Faschismus und Krieg, Band 2, Düsseldorf 1987, S. 657.

[562] Der Parteiarbeiter Nr. 2 zitiert nach: Dietmar Kesten, Zur Geschichte der KPD/ML – Zentralbüro, http://userpage.fu-berlin.de/~archapo/ONLINE/MAO/BRD/ZB-GESCHICHT.html (Stand: 25.10.2008). Adolf von Thadden war von 1967 bis 1971 Vorsitzender der „Nationaldemokratischen Partei Deutschlands" (NPD).

[563] Redaktion Rote Fahne, Nie wieder Faschismus! Das Ringen des Kommunistischen Arbeiterbundes um die antifaschistische Aktionseinheit, in: Rote Fahne. Zentralorgan des Kommunistischen Arbeiterbundes, Nr. 2/1971, S. 5.

[564] Joscha Schmierer, Sozialfaschismusthese und politische Programmatik der KPD 1928-33, in: Kommunismus und Klassenkampf. Theoretisches Organ des Kommunistischen Bundes Westdeutschlands Nr. 1 vom März 1975, S. 13. Hervorhebung im Original.

[565] KB/Gruppe Frankfurt, Frankfurt: Der Polizei-Staat in Aktion, in: Arbeiterkampf. Arbeiterzeitung des Kommunistischen Bundes Nr. 81 vom 31. Mai 1976, S. 6.

[566] Ironischerweise wird die KPD/AO selbst von der KPD/ML (Neue Einheit) als sozialfaschistisch denunziert. Vgl. Kommunistische Hochschulgruppe (Neue Einheit), Die „KPD" greift zu Terrormethoden faschistischer SA-Banden, in: Die Revolutionäre Stimme. Zeitung der Kommunistischen Partei Deutschlands/Marxisten-Leninisten, Nr. 7/8 vom 12.04.1972, S. 12-13.

[567] Redaktion Rote Fahne, Die sowjetischen Führer sind in die Fußstapfen Hitlers getreten, in: Rote Fahne. Zentralorgan der Kommunistischen Partei Deutschlands (KPD), Nr. 12 vom 24.03.1976, S. 12.

[568] Alexander von Plato, Thesen zur Einheitsfrontpolitik der Weimarer KPD, in: Theorie und Praxis des Marxismus-Leninismus. Theoretisches Organ der Kommunistischen Partei Deutschlands (KPD), Nr. 1/79, S. 129-147.

[569] Vgl. Steffen 2002, S. 96ff.

[570] Zur „Strategie der Spannung" vgl. Luciano Lanza, Bomben und Geheimnisse. Geschichte des Massakers von der Piazza Fontana, aus dem Italienischen übersetzt und mit einem Nachwort versehen von Egon Günther, Hamburg 1998.

[571] E.R., Gefängnis für B. Klarsfeld, in: Kommunistische Volkszeitung. Zentralorgan des Kommunistischen Bundes Westdeutschland (KBW), Nr. 15 vom 24. Juli 1974, S. 2.

[572] Zentralbüro der Kommunistischen Partei Deutschlands/Marxisten-Leninisten, Das Lohndiktat im System der sozialfaschistischen Verwaltung der Arbeiterklasse, in: Bolschewik, früher Revolutionärer Weg. Theoretisches Organ der KPD/ML, Mai 1971, S. 62.

[573] Kommando Thomas Weisbecker der RAF, Anschläge in Augsburg und München. Erklärung vom 16. Mai 1972, in: Edition ID Archiv 1997, S. 145.

[574] Gefangene aus der RAF, Hungerstreikerklärung vom 8. Mai 1973, in: ID Archiv 1997, S. 189.

[575] Redaktion Roter Morgen, „Solidarität der Demokraten"?: Verschärfter Terror gegen die Werktätigen, in: Roter Morgen. Zentralorgan der Kommunistischen Partei Deutschlands/Marxisten-Leninisten KPD/ML, Nr. 45 vom 11. November 1977, S. 1.

[576] Redaktion Roter Morgen, Nach der Schleyer-Entführung: Bonn verschärft den Terror, in: Roter Morgen. Zentralorgan der Kommunistischen Partei Deutschlands/Marxisten-Leninisten KPD/ML, Nr. 37 vom 16. September 1977, S. 1.

[577] Redaktion Rote Fahne, „Anarchismus" - Vorwand für Ausbau des staatlichen Terrors: Schmidt: „Unser Rechtsstaat ist wehrhaft geworden", in: Rote Fahne. Zentralorgan der Kommunistischen Partei Deutschlands (KPD), Nr. 16 vom 20.04.1977, S. 1.

[578] Redaktion Rote Fahne, Den Tod von Jan Carl Raspe, Gudrun Ensslin und Andreas Baader aufklären, in: Rote Fahne. Zentralorgan der Kommunistischen Partei Deutschlands (KPD), Nr. 43 vom 26.10.1977, S. 2.

[579] Redaktion Arbeiterkampf, „Selbstmord" die „Endlösung" des Staates, in: Arbeiterkampf. Arbeiterzeitung des Kommunistischen Bundes, Nr. 121 vom 23. Januar 1978, S. 6-7.

[580] Vgl. Bernt Engelmann, Das neue Schwarzbuch: Franz Josef Strauß, Köln 1980.

[581] Vgl. Antifa-Kommission KB/Gruppe Hamburg, Wegen Strauß-„Beleidigung": Arbeiterkampf zu 2.700 DM Geldstrafe verurteilt, in: Arbeiterkampf. Arbeiterzeitung des Kommunistischen Bundes, Nr. 141 vom 31.10.1978, S. 1-2.

[582] Die Russel-Tribunale gehen auf eine Initiative des britischen Philosophen Bertrand Russel zurück, der 1966 ein „Vietnam War Crimes Tribunal" ins Leben ruft, an dem sich prominente Intellektuelle aus aller Welt beteiligen. Dem ersten Tribunal folgen drei weitere. Das im Text erwähnte Tribunal zur „Situation der Menschenrechte in der Bundesrepublik" wird neben der Russel-Foundation von verschiedenen linken Organisationen organisiert.

[583] Karl Werner Brand, Detlef Büsser und Dieter Rucht, Aufbruch in eine andere Gesellschaft. Neue Soziale Bewegungen in der Bundesrepublik, 2. Auflage, Frankfurt am Main und New York 1984.

[584] Vgl. Kloke 1994, S. 145f.

[585] Interessant in diesem Zusammenhang ist die Reaktion der maoistischen und maospontaneistischen Gruppen in Frankreich. Diese distanzieren sich vorbehaltlos von den Morden und der Geiselnahme durch das palästinensische Kommando. Das Entsetzen über das Massaker von München beeinflußt sogar die Auflösung der bedeutendsten Gruppe, der Gauche Prolétarienne. Vgl. Michel Wieviorka, 1968 und der Terrorismus, in: Ingrid Gilcher-Holtey (Hrsg.), 1968 – Vom Ereignis zum Gegenstand der Geschichtswissenschaft, Geschichte und Gesellschaft Sonderheft 17, Göttingen 1998., S. 273-282.

[586] Vgl. Theodor W. Adorno, (1955), Schuld und Abwehr, in: Rolf Tiedemann (Hrsg.), unter Mitwirkung von Gretel Adorno, Susan Buck-Morss und Klaus Schultz, Theodor W. Adorno Gesammelte Schriften, Band 9.2, Soziologische Schriften II, Band 2 Frankfurt am Main 2003, S. 121-324.

[587] Vgl. Redaktion Rote Fahne, Zionisten: Die Nazis unserer Tage, in: Rote Fahne. Zentralorgan der Kommunistischen Partei Deutschlands (KPD), Nr. 9 vom 28.2.1973, S. 1.

[588] Redaktion Rote Fahne, Zivilisierte und Unzivilisierte, in: Rote Fahne. Zentralorgan des Kommunistischen Arbeiterbundes Deutschlands, Nr. 10/1972, S. 2.

[589] Redaktion Roter Morgen, Terror und Eroberung: Der israelische Imperialismus, in: Roter Morgen. Zentralorgan der Kommunistischen Partei Deutschlands/Marxisten-Leninisten KPD/ML, Nr. 21 vom 23. Oktober 1972, S. 5.

[590] Vgl. Redaktion Arbeiterkampf, Olympischer Frieden…und palästinensischer Krieg?, in: Arbeiterkampf. Arbeiterzeitung des Kommunistischen Bundes, Nr. 22 vom Oktober 1972, S. 1-3.

[591] KPD/ML und KJVD, Erklärung des Zentralbüros der KPD/ML vom 7.9.1972: Nieder mit der Kumpanei zwischen dem Westdeutschen Revanchismus und dem israelischen Imperialismus, Flugblatt, S. 2.

[592] Rote Armee Fraktion, Die Aktion des „Schwarzen September“ in München. Zur Strategie des antiimperialistischen Kampfes, in: ID Archiv 1997, S. 158.

[593] Ebenda, S. 167.

[594] Ebenda, S. 168.

[595] Ebenda, S. 173.

[596] Ebenda, S. 159.

[597] Ebenda, S. 173.

[598] Joachim Bruhn, Der Untergang der Rote Armee Fraktion. Eine Erinnerung für die Revolution, in: Marenssin, 1998, S. 13.

[599] Vgl. Kloke 1994, S. 169ff.

[600] Vgl. Ständiger Ausschuß des Politbüros des ZK der KPD, Scharfe Verurteilung des zionistischen Überfalls. Presseerklärung, in: Rote Fahne. Zentralorgan der Kommunistischen Partei Deutschlands (KPD), Nr. 27 vom 7.7.1976, S. 1.

[601] J.S., Der Kolonialcharakter des israelischen Staates, in: Kommunismus und Klassenkampf. Theoretisches Organ des Kommunistischen Bundes Westdeutschlands, Nr. 1 vom Februar 1974, S. 55.

[602] Bundesleitung des KBW, Der Kampf des palästinensischen Volkes ist die Bedingung für einen Frieden im Nahen Osten, Flugblatt.

[603] Zu den Reaktionen in Westdeutschland auf die Serie vgl. Historical Social Research, Historische Sozialforschung. An International Journal of the Application of Formal Methods to History, No. 114, HSR Vol. 30 (2005)4, Focus: Die amerikanische TV-Serie “Holocaust” – Rückblick auf eine “betroffene Nation”. Beiträge und Materialien.

[604] Peter Reichel, Erfundene Erinnerung. Weltkrieg und Judenmord in Film und Theater, Frankfurt am Main 2007, S. 250.

[605] Vgl. Jens Benicke, „Soße aus Gewalt und Geld“, in: Jungle World. Wochenzeitung. Beilage Dschungel vom 06.08.2009, S. 10-13.

[606] Antifa-Kommission Hamburg, „Holocaust“ – 30.000 Fragen müssen beantwortet werden, in: Arbeiterkampf. Arbeiterzeitung des Kommunistischen Bundes, Nr. 147 vom 5. Februar 1979, S. 4.

[607] Redaktion Roter Morgen, An „Holocaust“ arbeiteten Nazi-Mörder mit, in: Roter Morgen. Zentralorgan der Kommunistischen Partei Deutschlands/Marxisten-Leninisten KPD/ML, Nr. 30 vom 28. Juli 1978, S. 8.

[608] Redaktion Rote Fahne, „Holocaust“ und viele Fragen, in: Rote Fahne. Zentralorgan des Kommunistischen Arbeiterbundes Deutschlands, Nr. 3 vom 10. Februar 1979, S. 12.

[609] Z. Alb., „Holocaust“. Propagierung der Schutzbedürftigkeit anderer Nationen, in: Kommunistische Volkszeitung. Zentralorgan des Kommunistischen Bundes Westdeutschland (KBW), Ausgabe Mitte, Nr. 5 vom 29. Januar 1979, S. 20.

[610] Theo Mehlen, Nationalsozialistische Vergangenheit: Westdeutsche Magenschmerzen mit dem Nahost-Konflikt, in: Kommunistische Volkszeitung. Zentralorgan des Kommunistischen Bundes Westdeutschland (KBW), Nr. 33 vom 20. August 1982, S. 8.

[611] KB-Gruppe Hamburg, Für eine andere Palästina Solidarität, in: Arbeiterkampf. Zeitung des Kommunistischen Bundes, Nr. 291 vom 8. Februar 1988, S. 36.

[612] Vgl. hierzu Herman L. Gremliza (Hrsg.), Hat Israel noch eine Chance? Palästina in der neuen Weltordnung, Hamburg 2001 und Karl Selent, Ein Gläschen Yarden-Wein auf den israelischen Golan. Polemik, Häresie und Historisches zum endlosen Krieg gegen Israel, Freiburg im Breisgau 2003.

[613] Vgl. Brand, Büsser und Rucht, 1984.

[614] Neben der MLPD wird der Marxismus-Leninismus heute in Deutschland in erster Linie von türkischen bzw. kurdischen Organisationen vertreten. Zu den türkischen Marxisten-Leninisten vgl. Bundesamt für Verfassungsschutz, Türkische linksextremistische Organisationen in Deutschland, Köln 2007.

[615] Eisenberg und Thiel 1973.

[616] Vgl. Lenin 1973.

[617] Vgl. Marks 1977, S. 69.

[618] Ebenda, S. 54f.

[619] Vgl. Krahl 1971, S. 283ff.

[620] Theodor W. Adorno, (1959), Was bedeutet: Aufarbeitung der Vergangenheit, S. 555f.

[621] Krahl 1971, S. 283f.

[622] Eisenberg und Thiel 1973, S. 151.

[623] Vgl. Peter Brückner, Selbstbefreiung. Provokation und soziale Bewegungen, Berlin 1983, S. 66ff.

[624] Ebenda, S. 71.

[625] Erich Fromm, Sozialpsychologischer Teil, in: Institut für Sozialforschung (Hrsg.), Studien über Autorität und Familie. Forschungsbericht aus dem Institut für Sozialforschung, Vollständige Ausgabe Band 1, Paris 1936, S. 131.

[626] Karl-Heinz Neumann, Editorische Notiz, in: Frank Böckelmann, Die schlechte Aufhebung der autoritären Persönlichkeit, München 1971, S. 8.

LITERATUR

A

Abendroth, Wolfgang, Rede zum 8. Mai 1965, in: neue kritik. Zeitschrift sozialistischer Studenten, Nr. 30, Juni 1965, S. 3-5.

Adorno, Theodor W., (1950), Studien zum autoritären Charakter, übersetzt von, Milli Weinbrenner mit einer Vorrede von Ludwig von Friedeburg, Frankfurt am Main 1999.

Adorno, Theodor W. und Horkheimer, Max, (1944), Dialektik der Aufklärung. Philosophische Fragmente, in: Rolf Tiedemann (Hrsg.), unter Mitwirkung von Gretel Adorno, Susan Buck-Morss und Klaus Schultz, Theodor W. Adorno. Gesammelte Schriften Band 3, Frankfurt am Main 1981.

Adorno, Theodor W., (1966), Negative Dialektik, in: Rolf Tiedemann (Hrsg.), unter Mitwirkung von Gretel Adorno, Susan Buck-Morss und Klaus Schultz, Theodor W. Adorno. Gesammelte Schriften Band 6, Negative Dialektik. Jargon der Eigentlichkeit, Frankfurt am Main 1977, S. 7-413.

Adorno, Theodor, W., (1942), Reflexionen zur Klassentheorie, in: Rolf Tiedemann (Hrsg.), unter Mitwirkung von Gretel Adorno, Susan Buck-Morss und Klaus Schultz, Theodor W. Adorno. Gesammelte Schriften Band 8, Soziologische Schriften I, Frankfurt am Main 2003, S. 273-391.

Adorno, Theodor W., (1962), Zur Logik der Sozialwissenschaften, in: Rolf Tiedemann (Hrsg.), unter Mitwirkung von Gretel Adorno, Susan Buck-Morss und Klaus Schultz, Theodor W. Adorno. Gesammelte Schriften Band 8, Soziologische Schriften I, Frankfurt am Main 1972, S. 547-565.

Adorno, Theodor W., (1955), Schuld und Abwehr, in: Rolf Tiedemann (Hrsg.), unter Mitwirkung von Gretel Adorno, Susan Buck-Morss, und Klaus Schultz, Theodor W. Adorno Gesammelte Schriften Band 9.2, Soziologische Schriften II, Band 2 Frankfurt am Main 2003, S. 121-324.

Adorno, Theodor W., (1959) Was bedeutet: Aufarbeitung der Vergangenheit, in: Rolf Tiedemann (Hrsg.), unter Mitwirkung von Gretel Adorno, Susan Buck-Morss, und Klaus Schultz, Theodor W. Adorno. Gesammelte Schriften Band 10.2, Kulturkritik und Gesellschaft II. Eingriffe, Stichworte, Anhang, Frankfurt am Main 1977, S. 555-572.

Adorno, Theodor W., (1969), Kritik, in: Rolf Tiedemann (Hrsg.), unter Mitwirkung von Gretel Adorno, Susan Buck-Morss, und Klaus Schultz, Theodor Adorno, Gesammelte Schriften Band 10.2, Kulturkritik und Gesellschaft II. Eingriffe, Stichworte, Anhang, Frankfurt am Main 1977, S. 785-793.

Adorno, Theodor W., (1969), Marginalien zu Theorie und Praxis, in: Rolf Tiedemann (Hrsg.), unter Mitwirkung von Gretel Adorno, Susan Buck-Morss und Klaus Schultz, Theodor W. Adorno. Gesammelte Schriften Band 10.2, Kulturkritik und Gesellschaft II. Eingriffe, Stichworte, Anhang, Frankfurt am Main 1977, S. 759-783.

Adorno Theodor, W., (1969), Resignation, in: Rolf Tiedemann (Hrsg.), unter Mitwirkung von Gretel Adorno, Susan Buck-Morss und Klaus Schultz, Theodor W. Adorno. Gesammelte Schriften Band 10.2, Kulturkritik und Gesellschaft II. Eingriffe, Stichworte, Anhang, Frankfurt am Main 1977, S. 794-800.

Adorno, Theodor W., (1969), Keine Angst vor dem Elfenbeinturm. Ein „Spiegel"-Gespräch, in: Rolf Tiedemann (Hrsg.), unter Mitwirkung von Gretel Adorno, Susan Buck-Morss und Klaus Schultz, Theodor W. Adorno. Gesammelte Schriften Band 20.1, Vermischte Schriften I., Frankfurt am Main 1986 S. 402-409.

Adorno, Theodor W., Zur Bekämpfung des Antisemitismus heute, in: Das Argument. Berliner Hefte für Probleme der Gesellschaft Heft 29, 6. Jahrgang Heft 2 Mai 1964, Schule und Erziehung (I), 5. Auflage Januar 1970, S. 88-104.

Agnoli, Johannes, (1967), Die Transformation der Demokratie und andere Schriften zur Kritik der Politik, Freiburg im Breisgau 1990.

Agnoli, Johannes, (1968), „Autoritärer Staat und Faschismus". Vortrag vor der politischen Universität in Frankfurt im Mai 1968, in: Ders., 1968 und die Folgen, Gesammelte Schriften Band 5, Freiburg im Breisgau 1998, S. 13-29.

AK „Angestellte und technische Intelligenz (Automation)" des Republikanischen Clubs, Technische Intelligenz und Klassenkampf, in Rote Presse Korrespondenz der Studenten-, Schüler- und Arbeiterbewegung Nr. 18 vom 20.06.1970, S. 9-10.

Albrecht, Clemens, et. al., Die intellektuelle Gründung der Bundesrepublik. Eine Wirkungsgeschichte der Frankfurter Schule, Frankfurt am Main/New York 1999.

Albrecht, Willy, Der Sozialistische Deutsche Studentenbund (SDS). Vom parteikonformen Studentenverband zum Repräsentanten der Neuen Linken, Forschungsinstitut der Friedrich Ebert Stiftung Reihe Politik- und Gesellschaftsgeschichte, Band 35, Herausgegeben von Dieter Dowe und Michael Schneider, Bonn 1994.

Allerbeck, Klaus R., Soziologie radikaler Studentenbewegungen. Eine vergleichende Untersuchung in der Bundesrepublik Deutschland und den Vereinigten Staaten, München und Wien 1973.

Améry, Jean, (1969), Der ehrbare Antisemitismus, in: Hermann L. Gremliza (Hrsg.), Hat Israel noch eine Chance? Palästina in der neuen Weltordnung, Hamburg 2001, S. 7-12.

Anders, Günther, (1964), Wir Eichmannsöhne. Offener Brief an Klaus Eichmann, zweite, durch einen weiteren Brief ergänzte Auflage, München 1988.

Anderson, Perry, Über den westlichen Marxismus, aus dem Englischen von Kaiser, Reinhard, Frankfurt am Main 1978.

Antifa-Kommission KB/Gruppe Hamburg, Das war vorauszusehen: „KPD/ML" schwenkt offen ins Lager der Vaterlandsverteidiger, in: Arbeiterkampf. Arbeiterzeitung des Kommunistischen Bundes Nr. 60 vom 29.04.1975, S. 28-29.

Antifa-Kommission KB/Gruppe Hamburg, Gemischte vaterländisch trotzkistische Provokation, in: Arbeiterkampf. Arbeiterzeitung des Kommunistischen Bundes Nr. 69 vom 11.11.1975, S. 4.

Antifa-Kommission KB/Gruppe Hamburg, Wegen Strauß-„Beleidigung“: Arbeiterkampf zu 2.700 DM Geldstrafe verurteilt, in: Arbeiterkampf. Arbeiterzeitung des Kommunistischen Bundes, Nr. 141 vom 31.10. 1978,S. 1-2.

Antifa-Kommission Hamburg, „Holocaust“ – 30.000 Fragen müssen beantwortet werden, in: Arbeiterkampf. Arbeiterzeitung des Kommunistischen Bundes, Nr. 147 vom 5. Februar 1979, S. 4.

Arbeiterbund für den Wiederaufbau der KPD, Damit Deutschland den Deutschen gehört! Programmerklärung zur friedlichen Wiedervereinigung Deutschlands, verabschiedet von der außerordentlichen Delegiertenkonferenz des Arbeiterbunds für den Wiederaufbau der KPD im Februar 1974, Regensburg 1974.

Aust, Ernst, Kampf der wachsenden Kriegsgefahr durch die zwei Supermächte! Für die Einheit und Solidarität der europäischen Völker, in: Roter Morgen. Zentralorgan der Kommunistischen Partei Deutschlands/Marxisten-Leninisten KPD/ML, Nr. 14 vom 5. April 1975, S. 1-8.

Azzellini, Dario, Die ausländischen Genossen können unschätzbare Dienste leisten. Mit dem Internationalismus rund um den Globus, in: Rotaprint (Hrsg.), Agit 883. Bewegung Revolte Underground in Westberlin 1969-1972, Hamburg/ Berlin 2007, S. 185-199.

B

Bacia, Jürgen, Der Kommunistische Bund Westdeutschlands, in: Richard Stöss (Hrsg.), Parteien – Handbuch. Die Parteien der Bundesrepublik Deutschland 1945-1980. Band II, FDP bis WAV, Schriften des Zentralinstituts für sozialwissenschaftliche Forschung der Freien Universität Berlin, Band 39, Opladen 1984, S. 1648-1662.

Bacia, Jürgen, Die Kommunistische Partei Deutschlands/Marxisten-Leninisten, in: Richard Stöss (Hrsg.), Parteien – Handbuch. Die Parteien der Bundesrepublik Deutschland 1945-1980. Band II, FDP bis WAV, Schriften des Zentralinstituts für sozialwissenschaftliche Forschung der Freien Universität Berlin, Band 39, Opladen 1984, S. 1831-1851.

Bacia, Jürgen, Die Kommunistische Partei Deutschlands [Maoisten], in: Richard Stöss (Hrsg.), Parteien – Handbuch. Die Parteien der Bundesrepublik Deutschland 1945-1980. Band II, FDP bis WAV, Schriften des Zentralinstituts für sozialwissenschaftliche Forschung der Freien Universität Berlin, Band 39, Opladen 1984, S. 1810-1830.

Bauermann, Rolf und Rötscher, Hans-Jochen, Dialektik der Anpassung. Die Aussöhnung der „Kritischen Theorie“ mit den imperialistischen Herrschaftsverhältnissen. Zur Kritik der bürgerlichen Ideologie Band 17, Frankfurt am Main 1972.

Baukloh, Anja Corinne, „Nie wieder Faschismus!“. Antinationalsozialistische Proteste in der Bundesrepublik der 50er Jahre im Spiegel ausgewählter Tageszeitungen, in: Dieter Rucht (Hrsg.), Protest in der Bundesrepublik.

Strukturen und Entwicklungen, Frankfurt am Main und New York 2001, S. 71-101.

Beirat der Roten Pressekorrespondenz, Den Kampf gegen die Schwarze Linie führen!, in: Rote Pressekorrespondenz der Studenten-, Schüler- und Arbeiterbewegung Nr. 42 vom 05.12.1969, S. 1-5.

Benicke, Jens, „Von Heidelberg nach Mogadischu, ein Weg von der revolutionären bis zur konterrevolutionären Aktion". Das Verhältnis der bundesdeutschen K-Gruppen zur RAF, am Beispiel der KPD/ML, in: Sebastian Gehrig, Barbara Mittler und Felix Wemheuer (Hrsg.), Kulturrevolution als Vorbild? Maoismen im deutschsprachigen Raum, Frankfurt am Main 2008, S. 133-152.

Benicke, Jens, „Soße aus Gewalt und Geld", in: Jungle World. Wochenzeitung. Beilage Dschungel vom 06.08.2009, S. 10-3.

Benjamin, Walter, Theorien des deutschen Faschismus. Zu der Sammelschrift „Krieg und Krieger" Hrsg. v. Ernst Jünger, in: Das Argument. Berliner Hefte für Probleme der Gesellschaft Heft 30, 6. Jahrgang Heft 1 1964, Faschismus-Theorien (I), 5. Auflage März 1970, S. 129-137.

Benz, Wolfgang, Geschichte des Dritten Reiches, München 2000.

Bering, Dietz, Die Intellektuellen. Geschichte eines Schimpfwortes, Stuttgart 1978.

Berliner Kinderläden, Antiautoritäre Erziehung und sozialistischer Kampf, Köln/Berlin 1970.

Berndt, Heide, Die Suche nach dem „revolutionären Subjekt", in: neue kritik, Zeitschrift für sozialistische Theorie und Politik Nr. 45, Dezember 1967, S. 94-99.

Betriebsprojektgruppe Heidelberg, Zu den Streiks an der Saar, in: Rote Presse Korrespondenz der Studenten-, Schüler- und Arbeiterbewegung Nr. 35 vom 17.10.1970, S. 6-7.

B.F., Die deutsche Monopolbourgeoisie und ihr faschistischer Ausweg aus der Krise der Weimarer Republik, in: Neues Rotes Forum 3/72 vom August 1972, S. 22-29.

Biene Baumeister Zwi Negator, Situationistische Revolutionstheorie. Eine Aneignung. Volume I: Enchiridion, Reihe theorie.org, Stuttgart 2005.

Birke, Peter, Der Eigen-Sinn der Arbeitskämpfe. Wilde Streiks und Gewerkschaften in der Bundesrepublik vor und nach 1969, in: Bernd Gehrke und Gerd-Rainer Horn (Hrsg.), 1968 und die Arbeiter. Studien zum „proletarischen Mai" in Europa, Hamburg 2007, S. 53-75.

Blanke, Bernhard, „Rot gleich Braun", in: Das Argument. Berliner Hefte für Probleme der Gesellschaft, Heft 33, 7. Jahrgang Heft 2 Mai 1965, Faschismus-Theorien (III), 3. Auflage März 1970, S. 27-30.

Blanke, Bernhard, Reiche, Reimut und Werth, Jürgen, Die Faschismus-Theorie der DDR, in: Das Argument. Berliner Hefte für Probleme der Gesellschaft, Heft 33, 7. Jahrgang Heft 2 Mai 1965, Faschismus-Theorien (III), 3. Auflage März 1970, S. 35-48.

Bock, Hans Manfred, Geschichte des „linken Radikalismus" in Deutschland. Ein Versuch, Frankfurt am Main 1976.

Böckelmann, Frank, Die schlechte Aufhebung der autoritären Persönlichkeit, München 1971.

Böckelmann, Frank, Über Marx und Adorno. Schwierigkeiten der spätmarxistischen Theorie, Frankfurt am Main 1972.

Böckelmann, Frank und Nagel, Herbert (Hrsg.), Subversive Aktion. Der Sinn der Organisation ist ihr Scheitern, Frankfurt am Main 1976.

Bolte, Gerhard (Hrsg.), Unkritische Theorie. Gegen Habermas, mit Beiträgen von Christoph Türcke et. al., Lüneburg 1989.

Bösch, Robert, Unheimliche Verwandtschaft. Anmerkungen zum Verhältnis von Marxismus-Leninismus und Antisemitismus, in: Krisis. Beiträge zur Kritik der Warengesellschaft 16/17 1995, S. 161-175.

Brand, Karl Werner, Büsser, Detlef und Rucht, Dieter, Aufbruch in eine andere Gesellschaft. Neue Soziale Bewegungen in der Bundesrepublik, 2. Auflage, Frankfurt am Main und New York 1984.

Brandt, Peter und Ammon, Herbert (Hrsg.), Die Linke und die nationale Frage. Dokumente zur deutschen Einheit seit 1945, Reinbek bei Hamburg 1981.

Breines, Paul, Marcuse and the New Left in America, in: Jürgen Habermas (Hrsg.), Antworten auf Herbert Marcuse, mit Beiträgen von Alfred Schmidt et. al., Frankfurt am Main 1968, S133-151.

Brendel, Cajo, (1967), Thesen über die chinesische Revolution, übersetzt anhand der Originalausgabe von Hans-Jörg Viesel und dem Autor, Edition Nautilus Flugschrift No. 19, Hamburg 1977.

Broder, Henryk M., Linker Antisemitismus?, in: Karlheinz Schneider und Nikolaus Simon (Hrsg.), Solidarität und deutsche Geschichte. Die Linke zwischen Antisemitismus und Israelkritik, Dokumentation einer Arbeitstagung in der Evangelischen Akademie Arnoldshain, August 1984, Deutsch-Israelischer Arbeitskreis für Frieden im Nahen Osten e. V. Schriften Band 9, Berlin 1984, S. 21-60.

Brosch, Peter, Fürsorgeerziehung. Heimterror und Gegenwehr, Frankfurt am Main 1971.

Browning, Christopher R., Ganz normale Männer. Das Reserve Polizeibataillon 101 und die „Endlösung“ in Polen, deutsch von Jürgen Peter Krause, Reinbek bei Hamburg 1993.

Brückner, Peter, Selbstbefreiung. Provokation und soziale Bewegungen, Berlin 1983.

Brüggemann, Heinz, „Die Ermittlung“ und ihre Kritiker, in: neue kritik, Zeitschrift sozialistischer Studenten, Nr. 34, Februar 1966, S. 34-37.

Bucher, Christine, Vom Standpunkt der großen Kleinmütigkeit zum Standpunkt des kleineren Übels (Zur Faschismustheorie des KB-Nord), in: Neues Rotes Forum 6/72 vom Dezember 1972, S. 10-26.

Bundesamt für Verfassungsschutz, Türkische linksextremistische Organisationen in Deutschland, Köln 2007.

Bundesleitung des KBW, Der Kampf des palästinensischen Volkes ist die Bedingung für einen Frieden im Nahen Osten, Flugblatt, o. O. A. , o. J. A. (Archiv für soziale Bewegungen Freiburg, Systematikpunkt 13.3.1.2).

Bundesvorstand des Sozialistischen Deutschen Studentenbundes (SDS) (Hrsg.), Demokratie vor dem Notstand. Protokoll des Bonner Kongresses gegen die Notstandsgesetze am 30. Mai 1965, Sonderheft der „neue kritik“, Frankfurt am Main 1965.

C

Carini, Marco, Fritz Teufel – Wenn´s der Wahrheitsfindung dient, Hamburg 2003.

Chaussy, Ulrich, Die drei Leben des Rudi Dutschke. Eine Biographie, Frankfurt am Main 1985.

Chruschtschow, Nikita, (1956), Die Geheimrede Chruschtschows. Über den Personenkult und seine Folgen. Rede des Ersten Sekretärs des ZK der KPdSU, Gen. N. S. Chruschtschow, auf dem XX. Parteitag der Kommunistischen Partei der Sowjetunion, 25. Februar 1956. Beschluß des Zentralkomitees der KPdSU über die Überwindung des Personkults und seine Folgen, 30. Juni 1956, Berlin 1990.

Claussen, Detlev (Hrsg.), Spuren der Befreiung – Herbert Marcuse. Ein Materialienbuch zur Einführung in sein politisches Denken, mit Beiträgen von Lothar Baier et. al., Darmstadt/Neuwied 1981.

Claussen, Detlev, Im Hause des Henkers, in: Dietrich Wetzel (Hrsg.), Die Verlängerung von Geschichte. Deutsche, Juden und der Palästinakonflikt, Frankfurt am Main 1983, S. 113-125.

Czichon, Eberhard, Berlin/DDR, Der Primat der Industrie im Kartell der nationalsozialistischen Macht, in: Das Argument. Berliner Hefte für Probleme der Gesellschaft, Heft 47, 10. Jahrgang Juli 1968 Heft 3, Faschismus und Kapitalismus. Faschismus-Theorien (V) / Diskussion, 2. Auflage Juli 1969, S. 168-192.

D

Damerow, Peter, Furth, Peter und von Greif, Bodo et. al., Der nicht erklärte Notstand, in: Kursbuch Nr. 12, 1968, Der nicht erklärte Notstand. Dokumentation und Analyse eines Berliner Sommers, S. 1-184.

Demiroviæ, Alex, Der nonkonformistische Intellektuelle. Die Entwicklung der Kritischen Theorie zur Frankfurter Schule, Frankfurt am Main 1999.

Devillers, Philippe, Was Mao wirklich sagte, Wien 1967.

Dick, Franz, Kritik der bürgerlichen Sozialwissenschaft. Theorie und Empirie, Theorie und Praxis, Forschungsprozeß und Wissenschaftstheorie, Plankstadt 1974.

Dick, Franz und Roske, Norbert, Göttingen, Die Kritische Theorie: Auf hohem Ross in reaktionärem Sumpf. Eine Polemik gegen Basam Tibi, Prof., Dr., Beamter, in: Kommunistische Volkszeitung. Zentralorgan des Kommunistischen Bundes Westdeutschlands (KBW) Ausgabe Süd Nr. 46 vom 14. November 1977, S. 16.

Dickhut, Willi, Proletarischer Widerstand gegen Faschismus und Krieg, 2 Bände, Düsseldorf 1987.

Dickhut, Willi, Die Restauration des Kapitalismus in der Sowjetunion, überarbeitete und erweiterte Neuauflage, Düsseldorf 1988.

Diehl, Laura K., Die Konjunktur von Mao-Images in der bundesdeutschen „68er"-Bewegung, in: Sebastian Gehrig, Barbara Mittler, und Felix Wemheuer (Hrsg.), Kulturrevolution als Vorbild? Maoismen im deutschsprachigen Raum, Frankfurt am Main 2008, S. 179-201.

Dimitroff, Georgi, (1935), Die Offensive des Faschismus und die Aufgaben der Kommunistischen Internationale im Kampf für die Einheit der Arbeiterklasse gegen den Faschismus. Bericht auf dem VII. Weltkongreß der Kommunistischen Internationale 2. August 1935, in: Georgi Dimitroff, Ausgewählte Schriften Band 2 1921-1935, Auswahl aus der vierzehnbändigen bulgarischen Ausgabe, Berlin 1958, S. 523-625.

Dimitroff, Georgi, (1935), Arbeiterklasse gegen Faschismus. Bericht erstattet am 2. August 1935 zum 2. Punkt der Tagesordnung des Kongresses „Die Offensive des Faschismus und die Aufgaben der Kommunistischen Internationale im Kampf für die Einheit der Arbeiterklasse gegen den Faschismus", Frankfurt am Main 1975.

Dimitroff, Georgi, Ausgewählte Schriften 1933-1945, Köln 1976.

Dimitroff, Georgi, Gegen den Nazifaschismus, Offenbach 2002.

Diner, Dan (Hrsg.), Zivilisationsbruch. Denken nach Auschwitz. Mit Beiträgen von Seyla Benhabib, Micha Brumlik et. al., Frankfurt am Main 1988.

Dittrich, Sebastian, Zeitschriftenporträt: Bahamas, in: Uwe Backes und Eckhard Jesse (Hrsg.), Jahrbuch Extremismus und Demokratie (E&D), 16. Jahrgang 2004, Baden-Baden 2004, S. 220-235.

Dressen, Wolfgang (Hrsg.), Betrifft: „Aktion 3". Deutsche verwerten jüdische Nachbarn. Dokumente zur Arisierung. Eine Ausstellung im Stadtmuseum Düsseldorf 29.10.1998-10.1.1999, Berlin 1998.

Dubiel, Helmut und Söllner, Alfons (Hrsg.), Wirtschaft, Recht und Staat im Nationalsozialismus. Analysen des Instituts für Sozialforschung 1939 -1942 von Max Horkheimer, Friedrich Pollock, Franz L. Neumann, A. R. L. Gurland, Otto Kirchheimer und Herbert Marcuse, Frankfurt am Main 1984.

Dutschke, Gretchen, Wir hatten ein barbarisch schönes Leben. Rudi Dutschke. Eine Biographie, München 1998.

Dutschke, Rudi, Die Widersprüche des Spätkapitalismus, die antiautoritären Studenten und ihr Verhältnis zur Dritten Welt, in: Uwe Bergmann, Rudi Dutschke, Wolfgang Lefèvre und Bernd Rabehl, Die Rebellion der Studenten oder Die neue Opposition, Reinbek bei Hamburg 1968, S. 33-93.

Dutschke, Rudi, Ausgewählte und kommentierte Bibliographie des revolutionären Sozialismus von Karl Marx bis in die Gegenwart, kleine Agitationsbroschüre Nr. 1, Heidelberg/Frankfurt am Main/Hannover/Berlin 1969.

Dutschke, Rudi, Versuch Lenin auf die Füße zu stellen. Über den halbasiatischen und den westeuropäischen Weg zum Sozialismus. Lenin, Lukács und die Dritte Internationale, Berlin 1974.

Dutschke, Rudi, Jeder hat sein Leben ganz zu leben. Die Tagebücher 1963-1979, herausgegeben von Gretchen Dutschke, Köln 2003.

E

Ebermann, Thomas, Damals, in: konkret: Politik und Kultur, Heft 2, Februar 2003, S. 22-23.

Eckhard, Julian von, Lehmann, Irmi und Marla, Sarma (Hrsg.), Generalspaltung. Von der Studentenbewegung zu den Sekten und Zirkeln. Das vollständige Protokoll einer Debatte, exemplarisch geführt nach dem Ende des Heidelberger SDS. 21./22. November 1970, Heidelberg 1972, (Archiv für soziale Bewegungen Freiburg, Systematikpunkt Format A4 5.212.5.6.1).

Eisenberg, Götz und Thiel, Wolfgang, Fluchtversuche. Über Genesis, Verlauf und schlechte Aufhebung der antiautoritären Bewegung, Gießen 1973.

Engelmann, Bernt, Das neue Schwarzbuch: Franz Josef Strauß, Köln 1980.

Engels, Friedrich, (1880), Die Entwicklung des Sozialismus von der Utopie zur Wissenschaft, in: Institut für Marxismus-Leninismus beim ZK der SED (Hrsg.), Karl Marx Friedrich Engels Werke, Band 19, Berlin 1962, S. 181-228.

Enzensberger, Hans Magnus, Berliner Gemeinplätze II, in: Kursbuch Nr. 13, 1968, S. 190-197.

Enzensberger, Ulrich, Die Jahre der Kommune I. Berlin 1967-1969, Köln 2004.

E.R., Gefängnis für B. Klarsfeld, in: Kommunistische Volkszeitung. Zentralorgan des Kommunistischen Bundes Westdeutschland (KBW), Nr. 15 vom 24. Juli 1974, S. 2.

F

Fetscher, Iring und Rohrmoser, Günter, Ideologien und Strategien. Analysen zum Terrorismus Band 1, unter Mitarbeit von Fröhlich, Jörg et. al., herausgegeben vom Bundesministerium des Innern, Opladen 1981.

Fichter, Tilman und Lönnendonker, Siegward, Kleine Geschichte des SDS. Der Sozialistische Deutsche Studentenbund von 1946 bis zur Selbstauflösung, Berlin 1977.

Fichter, Tilman, Der Staat Israel und die Neue Linke in Deutschland, in: Karlheinz Schneider und Nikolaus Simon (Hrsg.), Solidarität und deutsche Geschichte. Die Linke zwischen Antisemitismus und Israelkritik, Dokumentation einer Arbeitstagung in der evangelischen Akademie Arnoldshain, August 1984, Deutsch-Israelischer Arbeitskreiskreis für Frieden in Nahost e. V. Schriften Band 9, Berlin 1984, S. 81-98.

Fichter, Tilman, SDS und SPD. Parteilichkeit jenseits der Partei, Schriften des Zentralinstituts für sozialwissenschaftliche Forschung der Freien Universität Berlin, Band 52, Opladen 1988.

Fichter, Tilman, Die SPD und die Nation. Vier sozialdemokratische Generationen zwischen nationaler Selbstbestimmung und Zweistaatlichkeit, Berlin/ Frankfurt am Main 1993.

Fichter, Tilman und Lönnendonker, Siegward, Macht und Ohnmacht der Studenten. Kleine Geschichte des SDS, Hamburg 1998.

Frankfurter Marxisten-Leninisten, Über die Lage und die Aufgaben im Kampf gegen den Hegemonismus, in: Der Maoist. Zeitschrift für die Anwendung des Marxismus-Leninismus und der Mao Tse-tung-Ideen auf Deutschland, Nr. 1 vom August 1975, S. 40-89.

Fromm, Erich, Arbeiter und Angestellte am Vorabend des Dritten Reiches. Eine sozialpsychologische Untersuchung, bearbeitet und herausgegeben von Wolfgang Bonß, Stuttgart 1980.

Fromm, Erich, Sozialpsychologischer Teil, in: Institut für Sozialforschung (Hrsg.), Studien über Autorität und Familie. Forschungsbericht aus dem Institut für Sozialforschung, Vollständige Ausgabe, Band 1, Paris 1936, S. 77-135.

FU – Projektgruppe DKP und Rabehl, Bernd, DKP – eine neue sozialdemokratische Partei. Parlamentarismusdebatte 2, Berlin 1969.

G

Gehrig, Sebastian, Mittler, Barbara und Wemheuer, Felix (Hrsg.), Kulturrevolution als Vorbild? Maoismen im deutschsprachigen Raum, Frankfurt am Main 2008.

Gehrig, Sebastian, „Zwischen uns und dem Feind einen klaren Trennungsstrich ziehen." Linksterroristische Gruppen und maoistische Ideologie in der Bundesrepublik der 1960er und 1970er Jahre, in: Ders., Barbara Mittler und Felix Wemheuer (Hrsg.), Kulturrevolution als Vorbild? Maoismen im deutschsprachigen Raum, Frankfurt am Main 2008., S. 153-177.

Gemeinsame Erklärung von 20 Vertretern der deutschen Linken zum Nahostkonflikt, in: Neue Deutsche Hefte, Sonderdruck, O.O.A., O.J..

Gemeinsame Stellungnahme von SALZ und KAB Hamburg, Für das Bündnis von Intelligenz und Arbeiterklasse, in: Arbeiterzeitung des Kommunistischen Arbeiterbundes 11/12 1971, S. 34-36.

Gerhard, Ute, Frauenbewegung, in: Roland Roth und Dieter Rucht (Hrsg.), Die sozialen Bewegungen in Deutschland seit 1945. Ein Handbuch, Frankfurt am Main/New York 2008, S. 187-217.

Gesellschaft zur Unterstützung der Volkskämpfe (Hrsg.), Einführung in die Kritische Theorie, in: Kommunistische Volkszeitung. Zentralorgan des Kommunistischen Bundes Westdeutschlands (KBW) – Ausgabe Süd, Reihe Quellenhefte zum Studienprogramm des Kommunistischen Bundes Westdeutschlands Winterhalbjahr 1978/79.

Gilcher-Holtey, Ingrid, „Die Phantasie an die Macht". Mai 68 in Frankreich, Frankfurt am Main 1995.

Gilcher-Holtey, Ingrid (Hrsg.), 1968 – Vom Ereignis zum Gegenstand der Geschichtswissenschaft, Geschichte und Gesellschaft Sonderheft 17, Göttingen 1998.

Gilcher-Holtey, Ingrid, Die 68er Bewegung. Deutschland – Westeuropa – USA, München 2001.

Glienke, Stephan Alexander, Die Darstellung der Shoah im öffentlichen Raum. Die Ausstellung „Die Vergangenheit mahnt" (1960-1962), in: Ders., Volker Paulmann und Joachim Perels (Hrsg.), Erfolgsgeschichte Bundesrepublik?

Die Nachkriegsgesellschaft im langen Schatten des Nationalsozialismus, Göttingen 2008, S. 147-183.

Goldhagen, Daniel Jonah, (1996), Hitlers willige Vollstrecker. Ganz gewöhnliche Deutsche und der Holocaust, Berlin 1998.

Gottschalch, Wilfried, Besprechung zu: Der ungekündigte Bund. Neue Begegnung von Juden und christlicher Gemeinde, herausgegeben von Dietrich Goldschmidt und Hans Joachim Kraus und Kurt Blumfeld, Erlebte Judenfrage. Ein Vierteljahrhundert Zionismus, in: Das Argument. Berliner Hefte für Probleme der Gesellschaft, Heft 26, Juli 1963, Probleme der Ästhetik, 4. Auflage März 1975, S. 61-62.

Gremliza, Hermann L., (Hrsg.), Hat Israel noch eine Chance? Palästina in der neuen Weltordnung, Hamburg 2001.

Grosser, Dieter, Die nationalsozialistische Wirtschaft. Die deutsche Industrie und die Nationalsozialisten: Partnerschaft beim Griff nach der Weltmacht, in: Das Argument. Berliner Hefte für Probleme der Gesellschaft, Heft 32, 7. Jahrgang Heft 1 1965, Faschismus-Theorien (II), 5. Auflage März 1970, S. 1-11.

Gruppe Internationale Kommunisten Hollands, (1934), Thesen über den Bolschewismus, in: Anton Pannekoek, Paul Mattick u.a., Marxistischer Anti-Leninismus. Eingeleitet von Diethard Behrens, Freiburg im Breisgau 1991, S. 19-57.

Gruppe MAGMA, „...denn Angriff ist die beste Verteidigung“. Die KPD zwischen Revolution und Faschismus, Bonn 2001.

Gruppe Neues Rotes Forum, Zur Analyse der Studentenbewegung, in: Neues Rotes Forum 1/71 vom 08.02.1971, S. 52-55.

G.S. (i.e. Gerhard Schmierer), Kritische Theorie und was davon bei näherem Zusehen übrigbleibt, in: Kommunismus und Klassenkampf. Theoretisches Organ des Kommunistischen Bundes Westdeutschland (KBW) 7/78, S. 135-139.

H

Habermas, Jürgen et. al., Student und Politik. Eine soziologische Untersuchung zum politischen Bewußtsein Frankfurter Studenten, Soziologische Texte Band 18, Herausgegeben von Heinz Maus und Friedrich Fürstenberg , 3. Auflage, Neuwied am Rhein und Berlin 1961.

Habermas, Jürgen, Strukturwandel der Öffentlichkeit. Untersuchungen zu einer Kategorie der bürgerlichen Gesellschaft, Darmstadt und Neuwied 1962.

Habermas, Jürgen (Hrsg.), Antworten auf Herbert Marcuse, mit Beiträgen von Alfred Schmidt et. al., Frankfurt am Main 1968.

Habermas, Jürgen, Protestbewegung und Hochschulreform, Frankfurt am Main 1969.

Habermas, Jürgen, Theorie des kommunikativen Handelns, 2. Bände, Frankfurt am Main 1981.

Habermas, Jürgen, Zur philosophischen Diskussion um Marx und den Marxismus, in: Philosophische Rundschau, Heft 3/4 1957, S. 165-235.

Hahn, Manfred, Faschismus in verändertem Aufzug? Hinweise auf Literatur über die „Formierte Gesellschaft“, in: Das Argument. Berliner Hefte für Probleme der Gesellschaft, Heft 48, 10 Jahrgang Oktober 1968 Heft 4/5, Kalter Krieg und Neofaschismus in der Bundesrepublik. Materialien zur „formierten“ Demokratie (II), S. 300-308.

Hanloser, Gerhard, Bundesrepublikanischer Linksradikalismus und Israel. Antifaschismus und Revolutionismus als Tragödie und als Farce, in: Ders. (Hrsg.), „Sie warn die Antideutschesten der deutschen Linken“. Zu Geschichte, Kritik und Zukunft antideutscher Politik, Münster 2004, S. 171-210.

Harich, Wolfgang, (1971), Zur Kritik der revolutionären Ungeduld. Eine Abrechnung mit dem alten und dem neuen Anarchismus, Berlin 1998.

Haug, Wolfgang Fritz, Der hilflose Antifaschismus. Zur Kritik der Vorlesungsreihen über Wissenschaft und NS an deutschen Universitäten, Frankfurt am Main 1967.

Haug, Wolfgang Fritz, Vom hilflosen Antifaschismus zur Gnade der späten Geburt, Hamburg/Berlin 1987.

Haug, Wolfgang Fritz, et. al., Ideologische Komponenten in den Theorien über den Faschismus, in: Das Argument. Berliner Hefte für Probleme der Gesellschaft, Heft 33, 7. Jahrgang Heft 2 Mai 1965, Faschismus-Theorien (III), 3. Auflage März 1970, S. 1-34.

Haury, Thomas, Antisemitismus von links. Kommunistische Ideologie, Nationalismus und Antizionismus in der frühen DDR, Hamburg 2002.

Haury, Thomas, Die Ideologie, die nicht vergehen will. 35 Jahre antisemitischer Antizionismus in der Neuen deutschen Linken, in: AG Antifa/Antira im StuRa der Uni Halle (Hrsg.), Trotz und wegen Auschwitz. Antisemitismus und nationale Identität nach 1945, Münster 2004, S. 93-114.

H. D. Bahr, SDS-Tübingen, Organisation und Anarchie. Eine Kritik autoritärer Mechanismen in der anti-autoritären Bewegung, Broschüre, Tübingen 1968, (Archiv für soziale Bewegungen Freiburg, Systematikpunkt Bro 5.0.1.256).

Heigl, Richard, Oppositionspolitik. Wolfgang Abendroth und die Entstehung der Neuen Linken (1950-1968), Berliner Beiträge zur kritischen Theorie Band 6, Argument Sonderband Neue Folgen AS 303, Hamburg 2008.

Heimann, Siegfried, Die Deutsche Kommunistische Partei, in: Richard Stöss (Hrsg.), Parteien – Handbuch. Die Parteien der Bundesrepublik Deutschland 1945-1980, Band I, AUD bis EFP, Schriften des Zentralinstituts für sozialwissenschaftliche Forschung der Freien Universität Berlin, Band 38, Opladen 1983, S. 901-981.

Hermand, Jost: Orte. Irgendwo. Formen utopischen Denkens, Königstein/Ts. 1981.

Historical Social Research, Historische Sozialforschung. An International Journal of the Application of Formal Methods to History, No. 114, HSR Vol. 30 (2005) 4, Focus: Die amerikanische TV-Serie “Holocaust” Rückblick auf eine “betroffene Nation”. Beiträge und Materialien.

Hobsbawn, Eric, Das Zeitalter der Extreme. Weltgeschichte des 20. Jahrhunderts, aus dem Englischen von Yvonne Badae, München/Wien 1995.

Hopf, Christel, Das Faschismusthema in der Studentenbewegung und in der Soziologie, in: Heinz Bude und Martin Kohli (Hrsg.), Radikalisierte Aufklärung. Studentenbewegung und Soziologie in Berlin 1965 bis 1970, Weinheim/ München 1989, S. 71-86.

Horkheimer, Max, (1937), Traditionelle und kritische Theorie, in: Alfred Schmidt und Gunzelin Schmid Noerr (Hrsg.), Max Horkheimer. Gesammelte Schriften Band 4, Schriften 1936-1941, Frankfurt am Main 1998, S. 162-216.

Horkheimer, Max, (1937), Nachtrag, in: Alfred Schmidt und Gunzelin Schmid Noerr (Hrsg.), Max Horkheimer. Gesammelte Schriften. Band 4, Schriften 1936-1941, Frankfurt am Main 1988, S. 217-225.

Horkheimer, Max, (1939), Die Juden und Europa, in: Alfred Schmidt und Gunzelin Schmid Noerr (Hrsg.), Max Horkheimer. Gesammelte Schriften Band 4, Schriften 1936-194, Frankfurt am Main 1988, S. 308-331.

Horkheimer, Max, (1940/42), Autoritärer Staat, in: Gunzelin Schmid Noerr (Hrsg.), Max Horkheimer. Gesammelte Schriften Band 5, „Dialektik der Aufklärung" und Schriften 1940-1950, Frankfurt am Main 1987, S. 293-319.

Horkheimer, Max, (1976), Das Schlimme erwarten und doch das Gute versuchen. Gespräche mit Gerhard Rein, in: Gunzelin Schmid Noerr (Hrsg.), Max Horkheimer, Gesammelte Schriften, Band 7, Vorträge und Aufzeichnungen 1949-1973, 1. Philosophisches, 2. Würdigungen, 3. Gespräche, Frankfurt am Main 1985, S. 442-479.

Horkheimer, Max, Die Rote Garde in China [Gespräch mit Dagobert Lindlau] (1967), in: Gunzelin Schmid Noerr (Hrsg.) Max Horkheimer. Gesammelte Schriften Band 13, Nachgelassene Schriften 1949-1972. 1. Vorträge und Ansprachen, 2. Gespräche, 3. Würdigungen, 4. Vorlesungsnachschriften, Frankfurt am Main 1989, S. 167-173.

Horkheimer, Max, Die Motive der rebellierenden Studenten, in: Späne. Notizen über Gespräche mit Max Horkheimer, in unverbindlicher Formulierung aufgeschrieben von Friedrich Pollock, in: Gunzelin Schmid Noerr (Hrsg.), Max Horkheimer. Gesammelte Schriften, Band 14, Nachgelassene Schriften 1949-1972. 5. Notizen, Frankfurt am Main 1988, S. 504-505.

Horkheimer, Max, Brief an Theodor W. Adorno vom 27. September 1958, in: Gunzelin Schmid Noerr (Hrsg.), Max Horkheimer. Gesammelte Schriften Band 18: Briefwechsel 1949-1973, Frankfurt am Main 1996, S. 437-447.

Horkheimer, Max und Flowerman, Samuel H., (Hrsg.), Studies in Prejudice, New York 1949f., 5 Bände.

I

ID Archiv (Hrsg.), Rote Armee Fraktion. Texte und Materialien zur Geschichte der RAF, Berlin 1997.

Initiative Sozialistisches Forum, Furchtbare Antisemiten, ehrbare Antizionisten. Über Israel und die linksdeutsche Ideologie, zweite erweiterte Auflage, Freiburg im Breisgau 2002.

Institut für Sozialforschung (Hrsg.), Studien über Autorität und Familie. Forschungsberichte aus dem Institut für Sozialforschung, Paris 1936, 2 Bände.

J

Jacob, Alfred, Marschieren für Israel? Eine Analyse des arabisch-israelischen Konflikts, in: konkret. Unabhängige Zeitschrift für Kultur und Politik, Nr. 8/ August 1967, S. 17-19.

Jander, Martin, Horst Mahler, in: Wolfgang Kraushaar (Hrsg.), Die RAF und der linke Terrorismus, Band 1, Hamburg 2006, S. 372-397.

Jay, Martin, Positive und negative Totalität. Adornos Alternativentwurf zur interdisziplinären Forschung, in: Wolfgang Bonß und Axel Honneth (Hrsg.), Sozialforschung als Kritik. Zum sozialwissenschaftlichen Potential der Kritischen Theorie, Frankfurt am Main 1982, S. 67-86.

J.K., Cohn-Bendits Lob der Fäulnis. Besprechung des Buches „Der große Basar", in: Kommunismus und Klassenkampf. Theoretisches Organ des Kommunistischen Bundes Westdeutschlands (KBW) Jahrgang 4, Nr. 6, September 1976, S. 286-288.

J.S., Der Kolonialcharakter des israelischen Staates, in: Kommunismus und Klassenkampf. Theoretisches Organ des Kommunistischen Bundes Westdeutschlands (KBW), Nr. 1 vom Februar 1974, S. 55.

K

Kapczynski, Helmut, Zur Frage einer sozialistischen Randgruppenstrategie, in: Rote Presse Korrespondenz der Studenten-, Schüler- und Arbeiterbewegung Nr. 41 vom 28.11.1969, S. 2-7.

Karl, Michaela, Rudi Dutschke. Revolutionär ohne Revolution, Frankfurt am Main 2003.

Karuscheit, Heiner, Zur Geschichte der westdeutschen ml Bewegung, Gelsenkirchen 1978.

KB/Gruppe Frankfurt, Frankfurt: Der Polizei-Staat in Aktion, in: Arbeiterkampf. Arbeiterzeitung des Kommunistischen Bundes Nr. 81 vom 31. Mai 1976, S. 5-6.

KB-Gruppe Hamburg, Für eine andere Palästina Solidarität, in: Arbeiterkampf. Zeitung des Kommunistischen Bundes, Nr. 291 vom 8. Februar 1988, S. 36.

Kesten, Dietmar, Zur Geschichte der KPD/ML – Zentralbüro, http://userpage.fu.berlin.de/~archapo/ONLINE/MAO/BRD/ZB-GESCHICHT.html (Stand 24.10.2008).

Klarsfeld, Beate, Kiesinger. Die Geschichte des PG 2633930. Dokumentation mit einem Vorwort von Heinrich Böll, Darmstadt 1969.

Klein, Andreas, Die Bundesrepublik auf dem Weg in den Rechts – Staat, in: Diskus. Frankfurter Studentenzeitung Heft 1 vom 3. Februar 1972, S. 8-18.

Kloke, Martin W., Israel und die deutsche Linke. Zur Geschichte eines schwierigen Verhältnisses, Schriftenreihe des Deutsch-Israelischen Arbeitskreises für Frieden im Nahen Osten e. V., 2. erweiterte und aktualisierte Auflage, Frankfurt am Main 1994.

Klopotek, Felix, Der Gegen-Staat. Zur politischen Romantik der RAF, in: Joachim Bruhn und Jan Gerber (Hrsg.), Rote Armee Fiktion, Freiburg im Breisgau 2007, S. 93-116.

Klumpp, Eberhard, Kritische Theorie, in: Peter Gutjahr-Löser und Klaus Hornung (Hrsg.) unter Mitwirkung von Wolfgang Eltrich et. al., Politisch Pädagogisches Handwörterbuch. Berichte und Studien der Hanns-Seidel-Stiftung e.V. München, München 1980, S. 194-198.

Koch, Claus, Zum Stellenwert der Beiträge Kramers auf der Generalversammlung in den Fraktionsauseinandersetzungen, in: Neues Rotes Forum 3/70 vom 16.12.1970, S. 52-55.

Koenen, Gerd, Das Rote Jahrzehnt. Unsere kleine deutsche Kulturrevolution 1967-1977. Köln 2001.

Koenen, Gerd, Vesper, Ensslin, Baader. Urszenen des deutschen Terrorismus, 2. Auflage, Köln 2003.

Kommunistische Hochschulgruppe (Neue Einheit), Die „KPD" greift zu Terrormethoden faschistischer SA-Banden, in: Die Revolutionäre Stimme. Zeitung der Kommunistischen Partei Deutschlands/Marxisten-Leninisten, Nr. 7/8 vom 12.04.1972, S. 12-13.

Kommunistischer Arbeiterbund (Marxisten-Leninisten), US-Vize besucht seine Schäfchen, in: Kommunistische Pressekorrespondenz. Herausgegeben vom Kommunistischen Arbeiterbund (Marxisten-Leninisten), Nr. 1 vom 09.09.1970, S. 6-7.

Kommunistischer Arbeiterbund (Marxisten-Leninisten), Aktion Widerstand, in: Kommunistische Pressekorrespondenz. Herausgegeben vom Kommunistischen Arbeiterbund (Marxisten-Leninisten), Nr. 1 vom 09.09.1970, S. 1-2.

Kommunistischer Arbeiterbund (Marxisten-Leninisten), USA: Demonstration gegen faschistischen Polizeiterror, in: Kommunistische Pressekorrespondenz. Herausgegeben vom Kommunistischen Arbeiterbund (Marxisten-Leninisten), Nr. 39 vom 28.09.1971, S. 7.

Kommunistischer Bund Bremen, Bewaffneter Kampf in Westeuropa heute. Eine Kritik an der „Roten Armee Fraktion", in: Wahrheit. Kommunistische Arbeiter Korrespondenz, Organ des Kommunistischen Bundes Bremen, Nr. 1, Februar 1972, S. 11-12.

Kommunistischer Jugendbund, Faschisten planen Großaktion in Freiburg, in: KJZ – Kommunistische Jugendzeitung des Kommunistischen Jugendbundes. Jugendorganisation des Bundes Kommunistischer Arbeiter, Extrablatt vom 18.10.1971, S.1 und 4-5.

Kommunistische Studentengruppen (Marxisten-Leninisten), Bonns neue Notstandsgesetze, in: Roter Pfeil. Zentralorgan der Kommunistischen Studentengruppen (Marxisten-Leninisten)Nr. 5 vom Juli 1972, S. 8-9.

Kommunistische Partei Deutschlands/Aufbauorganisation, Vorläufige Plattform der Aufbauorganisation für die Kommunistische Partei Deutschlands, in: Rote Pressekorrespondenz der Studenten-, Schüler- und Arbeiterbewegung Nr. 56/57 vom 13.03.1970, S. 1-8.

KPD-Aufbauorganisation, Die „Westberlin-Frage“ und das Potsdamer Abkommen im Lichte des antiimperialistischen Kampfes heute, in: Rote Presse Korrespondenz der Studenten-, Schüler- und Arbeiterbewegung, Nr. 96/97 vom 08.01.1971, S. 1-12.

KPD-Aufbauorganisation, Das Schicksal der „Kritischen“ Theorie: „Kritischer“ Opportunismus, in: Rote Presse Korrespondenz der Studenten-, Schüler- und Arbeiterbewegung Nr. 108 vom 26.3.1971, S. 1-5.

KPD/ML, Es lebe der Kommunismus. Für ein vereintes, unabhängiges, sozialistisches Deutschland. Grundsatzerklärung der KPD/ML, o. O. A., o. J. A. (Archiv für soziale Bewegungen Freiburg, Systematikpunkt 9.1.4.XI).

KPD/ML und KJVD, Erklärung des Zentralbüros der KPD/ML vom 7.9.1972: Nieder mit der Kumpanei zwischen dem Westdeutschen Revanchismus und dem israelischen Imperialismus, Flugblatt, o. O. A. (Archiv für soziale Bewegungen Freiburg, Systematikpunkt 5.5.6.I).

Krahl, Hans-Jürgen, Konstitution und Klassenkampf, Zur historischen Dialektik von bürgerlicher Emanzipation und proletarischer Revolution. Schriften, Reden und Entwürfe aus den Jahren 1966-1970, Frankfurt am Main 1971.

Kramer, Fritz, Über Sozialismus in China und Rußland und die Marxsche Theorie der Geschichte, in: Rotes Forum, Organ des SDS-Heidelberg 3/70 vom 03.06.1970 , S. 5-26.

Kraushaar, Wolfgang (Hrsg.), Frankfurter Schule und Studentenbewegung. Von der Flaschenpost zum Molotowcocktail. 1946-1995, 3 Bände, Hamburg 1998.

Kraushaar, Wolfgang, Rudi Dutschke und die Wiedervereinigung, in: Ders. 1968 als Mythos, Chiffre und Zäsur, Hamburg 2000.

Kraushaar, Wolfgang, Die Bombe im Jüdischen Gemeindehaus, Hamburg 2005.

Krohn, Maren, Die gesellschaftlichen Auseinandersetzungen um die Notstandsgesetze, Pahl Rugenstein Hochschulschriften Gesellschafts- und Naturwissenschaften 61, Köln 1981.

KSV, Kampf den kapitalistischen Sozialwissenschaften, in: Rote Pressekorrespondenz. Zentralorgan des Kommunistischen Studentenverbandes (KSV) Nr. 181 vom 26.08.1972, S. 1-15.

Kühn, Andreas, Stalins Enkel, Maos Söhne. Die Lebenswelt der K-Gruppen in der Bundesrepublik der 70er Jahre, Frankfurt am Main 2005.

Kukuck, Margareth, Student und Klassenkampf. Studentenbewegung in der BRD seit 1967, Hamburg 1974.

Küntzel, Matthias, Thörner, Klaus et. al., Goldhagen und die deutsche Linke oder die Gegenwart des Holocausts, Berlin 1997.

L

Lagarde, Peter, Bemerkungen zur Faschismus-Diskussion, in: Neues Rotes Forum 6/71 vom Dezember 1971, S. 36-46.

Lammers, Karl Christian, Die Auseinandersetzung mit der „braunen“ Universität. Ringvorlesungen zur NS-Vergangenheit an westdeutschen Hochschulen, in:

Axel Schildt, Detlef Siegfried und Karl Christian Lammers, (Hrsg.), Dynamische Zeiten. Die 60er Jahre in den beiden deutschen Gesellschaften, Hamburger Beiträge zu Sozial- und Zeitgeschichte, herausgegeben von der Forschungsstelle für Zeitgeschichte in Hamburg, Darstellungen, Band 37, Hamburg 2000, S. 148-165.

Langguth, Gerd, Die Protestbewegung in der Bundesrepublik Deutschland 1968-1976, Köln 1976.

Langguth, Gerd, Protestbewegung. Entwicklung – Niedergang – Renaissance. Die Neue Linke seit 1968, Bibliothek Wissenschaft und Politik Band 30, Köln 1983.

Langguth, Gerd, Mythos ′68. Die Gewaltphilosophie von Rudi Dutschke Ursachen und Folgen der Studentenbewegung, München 2001.

Lanza, Luciano, Bomben und Geheimnisse. Geschichte des Massakers von der Piazza Fontana, aus dem Italienischen übersetzt und mit einem Nachwort versehen von Egon Günther, Hamburg 1998.

Lenin, Wladimir Iljitsch, (1902), Was tun?, in: Institut für Marxismus-Leninismus beim ZK der KPdSU (Hrsg.), W. I. Lenin. Werke Band 5, Mai 1901-Februar 1902, Berlin 1955, S. 355-551.

Lenin, Wladimir Iljitsch, (1917), Der Imperialismus als höchste Stufe des Kapitalismus, in: Institut für Marxismus-Leninismus beim ZK der KPdSU (Hrsg.), W. I. Lenin. Werke Band 22, Dezember 1915-Juli 1916, Berlin 1960, S. 189-309.

Lenin, Wladimir Iljitsch, (1916), Die Sozialistische Revolution und das Selbstbestimmungsrecht der Nationen (Thesen), in: Institut für Marxismus-Leninismus beim ZK der KPdSU (Hrsg.), W. I. Lenin. Werke Band 22, Dezember 1915-Juli 1916, Berlin 1960, S. 144-159.

Lenin, Wladimir Iljitsch, (1917) Werden die Bolschewiki die Staatsmacht behaupten?, in: Institut für Marxismus-Leninismus beim ZK der KPdSU (Hrsg.), W. I. Lenin Werke Band 26, September 1917-Februar 1918, Berlin 1961, S. 67-121.

Lenin, Wladimir Iljitsch, (1917), Zur Geschichte der Frage eines unglückseligen Friedens, in: Institut für Marxismus-Leninismus beim ZK der KPdSU (Hrsg.), W. I. Lenin Werke Band 26, September 1917-Februar 1918, Berlin 1961, S. 442-450.

Lenin, Wladimir Iljitsch, (1919), An die amerikanischen Arbeiter, in: Institut für Marxismus-Leninismus beim ZK der KPdSU (Hrsg.), W. I. Lenin. Werke Band 30, September 1919-April 1920, Berlin 1964, S. 21-22.

Lenin, Wladimir Iljitsch, Über die proletarische Partei neuen Typus, Moskau 1973.

Lefévre, Wolfgang, Einige Konsequenzen aus der Streikbewegung im September 1969 für unsere Arbeit, in: neue kritik. Zeitschrift für sozialistische Theorie und Politik Nr. 54, vom Juni 1969, S.41-48.

Lettau, Reinhard, Täglicher Faschismus. Evidenz aus fünf Monaten, in: Kursbuch 22 vom Dezember 1970, S. 1-44.

Lichtenstein, Heiner, NS-Prozesse und Öffentlichkeit, in: Justizministerium des Landes Nordrhein-Westfalen (Hrsg.), NS-Verbrechen und Justiz, Juristische Zeitgeschichte Band 4, Düsseldorf 1996, S. 227-232.

Litten, Jens, Eine verpaßte Revolution? Nachruf auf den SDS, mit einem Vorwort von Günter Grass, Hamburg 1969.

Löwenthal, Leo, Mitmachen wollte ich nie. Ein autobiographisches Gespräch mit Helmut Dubiel, Frankfurt am Main 1980.

Löwenthal, Leo, (1948), Falsche Propheten. Studien zum Autoritarismus, in: Helmut Dubiel (Hrsg.), Leo Löwenthal Schriften Band 3, Falsche Propheten. Studien zum Autoritarismus, Frankfurt am Main 1982.

Ludwig, Andrea, Neue oder Deutsche Linke? Nation und Nationalismus im Denken von Linken und Grünen, Opladen 1995.

Lustiger, Arno, Rotbuch: Stalin und die Juden, Die tragische Geschichte des Jüdischen Antifaschistischen Komitees und der sowjetischen Juden, Berlin 1998.

Luxemburg, Rosa, (1916), Die Krise der Sozialdemokratie, in: Institut für Marxismus-Leninismus beim ZK der SED (Hrsg.), Rosa Luxemburg. Gesammelte Werke Band 4, August 1914 bis Januar 1919, Berlin 1974, S.49-164.

M

Maier, W., Schwarz-Rot-Goldene Kommunisten? Programm und Politik des Arbeiterbundes für den Wiederaufbau der KPD, in: Kommunismus und Klassenkampf. Theoretisches Organ des Kommunistischen Bundes Westdeutschlands, Nr. 1/73, S. 52-60.

Mallet, Serge et al., Klassenanalyse, Berlin 1970.

Mangold, Günther, Kommentar zu einigen Interpretationen der Septemberstreiks, in: Rotes Forum, vormals forum academicum. Heidelberger Studentenzeitschrift, 6/69 vom 15.12.1969, S. 12-14.

Marcou, Lilly, Westlicher Marxismus, in: Georges Labica und Gérard Benzussan (Hrsg.), Kritisches Wörterbuch des Marxismus Band 8, Überbau bis Zusammenbruchstheorie. Nachträge und Register. Herausgeber der deutschen Fassung Wolfgang Fritz Haug, Hamburg 1989, S. 1425-1426.

Marcuse, Herbert, Revolutionäres Subjekt und Autonomie. Vortrag auf der Sommeruniversität Korcula zum Thema „Marx und die Revolution“ 14.-25. August 1968, in: Marxismus-Kollektiv (Hrsg.), Marx und die Revolution mit Beiträgen von Ernst Bloch, Ernst Fischer, Iring Fetscher, Jürgen Habermas, Herbert Marcuse u. a., o. O., 1970, S. 165-171.

Marcuse, Herbert, (1968), Das Ende der Utopie. Vorträge und Diskussionen in Berlin 1967, Frankfurt am Main 1980.

Marcuse, Herbert, (1934), Der Kampf gegen den Liberalismus in der totalitären Staatsauffassung, in: Ders., Aufsätze aus der Zeitschrift für Sozialforschung 1934-1941, Herbert Marcuse Schriften Band 3, Frankfurt am Main 1979, S. 7-44.

Marcuse, Herbert, (1964), Der eindimensionale Mensch. Studien zur Ideologie der fortgeschrittenen Industriegesellschaft, übersetzt von Alfred Schmidt, in: Herbert Marcuse Schriften, Band 7, Frankfurt am Main 1989.

Marcuse, Herbert, (1965), Repressive Toleranz, in: Ders., Aufsätze und Vorlesungen 1948-1969, Versuch über die Befreiung, Herbert Marcuse Schriften Band 8, Frankfurt am Main 1984, S. 136-166.

Marcuse, Herbert, (1969), Versuch über die Befreiung, in: Ders., Aufsätze und Vorlesungen 1948-1969 Versuch über die Befreiung, Herbert Marcuse Schriften Band 8, Frankfurt am Main 1984, S. 237-317.

Marcuse, Herbert, Brief an Theodor W. Adorno, in: Gunzelin Schmid Noerr (Hrsg.), Max Horkheimer, Gesammelte Schriften Band 18, Briefwechsel 1949-1973, Frankfurt am Main 1996, S. 718-720.

Marcuse, Herbert, (1966), Analyse eines Exempels. Hauptreferat des Kongresses „Vietnam-Analyse eines Exempels“, in: Herbert Marcuse Nachgelassene Schriften. Band 4: Die Studentenbewegung und ihre Folgen, Herausgegeben und mit einem Vorwort von Peter Erwin Jansen, Einleitung von Wolfgang Kraushaar aus dem Amerikanischen von Thomas Laugstien, Springe 2004, S. 53-74.

Marenssin, Emile, (1974), Stadtguerilla und soziale Revolution. Über den bewaffneten Kampf und die Rote Armee Fraktion, mit einem Vorwort von Joachim Bruhn, Freiburg im Breisgau 1998.

Markl, Florian, Beschädigtes Leben und Judenhaß. Kritik des Antisemitismus als Gesellschaftskritik, in: Stephan Grigat (Hrsg.), Feindaufklärung und Reeducation. Kritische Theorie gegen Postnazismus und Islamismus, mit Beiträgen von Johann Dvorák et. al. Freiburg im Breisgau 2006, S. 131-153.

Marks, Stephan, Studentenseele. Erfahrung im Zerfall der Studentenbewegung, Hamburg 1977.

Marx, Karl, (1844), Zur Kritik der Hegelschen Rechtsphilosophie. Einleitung, in: Institut für Marxismus-Leninismus beim ZK der SED (Hrsg.), Karl Marx Friedrich Engels Werke Band 1, Berlin 1961, S. 378-391.

Marx, Karl und Engels, Friedrich, (1932), Die deutsche Ideologie. Kritik der neuesten deutschen Philosophie in ihren Repräsentanten Feuerbach, B. Bauer und Stirner und des deutschen Sozialismus in seinen verschiedenen Propheten, in: Institut für Marxismus-Leninismus beim ZK der SED (Hrsg.), Karl Marx Friedrich Engels Werke Band 3, Berlin 1969, S. 9-530.

Marx, Karl, (1885), Das Elend der Philosophie. Antwort auf Proudhons „Philosophie des Elends“, in: Institut für Geschichte der Arbeiterbewegung Berlin (Hrsg.), Karl Marx Friedrich Engels Werke Band 4, Berlin 1990, S. 63-182.

Marx, Karl und Engels, Friedrich, (1848), Das Manifest der Kommunistischen Partei, in: Institut für Geschichte der Arbeiterbewegung Berlin (Hrsg.), Karl Marx Friedrich Engels Werke, Band 4, Berlin 1990, S. 459-493.

Marx, Karl, (1852), Der achtzehnte Brumaire des Louis Bonaparte, in: Institut für Marxismus-Leninismus beim ZK der SED, Karl Marx Friedrich Engels Werke Band 8, Berlin 1960, S. 111-207.

Marx, Karl, (1867), Das Kapital. Kritik der politischen Ökonomie, Erster Band. Buch I: Der Produktionsprozeß des Kapitals, in: Bundesstiftung Rosa Luxemburg. Gesellschaftsanalyse und Politische Bildung e. V. (Hrsg.), Karl Marx Friedrich Engels Werke, Band 23, Berlin 2001.

Marxistisch-leninistischen Gruppen an der Universität Tübingen, Wem nützt die Theorie von der „revolutionären technischen Intelligenz"?, in: Roter Pfeil, Organ der marxistisch-leninistischen Gruppen an der Universität Tübingen Nr. 4 vom Februar 1970, S. 1-11.

Mason, Tim, Der Primat der Politik – Politik und Wirtschaft im Nationalsozialismus, in: Das Argument. Berliner Hefte für Probleme der Gesellschaft, Heft 41, 8. Jahrgang Dezember 1966 Heft 6, Staat und Gesellschaft im Faschismus, Faschismus-Theorien (IV), 3. verbesserte Auflage, S. 473-494.

Mason, Tim, Primat der Industrie? Eine Erwiderung, in: Das Argument. Berliner Hefte für Probleme der Gesellschaft, Heft 47, 10. Jahrgang Juli 1968 Heft 3, Faschismus und Kapitalismus. Faschismus-Theorien (V) / Diskussion, 2. Auflage Juli 1969, S. 168-192.

Mauke, Michael, Die Klassentheorie von Marx und Engels, mit einem Nachwort von Klaus Meschkat, herausgegeben von Kajo Heymann, Klaus Meschkat und Jürgen Werth, Frankfurt am Main 1970.

Mehlen, Theo, Nationalsozialistische Vergangenheit: Westdeutsche Magenschmerzen mit dem Nahost-Konflikt, in: Kommunistische Volkszeitung. Zentralorgan des Kommunistischen Bundes Westdeutschland (KBW), Nr. 33 vom 20. August 1982, S. 8.

Meinhof, Ulrike Marie, Die Würde des Menschen ist antastbar. Aufsätze und Polemiken, mit einem Nachwort von Klaus Wagenbach, Berlin 1994.

Moreau, Patrick und Lang, Jürgen P., Linksextremismus. Eine unterschätzte Gefahr, teilweise aus dem Französischen übersetzt von Roxana Sajuk, Schriftenreihe Extremismus und Demokratie Band 8, Bonn 1996.

Mosler, Peter, Was wir wollten, was wir wurden. Studentenrevolte – zehn Jahre danach. Mit einer Chronologie von Wolfgang Kraushaar, Reinbek bei Hamburg 1977.

Müller, Karl, Der Freiburger SDS und die Studentenbewegung 1968-72. Ein Bericht, in: Netzwerk Dreyeckland (Hrsg.), Stattbuch. Freiburg Dreyeckland. Politische Bewegungen in Freiburg und im Dreyeckland 1968-1985. 270 Selbstdarstellungen und 1000 Adressen, Freiburg im Breisgau 1985, S. 26-38.

Müller, Manfred, Zum Auschwitz-Prozeß, in: Diskus, Frankfurter Studentenzeitung, Nr. 10, Dezember 1963, S. 1 und 4.

N

Narski, Igor S., Die Anmaßung der negativen Philosophie Theodor W. Adornos. Zur Kritik der bürgerlichen Ideologie Band 65, Frankfurt am Main 1975.

Negt, Oskar, et al.:, Die Linke antwortet Jürgen Habermas, Frankfurt am Main 1968.

Negt, Oskar, Massenmedien: Herrschaftsmittel oder Instrumente der Befreiung? Aspekte der Kommunikationsanalyse der Frankfurter Schule, in: Dieter Prokop (Hrsg.), Kritische Kommunikationsforschung. Aus der Zeitschrift für Sozialforschung, mit einer Einleitung von Oskar Negt, München 1973, S. I-XXVIII.

Neumann, Robert, Was sagen Sie nun, Herr Lübke? In: konkret, Unabhängige Zeitschrift für Kultur und Politik, Nr. 11, November 1966, S. 28-30.

Nevermann, Knut, Die APO und ihre Anstöße – zu Gerechtigkeit und Selbstbestimmung, in: Helmut Geiger und Armin Roether (Hrsg.), Dutschke und Bloch. Zivilgesellschaft damals und heute, Mössingen – Talheim 1999, S. 119-127.

Neumann, Franz, (1942), Behemoth, Struktur und Praxis des Nationalsozialismus 1933-1944, herausgegeben und mit einem Nachwort „Franz Neumanns Behemoth und die heutige Faschismusdiskussion" von Gert Schäfer, Studien zur Gesellschaftstheorie, Köln und Frankfurt am Main 1977.

Nitz-Lindquist, Irmela, Der Putsch von Rechts, in: Diskus, Frankfurter Studentenzeitung, Nr. 8, Dezember 1966, S. 3.

N.N., Psychologie eine Form bürgerlicher Ideologie. Aufsätze zur Kritik psychologischer Theorie und Praxis, 2. durchgesehene und verbesserte Auflage, Plankstadt 1975.

N.N., Wir warn die stärkste der Parteien. Erfahrungsberichte aus der Welt der K-Gruppen, Berlin 1977.

N.N., Faschismusanalyse und antifaschistischer Kampf der Kommunistischen Internationale und der KPD 1923-1945, zweite, unveränderte Auflage der 1973 im Verlag „Neues Rotes Forum" erschienenen Ausgabe, Heidelberg 1974.

N.N., Dem Zerfall der APO was entgegensetzen. Teil II des Interviews mit Genossen der RZ, in: wildcat 85 vom Herbst 2009, S. 38-43.

Nor. und Gör., Befreiung von der Arbeit als Programm. Herbert Marcuse, Ziehvater des politischen Opportunismus in der demokratischen Bewegung, in: Kommunismus und Klassenkampf. Theoretisches Organ des Kommunistischen Bundes Westdeutschlands (KBW), Jahrgang 9, Nr. 9, August 1979, S. 18-20.

P

Pannekoek, Anton, (1938), Lenin als Philosoph, mit einer Rezension von Karl Korsch und einem Vorwort von Paul Mattick, herausgegeben von Alfred Schmidt und Claudio Pozzoli, Frankfurt am Main 1969.

Pischel, Enrica Colloti, Die chinesische Kulturrevolution, Probleme sozialistischer Politik 18, Frankfurt am Main 1970.

Pollock, Friedrich, Gruppenexperiment. Ein Studienbericht, mit einem Geleitwort von Franz Böhm, Frankfurter Beiträge zur Soziologie, im Auftrag des Instituts für Sozialforschung, herausgegeben von Theodor W. Adorno und Walter Dirks, Band 2, Frankfurt am Main 1955.

Pollock, Friedrich, (1941), Ist der Nationalsozialismus eine neue Ordnung?, in: Ders, Stadien des Kapitalismus, Herausgegeben und eingeleitet von Helmut Dubiel, München 1975, S. 101-134.

Popp, Martin und Gantzer, Rüdiger, Die Maoisten. Die modernen Volkstümler, Herausgegeben von der Sozialistischen Arbeiter-Gruppe, Frankfurt am Main 1974.

Postone, Moishe, (1979), Antisemitismus und Nationalsozialismus, in: Redaktion diskus (Hrsg.), Küß den Boden der Freiheit. Texte der Neuen Linken, Zusammengestellt und mit Einleitungen versehen von: Thomas Atzert et. al., Berlin 1992, S. 425-437.

Pozzoli, Claudio (Hrsg.), Spätkapitalismus und Klassenkampf. Eine Auswahl aus den Quaderni Rossi, Frankfurt am Main 1972.

R

Rabehl, Bernd, Marx und Lenin. Widersprüche einer ideologischen Konstruktion des „Marxismus-Leninismus", Berlin 1973.

Rabehl, Bernd, Rudi Dutschke, Revolutionär im geteilten Deutschland, Band 6 der Reihe Perspektiven, hrsg. von Karlheinz Weißmann und Götz Kubitschek, Dresden 2002.

Redaktion, Wider das Gründungsfieber, in: Rotes Forum, Organ des SDS Heidelberg 2/70 vom 15.04.1970, S. 2-5.

Redaktion Agit 833, Rote Armee Fraktion. Leninisten mit Knarren, in: Agit 883, Revolutionäre Aktion, Nr. 86 vom 6.12.1971, S. 8-9.

Redaktion Arbeiterkampf, Olympischer Frieden…und palästinensischer Krieg?, in: Arbeiterkampf. Arbeiterzeitung des Kommunistischen Bundes, Nr. 22 vom Oktober 1972, S. 1-3.

Redaktion Arbeiterkampf, Kommunisten und „deutsche Wiedervereinigung", in: Arbeiterkampf. Arbeiterzeitung des Kommunistischen Bundes Nr. 43 vom 01.05.1974, S. 20-21.

Redaktion Arbeiterkampf, Strauß in China: Zum Kotzen!, in Arbeiterkampf. Arbeiterzeitung des Kommunistischen Bundes, Nr. 55 vom 28. Januar 1975, S. 1 und 25.

Redaktion Arbeiterkampf, „Selbstmord" die „Endlösung" des Staates, in: Arbeiterkampf. Arbeiterzeitung des Kommunistischen Bundes, Nr. 121 vom 23. Januar 1978, S. 6-7.

Redaktion Kommunistische Arbeiterzeitung, „Zirkeldiplomatie" oder Ringen um Klarheit. Wer mit wem gegen die „Vaterlandsverteidiger"? (2), in: Kommunistische Arbeiterzeitung. Zentralorgan des Arbeiterbundes zum Wiederaufbau der KPD Nr. 82 vom 18.04.1976, S. 6-7.

Redaktion Rote Fahne, Zionisten: Die Nazis unserer Tage, in: Rote Fahne. Zentralorgan der Kommunistischen Partei Deutschlands (KPD), Nr. 9 vom 28.2.1973, S. 1.

Redaktion Rote Fahne, Zu einigen Fragen des antimilitaristischen Kampfes: Gegen die Supermächte kämpfen, dem Pazifismus eine Absage erteilen!, in: Rote Fahne. Zentralorgan der Kommunistischen Partei Deutschlands KPD),Nr. 28 vom 16.07.1975, S. 7.

Redaktion Rote Fahne, Die sowjetischen Führer sind in die Fußstapfen Hitlers getreten, in: Rote Fahne. Zentralorgan der Kommunistischen Partei Deutschlands (KPD), Nr. 12 vom 24.03.1976, S.1+12.

Redaktion Rote Fahne, „Anarchismus" - Vorwand für Ausbau des staatlichen Terrors: Schmidt: „Unser Rechtsstaat ist wehrhaft geworden", in: Rote Fahne. Zentralorgan der Kommunistischen Partei Deutschlands (KPD), Nr. 16 vom 20.04.1977, S. 1+3.

Redaktion Rote Fahne, Den Tod von Jan Carl Raspe, Gudrun Ensslin und Andreas Baader aufklären, in: Rote Fahne. Zentralorgan der Kommunistischen Partei Deutschlands (KPD), Nr. 43 vom 26.10.1977, S. 2.

Redaktion Rote Fahne, Nie wieder Faschismus! Das Ringen des Kommunistischen Arbeiterbundes um die antifaschistische Aktionseinheit, in: Rote Fahne. Zentralorgan des Kommunistischen Arbeiterbundes, Nr. 2/1971, S. 5-7.

Redaktion Rote Fahne, Zivilisierte und Unzivilisierte, in: Rote Fahne. Zentralorgan des Kommunistischen Arbeiterbundes Deutschlands, Nr. 10/1972, S. 2.

Redaktion Rote Fahne, „Holocaust“ und viele Fragen, in: Rote Fahne, Zentralorgan des Kommunistischen Arbeiterbundes Deutschlands, Nr. 3 vom 10. Februar 1979, S. 12.

Redaktion Rote Fahne, Revolutionärer Jugendverband Deutschland (RJVD) gegründet, in: Rote Fahne. Zentralorgan des Kommunistischen Arbeiterbundes Deutschlands, Nr. 7 vom Juli 1973, S. 7.

Redaktion Rote Presse Korrespondenz der Studenten-, Schüler- und Arbeiterbewegung, Rebellion in der US-Armee Westberlin, in: Rote Presse Korrespondenz der Studenten-, Schüler- und Arbeiterbewegung Nr. 80/81 vom 11.09.1970, S. 19-23.

Redaktion Roter Morgen, Terror und Eroberung: Der israelische Imperialismus, in: Roter Morgen. Zentralorgan der Kommunistischen Partei Deutschlands/ Marxisten-Leninisten KPD/ML, Nr. 21 vom 23. Oktober 1972, S. 5.

Redaktion Roter Morgen, Fernsehserie: „Ein Herz und eine Seele“: Wie die Kapitalisten den „kleinen Mann“ gerne hätten, in: Roter Morgen. Zentralorgan der Kommunistischen Partei Deutschlands/Marxisten-Leninisten KPD/ML, Nr. 13 vom 30. März 1974, S. 8.

Redaktion Roter Morgen, Nach der Schleyer-Entführung: Bonn verschärft den Terror, in: Roter Morgen. Zentralorgan der Kommunistischen Partei Deutschlands/Marxisten-Leninisten, Nr. 37 vom 16. September 1977, S. 1-2.

Redaktion Roter Morgen, „Solidarität der Demokraten“?: Verschärfter Terror gegen die Werktätigen, in: Roter Morgen. Zentralorgan der Kommunistischen Partei Deutschlands/Marxisten-Leninisten KPD/ML, 45 vom 11. November 1977, S. 1+7.

Redaktion Roter Morgen, An „Holocaust“ arbeiteten Nazi-Mörder mit, in: Roter Morgen. Zentralorgan der Kommunistischen Partei Deutschlands/Marxisten-Leninisten KPD/ML, Nr. 30 vom 28. Juli 1978, S. 8.

Redaktion Roter Pfeil, Faschismus in der Türkei – BRD-Imperialisten stehen dahinter, in: Roter Pfeil. Zentralorgan der Kommunistischen Studentengruppen (Marxisten-Leninisten), Nr. 5 vom Juli 1972, S. 30-33.

Redaktion Rotes Forum, Dokumente zur Kontinuität des Faschismus im deutschen Gelehrtenstand: 2. Karriere eines Rechtswahrers, in: Rotes Forum, vormals: forum academicum, Heidelberger Studentenzeitschrift 6/69 vom 15.12.1969, S. 39-46.

Redaktionskollektiv, Antiautoritarismus und Arbeiterbewegung, in: Revolutionärer Weg, Theoretisches Organ des KABD 3/70, 2. unwesentlich veränderter Auflagen 1973.

Redaktion und Leitung des KB, Stellungnahme der Redaktion und der Leitung des KB, in: Unser Weg Nr. 16/17 1972, S. 16-30.

Reiche, Reimut, Sexuelle Revolution – Erinnerung an einen Mythos, in: Lothar Baier et. al., Die Früchte der Revolte. Über die Veränderung der politischen Kultur durch die Studentenbewegung, Berlin 1988, S. 45-71.

Reiche, Reimut, Worte des Vorsitzenden Mao, in: neue kritik. Zeitschrift für sozialistische Theorie und Politik, Nr. 41 vom April 1967, S. 9-10.

Reichel, Peter, Vergangenheitsbewältigung in Deutschland. Die Auseinandersetzung mit der NS-Diktatur in Politik und Justiz, zweite, aktualisierte und überarbeitete Neuauflage, München 2007.

Reichel, Peter Erfundene Erinnerung. Weltkrieg und Judenmord in Film und Theater, Frankfurt am Main 2007.

Rensmann, Lars, Kritische Theorie über den Antisemitismus. Studien zu Struktur, Erklärungspotential und Aktualität, Berlin und Hamburg 1988.

Revolutionäre Jugend (ML), Häuptling des US-Imperialismus auf „Staatsbesuch" bei seinen europäischen Vasallen, in: Rebell. Zentralorgan der Revolutionären Jugend (ML), NR. 7 vom März 1969, S. 9-10.

Richmond, Claude, Angeklagt: Israels Napalm Krieg, in: konkret. Unabhängige Zeitschrift für Kultur und Politik, Nr. 8/August 1967, S. 14-16.

Riechers, Christian, Willy Huhn (1909-1970). Eine biographische Notiz, in: Willy Huhn, Der Etatismus der Sozialdemokratie. Zur Vorgeschichte des Nazifaschismus, mit einem Vorwort von Clemens Nachtmann, einer biographischen Notiz von Christian Riechers, einer bibliographischen Information von Ralf Walter sowie einer Nachbemerkung von Joachim Bruhn, Freiburg im Breisgau 2003.

RJVD, Neuseeland: Marihuana soll legal werden, in: Rebell. Organ des Revolutionären Jugendverbandes Deutschlands (RJVD) 7/8 vom Juli/August 1973, S. 6.

RJVD, Der Weg zum Sozialismus. Scheidelinie zwischen Kommunisten und Revisionisten, in: Rebell-extra, Organ des Revolutionären Jugendverbandes Deutschlands (RJVD), ohne Jahresangabe.

Röhl, Klaus Rainer, Fünf Finger sind keine Faust, mit einem Nachwort von Jochen Steffen, Köln 1974.

Rosenberg, Alfred, Der staatsfeindliche Zionismus, München 1938.

Rote Garde, Wer sind die Hitler von heute?, in: Die Rote Garde. Jugendorganisation der KPD/ML, Nr. 2 vom Mai 1975, S. 1-4.

Rote Zelle Germanistik (Rotzeg), Die Rolle der SPD im Faschisierungsprozeß der Weimarer Republik und die Sozialfaschismustheorie der KPD, in: Rote Pressekorrespondenz der Studenten-, Schüler- und Arbeiterbewegung Nr. 87 vom 23.10.1970, S. 4-10.

Rote Zelle Germanistik, Die Seminare des Sozialistischen Studiums der Roten Zelle Germanistik WS 1970/71, in: Rote Pressekorrespondenz der Studenten-, Schüler- und Arbeiterbewegung Nr. 88 vom 30.10.1970, S. 11-15.

Rote Zelle Ökonomie, Der Beitrag der Intelligenz zur Rekonstruktion der Arbeiterbewegung und die Folgerungen für die studentische Massenorganisation, in: Rote Presse Korrespondenz der Studenten-, Schüler- und Arbeiterbewegung Nr. 76/77 vom 07.08.1970, S. 6-16.

Rübner, Hartmut, Geister der Vergangenheit. Vom Nationalsozialismus zum Faschismus, in: Rotaprint (Hrsg.), Agit 883. Bewegung Revolte Underground in Westberlin 1969-1972, Hamburg/Berlin 2007, S. 215-226.

S

Schatten, Fritz, Der Konflikt Moskau Peking. Dokumente und Analysen des roten Schismas, München 1963.

Schatz, Holger und Woeldike, Andrea, Freiheit und Wahn deutscher Arbeit. Zur historischen Aktualität einer folgenreichen antisemitischen Projektion, Reihe antifaschistischer Texte Band 9, Münster 2001.

Schauer, Helmut, Soziale Demokratie oder neuer Faschismus? Zur innenpolitischen Entwicklung der Bundesrepublik, in: neue kritik. Zeitschrift sozialistischer Studenten Nr. 25/26 Oktober 1964, S. 11-17.

Schickel, Joachim, Dialektik in China. Mao Tse-tung und die Große Kulturrevolution, in: Kursbuch 9 vom Juni 1967, S. 45-129.

Schildt, Axel, Die Eltern auf die Anklagebank? Zur Thematisierung der NS-Vergangenheit im Generationenkonflikt der bundesrepublikanischen 1960er Jahre, in: Christoph Cornelißen, Lutz Klinkhammer und Wolfgang Schwendker (Hrsg.), Erinnerungskulturen. Deutschland, Italien und Japan seit 1945, Frankfurt am Main 2003, S. 317-332.

Schleifstein, Josef, Die „Sozialfaschismus"-These. Zu ihrem geschichtlichen Hintergrund, Marxistische Taschenbücher, Reihe Marxismus aktuell, Frankfurt am Main 1980.

Schlögel, Karl, Was ich einem Linken über die Auflösung der KPD sagen würde, in: Schlögel, Karl, Jasper, Willi und Ziesemer, Bernd, Partei kaputt. Das Scheitern der KPD und die Krise der Linken, Berlin 1981, S. 12-39.

Schlomann, Friedrich Wilhelm und Friedlingsstein, Paulette, Die Maoisten, Pekings Filialen in Westeuropa, Frankfurt am Main 1970.

Schlomann, Friedrich Wilhelm, Trotzkisten – Europäische Arbeiter-Partei – „Maoisten", in: Aus Politik und Zeitgeschichte. Beilage zur Wochenzeitung Das Parlament, B27/80 vom 5. Juli 1980, S. 12-28.

Schmid Noerr, Gunzelin, Flaschenpost. Die Emigration Max Horkheimers und seines Kreises im Spiegel seines Briefwechsels, in: Ilja Srubar (Hrsg.), Exil, Wissenschaft, Identität. Die Emigration deutscher Sozialwissenschaftler 1933-1945, Frankfurt am Main 1988, S. 252-280.

Schmidtke, Michael, Der Aufbruch der jungen Intelligenz. Die 68er Jahre in der Bundesrepublik und den USA, Campus Historische Studien Band 34, Frankfurt am Main/New York 2003.

Schmierer, Joscha, Zur Analyse der Studentenbewegung, in: Rotes Forum, vormals: forum academicum. Heidelberger Studentenzeitschrift 5/69 vom 30.10.1969, S. 5-14.

Schmierer, Joscha, Die theoretische Auseinadersetzung vorantreiben und die Reste bürgerlicher Ideologie entschieden bekämpfen – Die Kritische Theorie und die Studentenbewegung, in: Rotes Forum, vormals: forum academicum. Heidelberger Studentenzeitschrift, 1/70 vom 02.02. 1970, S. 29-36.

Schmierer, Joscha, Revolutionäre Intelligenz und Arbeiterbewegung in der Frühphase der Parteibildung. Ein Grundproblem des Marxismus-Leninismus, in Rotes Forum, Organ des SDS-Heidelberg 2/70 vom 14.04.1970, S. 12-26.

Schmierer, Joscha, Die neuen Mittelklassen und das Proletariat – Bürgerliche und proletarische Linie in der Klassenanalyse, in: Neues Rotes Forum 4/71 vom Oktober 1971, S. 44-55.

Schmierer, Joscha, Sozialfaschismusthese und politische Programmatik der KPD 1928-33, in: Kommunismus und Klassenkampf. Theoretisches Organ des Kommunistischen Bundes Westdeutschlands Nr. 1(März 1975), S. 2-14.

Schoenberner, Gerhard, Das Menetekel von Köln. Die unbewältigte Gegenwart, in: Das Argument. Berliner Hefte für Politik und Kultur, Heft 16 Mai/Juni 1960, Die Überwindung des Antisemitismus, Argument-Reprint 1-17, Berlin 1974, S. 197-201.

Schoenberner, Gerhard, Eichmann und die Deutschen, in: Das Argument. Berliner Hefte für Politik und Kultur, Heft 20, Dezember 1961/Januar 1962, Argument Reprint 18-21 mit einem Nachwort von Helmut Gollwitzer, Berlin 1975, S. 35-42.

Schwarz, Peter, Marxismus gegen Maoismus. Die Politik der MLPD, Reihe Neue Arbeiterpresse 7, Essen 1998.

SDS, Resolution der 21. Delegiertenkonferenz des SDS zur Notstandsgesetzgebung, in: neue kritik. Zeitschrift Sozialistischer Studenten, Nr. 38/39 Oktober-Dezember 1966, S. 10-12.

SDS Heidelberg, Aufruf zur Palästina-Demonstration am Montag, in: Rote Kommentare vom 20.02.1970, Flugblatt/Schrift, o. O. A. (Archiv für soziale Bewegungen Freiburg, Systematikpunkt 5.2.1.3).

Selent, Karl, Ein Gläschen Yarden-Wein auf den israelischen Golan. Polemik, Häresie und Historisches zum endlosen Krieg gegen Israel, Freiburg im Breisgau 2003.

Simon, Gerhard, Nationalismus und Nationalitätenpolitik in der Sowjetunion. Von der totalitären Diktatur zur nachstalinistischen Gesellschaft. Osteuropa und der internationale Kommunismus Band 16, Herausgeber: Bundesinstitut für ostwissenschaftliche und internationale Studien Köln, Baden-Baden 1986.

Situationistische Internationale, (1967), Der Explosionspunkt der Ideologie in China, in: Dies., Situationistische Internationale 1958-1969, Gesammelte Ausgaben des Organs der Situationistischen Internationale, Band 2, übersetzt aus dem französischen Original von Pierre Galbissaires, deutsche Bearbeitung für die vorliegende Ausgabe von Hanna Mittelstädt, Hamburg 1977, S. 247-257.

Sozialistisches Anwaltskollektiv, Verschleppung der Deserteure, in: Rote Pressekorrespondenz der Studenten-, Schüler- und Arbeiterbewegung Nr. 25/26 vom 05.08.1969, S. 6.

Sozialistisches Arbeiter- und Lehrlingszentrum, Hundert Jahre „Deutsches Reich"?, in: Kommunistische Arbeiter Zeitung des Sozialistisches Arbeiter- und Lehrlingszentrum, Nr. 1 vom Februar 1971, S. 7 -11.

Sozialistischer Deutscher Studentenbund (SDS) – Vorstand, Rundschreiben 12/67-68 vom 12. Mai 1968. (Archiv für soziale Bewegungen Freiburg, Systematikpunkt 5.2.1.2.II).

Sozialistischer Deutscher Studentenbund (SDS) Bundesvorstand, Rundbrief an alle SDS-Mitglieder, Niederlage oder Erfolg der Protestaktion? Eine vorläufige Auswertung (2.Juli 1967), o. O. A. (Archiv für soziale Bewegungen Freiburg, Systematikpunkt 5.2.1.2.I).

Stalin, Josef Wissarionowitsch, (1906), Anarchismus oder Sozialismus? In: J.W. Stalin Werke Band 1 1901-1907, Dortmund 1976, S. 257-324.

Stalin, Jossif Wissarionowitsch, (1913), Marxismus und nationale Frage, in: Marx-Engels-Lenin-Institut beim ZK der KPdSU (B) (Hrsg.), J. W. Stalin Werke Band 2, 1907-1913, 3. Auflage Berlin 1950, S. 266-333.

Stalin, Jossif Wissarionowitsch, (1931), Über den Antisemitismus. Antwort auf eine Anfrage der Jüdischen Telegrafenagentur aus Amerika, in: Marx-Engels-Lenin-Stalin Institut beim ZK der KPdSU (Hrsg.), J.W. Stalin Werke, Band 13, Juli 1930-Januar 1934, Hamburg 1971.

Stalin, Jossif Wissarionowitsch, Geschichte der Kommunistischen Partei der Sowjetunion (Bolschewiki). Kurzer Lehrgang, in: Marx-Engels-Lenin Institut beim ZK der KPdSU (B) (Hrsg.), J. W. Stalin Werke, Band 15, Moskau 1938.

Ständiger Ausschuß des Politbüros des ZK der KPD, Mai 1975 – 30 Jahre nach der Befreiung vom Hitlerfaschismus heißt die Lehre des antifaschistischen Krieges: Internationale Einheitsfront gegen die imperialistischen Supermächte, in: Rote Fahne. Zentralorgan der Kommunistischen Partei Deutschlands (KPD), Nr.15 vom 16.04.1975, S. 1 und 3.

Ständiger Ausschuß des Politbüros des ZK der KPD, Scharfe Verurteilung des zionistischen Überfalls. Presseerklärung, in: Rote Fahne. Zentralorgan der Kommunistischen Partei Deutschlands (KPD), Nr. 27 vom 7.7.1976, S. 1.

Steffen, Michael, Geschichten vom Trüffelschwein. Politik und Organisation des Kommunistischen Bundes 1971-1991, Berlin/Hamburg/Göttingen 2002.

Steigerwald, Robert, Herbert Marcuses dritter Weg, Köln 1969.

Stöss, Richard (Hrsg.), Parteien – Handbuch. Die Parteien der Bundesrepublik Deutschland 1945-1980. Band II, FDP bis WAV, Schriften des Zentralinstituts für sozialwissenschaftliche Forschung der Freien Universität Berlin Band 39, Opladen 1984.

Strecker, Reinhard, Die Namen nennen, in: Das Argument. Berliner Hefte für Politik und Kultur, Heft 20 Dezember 1961/ Januar 1962, Argument Reprint 18-21, mit einem Vorwort von Helmut Gollwitzer, Berlin 1975, S. 33-34.

T

Tolmein, Oliver, Vom Deutschen Herbst zum 11. September. Die RAF, der Terrorismus und der Staat, Hamburg 2002.

Tolmein, Oliver, „RAF – Das war für uns Befreiung". Ein Gespräch mit Irmgard Möller über bewaffneten Kampf, Knast und die Linke, aktualisierte und erweiterte Auflage, Hamburg 2005.

V

Viett, Inge, Nie war ich furchtloser. Autobiographie, Hamburg 1997.

Von Brentano, Margherita und Rexin, Manfred, Presseverlautbarung und Beschlüsse der Berliner Tagung „Überwindung des Antisemitismus“, in: Das Argument. Berliner Hefte für Politik und Kultur, Heft 16 Mai/Juni 1960, Die Überwindung des Antisemitismus, Argument-Reprint 1-17, Berlin 1974, S. 203-206.

Von Heiseler, Johannes Henrich, Steigerwald, Robert und Schleifstein, Josef (Hrsg.): Die „Frankfurter Schule“ im Lichte des Marxismus. Zur Kritik der Philosophie und Soziologie von Horkheimer, Adorno, Marcuse und Habermas. Materialien einer wissenschaftlichen Tagung aus Anlaß des 100. Geburtstages von W.I. Lenin, veranstaltet vom Institut für Marxistische Studien und Forschungen (IMSF) am 21. und 22. Februar 1970 in Frankfurt am Main, Frankfurt am Main 1970.

Von Plato, Alexander, Zur Einschätzung der Klassenkämpfe in der Weimarer Republik: KPD und Komintern, Sozialdemokratie und Trotzkismus, Materialistische Wissenschaft Band 8, Berlin 1973.

von Plato, Alexander, Über das Verhältnis von antifaschistisch-demokratischer Republik und Kampf um den Sozialismus in der Strategie der KPD und SED. Zur Entwicklung der Strategie der KPD und SED, in: Ders. (Hrsg.), Auferstanden aus Ruinen...Von der SBZ zur DDR (1945-1949) – ein Weg zu Einheit und Sozialismus?, Oktober – Taschenbuch 5, Köln 1979, S. 97-141.

von Plato, Alexander, Thesen zur Einheitsfrontpolitik der Weimarer KPD, in: Theorie und Praxis des Marxismus-Leninismus. Theoretisches Organ der Kommunistischen Partei Deutschlands (KPD), Nr. 1/79, S. 129-147.

Vorbereitungsgruppe der Randgruppenkonferenz (Berlin), Zur sozialistischen Randgruppenstrategie, in: Rote Presse Korrespondenz der Studenten-, Schüler- und Arbeiterbewegung Nr. 54 vom 27.02.1970, S. 2-7.

Vorbereitungskomitee Berlin, Randgruppenkonferenz Berlin. Bericht und Materialien, in: Rote Presse Korrespondenz der Studenten-, Schüler- und Arbeiterbewegung Nr. 54 vom 27.02.1970, S. 1-2.

W

Wallerstein, Immanuel, 1968: eine Weltrevolution im Weltsystem, in: Etienne François et. al. (Hrsg.), 1968 – ein europäisches Jahr? Beiträge zu Universalgeschichte und vergleichenden Gesellschaftsordnung 6, Leipzig 1997, S. 19.

Weber, Hermann, Die Kommunistische Internationale. Eine Dokumentation, Hannover 1966, S. 185.

Wehler, Hans-Ulrich, Deutsche Gesellschaftsgeschichte. Fünfter Band Bundesrepublik und DDR 1949-1990, München 2008.

Wehrle, Gerhard, Der Holocaust als Gegenstand der bundesdeutschen

Strafjustiz, in: Bernhard Moltmann et. al., (Hrsg.), Erinnerung. Zur Gegenwart des Holocaust in Deutschland – West und Deutschland – Ost, Arnoldshainer Texte – Band 79, Frankfurt am Main 1993, S. 99-117.

Welz, Bert, Doppelte Unmoral, in: Diskus, Frankfurter Studentenzeitung, Nr. 8 Dezember 1964, S. 1.

Westphal, Reinhard, Psychologische Theorien über den Faschismus, in: Das Argument. Berliner Hefte für Probleme der Gesellschaft Heft 32, 7. Jahrgang Heft 1 1965, Faschismus- Theorien (II), 5. Auflage März 1970, S. 30-39.

Wiegand, Ronald, „Herrschaft" und „Entfremdung". Zwei Begriffe für eine Theorie über den Faschismus, in: Das Argument. Berliner Hefte für Probleme der Gesellschaft, Heft 30, 6. Jahrgang Heft 1 1964, Faschismus-Theorien (I), 5. Auflage März 1970, S. 138-144.

Wieviorka, Michel, 1968 und der Terrorismus, in: Ingrid Gilcher-Holtey (Hrsg.), 1968 – Vom Ereignis zum Gegenstand der Geschichtswissenschaft, Geschichte und Gesellschaft Sonderheft 17, Göttingen 1998, S. 273-282.

Wiggershaus, Rolf, Die Frankfurter Schule. Geschichte. Theoretische Entwicklung. Politische Bedeutung, München 2001.

Wittfogel, Karl August, (1957), Die orientalische Despotie. Eine vergleichende Untersuchung totaler Macht, Köln/Berlin 1962.

Wojak, Irmtrud, Der erste Frankfurter Auschwitz-Prozeß und die „Bewältigung" der NS-Vergangenheit, in: Dies. (Hrsg.), Auschwitz-Prozeß 4Ks 2/63 Frankfurt am Main, im Auftrag des Fritz Bauer Instituts, Frankfurt am Main 2004, S. 53-70.

Wolff, Frank und Windaus, Eberhard (Hrsg.), Studentenbewegung 1967-69. Protokolle und Materialen, Frankfurt am Main 1977.

Wunschik, Tobias, Die maoistische KPD/ML und die Zerschlagung ihrer „Sektion DDR" durch das MfS, BF informiert Nr. 18, Berlin 1997.

Z

Z. Alb., „Holocaust". Propagierung der Schutzbedürftigkeit anderer Nationen, in: Kommunistische Volkszeitung. Zentralorgan des Kommunistischen Bundes Westdeutschland (KBW), Ausgabe Mitte, Nr. 5 vom 29. Januar 1979, S. 20.

Z. Gör., Kritische Theorie, Glaube an eine „vernünftige" bürgerliche Gesellschaft, in: Kommunistische Volkszeitung. Zentralorgan des Kommunistischen Bundes (KBW), Ausgabe Süd, Nr. 1 vom 31. Dezember 1979, S. 20.

Zentralbüro der Kommunistischen Partei Deutschlands/Marxisten-Leninisten, Das Lohndiktat im System der sozialfaschistischen Verwaltung der Arbeiterklasse, in: Bolschewik, früher Revolutionärer Weg. Theoretisches Organ der KPD/ML, Mai 1971, S. 43-66.

Zentralkomitee des Kommunistischen Bundes Westdeutschlands (KBW) (Hrsg.), Kampf um das Programm der Revolution in Deutschland. Der Weg der KPD, Frankfurt am Main 1977.

Zentralkomitee der Marxistisch-Leninistischen Partei Deutschlands (Hrsg.), Die Geschichte der MLPD, 3 Bände, Stuttgart 1985.

Zentrale Leitung des KABD (Hrsg.), Von der Restauration des Kapitalismus zum Sozialimperialismus in China. Teil 1: Die revisionistische Innenpolitik, China Aktuell 6, Stuttgart 1981.

Zentrale Leitung des KABD (Hrsg.), Von der Restauration des Kapitalismus zum Sozialimperialismus in China. Teil 2: Sozialimperialistische Außenpolitik, China Aktuell 7, Stuttgart 1981.

ZK der KPD/ML (Hrsg.), Linie und Entwicklung der Gruppe „Rote Fahne“ (KPD) 1970-1975. Die Einheit der Marxisten-Leninisten im Kampf gegen revisionistische und trotzkistische Einflüsse herstellen! In: Der Weg der Partei, Theoretischen Organ der KPD/Marxisten-Leninisten Nr. 3 1975.

„Die **Kritik** ist keine Leidenschaft des Kopfes, sie ist der Kopf der Leidenschaft." (**Marx**)

Und das geht z.B. so: Agnoli **Politik und Geschichte** Agnoli **1968 und die Folgen** Agnoli **Faschismus ohne Revision** Backhaus **Dialektik der Wertform** Bindseil **Es denkt** Brendel **Pannekoek** Burgmer **Gespräche mit Agnoli** Böckelmann **Marx und Adorno** Bruhn/Dahlmann/Nachtmann **Kritik der Politik** Bruhn **Was deutsch ist** Bruhn/Gerber **Rote Armee Fiktion** Ellmers/Kettner/Mentz **Theorie als Kritik** Enderwitz **Sexualisierung der Geschlechter** Enderwitz **Reichtum und Religion** Göllner/Radonic **Mit Freud** Grigat **Fetisch und Freiheit** Grigat **Feindaufklärung und Reeducation** Harms **Warenform und Rechtsform** Huhn **Etatismus der Sozialdemokratie** ISF **Das Konzept Materialismus** ISF **Flugschriften** ISF **Furchtbare Antisemiten, ehrbare Antizionisten** ISF **Schindlerdeutsche** ISF **Der Theoretiker ist der Wert** ISF **Das Ende des Sozialismus, die Zukunft der Revolution** Kirchhoff **Gesellschaft als Verkehrung** Kreutzer/Schmidinger **Irak** Küntzel **Djihad und Judenhaß** Meyer **Nachkriegsphilosophie** Marenssin **Stadtguerilla und soziale Revolution** Mattick **Marxistischer Anti-Leninismus** Maul **Macht der Mullahs** Poliakov **Vom Antizionismus zum Antisemitismus** Paschukanis **Allgemeine Rechtslehre und Marxismus** Postone **Deutschland, die Linke und der Holocaust** Postone **Zeit, Arbeit und gesellschaftliche Herrschaft** Reichelt **Kapitalbegriff bei Marx** Scheit **Jargon der Demokratie** Scheit **Meister der Krise** Scheit **Suicide Attack** Scheit **Verborgener Staat, lebendiges Geld** Selent **Ein Gläschen Yarden-Wein auf den israelischen Golan** Stapelfeldt **Liberalismus** Stapelfeldt **Der Merkantilismus** Stapelfeldt **Theorie der Gesellschaft** Uwer/Osten-Sacken/Woeldike **Amerika** Wiemer **Krankheit und Kriminalität** Thörner **Deutsche Südosteuropa-Politik**

Fabian Kettner, Paul Mentz (Hg.)
Theorie als Kritik

2008 • 200 Seiten • 18 Euro • ISBN: 978-3-924627-97-3

Dieser Band versammelt einführende Beiträge zu grundlegenden Themen kritischer Gesellschaftstheorie. Die Texte thematisieren den Begriff der Kritik, das Verhältnis von Theorie und Praxis, die Rechts-, Staats- und Revolutionstheorie von Marx sowie die Kulturindustrie- und die Antisemitismuskritik der Frankfurter Schule.

Aus dem Inhalt: „Hört auf zu studieren - fangt an zu begreifen!" Die Rote Ruhr-Uni 1996-2006 • Fabian Kettner: "Wenn ich verzeifelt bin, was geht's mich an?" Über Theorie und Praxis • Dirk Braunstein: Kritik üben • Sven Ellmers: Korporation und Sittlichkeit. Zu Hegels Versöhnung der entzweiten bürgerlichen Gesellschaft in den „Grundlinien der Philosophie des Rechts" • Ingo Elbe: „Umwälzungsmomente der alten Gesellschaft" – Revolutionstheorie und ihre Kritik bei Marx • Christoph Hesse: Warenfetisch und Kulturindustrie • Paul Mentz: Das Gerücht über die Juden. Die Antisemitismuskritik bei Horkheimer und Adorno und ihre Aktualität

Joachim Bruhn, Jan Gerber (Hg.)
Rote Armee Fiktion

2007 • 160 Seiten • 13,50 Euro • ISBN: 3-924627-98-3

Die RAF war niemals eine, wenn auch hoffnungslos verspätete, Fraktion jener Roten Armee, die die letzten Überlebenden von Auschwitz befreite.

Aus dem Inhalt: Vom Protest zum Pogrom • Joachim Bruhn: „Charaktermasken abschminken". Abstrakte Herrschaft, bewaffneter Kampf, konkrete Leichen • Initiative Sozialistisches Forum: Rote Armee Fiktion • Felix Klopotek: Der Gegen-Staat. Zur politischen Romantik der RAF • Uli Krug: Gefühltes Gas. Der Mythos von der Vernichtungshaft • Jan Gerber: „Schalom und Napalm". Die Stadtguerilla als Avantgarde des Antizionismus • Gerhard Scheit: Furie des Zerstörens. Fünf Anmerkungen zur Kritik des Terrorismus-Begriffs

ça ira
postfach 273
79002 freiburg
0761 / 37939
info@isf-freiburg.org
www.isf-freiburg.org

Emile Marenssin
Stadtguerilla und soziale Revolution
Über die Rote Armee Fraktion

1998 • 140 Seiten • 12 Euro • ISBN: 3-924627-55-X

Curt Geyer, Walter Loeb u.a.

Fight for Freedom

Die Legende vom anderen Deutschland

Herausgegeben von Jan Gerber und Anja Worm für die *Materialien zur Aufklärung und Kritik* (Halle)

Aus dem Englischen von Ursula Folta, Ulrike Folta, Peter Siemionek, Anja Worm, Robert Zwarg, Sebastian Voigt, Martin Schmitt, Christian Thein und Paul Mentz

Herbst 2009 • 256 Seiten • ca. 22 Euro • ISBN: 3-924627-19-5

Nach der Niederlage im Ersten Weltkrieg „wurde der Welt die Lüge von der deutschen Unschuld aufgetischt. Die Welt wurde eingeladen zu glauben, daß Deutschland angegriffen wurde und daß es das Schwert zu seiner eigenen Verteidigung gezogen hat. Eine zweite Lüge wird derzeit für den universellen Gebrauch vorbereitet, die Lüge, daß das deutsche Volk an diesem Krieg unschuldig ist." (Curt Geyer/Walter Loeb 1942) Während die erste Lüge inzwischen weitgehend vergessen ist, hat die zweite bis heute Bestand. Die Legende vom 'anderen Deutschland' war eine der ideologischen Gründungsvoraussetzungen der Bundesrepublik und der DDR, und bis heute gehört sie geschichtspolitischen Repertoire der Berliner Republik. Curt Geyer, Walter Loeb und die Mitglieder der Gruppe „Fight for Freedom" zählen zu den wenigen, die dieser Legende schon in den frühen vierziger Jahren, im britischen Exil, entgegentraten. Mit Artikeln, Broschüren und Dossiers (die hier erstmalig in deutscher Übersetzung vorliegen) unterstützten sie Sir Robert Vansittart, Mitglied des Oberhauses und Publizist, neben Henry Morgenthau noch immer einer der in Deutschland bestgehaßten Männer.

Aus dem Inhalt: Jan Gerber, Anja Worm: Die Legende vom anderen Deutschland. Vorwort • Robert Vansittart: Black Record. Die Zusammenfassung des Sachverhalts (1940/41) • „Der Kampf gegen den Nationalismus muß von vorn begonnen werden". Erklärung der Fight-for-Freedom-Gruppe vom 2. März 1942 • Karl Retzlaw: German Communists I. Die Kommunistische Partei 1919-1933 (1944) • Karl Retzlaw: German Communists II. War Hitlers Sieg unvermeidlich? (1944) • Curt Geyer: Landesverteidigung um jeden Preis. Die deutschen Arbeiter vor dem Ersten Weltkrieg (1945) • Bernhard Menne: „Ohne sein Werk hätte der Krieg mindestens ein Jahr länger gedauert". Zur Strategie von Bomber-Harris (wohl 1948) • Paul Merker: Hitlers Antisemitismus und wir (1942)

ça ira
postfach 273
79002 freiburg
0761 / 37939
info@isf-freiburg.org
www.isf-freiburg.org

Frank Böckelmann

Über Marx und Adorno

Schwierigkeiten der spätmarxistischen Theorie

Zweite, korrigierte und erweiterte, vom Autor mit einem Vorwort versehene Ausgabe der Auflage Frankfurt 1971

Von Enttäuschungen belehrt, unternimmt Böckelmann eine neue, eindringliche Marx-Lektüre: Wie kommt eine Philosophie dazu, praktische Theorie zu sein, Theorie aus der Praxis, als Praxis, für die Praxis? Es geht um die stillschweigenden historischen Voraussetzungen der Marxschen Revolutionslehre. Ein Jahrhundert nach Marx reflektiert das Werk Theodor W. Adornos einen gesellschaftlichen Zustand, der diese Voraussetzungen nicht mehr gelten läßt. Um die Widerstandskraft der kritischen Theorie zu bewahren, möchte Adorno radikal die Theorie von der Praxis emanzipieren und gerät dabei in ein ebenso auswegloses wie aufschlußreiches Dilemma.

„Ist Praxis unmöglich, wird die Existenz kritischer Theorie unerfindlich – es sei denn, diese würde schon längst nicht mehr ihrem eigenen Anspruch gerecht. Ist kritische Theorie möglich, dann bleibt unverständlich, warum der Kampf um die Versöhnung des Nicht-Identischen nicht schon heute beginnen kann, warum er nicht schon begonnen hat. Adornos Philosophie versteht sich als notwendige, aber nicht hinreichende Bedingung für eine bessere Praxis. Zugleich darf sie nicht wissen, was an ihr und warum sie notwendig ist. Die Unmöglichkeit der Befreiung ist ihr Axiom, das sie aber als provisorische Arbeitshypothese zu behandeln vorgibt. Auf das Unerwartete wartend, das sie durch Verschweigen erhalten und heraufführen will, perpetuiert Negative Dialektik das Provisorium ihrer Selbsterhaltung. Durch die auch für Adorno nach wie vor verbindliche immanente Kritik legitimiert, erweist sich der Begriff dessen, was anders wäre, als Chiffre des Unmöglichen."

239 Seiten • 12 Euro • ISBN: 3-924627-53-3

Frank Böckelmann

Die schlechte Aufhebung der autoritären Persönlichkeit

Böckelmann resümiert die Studien Adornos und Horkheimers über "Autorität und Familie". Der Text – erstmals 1966 als Diskussionspapier der Subversiven Aktion veröffentlicht – erscheint hier mit einem neuen Vorwort des Autors "Zwanzig Jahre danach".

1987 • 108 Seiten • 6 Euro • ISBN: 3-924627-12-6

Johannes Agnoli

1968 und die Folgen

Gesammelte Werke 5

Das Buch versammelt Aufsätze zur kritischen Theorie, zum Verhältnis von APO und Arbeiterbewegung, zur Kritik des Leninismus; es zeigt, was aus der Protestbewegung hätte werden können, wenn sie eine radikale Kritik der Politik entwickelt hätte. So aber verfing sie sich in den Illusionen des "langen Marsches durch die Institutionen" und verfiel den Transformationsleistungen der Demokratie. Aus der Opposition wurde eine neue Elite.

1998 • 275 Seiten • 15 Euro • ISBN: 3-924627- 59-2

Anton Pannekoek/Paul Mattick

Marxistischer Antileninismus

2., durchgesehene Auflage 2008

Der Zusammenbruch der staatskapitalistischen Gesellschaften Osteuropas enthüllt zugleich den Geburtsfehler der westeuropäischen Linken, ihre Abhängigkeit vom sozialistischen Schein der Staatsvergesellschaftung, die nun, da es ihr scheinbar wie Schuppen von den Augen fällt, der sozialen Revolution den Rücken kehrt und linksliberal verendet. Diese Neuveröffentlichung rätekommunistischer Schriften ruft in Erinnerung, daß es dazu immer eine Alternative gab.

1991 • 240 Seiten • 12,50 Euro • ISBN: 3-924627-22-3

Cajo Brendel

Anton Pannekoek – Denker der Revolution

Die Theoretikerin Rosa Luxemburg ist zu einer Art schlechtem Gewissen sowohl der Sozialdemokratie wie des Parteikommunismus verharmlost worden. Verloren ging, daß ihre Schrift zur Kritik der Russischen Revolution von 1917 zugleich das Gründungsmanifest einer neuen Strömung radikaler Arbeiterbewegung wurde, der Rätekommunisten. Insbesondere der holländische Marxist Anton Pannekoek (1873-1960), dessen intellektuelle Biographie Cajo Brendel hier vorlegt, arbeitete auf den Gebieten der Erkenntnistheorie, der Politischen Ökonomie sowie der Theorie der Arbeiterräte den Gehalt dieser neuen, sowohl antileninistischen wie antireformistischen Orientierung heraus, die auf den Kommunismus zielt nicht als auf eine Staatsveranstaltung, sondern als die freie Assoziation der Produzenten. – Cajo Brendels Buch, das zuerst 1970 auf Holländisch erschien, wurde vom Autor selbst ins Deutsche übertragen und neu bearbeitet; es zeigt auch die Aktualität der Pannekoekschen Kritik der alten Arbeiterbewegung.

2001 • 234 Seiten • 18 Euro • ISBN: 3-924627-75-4

Thomas Maul

Sex, Djihad und Despotie

Zur Kritik des Phallozentrismus

Seit dem 11. September 2001 wird in der westlichen Öffentlichkeit die Frage diskutiert, was der Islam mit dem weltweit agierenden Suizid- und Tugendterror zu tun hat, der in seinem Namen zuförderst gegen Juden, Frauen und Homosexuelle sich richtet.

In Thomas Mauls kritischer Analyse des klassisch-schariatischen Geschlechterverhältnisses und der ihm entsprechenden Sexualpolitik im Spannungsfeld von Religion (Eschatologie, Ritualpraxis) und Gesellschaft (Patriarchalismus, orientalische Despotie, Djihad-Doktrin) erweist sich die Gemeinschaft der Gläubigen *(Umma)* als wesenhaft durch einen Phallozentrismus konstituiert, der in der Moderne notwendig in die Krise gerät. Die gegenwärtige barbarische Gewalt des Kollektivs ist damit nichts anderes denn eine anachronistisch-pathologische Verteidigung der im Verfall begriffenen Tradition und gilt in letzter Instanz immer dem (sexuell) selbstbestimmten Individuum.

Frühjahr 2010 • 262 Seiten • 20 Euro • ISBN: 978-3-924627-96-6

Gerhard Scheit

Der Wahn vom Weltsouverän

Zur Kritik des Völkerrechts

2009 • 300 Seiten • 20 Euro • ISBN: 978-3-294627-15-7

Der Wahn untergräbt den westlichen Begriff des Souveräns wie er Israel als Widersacher des ewigen Friedens der Völker attakkiert. Wenn dagegen der Judenstaat das Leben derer verteidigt, die unausgesetzt der antisemitische Haß bedroht, verteidigt er zugleich jenen Begriff. Es bleibt das Staunen, mit welcher Bestimmtheit die Erkenntnisse von Hobbes, Marx und Freud die Denunziation des Wahns explizieren können, die Israels *Defense Forces* täglich in die Praxis umsetzen müssen. Ihm verdankt sich dieses Buch.

Aus dem Inhalt: Der fromme Wunsch des Immanuel Kant • Ein Volk von Teufeln • Der Souverän als Platzhalter • Wiederkehr des Verdrängten • Warum es nach Hobbes und Hegel keinen Weltstaat geben kann • Weltpolizei - Theorie des Souveräns und Krieg der Welten • Multitude - Wertformanalyse und globale Vergemeinschaftung • Weltherrennatur - Massenpsychologie und Ehrenmord • Kritik der Ungeheuer - mit Freud und Marx • Gottesstaat: Jesus und Mohammed • Leviathan: "In God we trust" oder "wie Gott in Frankreich" • Behemoth

ça ira
postfach 273
79002 freiburg
0761 / 37939
info@isf-freiburg.org
www.isf-freiburg.org

Initiative Sozialistisches Forum

Das Konzept Materialismus

Pamphlete und Traktate

„Der revolutionäre Materialismus oder auch: kritische Kommunismus der Gegenwart hat die Erfahrung der Shoah und hat die Geschichte des Nazifaschismus nicht einer wie immer auch kritisch gemeinten Gesellschaftstheorie anzuhängen und aufzukleben, sondern er hat diese Erfahrung vollendeter Negativität in das Innerste seiner Kategorien aufzunehmen und zu reflektieren. Jedweder 'Marxismus', der sich weigert, auf diesen Zeitkern der Wahrheit zu reflektieren, ist Müll. Kein Materialismus ist noch denkbar, der dies nicht im Herzen der Kritik der politischen Ökonomie zu bedenken hätte. Es geht darum, der katastrophalen Entfaltung des Kapitals zu seinem Begriff, der Barbarei, kritisch inne zu werden."

Aus dem Inhalt

Postmoderne – der Spiritualismus der (deutschen) Barbarei • Materialismus und Barbarei • Werwolf und Djihad. Die Zerstörung des World Trade Center und der barbarische Untergang der bürgerlichen Gesellschaft • *Prêt à penser: Die Postmoderne als intellektueller Präfaschismus* (1) Philosophie für Friedhofsschänder. Mit einem Beitrag von Victor Farias (2) Gegen die Heideggerisierung der Linken (3) Schadroneure und Empiristen (4) Die Postmoderne wird kritisch. Mit Heidegger gegen das „Züchtungs- und Disziplinierungsprogramm" des Humanismus (5) Linksdenke in Frankfurt • *Feuilleton* • *Bilanz:* Das Konzept Materialismus • und anderes mehr.

Weitere Veröffentlichungen der ISF bei ça ira

Das Ende des Sozialismus, die Zukunft der Revolution. Analysen und Polemiken (1990); Schindlerdeutsche. Ein Kinotraum vom Dritten Reich (1994); Der Theoretiker ist der Wert. Eine ideologiekritische Skizze der Wert- und Krisentheorie der Krisis-Gruppe (2000); Furchtbare Antisemiten, ehrbare Antizionisten. Über Israel und die linksdeutsche Ideologie (2., erw. Auflage 2002); Flugschriften. Gegen Deutschland und andere Scheußlichkeiten (2001).

Herbst 2009 • 262 Seiten • 20 Euro • ISBN: 3-924627-90-8

ça ira
postfach 273
79002 freiburg
0761 / 37939
info@isf-freiburg.org
www.isf-freiburg.org